常建华 主编

"中国史上的日常生活与物质文化"

学术研讨会论文集

中西书局

教育部人文社会科学研究重点研究基地南开大学中国社会史研究中心资助

中央高校基本科研业务费专项资金资助

前　　言

近些年来,日常生活史、物质文化史的研究悄然兴起,将二者联系在一起的尝试也在进行。在这些研究领域,海外学界已着先鞭,国内学界起步虽晚,但确有长足进展。孟悦、罗钢主编的《物质文化读本》(北京大学出版社,2008 年)是第一本物质文化研究的经典读本,物的新语义是本书所讨论的主题,阐发了物有自己的独立性,物对人起着宰制作用,物有传记、有独特的历史叙事。物的规模、性质以及与人的关系,是消费社会的重要标志,物包围着现代社会。该书注重理论与实践的经典讨论,分五部分呈现出物质文化迷人的学术世界:范式种种, 物、财产、交换流通,帝国、殖民地与物质文化, 物与技术, 物象、语词、意识形态与时间。我也编了一本《中国日常生活史读本》(北京大学出版社,2017 年),精选国内外学者的 18 篇论文,从学术史、基本理论、重要方法、个案研究等不同层次,反映了这一专题领域的进展。其涉及的内容从生育、交往、休闲活动、消费行为等看似琐细的对象中理解人类生活的实态,涵盖从皇室到平民的生活,通过与物质文化、社会性别、科技、医疗、身体、艺术诸领域研究的融合,强调多视角、跨学科的研究方法。邱澎生的宏文《物质文化与日常生活的辩证》(《新史学》第 17 卷第 4 期,2006 年),强调物质文化、日常生活两项议题的结合,辨析二者的关系,颇具特色。徐敏、汪民安主编的《物质文化与当代日常生活变迁》(北京大学出版社,2018 年),强调物质产品具有各自不同的文化功能与价值,及其在建构日常生活方式和影响社会的历史变迁方面的作用。该书分为物的文化阐释、日常生活中的物、物与空间、物的符码几大部分,较全面地反映出了当前物质文化研究的基本状态。

南开大学中国社会史研究中心重视日常生活史研究,我们在北京的科学出版社推出了"中国日常生活史研究丛书",陆续出版了《日常生活视野下的中国宗族》《中国日常生活史研究的回顾与展望》《中国史上的日常生活与地方社会》等书。我们举办了多次有关中国日常生活史的学术研讨会,其中于 2015 年、2019 年先后举办了两届"中国史上的日常生活与物质文化学术研讨会"①,会议在学界朋友的大力支持下,成功举行并获得首肯。为了更有效地传播这两次会议的学术成果,我们决定精选已经发表的部分会议论文,出版文集,贡献给学术界。

收入本书的共计 15 篇论文,依内容可以分为 5 组。第一组是理论性与具体问题考辨的论文。刘永华《物:多重面向、日常性与生命史》重视法国年鉴学派史学家布罗代尔在物质文化史研究领域作出的贡献,以此为基础,作者提供了新的思路:在研究对象上,串联物的经济、社会与文化面向;在研究方法上,打通经济史、社会史与文化史。刘永华尝试以物的生产、分配、交换与消费为基本线索,重构围绕这四个环节形成的社会关系与意义体系,为日后的物质文化史研究提供了一个宏观的分析框架。作者还提出,有必要引进人类学的分析路径,开展物的传记的书写,或重构物的生命史,以此把握物的日常特性与社会文化特性,推进物质文化史研究。有两位学者对名砚美石的历史通过考辨加以解构。余新忠《昌化石兴起历史考辨——兼论历史书写中的个人情结问题》认为四大国石之一的昌化石,有关其兴起时间的论述都牵强附会、似是而非,且不说战国和宋代说,就是被普遍认可的元末明初说,也完全经不起推敲。昌化石作为印石,兴起的时间不会早于 18 世纪初,至 18 世纪 30 年代开始受到重视,至迟至 18 世纪晚期成为名石。像论述昌化石历史这样有意无意夸张历史悠久程度,从中反映出来的"历史悠久"迷思值得省思。陈锋《历史上的"四大名砚"考辨》认为,历史上的名砚,不同时期有不同的名品,不同人士的心目中也有不同的名品。同为一种砚石,因为坑口的不同、地质层面的不同、开采时代的不同,其品质也有差异。一定要争短长,一定要说四大名砚,难免要进入误区。

有关汉代的文章,微观、宏观的各一篇。闫爱民、赵璐《"踞厕"视卫青与汉代贵族的登涵习惯》指出,《汉书》中有汉武帝"踞厕"视卫青和"轩中"得幸卫子夫的记载,历代注家对此解说纷纭,史家亦借此探讨汉武帝与卫氏外戚之间的关系。由古人日常生活视角考察其中的场景与器物,同时参照相关物质文化资料,可以揭示出汉代部分贵族的坐便习惯,再现汉朝统治者日常活动和生活状态的某些方面。刘尊志《"丝路"背景下的汉代日常生活》强调,丝绸之路的发展和繁荣从多方面促进了汉代日常生活的发展和变化,很多外来因素经历了传入和被接受的过程,相当部分逐渐融入汉代日常生活之中且不断发展,汉文化是在不断吸收与纳新中逐步演进和形成的,

---

① 陈思言:《"中国史上的日常生活与物质文化"学术研讨会综述》,《中国社会历史评论》第 17 卷下,天津古籍出版社,2016 年。张弛:《推动社会史研究走向深入》,《中国社会科学报》2019 年 12 月 23 日。

汉代日常生活在一定程度上体现了汉文化"多元一体"的内容、内涵和发展特征。

关于中古时期的两篇论文，分别论述了鞋与冠。夏炎《魏晋南北朝的鞋与人：一项中古日常生活史的建构尝试》提出，魏晋南北朝鞋与人的日常生活史的建构路径，是从原有的物质文化史、社会生活史的叙事范式中脱离出来，凸显人的一面，努力去探寻其背后隐藏的人性因素，发现人与物之间的灵性互动，并尝试通过非常态行为反证日常行为，从而在新视角、新方法的基础上，建构符合魏晋南北朝时空特色的日常生活史画面。李志生《唐五代时期的凤冠——基于物质文化史和形象史学的考察》认为，在中国历史上，凤冠是一种符号，它最终成为汉族妇女至高身份和荣誉的象征。作为礼服，其由唐至宋递进的原因并无史文可征。作者在阐释变化的原因时，借鉴了物质文化史的研究方法。

有关明代的三篇文章，集中讨论了民族间的生活影响。陈宝良《蒙元遗俗与明人日常生活——兼论民族间物质与精神文化的双向交融》指出，无论是明代的制度建设，还是明代人的日常生活，无不受到蒙元遗俗的影响，风俗确乎存在着因袭难变的一面。风俗因袭难变的面相，转而又可证明"国家"认同与"文化"认同并非存在着统一性，且各民族之间的物质与文化交流，存在着一种双向交融的倾向。张佳《衣冠与认同：明初朝鲜半岛袭用"大明衣冠"历程初探》认为，与明初的"去蒙古化"运动遥相呼应，丽末鲜初朝鲜半岛也发生了类似的文化变革，"衣冠"成为构建文化和政治认同的一个重要符号。秦博《明代武官造园活动及社会影响》则别开生面，提出明代中叶以后中国古典园林建设获得了空前的发展，一般认为修造园林是文人倡导的文化活动，然而勋臣武将凭借特权也修建了为数不少的园林。他们不单效仿文人的风雅，还建造出与文人精巧审美相别的富丽雄奇的园林，甚至开辟私家园林为公共空间，向文臣缙绅展示其审美格调与园林蕴含的政治神圣感，形成对文人主导的园林审美取向的冲击。

近现代社会生活变动很大，一组新颖的论说引人注目。许哲娜《全球化视野下的礼仪、身体与日常生活——以近代致意礼变迁为中心的考察》指出，致意礼在近代社会发生了较为明显的变化：一是出于减轻身体负担的诉求，推动了礼仪动作的简化；二是在西方文化殖民的渗透下，西方礼仪文化对国人身体与思维产生了一定的形塑作用。在此变化过程中，国家规训与自我控制分别通过空间、服饰等媒介对社会民众的行礼方式选择产生了不同程度的影响；民众也从身体感觉与诉求出发，选择适合自己的礼仪，最终形成特定的礼仪风尚，并在日常生活中固化下来。胡悦晗《公共空间与民国上海知识群体的精神生活建构（1927—1937）》认为，图书馆、书店与书摊是民国上海知识群体从事图书阅读与消费活动的城市公共空间。在上海知识群体的书籍消费活动中,以书会友与在商言商这两种交易方式既体现出近代上海图书出版市场古风犹存,也反映了近代上海图书市场开始以市民为主要消费对象,传统"回头客"的比例降低。知识分子个体所处阶层位置的差异不仅塑造了知识群体内部截然不同的书籍消费习惯,也开启了现代中国精英知识群体与边缘知识群体渐行渐远之端。张弛《气枪与洋娃娃——民国时期儿童玩具话语中的性别议题》强调,20世纪初叶受到西学影响,幼儿教育专家为了使男孩和女孩从生理到心理的成熟发育能够正常开展,认为必须获得"正确"且"合法"的玩具。启蒙知识分子为这些"中国未来的主人翁们"设定了各自的成长路径:男孩应该通过玩弄以气枪、积木和小汽车为典型的军事、创造和机械类玩具而成长为爱国尚武、勇敢好学的男子汉,女孩则应利用洋娃娃、餐具、厨具等模拟家务类的玩具自幼便熟悉一位称职主妇的基本技能。但儿童实际拥有何种玩具首先受制于家庭经济状况,也取决于玩具本身的外观、玩法等娱乐元素是否具有吸引力。

收入本书的诸位学者的大作,精彩纷呈,新意迭出。我想读者一定会开卷有益的!

感谢上述作者提供了原来论文的修订本,使得文章质量更上层楼。

常建华谨识

2020 年 12 月 10 日

目 录

物:多重面向、日常性与生命史

刘永华

北京大学历史学系

一、从布罗代尔的物质文明研究谈起

历史学者对物质文化的讨论,在布罗代尔动笔撰写《15 至 18 世纪的物质文明、经济和资本主义》第一卷时就已发其端。[1]这部书于 1967 年问世,名为《物质文明与资本主义》,书名中的第一个关键词"物质文明"(civilisation matérielle),英文对译就是"物质文化"(material culture)。

布罗代尔撰写这部著作的最初契机,来自 20 世纪 50 年代他的导师费弗尔的邀请。费弗尔邀请他合撰一部两卷本的 1400—1800 年欧洲史,他自己撰写思想与信仰部分,而布罗代尔撰写物质文化部分。这个计划因费弗尔于 1956 年病逝而搁浅,但布罗代尔还是花费了近 20 年时间,勉力完成了费弗尔交付的任务,其成果就是最终于 1979 年完成的《物质文明》一书。

现在看来,布罗代尔对物质文化的处理,只不过是这部视野恢宏的巨著的一个组成部分。有趣的是,衣、食、住、行问题与资本主义发展通常被视为经济的组成部分,在布罗代尔的笔下却被作为与经济并列的对象予以把握。其主要原因在于,作者把经济界定为市场经济;而物质文明"代表尚未成形的那种半经济活动,即自给自足经济以及近距离的物物交换和劳务交换"[2]。在这种意义上说,市场介入与否,是区分经济与物质文明的主要依据。这种定义和当下对这个概念的理解是有区别的。在我们看来,市场介入与否,当然是讨论物质文化中的重要因素,但绝非最重要的或是唯一的因素。

---

① 布罗代尔:《15 至 18 世纪的物质文明、经济和资本主义》,三卷,顾良、施康强译,生活·读书·新知三联书店,1992—1993 年。以下简称《物质文明》。

② 《物质文明》第一卷,第 20 页。

物质文化的主角,是布罗代尔《物质文明》第一卷论述的主体:食品、衣着、住房、技术、货币等,换句话说,是日常生活中的各种物及围绕物而形成的经济、社会、文化过程。在这部著作中,日常生活被赋予了重要的地位。该书第一卷书名中"日常的"(quotidienne)一词,英译本直接译为"日常生活"(everyday life)。通过并列使用"物质文明"与"日常生活",布罗代尔曲折地表达了他对这两个概念之间关系的认识:物质文明与日常生活之间存在密不可分的关系。

布罗代尔对物质文化的研究,代表了试图超越经济分析,将物还原到日常生活当中,从不那么工具性的角度,重新把握人、物关系的一种努力。在这种意义上说,我们实际上是布罗代尔的追随者。布罗代尔对15世纪至18世纪物质文明、经济与资本主义的探讨,始终都没有把自己限定于经济史的一隅之地,对社会关系和文化领域的考察,贯穿于《物质文明》全书三卷。因此,至少从意向上说,以物为中心,打通经济史、社会史与文化史,进而把握物质文化与日常生活的关系,在尝试这样一种方法方面,布罗代尔可以说是一个先行者。

之所以强调从意向上说,是因为布罗代尔对物质文化的探讨,侧重把握的是物的经济和社会面向,而对这个概念中标榜的文化面向,其实较少触及。费弗尔毕生关注心态史,但布罗代尔对心态史兴趣不大,这也体现在这部著作中。英国文化史学家伯克曾评论说,该书对文明的处理,类似于历史地理学者处理文化区的方法,侧重关注的是跨文化区之间的商品交换。对文化史研究中非常重要的象征问题,该书基本上没有触及。[①]

二、物的经济、社会与文化面向

当然,在学科专业化大行其道之前,人为设置的专业领域尚未构成画地为牢式的障碍。19世纪到20世纪前期的社会思想家,比如马克思、韦伯、桑巴特等,都没有将自身囿于某个专业的一隅之地。他们在探讨经济问题的过程中,经常联系到社会、文化,马克思对生产关系的讨论、韦伯对新教伦理与资本主义关系的诠释、桑巴特对奢侈与资本主义发展的理解,都是经典的事例。凡勃伦对奢侈消费与社会区隔的研究,为后来的经济人类学、经济社会学、制度经济学提供了重要的思想源泉。这些近代社会学奠基人,为讨论物的不同面向及这些面向之间的关系,提供了重要的灵感来源。

今天我们对经济、社会、文化诸领域关系的认识,在很大程度上也得益于人类学,

---

① Peter Burke, *The French Historical Revolution*, 2nd edition, Polity, 2015, pp. 54 - 55.

尤其是经济人类学的研究。经济人类学对物质文化研究的重要性,只需举几个例子就够了。马林诺夫斯基对南太平洋马辛地区库拉交易的研究,把库拉交易与社会声望的追逐乃至人观的建构联系起来。礼物,这个介于经济、社会、文化的交叉地带的"物",从莫斯《礼物》一书问世以来,就成为人文社会科学的经典课题。20 世纪中叶,波兰尼提出"镶嵌"(embeddedness)和"制度化"(institutedness)概念,认为经济仅仅是社会生活的一个部分,所有经济问题都不可避免地被置入经济性、非经济性的制度当中,这划清了实质论经济人类学与形式论经济人类学之间的界限,阐述了物的经济面向与社会文化面向之间的关系。①波兰尼对早期贸易的讨论,构成了布罗代尔在探讨市场经济时无法回避的问题。②在当代人类学家与社会思想家的笔下,消费不仅是一个人的需求被满足的过程,也是一个社会区隔的建构过程,一个商品被重新赋予意义的"生产"过程,经济行为、社会关系与文化意涵成为同一行为的不同侧面。③

人类学、社会学对经济行为的分析,为历史学者探讨历史上的经济问题提供了理论灵感。像在其他诸多领域一样,法国年鉴派史学家在这方面也作出了先驱性的卓越贡献。杜比对 7 世纪至 12 世纪欧洲经济发展的讨论、勒高夫对中世纪天主教经济伦理的讨论和罗什对近代早期法国消费问题的研究,都是有趣而重要的例证。④英美的重要社会史、文化史学者,也进行了类似的精深研究,我们可以举出一系列证据:汤普森对 18 世纪参与面包骚乱的民众的经济公正观的探讨、列维对 16 世纪意大利一个小镇土地市场与亲属关系的讨论、戴维斯对 16 世纪法国礼物问题的探讨及古列维奇对中世纪的财富观与劳动观的讨论等。⑤尽管这些研究没有标榜"物质文化"一语,但它们都触及在历史上流通的各种物事的不同面向,为思考物质文化史提供了有趣的思路。

---

① 马林诺夫斯基:《西太平洋上的航海者——美拉尼西亚新几内亚群岛土著人之事业及冒险活动的报告》,弓秀英译,商务印书馆,2016 年。马塞尔·莫斯:《礼物:古式社会中交换的形式与理由》,汲喆译,上海人民出版社,2002 年。Karl Polanyi, "The Economy as Instituted Process," in Karl Polanyi, Conrad M. Arensberg, and Harry W. Pearson, eds., *Trade and Market in the Early Empires*: *Economies in History and Theory*, Gateway, 1971, pp. 243 – 270.

② 《物质文明》第二卷,第 228—232 页。

③ Pierre Bourdieu, *Distinction*: *A Social Critique of the Judgement of Taste*, trans. Richard Nice, Harvard University Press, 1984. 同时参阅下文讨论的法国学者德·塞托的研究。

④ Georges Duby, *The Early Growth of the European Economy*, trans. Howard B. Clarke, Cornell University Press, 1974. 雅克·勒高夫:《钱袋与永生:中世纪的经济与宗教》,周嫄译,上海人民出版社,2007 年。达尼埃尔·罗什:《平常事情的历史》,吴鼐译,百花文艺出版社,2005 年。

⑤ 爱德华·汤普森:《共有的习俗》,沈汉、王加丰译,上海人民出版社,2002 年,第 196—277 页。Giovanni Levi, *Inheriting Power*: *The Story of an Exorcist*, trans. Lydia Cochrane, University of Chicago Press, 1988. Natalie Zemon Davis, *The Gift in Sixteenth-Century France*, Oxford University Press, 2000. 古列维奇:《中世纪文化范畴》,庞玉沽、李学智译,浙江人民出版社,1992 年。

　　笔者求学时代接受的主要是社会经济史训练,后来又从事社会文化史研究,在长期的学习过程中,一直在思考如何打通经济史、社会史与文化史。通过研习经济人类学和欧洲社会文化史论著,笔者逐渐认识到,我们或许可以以经济过程诸环节(即物的生产、分配、交换与消费)为基本线索,结合与每一环节相关的社会关系与意义体系,对经济过程、社会关系与意义体系进行串联。图1就是在上述思路的基础上勾勒出来的。笔者希望借助这个框架,把握经济、社会、文化三者的互动方式与形态,为日后对物质文化史的研究提供一个宏观的分析框架。

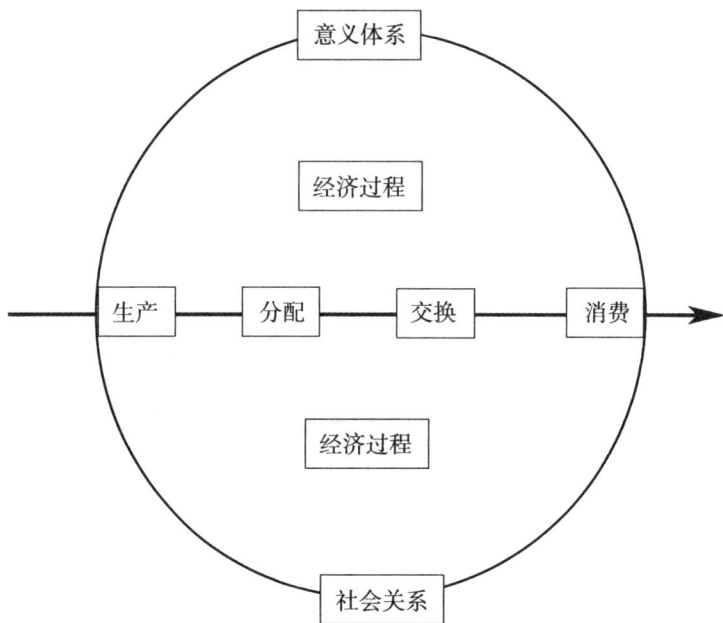

图 1　经济过程、社会关系与意义体系示意图

　　从本质上说,经济过程是人与资源的结合过程,在此过程中,从自然环境中采集的资源经过加工,转变为劳动产品,而产品再经由分配、交换环节,进入消费环节,从而完成从生产至消费的周期。这个过程的主角就是物。从生产到消费,物呈现出不同的形态,同时被赋予不同的名称,如产品、礼物、商品、贡赋等。这个周期本身,在不同的时空中,可能包括不同的环节。有的物经过生产环节后,无需进行分配与交换,直接进入消费环节(如自给自足形态下的劳动产品)。有的物在生产之后、消费之前,仅涉及分配或交换环节。不过尽管存在各种特例,只要稍作调整,图1足以概括历史上常见的经济过程。

　　作为人与资源相结合的产物,物从生产到消费,始终离不开人的参与和干预,始终是在某种社会关系下进行的。鲁滨逊这个极端的例子,在现实生活中是很难碰到的,而且即使在这个特例中,也存在某种简单的社会关系:救出星期五之后,鲁滨逊与星期五之间,就形成了支配与被支配关系。这里的社会关系这个概念,是在广义上被使用的:不同等级的政治组织(从部落、国家到帝国)都被视为社会关系的某种存在形态。

与此同时,这个以物为中心的经由社会关系介入、干预的经济过程,本身与文化象征和意义体系也密不可分。从物的生产到消费,尤其是这个过程的关键环节(象征人类学所谓的"阈限",如农业活动中的生产与收获环节),充斥着象征操弄与仪式展演。因此,不妨说,以物为中心的经济过程,不仅拥有自身的"社会生活",也拥有自身的"象征生活"。正是经济过程、社会关系与意义体系之间的互动,构成了物质文化的主体内容(参见表1)。

表1　经济、社会、文化互动表

经济过程	社会关系	文化体系
生　产	劳动分工;换工与互助;土地制度;雇佣关系	丰产仪式;劳动观;宗教伦理(如新教伦理)
分　配	主佃关系;贡赋关系;借贷关系;朝贡;军事掠夺;遗产继承	道义经济
交　换	物物贸易;互市;市场贸易;互惠关系	商品拜物教;互惠制度;礼物之灵
消　费	社会关系之建构与再生产;社会区隔	文化偏好;禁忌体系;奢靡风俗;意义生成

在生产环节,这个人与资源结合的关键环节,社会关系的介入是不可避免的。只有在少数情形下,生产活动才由个人独立完成。在家庭内部,围绕生产的进行,出现某种劳动分工,如性别分工,中国传统时代"男耕女织"的性别意象就是一例。在超家庭层面,由于生产资料获取方式的不同,形成不同的生产关系,其中围绕土地所有权主体和土地的使用方式,形成不同的土地制度,如租佃地主制、经营地主制和乡族土地所有制。在家庭与家庭之间,因劳动的组合,形成各种换工和互助关系,华北一些地区盛行的搭套就是一个例子。①在不少文化中,生产作为一个至关重要的环节,是仪式展演非常频繁、密集的一个领域,其中最为常见的就是弗雷泽《金枝》与马林

---

① 张思:《近代华北村落共同体的变迁》,商务印书馆,2006年。

诺夫斯基《珊瑚园及其巫术》(*Coral Gardens and Their Magic*)两部经典曾详细论述过的各种丰产仪式。[1]同时,围绕劳动本身,不同社会也出现了对劳动的不同评价和态度,这些劳动观往往与社会分类有关。在古代中国,与此相关的分类是"四民"分类观。在印欧文明影响下的地区,则是由教士、骑士与农民构成的三分法社会观,这是杜比的代表作《三个等级》(*The Three Orders*)所探讨的主题。[2]

分配环节是物从生产者手上经由分配转移至其他个人或集体的过程。这是传统社会经济史较为关注的环节,与生产关系、法权观念、政治制度有着密不可分的关系。经由这个环节,一部分物作为租金转移至地主手中,一部分作为贡赋转化为国家机关的税收,在战争时期和征服阶段,它们作为战利品进入军事集团之手——在杜比讨论的欧洲中世纪早期和蒙古建立草原帝国的过程中,这是很常见的一种分配方式。[3]物还可以超越国界,以贡品的形式,进入另一个国家,如古代中国朝贡体制下的贡品。针对租佃、贡赋,不同文化也大都存在一套约定俗成的惯例,限制地主、国家对物的贪婪的、无限度的需索,这些经济伦理,构成了斯科特《农民的道义经济学》一书讨论的农民道义经济学的重要部分。[4]在分配环节,继承制度也是非常重要的社会文化机制,这是物在不同世代之间转手的过程,对社会结构,尤其是社会阶层的形成与变动产生很大的影响。因此,早在20世纪70年代,遗产继承制度就成为不少欧洲社会史学家和人类学家探讨的重要课题。某些地区独特的继承制度,还被视为现代社会出现的根源。[5]

提到交换,我们马上联想到的是市场贸易,这自然是现代社会最重要的一种交换形式。不过,20世纪中叶以来经济人类学家(特别是波兰尼及其追随者)与历史学者进行的一项重要工作,就是限定市场贸易的时空范围,揭示在市场贸易站稳脚跟之前,历史上不同文化曾出现过的各种交换形态,这其实也是布罗代尔《物质文明》探讨的主题之一。印裔美籍人类学家阿卜杜拉主编的经典论集《物的社会生活》探讨

---

① 詹·乔·弗雷泽:《金枝》,徐育新、汪培基、张泽石译,中国民间文艺出版社,1987年。Bronislaw Malinowski, *Coral Gardens and Their Magic*: *A Study of the Methods of Tilling the Soil and of Agricultural Rites in the Trobriand Islands*, Dover, 1978.

② Georges Duby, *The Three Orders*: *Feudal Society Imagined*, trans. Arthur Goldhammer, University of Chicago Press, 1982.

③ Duby, *The Early Growth of the European Economy*, pp. 48 - 57. Joseph Fletcher, "The Mongols: Ecological and Social Perspectives," *Harvard Journal of Asiatic Studies* 46.1 (June 1986), pp. 11 - 50.

④ 詹姆斯·C. 斯科特:《农民的道义经济学:东南亚的反叛与生存》,程立显、刘建等译,译林出版社,2001年。

⑤ 艾伦·麦克法兰:《英国个人主义的起源》,管可秾译,商务印书馆,2008年。

的主题,是围绕商品形成的复杂社会关系与文化意涵。和马克思关注物的生产过程不同,阿卜杜拉主要从物的交换环节入手,对物与人的关系进行深入探讨。他对物物交换、市场贸易与礼物交换的辨析,揭示了市场贸易在不同文化中的影响限度。因此,商品化,亦即哪些物可以交付市场出售,在他看来是一个颇为重要的问题。①社会经济史很早就关注长距离贸易、国际贸易问题,这个领域相对忽视的一种交换方式,是在不同家庭之间发生的互惠行为,尤其是戴维斯曾深入探讨的礼物馈赠行为与理念,这种行为主要发生于亲属之间,但有时也发生于只存在利益关系的不同阶层之间,阎云翔《礼物的流动》讨论的中国社会中通过送礼来拉关系、走后门就是一例。②在文化体系方面,围绕互惠行为,形成了相关的制度与仪式,莫斯揭示的"礼物之灵",是以宗教形式存在的一种互惠制度。

在以往的社会经济史研究中,消费问题一直没有受到足够的重视,而人类学、社会学与物质文化史研究则将之视为核心课题。凡勃伦就是从社会角度研究消费的开拓者,桑巴特从中世纪王宫的奢侈消费习气寻找资本主义起源和发展的基本动力。③在当代学术界,消费成为社会文化分析的核心问题之一,研究积累颇为深厚。美国人类学家西敏司的《甜与权力》考察了糖在欧美的消费史,他细致探讨了来自拉美甘蔗种植园的食糖,是如何被欧美工人阶级消费,对他们的生活又产生何种影响。④结构主义影响下的饮食研究,揭示了可吃与不可吃背后的文化逻辑。⑤消费(如饮食)也是社会关系的建构过程,《礼记·昏义》说婚礼亲迎之后,新郎新娘应"共牢而食,合卺而酳,所以合体,同尊卑,以亲之也",说的就是这个道理。在布迪厄那里,消费是社会区隔的主要手段。而到了德·塞托的日常生活理论中,消费是个意义的生产过程。物质文化史研究,在很大程度上被定义为对消费的研究,英国学者柯律格的《长物》就是从消费者(特别是文震亨)的角度探讨明代的物质文化。⑥巫仁恕《品味奢华》一书,副标题特地标出"消费社会"一语,以此提示其主

① Arjun Appadurai, ed., *The Social Life of Things*: *Commodities in Cultural Perspective*, Cambridge University Press, 1986, pp. 3 – 63.

② 阎云翔:《礼物的流动:一个中国村庄中的互惠原则与社会网络》,李放春、刘瑜译,上海人民出版社,2000 年。

③ 托斯丹·邦德·凡勃伦:《有闲阶级论》,蔡受百译,商务印书馆,1983 年。维尔纳·桑巴特:《奢侈与资本主义》,王燕平、侯小河译,上海人民出版社,2005 年。

④ 西敏司:《甜与权力:糖在近代历史上的地位》,朱健刚、王超译,商务印书馆,2010 年。

⑤ 参见 Mary Douglas, *Purity and Danger*: *An Analysis of Concepts of Pollution and Taboo*, Routledge, 1984, pp. 30 – 58.

⑥ 柯律格:《长物:早期现代中国的物质文化与社会状况》,高昕丹、陈恒译,生活·读书·新知三联书店,2015 年。

题。该书探讨的主体内容,包括轿子、服饰、家具、饮食、旅游等,大都可归入物品或服务的消费。①这自然是可以理解的,因为在经济活动的四个环节中,消费无疑是社会文化机制(社会分层、文化偏好)介入最深入的一个环节,最适宜开展物质文化史研究。但笔者要指出的是,消费仅仅是经济活动的四个环节之一,不应因为消费的重要性,而忽视了对生产、分配与交换环节的物质文化史研究。

综合上述讨论,在图1所示的分析框架中,经济过程包括生产、分配、交换、消费四个环节,这四个环节共同构成了物质文化史需要探讨的基本线索。同时,各个环节具备不同的面向:经济过程为理解物提供了基本骨架,社会关系为物提供了血肉,而文化体系为物提供了"精神"。只有结合这四个环节、三个面向,才有可能对物的不同面向进行较为系统的把握。

三、日常性与生命史

我们已经梳理了围绕物形成的经济过程、社会关系与文化体系之间的关系,并指出这是物质文化史的基本内容,那么需要进一步追问的是,如何从理论上把握历史上日常物质生活的基本特性,探讨物的历史与人的历史之间的关联? 在这方面,布罗代尔提供了什么灵感?

在《物质文明》第一卷前言部分,布罗代尔谈到物质文明的基本特征,他指出:"这种无处不在、无孔不入、多次重复的物质生活表现为一整套惯例:播种小麦、种植玉米、平整稻田、在红海航行,如此等等,都是照老办法进行。过去在现时中顽强地表现自己,贪婪地、不动声色地吞噬着人们转瞬即逝的时间。"②在前言末尾,他又花费不少笔墨,为把日常生活纳入史学研究进行辩护:

> 还有最后一个选择需要论证,就是把日常生活不折不扣地纳入历史的范围。这样做有什么用处? 是否必要? 日常生活无非是些琐事,在时空范围内微不足道。你愈是缩小观察范围,就愈有机会置身物质生活的环境之中:大的观察范围通常与重大史实相适应,例如远程贸易、民族经济或城市经济网络。当你缩短观察的时间跨度,你看到的就只是个别时间或者种种杂事;历史事件是一次性的,或自以为是独一无二的;杂事则反复发生,经多次反复而取得一般性,甚至变成

① 巫仁恕:《品味奢华:晚明的消费社会与士大夫》,中华书局,2008 年。
② 《物质文明》第一卷,第25 页。

结构。它侵入社会的每个层次，在世代相传的生存方式和行为方式上刻下印记。……社会各层次的衣、食、住方式决不是无关紧要的。这些镜头同时显示不同社会的差别和对立，而这些差别和对立并非无关宏旨。整理、重现这些场景是饶有兴味的事情，我不认为它浅薄无聊。①

在布罗代尔看来，物质文明的基本特征是重复性，而这恰恰也是日常生活的基本特征，这是因为物质文明位于日常生活的中心。这种"贪婪地、不动声色地吞噬着人们转瞬即逝的时间"的重复性，不是别的，正是布罗代尔穷毕生之力孜孜以求的"结构"，一种长时段的存在方式。正是隐含于物质文明与日常生活背后的"结构"，构成了布罗代尔开展研究的出发点，这应该也是今天倡导对两者进行研究的基本原因。通过揭示物质文明与日常生活的重复性或曰结构性，布罗代尔强调了两者之间的内在关联。物是日常生活的外在表象，而日常是物质文化存在的基本形态。

日常生活中物的存在形态，深刻地影响着生活其间的人。《物质文明》揭示，物的日常性，在一定意义上说形塑着人的生活世界，不过这种物的日常性的政治面向，应该说是布罗代尔不曾完全意识到的（不过他对这一日常性背后的阶级差别有深刻的认识）。日常生活的重复性，很容易让人联想到抽象、乏味的统计数据（乏味通常也被视为日常生活的基本特征）。实际上在这种表象背后，可能存在着不同主体之间的互动、对抗。日常意味着行为、态度及周遭环境的重复性，日常生活就是由物质生活中无数琐碎物事的无数次重复造就的，时间被抹杀或"吞噬"了，人们平日里对周遭的物视而不见，事实上它们却与日常生活浑然一体，个人悠游其中，一切"从心所欲"，这种物我交融的状况，正是日常化的物质文化塑造的最基本的文化心理特征。从内在的角度看，日常落实到心理层面，表现为一种无意识，一种缺乏反思、批评的状态。正是由于这个特征，日常生活经常成为不同意识形态开展拉锯战的策略性场所，营造、维系某种形态的日常生活，成为塑造顺从的基本路径。正因为如此，日常生活才常常成为微观政治运作的基本空间，成为福柯的"微观权力"运作的最重要的舞台，而作为日常生活基本构筑材料的物质文化，常常也在微观政治中扮演着不容忽视的角色。出于同样的理由，日常性的物质生活也常常成为政治抗争的核心场所之一，这就是为何在中世纪盛期的欧洲市镇，时钟成为作坊主与雇工冲突的牺牲品的原因。②

---

① 《物质文明》第一卷，第26—27页。
② 雅克·勒高夫：《试谈另一个中世纪》，周莽译，商务印书馆，2014年，第77—94页。

在这种意义上说,从事物质文化史研究的学者,或可尝试从日常物质文化中发现微观权力运作机制和微观政治抗争。日常的物质生活是微观权力结构生产与再生产的基本场所。美国学者白馥兰《技术与性别》对传统中国住宅的分析显示,传统中国的居住空间,就是父权制再生产的基本场所。①同是这个空间,也可能成为微观政治抗争的舞台。这里所说的微观政治抗争,经常体现为斯科特在《弱者的武器》一书中描述的种种"日常形式的斗争","农民与试图从他们身上榨取劳动、食物、税收、租金和利息的那些人之间平淡无奇却持续不断的斗争":偷懒、装糊涂、开小差、假装顺从、偷盗、装傻卖呆、诽谤、纵火、暗中破坏等。②微观政治有时也以更温和的方式出现,一种有个性的穿着方式,在英国文化研究学者赫伯迪奇看来,既是亚文化的表征,也是抵制主流文化的政治举动。③正是在日常生活的层面,福柯讨论的规训双方展开了拉锯战。学校、医院、工厂是微观权力运作的基本平台,但也正是在日常生活的空间中,德·塞托发现了反抗规训的种种"战术",通过日常生活的实践,消费者(取其广义)"重新占据了社会文化生产技术所组织的空间",他们的"消费程序和计谋"建构起了"反规训的体系"。④现当代丰富的档案史料,为在日常生活中发现微观政治提供了可能。

必须提醒的是,在社会生活中,并非所有物都具备日常性,或者更准确地说,物的日常性,是因阶层、因群体而异的。礼物之所以成为礼物,就在于它们是与某种节庆或仪式相关联的,亦即它们是非日常的。奢侈品之所以成为奢侈品,是因为至少对于某些社会群体而言,它们尚未成为日常消耗品。从这种意义上说,物质文化与日常生活不能完全等同。我们固然可以从日常生活中发现物——那种具备日常的、重复出现的物,同时也应关注这些物的日常化过程与去日常化过程,从而探知日常生活的时空限度与社会限度。尽管布罗代尔强调物的日常性,笔者认为赋予时代感的主要不是物的日常性(因为它是非时间性的、"吞噬"时间的),而是其日常化与去日常化过程。

日常化过程可以理解为某物日益频繁地被生产、交换与消费,在人与人之间频繁流转,并被赋予常规文化意义的过程。借用美国人类学家科皮托夫的话说,日常化研

---

① 白馥兰:《技术与性别》,江湄、邓京力译,江苏人民出版社,第39—136页。

② 詹姆斯·C.斯科特:《弱者的武器》,郑广怀、张敏、何江穗译,译林出版社,2011年,第2页。笔者对译文稍有调整。

③ Dick Hebdige, *Subculture: The Meaning of Style*, Methuen, 1979.

④ 米歇尔·德·塞托:《日常生活实践》第一卷《实践的艺术》,方琳琳、黄春柳译,南京大学出版社,2015年,第34—35页。

究的基本思路是，重构历史上物的个体传记(biography)或生命史(life history)，①梳理其进入日常生活的基本轨迹。食糖在近代欧美就经历了从奢侈品到日常消耗品的过程。明末从美洲引进中国的新物种，包括玉米、番薯、烟草等，也经历了日常化的过程。《物质文明》讨论的椅子引进中国的过程，是日常化的另一个例证。②这些食物、作物和器具的日常化过程，涉及经济、社会、文化等诸多面向。新物种的引进，往往引发土地利用、耕作制度、饮食习惯、人口行为等方面的变动。在讨论椅子的引进时，布罗代尔评论说，"对于中国来说，接受椅子意味着接受一种新的生活艺术"③，它带来了包括坐姿、礼节在内的一系列变化。从文化的角度看，这些"舶来品"的引进及其日常化，涉及它们如何在客位文化中被"去陌生化"(de-familiarized)，即被重新赋予文化意义、纳入本土文化的过程。

根据科皮托夫的理解，对物的生命史进行研究，与撰写人物传记有几分相似，必须记述其来处、"生涯"与终结，具体来说，这意味着追问一系列的问题：

> 要撰写某物的传记，提出的问题与撰写人物传记是类似的：从社会学的意义上说，何为内在于物的"地位"、阶段与文化当中的传记可能性？这些可能性如何变为现实？物来自何方？系何人所制？截至当下，其生命轨迹如何？在人们的眼中，此类物事的理想生涯是什么？何为物的"生命"当中可辨识的"年龄"或"阶段"？这些年龄或阶段的文化标识是什么？随着年岁的增长，物的用途如何发生变化？当它不再拥有使用价值时，它如何被处置？④

对从事物质文化史研究的学者而言，这种路径有助于追踪物在社会网络中流转的轨迹及在此旅程中意义被赋予、修改与抹除的过程。这种路径特别适用于对书画、书籍、古董一类物进行研究，而且古人为此留下了大量的相关史料。书籍的印章、题跋、藏书记等实物、文献证据，便为重构书籍的印刷、交易、馈赠、赏鉴、散佚等"生命历程"提供了丰富的信息。这种路径为缀连物经历的不同环节及串联物的不同面向提供了可能。物质文化史研究者的一个重要课题，是定位这些物与特定阶层或特定

① Igor Kopytoff, "The Cultural Biography of Things: Commoditization as Process," in Appadurai, ed. , *The Social Life of Things*, pp. 64 - 91.

② 《物质文明》第一卷，第337—343页。另参见翁同文《中国坐椅习俗》，海豚出版社，2011年。

③ 《物质文明》第一卷，第339页。

④ Kopytoff, "The Cultural Biography of Things," pp. 66 - 67.

人群的关系,理解它们在界定这个阶层或人群的身份与地位中扮演的角色,探究其社会文化意涵的变动轨迹。由于这些物的生命史常常经历很长时间,穿梭于不少人物之手,研究者有可能追踪不同时期社会关系的变动与文化心态的改变。在中国物质文化史研究中,这是一个不少学者尚未有效运用但前景可观的研究路径。

结　　语

在物质文化史研究领域,布罗代尔至少在两个方面作出了贡献。其一,他开拓了物质文化史的领域,并赋予其应有的学术地位。其二,他尝试在物质文化中发现日常生活,为思考物质文化与日常生活的关系提供了一条路径。尽管从现在看来,他对物质文化史下的定义,基本上属于广义社会经济史的范畴,但他对这一领域的研究实践本身,其实已超越了这个范畴,因为他将社会关系和文化体系纳入探讨的范围。从拓展学术视野的角度看,这不能不说是件重要的事。

有了布罗代尔奠定的一块基石,我们今天的建构工作就显得顺理成章了。本文提供的思路是:在研究对象上,串联物的经济、社会与文化面向;在研究方法上,打通经济史、社会史与文化史。笔者尝试以物的生产、分配、交换与消费为基本线索,重构围绕这四个环节形成的社会关系与意义体系,为日后的物质文化史研究提供一个宏观的分析框架。这个框架有助于从整体把握经济过程与社会文化过程之间的关系,认识当下研究中的热点和盲点。这种关注不同环节、各个面向的物质文化史,不妨说是致力于"整体史"理念的物质文化史。

同时,笔者还意识到,我们还有必要借助当代社会批判理论,延伸布罗代尔对物质文化与日常生活的讨论。布罗代尔强调日常生活的重复性,社会批判理论则致力于揭示物质生活的日常性背后的政治意涵,正因为这种重复性,日常物质生活成为微观权力运作与微观政治抗争的基本场所。最后,笔者认为,有必要引进人类学的分析路径,开展物的传记的书写,或重构物的生命史,以此把握物的日常特性与社会文化特性,推进物质文化史研究。

本文原刊于《文汇学人》第 245 期,2016 年 5 月 20 日,第 12—14 版。本文的主体内容曾作为南开大学"中国史上的日常生活与物质文化"研讨会(2015 年 10 月 30 日—11 月 1 日)上的报告发表,感谢卢建荣教授、常建华教授的评论。

昌化石兴起历史考辨

——兼论历史书写中的个人情结问题

余新忠

南开大学历史学院暨中国社会史研究中心

印章及其文化,业已构成东亚文化圈的重要文化遗产和特色。印章或者说印玺,早在先秦时代即已出现,[1]元代以降,特别是明清时期,随着篆刻入印及其与书画及文化的结合,印章实用功能之外的艺术价值日渐彰显,其在人们日常生活中的作用亦更见加强。[2] 在这一过程中,石质印材即印石的采用,不仅对印章的功能更多地由实用转向艺术起到重要的推动作用,也极大地推进了篆刻艺术的发展。[3] 明中后期以降,随着篆刻艺术的发展和印石日渐广泛地被使用,逐渐形成青田石、寿山石和昌化石三大传统印石名品("印石三宝"),及至今日,该三大名石连同晚近发现的巴林石,普遍被称为"四大国石"。[4]

目前有关印石的论著甚多,而且相当一部分印制精美,不过其大多是从艺术、收藏和矿物学等角度所展开的探讨。对于这些印石的历史,尽管在相关的论著中多有述及,但基本缺乏专门具体的研究,而且因为大都为地方文史工作者或收藏家担纲,缺乏专业历史学者的关注,故而除巴林石开发较晚,历史比较清楚以外,传统三大印石的历史,目前的相关论著都一定程度存在着论述粗略、夸大开发利用历史的悠久程度乃至错讹等问题。尤其是昌化石,由于早期的历史记载甚少,这方面的问题更为严重。故此,本文将通过在比较全面地占有资料的基础上,从辨正已有论述入手,对昌

---

[1] 参阅叶伟夫《中国印石》,辽宁人民出版社,1993 年,第 3—4 页。

[2] 参阅黄惇《中国古代印论史》,上海书画出版社,1994 年,第 6—10 页;辛尘《明清篆刻艺术的发生与发展》,《中国书法》2011 年第 7 期。

[3] 参阅辛尘《明清篆刻艺术的发生与发展》,《中国书法》2011 年第 7 期;魏芙蓉《明清治印名家特点及篆刻艺术转变研究》,《文物鉴定与鉴赏》2019 年第 1 期。

[4] 参阅孙慰祖《中国玺印篆刻通史》,东方出版中心,2016 年,第 458—480 页;赵熊《篆刻十讲》,陕西人民美术出版社,2004 年,第 36—38 页。

化石的印石历史作一系统论述。希望管中窥豹,有助于我们更好地了解明清印石的历史,并引发我们去了解和省思当前收藏、艺术方面的历史研究状况。不仅如此,我们将继续思考导致目前状况的深层次因素,而对当前历史书写中普遍存在的个人情结问题作一探讨。不当之处,敬请方家指正。

一、昌化石历史成说缕述

目前史籍中对于作为印石的昌化石的最早记载,就管见所及,为成书于雍正十三年(1735)的《浙江通志》①(内容详后),此后相关记载在方志、印学、笔记和文集等类文献中时有出现。近代以来,论及昌化石的文章,亦不时出现在相关的书刊中,不过谈论的多为其作为印石的特色与价值以及作者对其的认识等内容。②

关涉昌化石历史的论著,较早的有石巢出版于1982年的《印石辨》,该书以探讨寿山石为主,兼及昌化石和青田石,在有关昌化石的部分,该书并未特别谈及其历史,不过提到了1923年翻译出版的《中国美术》一书中,记载了一尊收藏于英国博物馆的铁铸偶像,"周身用鸡冠石片蘸漆黏其上",并就此认为"明代鸡血红出产尚夥,而主要用于雕塑人物用具"。③ 1987年出版的《浙江土特产简志》中收录了"昌化鸡血石",简介中也有涉及其历史的内容,认为"明初,开始采制鸡血石",依据为当时有人因进献鸡血石而得官,被称为"玉石官",并提到了道光《昌化县志》抄录雍正《浙江通志》的那条资料。④

1991年,地方史志研究者杨一平在其发表的文章《使鸡血石重放异彩的思索》中专列一节论述"鸡血石的历史",认为鸡血石早在明初的13世纪下半叶(编者按:杨氏原文误,当为14世纪下半叶)已经开采,并根据《昌化县备志》的记载,叙述了当时的开采方式:"使其高热后猛泼冷水使石崩裂,再用铁杆凿之。"进而列举了关于明清鸡血石的一些文字史迹,包括:明代"玉石官"的传说;康熙五十八年(1719)任昌化令的方城所写关涉昌化石的诗作;乾隆四十九年(1784)乾隆帝南巡至天目山,从天目寺僧文远处获赠一方鸡血石,回京后刻成"乾隆之宝";等等。⑤ 同年,收藏家陈京、李文寿的《鸡血石选藏集》也在前言部分列有"昌化鸡血石的历史"之目,不过内容似为杨一平之文的简写。⑥ 而后,对昌化石研究用力

① 雍正《浙江通志》卷一〇一《物产一》,华文书局1967年影印清乾隆元年刊本,第1698页。
② 比如邓散木《篆刻学》,上海人民美术出版社,2018年,第186页;朱方《青田昌化石》,《申报》1925年10月12日,第17版;沈慕陶《鸡血石》,《大公报》(上海)1936年5月28日,第9版;等等。
③ 石巢:《印石辨》,中华书局香港分局,1982年,第26页。
④ 《浙江土特产简志》,浙江人民出版社,1987年,第50—51页。
⑤ 杨一平:《使鸡血石重放异彩的思索》,《临安科协》1991年第3期。
⑥ 论石艺术编辑小组:《鸡血石选藏集》,论石艺术研究室,1991年,第10页。

甚勤、论著丰富的姚宾谟于 1995 年发表了《国之瑰宝——昌化鸡血石》一文,在杨一平文的基础上,对昌化石的历史作了进一步梳理。他首先认为昌化石的开采历史"始于元代,兴于明清",较杨文有所推前。但其并没有提供元代的证据,而是提出了南宋在现在的昌化石产地设置"玉山乡"这一信息。而关于昌化石利用的情况,该文引述了石巢《印石辨》中提及的铁铸偶像,不过将"鸡冠石片"改为了"鸡血石片",并认为昌化鸡血石在明代已经广泛应用于印章和人物造型。还进一步补充了清代朝廷中的鸡血石印玺信息,包括康熙的"惟几惟康"、乾隆的"乾隆宸翰"(认为即天目山文远所赠之印)、"惟精惟一"等。[①] 翌年,陈京先生联合台湾历史博物馆出版了《赤玉丹霞——陈京先生珍藏昌化鸡血石文物》,陈京写的序和该博物馆研究员杨式昭所写的《赤玉丹霞——昌化鸡血石试论》一文,也都对其历史有所论述,后者虽然在行文上显得比较专业,符合学术规范,但就内容而言,完全是对杨一平和姚宾谟二文的编写而已。[②]

时隔不久,姚宾谟出版了对昌化石进行全面系统论述的《昌化石志》,设专章论述昌化石的简史,该论述不仅对已有研究作了系统化梳理,而且补充了若干新的史料。就早期历史的论述来说,他延续昌化石开采利用始于元末一说,并引用乾隆末年戴启伟《啸月楼印赏》中的记载——"至用竹木暨寿山、青田、昌化等石,自元王冕始用之"作为依据。关于明代的情况,补充了《古董文物精品鉴赏》一书中收录的一对明代古鸡血石印章这一新证据。还引述了《书法》1982 年第 4 期(实为 1983 年第 4 期,详下文)《印石名品简介》一文,称该刊介绍了 4 枚明清的老坑昌化鸡血石。[③] 至此,有关昌化石自元末以来被开发利用,至今已有 600 余年历史的论述已相对系统,亦得到了普遍的认可,被此后的诸多论著广为采用。

在 1990 年和 1999 年两次发掘的杭州半山石塘战国墓中出土了 112 件玉石器,杭州博物馆的洪丽娅认为其中一部分很可能是昌化石,遂向姚宾谟等地方上的昌化石研究专家咨询,并得到了他们的一致认同。[④] 依据洪丽娅提供的信息,姚宾谟在 2007 年出版的《中国昌化石文化》一书中,大幅修正了其此前有关昌化石开发利用历史的观点,提出:开发利用始于战国,宋代已负盛名,元明广为应用,清代列为名品开采。[⑤] 对

---

① 姚宾谟:《国之瑰宝——昌化鸡血石》,《天目山》1995 年第 2 期。
② 台湾历史博物馆编辑委员会:《赤玉丹霞——陈京先生珍藏昌化鸡血石文物》,台湾历史博物馆,1996 年。
③ 姚宾谟:《昌化石志》,中华书局,1998 年,第 17—22 页。
④ 洪丽娅:《杭州半山战国墓出土石器材质研究》,《东方博物》2007 年第 3 期。
⑤ 姚宾谟:《中国昌化石文化》,中国美术学院出版社,2007 年,第 26—28 页。

于这些论述,除了前面所指出的依据外,他也补充了若干资料。就乾隆之前的来说,主要有:清贡生侯嘉幡有关昌化石的诗作,清宫中有一块康熙年间制的鸡血石雕——"英雄独立佩",明代福建连江尚书吴文华家藏有昌化鸡血石石雕数种,等等。① 同年,洪丽娅研究石塘战国墓玉石器的论文也获得发表,其通过文献和矿石检测等方法,"初步认定,杭州半山石塘战国墓出土的部分石质文物的原料是昌化石"。不过,她同时也指出,"更确切的结论有待于进一步研究",并谨慎而带有疑问地提出,是否可以理解为"对昌化石的使用和认识,至迟在战国时期已经形成"。②

或许这一发现与印石关系较小,姚宾谟在洪丽娅研究的基础上得出的新认识,似乎并未得到普遍认可,③不过相关研究者仍在努力发掘补充昌化石早期开发利用的新证据。2007 年,当地昌化鸡血石研究者许林田发表文章指出:"明代篆刻家文彭雕刻的一枚鸡血石冻覆斗方纽方章,印文'玉树临风',是目前见到最早的昌化鸡血石文人印章。"④此后,骆金伟、钱友杰编著的《临安市昌化鸡血石博物馆》一书对该论据作了补充,刊布了文彭这枚印章的彩色图文,同时,还对昌化石的开采历史提出了自己的看法——"据详细考证,昌化鸡血石的开采始于宋代",理由是,米芾的"宝晋斋"陈列有尺余高的朱砂石,该书认为那块朱砂石就是鸡血石。⑤

综上可知,虽然笔者所见确定的最早有关昌化石的记载为雍正十三年的《浙江通志》,但目前相关的研究普遍认为昌化石的开采利用已有 600 余年的历史,而且近年来,还有人进一步提出始于宋代和战国时期。那么,我们该如何理解这一落差呢?我们应该采信哪一种说法呢?

二、昌化石历史成说辨正

显而易见,考察历史上的很多事物和现象,发现因为缺乏记载或记载遗失,而无法看到比较确定的相关文献资料,是常有的事。如果相关证据确凿,甚至能够依据一鳞半爪的资料作出合理而严密的推演,我们完全有可能改写文献中的论述。因此,要

---

① 姚宾谟:《中国昌化石文化》,第 231—232 页。
② 洪丽娅:《杭州半山战国墓出土玉石器材质研究》,《东方博物》2007 年第 3 期。
③ 比如许林田发表于 2010 年的文章仍称:"自元末开采雕刻以来,……至今已有六百余年的历史。"(《中国书画》2010 年第 7 期)2013 年完成的两部学位论文,也持基本同样的认识。(陈波:《临安市山区昌化石开发利用研究》,浙江农林大学非全日制专业硕士学位论文,2013 年 6 月,第 1 页。陈延芳:《青田石、昌化石的岩石学特征与成因分析》,中国地质大学[北京]博士学位论文,2013 年 5 月,第 31 页。)
④ 许林田:《昌化鸡血石雕的美学价值与保护》,《中国文化报》2007 年 10 月 8 日。
⑤ 骆金伟、钱友杰编著:《临安市昌化鸡血石博物馆》,浙江摄影出版社,2013 年,第 26 页。

判断已有的成说能否成立,首先就需要对其提供的证据进行逐一检视。

通过上面的梳理,我们已经看到,已有成说有关清中期之前昌化石已得到开发利用的证据主要有:1.杭州半山石塘战国墓发现了部分昌化石玉石器;2.宋代米芾收藏有所谓鸡血石质的朱砂石;3.南宋在昌化石产地设置了"玉山乡";4.《啸月楼印赏》中明确记载元王冕开始用昌化石;5.明初陈姓人士因进献鸡血石而获封"玉石官";6.《昌化县备志》(《昌志备考》)有对明代开采昌化石的记载;7.英国博物馆藏有镶嵌鸡血石片的明代宗庙的"铁铸偶像";8.现存世有文彭所刻"玉树临风"鸡血石印章;9.明连江尚书吴文华藏有众多的鸡血石雕刻与印章;10.《书法》《收藏》和《古董文物精品鉴赏》等书刊,刊布了明代至清初的鸡血石古印章和"英雄独立佩"刻件;11.康熙有"惟几惟康"鸡血石御玺;12.康熙晚期任昌化知县的方城留下了有关昌化石的诗句;13.乾隆四十六年高宗南巡,驻跸天目山,获寺僧所赠鸡血石,回京后刻成"乾隆之宝"("乾隆宸翰")之印;等等。下面我们逐一看看这些证据是否确凿。

1. **战国昌化石。**目前吴越地区墓葬中出土的玉石器甚多,认为其中有昌化石,是洪丽娅依据半山石塘战国墓出土玉石器的检测研究首先提出的,在此基础上,她进一步认为这类材质的昌化石,比较广泛地分布于春秋战国的越国墓中,其用途主要为兵器、佩饰器等。[①] 作者自称其对昌化石的认定系初步研究,这应该可以看作是谨慎和自谦之词,其论述自然是有依据的。不过让笔者感到疑惑的是,既然作为装饰器物,而且利用开采已有相当一段时间,何以目前出土的均为不带"鸡血"的普通昌化石,当地明显更引人注目的鸡血石怎么会在开采过程中不被发现和利用呢?显然,若不能对当时越国境内可能的玉石开采场所的石材进行对比分析,仅取一地样本作检测分析就得出结论,似乎还不够周延,毕竟在越国境内,有类似玉石出产的地方应该不止昌化一地。退一步说,即使我们认可洪丽娅的结论,鉴于当时和后来昌化石用途迥异,中间千余年的时间里并无任何可说明延续性的证据,似乎也可以说,战国时期的昌化石和后来主要作为印石的昌化石至少在认知领域缺乏继承性。

2. **米芾的朱砂石。**骆金伟等人在提出这一证据证明昌化石的开采始于宋代时,并没注明这一信息的来源,不过经过笔者的检索,这一信息最早出现在中央美院版画专业教授杨先让写于2004年的散文《矿物收藏家吴增福》中,当时杨教授偶遇吴增福,吴向杨展示了他所收藏的辰砂藏品,杨在文中言:

---

① 洪丽娅:《越国玉石器及早期昌化石文物研究》,《东方博物》2008年第4期。

北宋的大书画家米芾在其"宝晋斋"中陈有尺高的朱砂石,可见古代文人之情趣,却不知该朱砂石是块状,还是鸡血石,有待考证。①

宝石学及其收藏并非杨教授的专业领域,他的这一叙述,并没有什么文献依据,应该是源自吴增福的介绍。数年后,吴增福在其编著的《矿物珍宝收藏入门》中提到了这一信息,不过将"情趣"后的语句改为"这块朱砂石从现在看应该是块状辰砂集合体或是鸡血石"②。而骆金伟等人又进一步表述为"现在看来,那块朱砂石应该就是含有辰砂的昌化鸡血石"③。

米芾曾任职无为州,宝晋斋是他"建造以蓄晋人书法之处","后遭兵燹,碑石俱没",明清时期多次重修,太平天国战争期间再遭焚毁,光绪初年再次重建。④ 今日所存,应是在晚清重建宝晋斋的基础上修缮的。从中可见,宝晋斋的原物早已荡然无存,而且现有相关文献,也没有任何蛛丝马迹表明米芾曾在宝晋斋陈列了所谓的朱砂石。故而应可想见,吴增福所言的信息,不过是收藏家为抬高其收藏品的身价而形成的无根之谈。实际上,朱砂或者说辰砂,也与鸡血石完全不是一种矿石,辰砂(cinnabar),俗称"朱砂""丹砂",成分为 HgS,含 Hg 86.2%,三方晶系,为暗红、鲜红或浅红色的硫化物矿物。⑤ 而鸡血石主要由"迪开石(85%—95%)、辰砂(5%—15%)组成,并含有高岭石、珍珠石、明矾石、黄铁矿和石英等(1%—5%)杂质"⑥。也就是说,鸡血石主要是迪开石和辰砂的混合物,而且辰砂只占较小的分量。由此可见,我们现在完全无法知道米芾是否藏有朱砂石,就算米芾真的收藏有朱砂石,而且还幸存至今,那也跟鸡血石无关。

3. 南宋置"玉山乡"。姚宾谟认为昌化石宋代已负盛名的主要根据为"《昌化县志》载'南宋昌化县置玉山乡,管里十一'",认为当时玉山乡的管辖区正好在玉岩山周围,所以产昌化石的"玉岩山在当年已享盛名"。⑦ 现存的清代县志中虽然有类似的记载,不过其引号中的文字并非原文。关于昌化县置玉山乡的最早记载,可见编纂

---

① 杨先让:《我为主》,广西师范大学出版社,2016年,第331页。
② 吴增福编著:《矿物珍宝收藏入门》,华龄出版社,2007年,第87页。
③ 骆金伟、钱友杰编著:《临安市昌化鸡血石博物馆》,第26页。
④ 陈从周主编:《中国园林鉴赏辞典》,华东师范大学出版社,2001年,第350—351页。《米公祠与宝晋斋》,载邢献宝主编《百年沧桑话无为》,安徽大学出版社,2006年,第286页。
⑤ 地质矿产部地质辞典办公室编辑:《地质大辞典》(二)《矿物、岩石、地球化学分册》,地质出版社,2005年,第47页。廖宗廷、周祖翼主编:《宝石学概论》,同济大学出版社,2009年,第189页。
⑥ 余晓艳:《有色宝石学教程》,地质出版社,2009年,第286—287页。
⑦ 姚宾谟:《中国昌化石文化》,第26页。

于宋咸淳四年(1268)的咸淳《临安志》：

> 昌化县，管四乡一村。……玉山乡管里十一：唐秀、平度、白山、百丈、塘询、祠山、紫涧、上渡、隐居、习善、金城。①

此后这一名称一直延用了下来，乾隆《昌化县志》对历代方志中的记载有详细的罗列，并且开始总结称："乡都之制，成周之遗法也。唐迄五代纷更，邑规画无闻。宋初载籍荒略，仅存十一乡之文已。惟咸淳间制稍严密，嗣即小有变通，而经界迄今不改。"②南宋时的那些地名，大都今天已不知其确指，不过因为其经界一直未改，我们可以参考明清时期的记载，从中可以看到玉山乡所辖区域主要为今日民间仍大体知晓的九都、十都、十一都和十二都，③也就是广大昌西和昌北地区。故而当时设置的该乡，是否是因我们今日所谓的玉岩山④而得名，颇有疑问。更为重要的是，古代名为玉山的地方甚多，汉语中的"玉山"含义颇为丰富，据《汉语大词典》的解释，传说中的仙山、风景秀丽的山峰，均可名之为玉山。故而要就此证明玉山乡的设置乃是源于生产昌化石的玉山的名称，显然还需要有其他过硬的证据才可能。当然，姚氏也举了一个旁证，即现存小九华山寺庙中的昌化石石佛印，说："金石学家据印文推测，此印最早可上溯至宋代。"然而小九华山的银屏寺(庵)作为一个有规模的寺庙，始建于明崇祯初年，⑤到清乾隆年间，小九华山及其寺庙也仍不甚知名，⑥怎么可能有宋代的昌化石印章呢？何况，石刻印章主要兴起于明。可见这一旁证也完全不成立。实际上，倒是有反证表明宋代昌化石并不知名于时(也许当时并无昌化石的概念)。一般认为成书于南宋初年、收录古石的品类最完整的石谱《云林石谱》，载有"临安石"和"武康石"，却没有任何昌化石的信息。⑦

　　4.《啸月楼印赏》的记载。姚宾谟起初将昌化石开发的历史定在元末，依据主要

①　咸淳《临安志》卷二十《疆域五》，载《中国方志丛书》华中地方第49号，成文出版社有限公司，1970年，第230页。

②　乾隆《昌化县志》卷一《建置》，清乾隆十三年刊本，第4b—5a页。

③　乾隆《昌化县志》卷一《建置》，第4b—7b页。

④　实际上，玉岩山之名也一直未见著录于民国之前的文献中，不过清时附近有小九华山之名。

⑤　绩溪县地方志编纂委员会编：《绩溪县志》，黄山书社，1998年，第1059页。

⑥　章垲：《小九华记》，载乾隆《昌化县志》卷二十《艺文下》，第27a—28a页。

⑦　杜绾：《云林石谱·外七种》，王云等整理校点，上海书店出版社，2015年，第4—5页。

是戴启伟《啸月楼印赏》中的一段话："至用竹木暨寿山、青田、昌化等石，自元人王冕始用之。"①若孤立地依据这段话，得出昌化石在元末已经得到开发利用，显然没有问题。不过问题是，戴是清中期人，该书成书于乾隆末年。他关于数百年前之事的论述，没有相应的依据，同样无法成立。同样也需要考虑他是在何种语境下或从什么角度来作这样的表述的。戴氏有关印质的全文如下：

> 古制官印私印，率用铜质；间有玉者，取君子佩玉之意；有用金银铁者，以分品级；其水晶、宝石、牙、角、磁窑之类，皆宋元以降之物；至用竹木暨青田、寿山、昌化等石，自元人王冕始用之。②

通读全文不难看到，戴氏在此表达的重点为印材的古今变化，竹木及石质印材是从王冕开始使用的，而在他的心目中，青田、寿山与昌化是石质印材的代表。而这未必表示他认为王冕就开始使用这三种石。实际上，对印石历史稍有了解的，应该都会知道王冕开始使用的是花药石或花乳石。明初，与王冕同里的镏绩在其笔记《霏雪录》中言："初无人以花药石制印者，自山农始也。"③而后，明中期的杭州人郎瑛在《七修类稿》中称："图书，古人皆以铜铸，至元末会稽王冕以花乳石刻之。"④虽然花药石或花乳石究竟为何，⑤目前还难以确定，不过以王冕的活动范围和印石的发展历史来看（详后），应该与前面所说的三种印石无关。

5. 明初的"玉石官"。1987 年出版的《浙江土特产简志》首先提到明初有献玉石而得官者，人称"玉石官"，就此认为鸡血石的开采始于明初。而后杨一平在《使鸡血石重放异彩的思索》中沿用了这一证据，并补充了"玉石官"为夏林的陈姓人士的信息。不过随后的姚宾谟并没有采用这一证据。上述的研究均未标明资料来源，从内容来看，特别像民间传说。果然，姚宾谟在后来的著作中叙述这一故事的来历，原来是根据民国时期发生的事所创作的一部戏剧故事。⑥

---

① 戴启伟：《啸月楼印赏·印质》，载黄宾虹、邓实编《美术丛书》三集第 8 辑，神州国光社，1936 年，第 145 页。

② 戴启伟：《啸月楼印赏·印质》，载黄宾虹、邓实编《美术丛书》三集第 8 辑，第 145 页。

③ 刘绩：《霏雪录》，明成化二十年胡谧刊、弘治元年重订本，载方鹏程总编辑《子海珍本编——"中央研究院"历史语言研究所珍藏子部善本》，台湾商务印书馆，2013 年，第 36 册，第 127 页。

④ 郎瑛：《七修类稿》卷二十四，上海书店出版社，2009 年，第 259 页。

⑤ 韩天衡曾著文认为是萧山石，但似乎多为合理的推测，尚缺乏确凿的证据（韩天衡：《花乳石、花药石与萧山石臆考》，载氏著《韩天衡谈艺录》，中国青年出版社，2000 年，第 439—442 页）。

⑥ 姚宾谟：《中国昌化石文化》，第 271 页。关于诸多争议，可参阅周正举《王冕以花乳石治印》，载氏著《印林诗话》，巴蜀书社，2004 年，第 74—75 页；刘云鹤《石质印章散议》，载氏著《刘云鹤学术文集》，西泠印社出版社，2007 年，第 32—37 页。

6.《昌化县备志》(《昌志备考》)的记载。杨一平较早引用了《昌化县备志》的记载,来说明昌化石在明初即已得到开采。其言:

> 据《昌化县备志》有记:"当时采玉有房二洞、狮子洞、关牛洞、赤洞、黄洞等,山民用木柴烧烤山石,使其高热后猛泼冷水使石崩裂,再用铁杆凿之。"①

姚宾谟则在其《昌化石文萃·志文》中列举了一则类似的记载:

> 清乾隆《昌志备考》:玉石山产图书石,有房二洞、狮子洞、关牛洞、滴水洞、赤洞、黄洞。②

从中不难看出,两者引述的应该是同一条史料。经查,史上并不存在《昌化县备志》一书,与此相关的书,唯有道光初私纂的四卷本《昌志备考》。但据洪焕椿介绍,目前仅湖北存有抄本一部,③而笔者查遍国内外主要图书收藏机构,均未见收藏,不知他们是从何处查阅到这一文献的。从行文看,杨文虽然加了引号,但肯定不是原文引用。由于笔者未能看到该文献,无法了解作者何以认为这一记载描述的是明代的情况,但揆诸常理,道光初成书的县志,何以能够对数百年前的情形作如此具体细致的描绘,殊难理解。如果是引用成说,此前的诸多方志中对此并无任何类似的记载。所以相信这是作者的误用。姚宾谟后来引用该史料时,则是用来说明清代的情况,这大概也证明了这一点。

7. 明代宗庙中镶嵌鸡血石片的"铁铸偶像"。石巢首先引述了这一资料,并就此认为明代已出产鸡血石。后来的诸多论述几乎都会引用这一证据,来表明明代鸡血石已经得到开发利用。这些论著基本都会标明其源于《中国美术》一书。该书中相关记载如下:

> 六十七图之偶像,以铁铸成。周身用鸡冠石片蘸漆黏其上。状貌奇僻,共有一对。疑为明代宗庙中之纪念像也。④

---

① 杨一平:《使鸡血石重放异彩的思索》,《临安科协》1991年第3期。
② 姚宾谟:《中国昌化石文化》,第278页。
③ 洪焕椿:《浙江方志考》,浙江人民出版社,1984年,第95页。
④ 白谢尔(S. W. Bushell):《中国美术》,戴岳译,蔡元培校,商务印书馆,1924年,第114页。

对照石巢的引文和原文,可以发现引述基本是准确的。但不知为何,作者径直将鸡冠石理解为鸡血石。但实际上,鸡冠石又名雄黄,是砷和硫黄的化合物,与鸡血石完全不是同一种矿石。这在民国初年的教科书中就有介绍:"雄黄(鸡冠石):雄黄多块状,粒状,及柱状。表面则呈土状。色赤如鸡冠。故名鸡冠石。"①后来的引述中应该就看出了这一破绽,故均将"鸡冠石片"径改为"鸡血石片"。

8. 文彭所刻"玉树临风"鸡血石印章。许林田在提出证据时,并没有指出文献依据,不过从骆金伟、钱友杰编著的《中国民间博物馆·临安市昌化鸡血石博物馆》所公布的这枚印章图像来看,似乎该印章就在这个博物馆。文彭(1497—1573)为明代篆刻大师,是推动石质印章兴起的关键性人物,②若这枚印章为真,不仅价值甚昂,而且也确实可以证明昌化石在明代已得到利用。不过从骆金伟等公布的图片看,该印章全然不像古印,也未见任何一种文献载有相关信息。因为文彭在篆刻史上地位特殊,伪托文彭的赝品,在清代就开始流行。③ 显然对于所谓文彭的篆刻,肯定不能贸然相信是文彭所刻。而且更为关键的是,据目前所见文彭所刻之物,并没有"玉树临风"这样的闲语。对此,清中叶的董洵就已明确指出:

> 周栎园云:文寿承自名字章外,斋堂馆阁间有之,至何主臣始以世说入印。今作伪者,不拘闲杂语,一齐阑入,好古者,何不察耶?④

就此综合来看,该印章必为赝品无疑。

9. 明代尚书吴文华家藏有多种鸡血石刻件。姚宾谟在"明清官吏爱藏昌化石"的条目下,首述明代福建连江尚书吴文华家藏有多件昌化鸡血石雕刻。⑤ 这一信息源于民国年间张俊勋所著的《寿山石考》,他在第七部分《藏印》中,列举了诸多名人收藏印章石刻的故事,大都为寿山石,也有论及昌化石的。其中言:

> 连江吴文华明尚书,藏石约数百方,昌化罗汉像十八尊,关壮缪像一尊,均鸡

---

① 徐善祥编:《民国新教科书·矿物学》,商务印书馆,1913年,第116页。

② 关于文彭在篆刻史上地位和贡献的概况,可参阅沈浩编选《中国篆刻聚珍·文彭　何震　苏宣》,浙江美术出版社,2017年,第7—8页。

③ 参阅韦佳《文彭篆刻风格特点分析》,《南京艺术学院学报》(美术与设计版)2011年第4期。

④ 董洵:《多野斋印说》,载吴隐辑《遁盦印学丛书》,西泠印社,1922年,第9b页。

⑤ 姚宾谟:《中国昌化石文化》,第232页。

血。自后久佚，余印三十余方归其乡人叶向春润生所有。……润生，西关徐家村人，精鉴赏。居州城驿里，有果树数株，危楼一角。暇则与余谈石。①

吴文华（1521—1598），福建连江人，是明中期重要的官绅，官至总督两广军务、南京兵部尚书等职。致仕后，在家乡营建了园林舍第和宗族义庄，为当地望族。②从张氏的原文中可以看出，他关于吴文华藏石的信息应来源于叶润生，他们都是民国时期人，与吴家无关，怎么可能知道吴文华家族中文物遗传的确切情况呢？所谓的吴尚书藏石，应该就是吴尚书家藏石，吴家对于当时家中所存之文物，又怎能知道是不是三四百年前的某个祖先所收藏的呢？只不过因为尚书名头大，故而归于他名下而已。

10.《书法》《收藏》和《古董文物精品鉴赏》等书刊刊布的明至清初的昌化石实物。姚宾谟在《中国昌化石文化》中谈到：

> 《书法》1982 年第 4 期介绍明清的"老坑"昌化鸡血石时称："旧坑石章，存世稀少，名贵异常。嘉定汪氏藏有大量稀世奇珍，现商借明至乾隆旧石章若干纽，用原石制版，以飨读者。"③

作者引述的这段话来源于去疾的《印石名品简介》（《书法》1983 年第 4 期），是该文前言对全部印石的说法，而非专门指论鸡血石。该刊当期封二、封三和封底刊布了 17 枚印石的照片，其中有 3 枚为鸡血石。显然，即便认定去疾对这些印石年代的判断是准确的，也无法说明那 3 枚鸡血石是明代的还是清代前中期的。

在同书中，姚宾谟还刊布了清宫的"英雄独立佩"鸡血石雕，认为为康熙年间刻制。该信息源于《收藏》杂志的一篇文章，④该文只是说"清皇室所用之物""浙江昌化所产"，并没有说明其信息依据，也没有进一步去谈及确定的时代，只是为了表达其血色鲜艳灵活，加了一句"历经近三百年风雨"。姚宾谟大概就是据此判断其为康熙时代的作品。阅读全文，明显可以感觉，其所说的三百年，实在是信口一说，何足为

---

① 张俊勋：《寿山石考》卷下，雅荷堂，1934 年，第 52 页。
② 参阅张廷玉《明史》卷二二一《列传一〇九》，中华书局，1974 年，第 5815 页；福建省政协文史资料委员会编《福建名人故居》（上），福建人民出版社，2007 年，第 118 页。
③ 姚宾谟：《中国昌化石文化》，第 232 页。
④ 张新生：《鸡血石"英雄独立佩"》，《收藏》2001 年第 7 期。

凭？何况，张氏作为一个收藏者，称那个玉佩为清皇家所用，说得无凭无据，亦让人难以遽信。那个"英雄独立佩"之名，大概也是作者杜撰的吧。

至于《古董文物精品鉴赏》的记载，姚氏的引用没有问题，该书确实明确将一对鸡血石章称为"明·古鸡血石对章"①，但该书不仅没有前言、后记对其所收录的文物来源作一说明，甚至连目录和页码都没有，完全不像是一本正规出版物，更不用说是严肃的学术著作了。编者署名湘音、剑鹰，明显是笔名。文物的时代鉴定，本来就是一件十分困难而复杂的事，在缺乏证据的情况下，是很难轻易相信的，何况这样一本随意编制的书，显然就更不足以为信了。

11. 康熙"惟几惟康"御玺。这最早由杨一平提出，后来的著作常有沿用，不过这显然是个误会。只要看看比较权威的、清宫编纂专门汇集历朝御玺的《宝薮》一书便可知道，康熙御玺中根本就没有这枚印章；不过嘉庆倒是有，而且一匣三方，除此之外还有"笃祜毓禧""嘉庆御笔之宝"。中国邮政曾于2004年发行过"鸡血石印"的特种邮票，其中一枚即为嘉庆的"惟几惟康"。② 实际上，姚宾谟已经发现了这一错误，在《中国昌化石文化》中作了改正。③

12. 康熙晚期方城的昌化石诗作。杨一平在1993年的文章中称，"康熙五十八年（1719）昌化县令方城（安徽望江人）离任时作《留昌化父亲》诗：'三年幸得返吾庐，投砚高风愧不如；检点衙斋收拾好，半方图石两箱书。'图石即鸡血石。"杨文没有指出出处，诗名也有误，应为《留别昌化父老》。不过从该诗中确实可以看出昌化石已经受到关注和利用了。后来姚宾谟也叙述了这一史料，指出其源于《昌化县志》，并将诗中的"收拾好"，改为县志中的"收入好"。方城是乾隆十二年（1747）举人，④怎么可能在康熙年间来昌化做县令呢？道光《昌化县志》称其"（乾隆）二十八年任"⑤，即1763年，三年后离任。那何以相关的研究者均误为康熙五十八年呢？原因应该就是民国《昌化县志》在抄录时将二十八年误为五十八年。⑥ 那首诗，民国《昌化县志·艺文志》有收录，确实如姚宾谟引用的，为"检点衙斋收入好，半方图石两箱书"⑦。不过这首诗不见于

① 湘音、剑鹰编著：《古董文物精品鉴赏（珍藏本）》，陕西科学技术出版社，1993年，第31页。

② 浙江省集邮协会编纂：《浙江集邮史》，浙江大学出版社，2012年，第145页。

③ 姚宾谟：《中国昌化石文化》，第226页

④ 乾隆《望江县志》卷七上《人物·选举》，乾隆三十三年刊本，第6a页。

⑤ 道光《昌化县志》卷九《职官志·职名》，载《中国方志丛书》华中地方第594号，成文出版社有限公司，1983年，第454页。

⑥ 民国《昌化县志》卷八《秩官·职名》，载《中国方志丛书》华中地方第184号，成文出版社有限公司，1974年，第452页。

⑦ 民国《昌化县志》卷十八《艺文志》，第1414页。

道光《昌化县志》，应是民国县志的编纂者从乾隆《望江县志》中抄录而来，而《望江县志》中则为"收拾好"①。从意涵来看，民国《昌化县志》的"收入好"应为"收拾好"之误。

综上可见，目前的诸多有关昌化石的论著，多将其开发利用的历史，确定为宋元甚至战国，但至少就以鸡血石为代表的印石来说，已有论著提出的清雍正末以前的证据，全部都不足为据。那么，昌化石开发利用始于何时呢？

三、昌化石兴起历史考索

尽管雍正末之前的有关昌化石的证据均难以成立，但我们似乎也不能简单地就此认为此前昌化石就肯定没有被开采和利用。在古代社会，特别是民间社会中，未被文献记录的事务和现象无疑在在多有。不过以鸡血石为代表的昌化石，并非民间日用之物，在日常生活中的实用性很低，它的价值主要体现在艺术、观赏和收藏等高层次的文化层面，虽然我们可能无法确知当地民间开掘利用这种石头始于何时，但只要没有受到较高层次的文人学士的注目，它一定流传不广，也不具有影响力。而一旦引起文人学士的注目和赏识，则自然就比较容易在文献中留下雪泥鸿爪。而且，自明中后期以来，社会上出现了一大批篆刻治印的专家和大量的印学论著，②应该相信，他们对于当时利用的印材是比较了解的。故此，我们考察昌化石的历史，似乎也不宜仅仅盯着与昌化石直接有关的记载，而应该放眼有关印石和治印的诸多文献。就此来说，只要我们比较系统地搜集历史上的相关记载，并将其置于具体历史语境中来理解，虽然未必能确切知道其个别开采利用的起始时间，但作为一种广受赞赏的印石的昌化石，其兴起的历史，完全是可以梳理清楚的。

前已述及，目前笔者所见最早的直接有关昌化石的记载，见于雍正《浙江通志》，该书的《物产志》言：

> 玛瑙石
> 《西湖游览志》：玛瑙坡在孤山东，碎石文莹若玛瑙。
> 谨按：昌化县产图书石，红点若朱砂，亦有青紫如玳瑁，良可爱玩，近则罕得矣。③

---

① 乾隆《望江县志》卷八下，第 50b 页。
② 参阅黄惇《中国古代印论史》。
③ 雍正《浙江通志》卷一〇一《物产一》，第 1698 页。

该通志始修于雍正九年(1731),成书于雍正十三年(1735)。从中可以看到,有关昌化石这段文字,是在记录"玛瑙石"时以"谨按"的方式论及的,这应该是编纂者在辑录旧志时,根据当时新出现的情况补充的内容。不难想见,这位编纂者一定已经通过实物或他人的讲述或其他文献得悉了昌化石,并留有较深的印象。从中亦可以看出,昌化石在当时已经具有一定的影响,不然就很难引起方志编纂者的关注。这位编纂者认为昌化石"良可爱玩,近则罕得",在表达了对其的喜爱的同时,也表明了它的稀罕,而且似乎人们对它喜爱利用由来已久。不过考诸明中期以来的文献,情况并非如此。

现有的研究业已表明,雕刻印玺比较多采用印石始于明中期以后,这与文彭、何震和苏宣等人对篆刻艺术的推动有直接的关系。文彭出身名门,是文徵明的长子,在印石和篆刻史上地位崇高,虽然他本人并没有留下采用何种印石的记录,不过清初的著名学者周亮工在其《印人传》中称,因为文彭和他的学生何震篆刻石印的影响,"于是冻石之名,始见于世,艳传四方矣"①。由此可见,他们使用的主要应是青田冻石。这与和文彭同时代的杭州文人郎瑛(1487—约1566)的说法是一致的,他说:"今天下尽崇处州灯明石,果温润可爱也。"②处州灯明石,即青田石,也就是说,当时流行的印石是青田石。郎瑛出身古董商家庭,③这方面的信息应该是比较准确的。这一点,从此后多个文人和印石专家的论述中亦可得到印证。稍后,著名的印学家周应愿(1559—1597)在印学名著《印论》中讨论印材时也指出:"凡印,古以铜,间以玉、宝石。近以牙,间以铜。近又以青田佳石。"④而后,嘉兴的沈德符(1578—1642)谈论完此前的刻印材料后,称:"我朝士人始以青田石作印,为文房之玩,温栗雅润,遂冠千古。"⑤再后,文彭的孙子文震亨(1585—1645)在崇祯年间谈及印章亦称:"以青田石莹洁如玉,照之灿若灯辉者为雅;然古人实不重此,五金、牙、玉、水晶、木石皆可为之。"⑥

上述几位,都是对古玩、印石颇多研究的著名文人,从他们的论述和已有的研究中可以看到,在明代中后期,虽然印石已经兴起,但似乎还未见得占据明显的主流地位。⑦不过,他们在谈及印石时,众口一词仅仅论及青田石,应该不难想见,在明末以前,流行

① 周亮工:《印人传》卷一《书文国博印章后》,清《翠琅玕馆丛书》本,第8a页。

② 郎瑛:《七修类稿》卷二十四,第259页。

③ 关于郎瑛,可参阅富路特、房兆楹原主编《明代名人传》(3),北京时代华文书局,2015年,第1079—1080页。

④ 周应愿:《印说·辨物》,朱天曙编校,北京大学出版社,2014年,第46页。

⑤ 沈德符:《万历野获编·补遗》卷四,中华书局,1989年,第912页。

⑥ 文震亨:《长物志》卷七《器物·印章》,中华书局,2012年,第197页。

⑦ 薛龙春:《明中后期吴门文人篆刻考论》,《文艺研究》2017年第9期。

的印石只有青田，后来与青田石并称的寿山石、昌化石尚未走上印石历史的舞台。

尽管如此，寿山的美石应该早已拥有声名，宋代建阳人祝穆在《方舆胜览》中叙述福州的土产时，就谈到寿山石，称"出怀安县稷下里，洁净颇如玉，柔而易攻，盖珉类"①。可见该山所出的如玉美石早已引起注目，只不过时人应该并未将其当作印石。明代万历《福州府志》也谈到该美石，称："寿山与芙蓉对峙，山多美石，莹洁可砚。"②这些美石大概多用于观赏或制砚。万历四十年（1612），谢肇淛曾游览该山，山中似乎颇为狼藉，不过他仍特别谈及"山多美石，柔而易攻，间杂五色，盖珉属也"③。

应该与这一基础有关，进入清代后，寿山石很快声名鹊起，康熙初年，宣城的梅清作《寿山石歌》言：

> 青田旧冻美绝伦，冰坚鱼脑同晶莹。
> 迩来寿山更奇绝，辉如美玉分五色。④

也就是说，寿山石在印石界的名声，在康熙初已经兴起。这正好与清初著名士人王士禛的说法相印证，他在作于康熙四十二、四十三年（1803、1804）的《香祖笔记》中谈到：

> 印章旧尚青田石，以灯光为贵。三十年来，闽寿山石出，质温栗，宜镌刻，而五色相映，光采四射，红如鞲鞴，黄如蒸栗，白如珂雪，时竞尚之，价与灯光石相埒。近斧凿日久，山脉枯竭，或以芙蓉山石充之，无复宝色，其直亦不及寿山五之一矣。二山皆在福州。⑤

应该正是因为寿山石作为印石，在清初乃新兴之物，但在宋代就已有声名，所以清初的文坛领袖朱彝尊（1629—1709）会感觉是"南渡以后长封缄"⑥。

---

① 祝穆撰，祝洙增订：《方舆胜览》（上），施和金点校，中华书局，2003 年，第 164 页。
② 万历《福州府志》卷二，明万历二十四年刻本，第 11b 页。
③ 谢肇淛：《游寿山九峰芙蓉诸山记》，载谢肇淛撰《小草斋集》（上），江中柱点校，福建人民出版社，2009年，第 201 页。
④ 梅清：《天延阁删后诗》卷十五《菊间集》，载《清代诗文集汇编》编纂委员会编《清代诗文集汇编》（85），上海古籍出版社 2010 年影印清康熙十年序刊本，第 375 页。
⑤ 王士禛：《香祖笔记》卷十二，上海古籍出版社，1982 年，第 230—231 页。
⑥ 朱彝尊：《曝书亭集》卷十八《寿山石歌》，《四部丛刊初编集部》，上海书店，1989 年，第 538 页。

从王士禛的笔记中可以看到,寿山石出名后,需求十分旺盛,很快就山脉枯竭。对此,清初另一名富有盛名的士人查慎行也在《寿山石歌》中称:

> 吾乡青田旧坑冻,价重苍璧兼黄琮。
> 福州寿山晚始著,强藩力取如输攻。
> 初闻城北门,日役万指佣千工。
> 掘田田尽废,凿山山为空。①

由此可见,到清代,随着印石日渐广泛地被使用,社会对印石的需求日渐旺盛,可以想见,天下之石甚多,人们不会只将眼光盯着青田和寿山。强大的利益驱使,必然会推动商人和采石人去开发新的可能得到文人和市场认可的品种,印石品类的不断丰富也就理所当然了。清初朱彝尊曾就印石论述道:

> 汉官私印俱用拨蜡铸,其后象犀、砗磲、玛瑙,取材愈广。至王元章始易以花乳石,于是青田、稷下里、羊求休所产,皆入砻琢矣。②

也就是说,在17世纪后半叶,除了青田石和寿山石,宁波的大松石也已经被开发利用。而到18世纪中期,"石类颇多,有灯光冻、艾叶绿、青田、鱼脑、田黄、田白、乌田、昌化、虾青、蟹壳、象牙白等名"③。到18世纪末,印石的品类至少有青田石、大松石、寿山石、昌化石、莆田石、宝花石(天台)、楚石、大田石(福建大田)、朝鲜石、莱石(山东莱州)、煤精石(陕西)、绿松石、绿矿石(滇南)、丹砂印、房山石(顺天)、丰润石(顺天)等,④产地已经遍及大江南北。

与寿山石的"美石"声名早已在外不同,我们并无任何可靠的证据表明,在清初及之前,昌化石已经受到社会的关注。在清初诸多的相关论述中,也并未发现昌化石的踪影。不过我们已经看到,至迟到雍正年间,昌化石业已进入文人的视野。不难推想,在前述的清初以来日渐盛行的开发印石的潮流中,由于各种因缘际会,独具魅力的昌化石终于被时代发掘了。

---

① 查慎行:《敬业堂集》卷六《寿山石歌》,清康熙刻本,第8a页。
② 朱彝尊:《曝书亭全集》卷四十三《衍斋印谱跋》,第1251页
③ 孔继浩:《篆镂心得》,《续修四库全书》编委会编:《续修四库全书》第1019册,上海古籍出版社,1996年,第490页。
④ 陈目耕:《篆刻针度·选石》,浙江人民美术出版社,2016年,第117—120页。

前述《浙江通志》的编纂者称带红砂的昌化石(即后来说的鸡血石),"近则罕得矣",似乎是认为昌化石的开采已有一段时间,当时已不容易获得。如果就此认为昌化石的开采历史颇为悠久,前文已论及,这并不成立;不过若理解为已经开采了一段时间,比如一二十年,当无不可。考虑到鸡血石的数量较少,而且当时开采能力相对有限,稍经过一段时间开采后,便很容易发现采掘不易,故编纂者发出这样的感叹,也不难理解。就此完全可以想见,在18世纪30年代,出于社会对鸡血石的喜爱和需求,玉岩山的昌化石开采业已展开,而且应该已有了一定的影响力。这从乾隆初年临海诗人侯嘉繙(1696—1745)所作的诗歌中亦可得到证实。他在一首题为"京师送章中立孝廉还唐昌"的诗中写道:

> 人生百年寂无事,功德不朽次文房。
> 东坡亭子正好在,九华山下起石仓。
> 其石斑驳朱砂点,刻印镇纸雕偏傍。①

侯嘉繙,字元经,号夷门,是颇有诗名却在科场颇不得意的士人。雍正十三年(1735)拔贡,翌年试博学鸿词科,未售,以选贡外放江苏任职,历官江宁、溧阳县丞等职。② 他曾入杭州的敷文书院研修,并有游历昌化寄居龙塘山龙塘寺的经历。虽然现有的文献中并未说明其游历昌化的时间,不过根据乾隆《昌化县志》中收录的一首游龙塘山的诗歌标注作者为"临海选贡侯嘉繙",以及他次年九月曾应博学鸿词科等信息,可以推测其游历昌化应该是在雍正十三年下半年或乾隆元年的上半年。而诗写于京师,时间应该在乾隆元年及之后一至数年中,因为乾隆四年他已赴金山任职。诗中的章中立孝廉,即昌化乾隆元年的恩科举人章华厦。揆诸常理,他于当年中举后,应该在第二年赴京参加会试,他们应该是在那里相聚的。这首诗最后曾谈到"愿君小住过寒食",可见章计划回乡的时间应该在寒食节前。一般会试在二月初九至十五日间,三月中放榜。③ 乾隆二年的寒食节在三月初,当时刚刚考完,尚未放榜,应该不是试子考虑返程的时间,故此诗写作时间应该是乾隆二年寒食后或三年。从诗中不难看出,侯嘉繙虽然有游历昌化的经历,但他应该没有到过昌化石的开采地。诗中说"九华山下起石仓",这里说的九华山乃上文提及的小九华(今属安徽绩溪县荆

---

① 乾隆《昌化县志》卷十九《艺文上》,第25a页。
② 关于侯嘉繙,可参阅民国《临海县志》卷二十二《人物·文苑》,1934年重修铅印本,第22a—23b页。
③ 参阅刘海峰、李兵《中国科举史》,东方出版中心,2004年,第363—382页。

州乡），当时小有名声，但并非昌化石的产地，该山离昌化石的出产地玉岩山尚有 10
公里左右的路程。这些信息，应该是他游历昌化时听闻的，这说明，昌化石的开采当
时已有一定声名。

由此可以推定，入清后，在社会不断旺盛的印石需求的推动下，昌化石于 18 世纪
前一二十年中被商人和采石者发现和开采利用，并至迟至 18 世纪 30 年代已引起士
人和艺人的关注，其中带有"朱砂点"的鸡血石当时被认为是珍贵的稀罕之物。自雍
正末该石被载入《浙江通志》后，乾隆以降，有关该石的记载，就不时出现在各种文献
中。首先，在地方志中，昌化图书石很快作为地方土产而被收录，[①]并至少从乾隆四
十二年（1777）起，被记录到了具有广泛影响的《缙绅全书》中。

其次，宫廷的御玺也开始较多地使用昌化石。乾隆御玺中，虽然"乾隆宸翰"应
是寿山石，不过也确实有 12 枚为昌化石，而嘉庆和道光的昌化石御玺甚多，重要性也
远较乾隆朝的高。

再次，昌化石也出现在诸多印学或关涉印学的笔记等著作中。比如，前述孔继浩
在乾隆十五年（1750）前后所作的《篆镂心得》中，在论石章时，就将昌化石作为其中
的一种。不久，海盐的张宗楠在乾隆二十五年（1760）成书的《带经堂诗话》中，针对
王士祯有关印章的话题按语道："唯吾杭昌化所产，石质明莹，通体殷红，较珊瑚更
胜。然如优钵昙花，不复常觌矣。"[②]可见，昌化石虽然是晚起的石品，但当时已深得
时人的注目和青睐，故此，比较快地就在诸多的石品中脱颖而出，成为时人心目中与
青田石、寿山石并称的印石代表。乾隆间重要的官绅朱琰在乾隆三十九年（1774）成
书的《陶说》中谈到：

> 秦以前，金玉为印，其后乃铸铜，最讲纽色。至元末，会稽王冕以花乳石代之，而
> 镫明镫光，质温色雅。笔意得尽，最相宜也。昌化、寿山，相继而起，为品多矣。[③]

上文引述的戴启伟于乾隆末所著的《啸月楼印赏》中所言"至用竹木暨青田、寿
山、昌化等石，自元人王冕始用之"也反映了同样的认识。而与戴启伟同时代的著名
印学家陈克恕在《篆刻针度》中，对印石作了比较详细的论述，虽然没有这样直接的

---

① 乾隆《昌化县志》卷三《物产》，第 17a 页；乾隆《杭州府志》卷五十三《物产》，清乾隆四十九年刻本，第
19a 页。

② 王士祯著，张宗楠纂集：《带经堂诗话》卷十六《名物类》，夏闳校点，人民文学出版社，1963 年，第 463 页。

③ 朱琰：《陶说》，山东画报出版社，2010 年，第 172 页。

表达,但从其论述中,也不难看出昌化石在当时印石中的重要地位。其言:

> 元末会稽王元章冕始用花乳石,至明文、何诸公竞尚冻石,……寿山石有五色,然性软而松。吾郡昌化石性腻多钉,不适刀法,惟朱砂斑鸡血红为佳,近亦难得。青田石不刚不柔,虽不足玩拣,其佳者亦妙。封门石文质俱佳,高出于寿山青田之上。至于桃花石、楚石、蓝田石、莱石,俱不足取。①

陈氏对封门石情有独钟,但其产于青田,是青田石中的上品,一般都被归入青田石中。可见,其着重讨论的就是青田、寿山和昌化石。而在该书对石材作更详细介绍的《选石》章节中,他关于昌化石的介绍,详细程度仅次于青田石和寿山石,他称:"今都下则争尚鸡血红冻,以红之多寡为倍直之差等。"②

可见,昌化石自被发掘利用以来,由于其中带朱砂的鸡血石备受文人雅士的珍爱,影响迅速扩大,到18世纪下半叶,已经在诸多印石中脱颖而出,成为与青田、寿山并称的三大代表性印石。早期对鸡血石的表述,往往以朱砂红或朱砂点来指代,而到18世纪末,陈目耕以"鸡血红"相称,这一名称似乎嘉道时期一直在沿用。曾随做昌化知县的父亲寓居昌化多年的陈锦(1821—?,山阴人)于道光二十八年至三十年(1848—1850)间作有题为"鸡血红"的诗,并在题名下注解道:

> 大山介于徽杭,产歙砚及图书石,名鸡血红。开山得之,值甚昂。今取诸石卵,质粗色黯,不足贵。③

而鸡血石之名,直到清末民初才出现,杭州人徐珂在民初编纂的《清稗类钞》中有这样一条记录:

> 昌化县距城百余里十二都山中产图书石,红点若朱砂,世所谓鸡血石者是也,亦有青紫如玳瑁者,颇可爱玩。然近数十年来求石质明活而斑鲜若鸡血者,一方印章,价值数十金,亦鲜不可得也。④

---

① 陈目耕:《篆刻针度·论材》,第32页。
② 陈目耕:《篆刻针度·选石》,第117—120页。
③ 陈锦:《补勤诗存》卷一《过庭草》,清光绪三年橘荫轩刻光绪十年增修本,第3a页。
④ 徐珂:《清稗类钞·矿物类·昌化石》,中华书局,1986年,第12册,第5968—5969页。

如果将这段话和我们上面提到的雍正《浙江通志》中的记载作一比较，很容易发现，它其实是根据《浙江通志》中的文字加以补充改写而成的。其中在"红点若朱砂，亦有青紫如玳瑁"这句话中间，加上了"世所谓鸡血石者是也"。这充分表明，那时人们已经开始将昌化石称呼为鸡血石了。

余论：历史书写中的个人情结问题

通过前面的论述，可知，目前关于昌化石兴起时间的论述，都似是而非，且不说战国和宋代说，就是被普遍认可的元末明初说，也完全经不起推敲。现有有关雍正之前已经开始开发利用昌化石或鸡血石的文献和实物证据，没有一条是可资征信的。相反，雍正末年以后，却有相当多成系列的证据表明，昌化石，特别是其中的鸡血石，在乾隆以降，深受当时文人学士的珍爱，影响迅速扩大，很快在当时为数甚多的新旧印石品类中脱颖而出，至迟至 18 世纪 70 年代，昌化石已经成为可以和青田石、寿山石并称的代表性印石。故而我们实在没有理由称 18 世纪以前昌化石已经兴起。

从前面的论述中，其实我们应该比较容易就能判断，目前提出的诸多清初以前有关昌化石的例证，大都是牵强附会的。那么何以相关的研究者言之凿凿，对于昌化石利用历史之悠久相当笃定呢？又何以后来的相关著述的编纂者对于既有成说不仅没有任何质疑，反而还在不断为拉长其利用历史而努力呢？个中的原因，应该很多，比如论述者大都缺乏专业史学训练，历史部分并非其论述的重点，等等。不过也应指出，其中有些昌化石的研究者，虽然其论述的重点可能不见得在昌化石的历史，但对于其历史的探索可谓相当地尽心用力，比如姚宾谟先生从 20 世纪 90 年代开始，一直在努力搜集、补充和订正史料，不断改写昌化石的历史，几乎到了不放过任何一条清中期之前与昌化石有关的资料的地步。而且，现有这些说法，也为一些专业学者所采信。出现目前这一状况，除了与上述因素有关外，更重要的，可能还是因为研究者在书写历史时，存在着强烈的个人情结。

其中有的可能是出于对鸡血石的珍视，有的则是源于对家乡的热爱，也有的两者兼而有之。这种情结的产生，虽然情感方面的因素是明显而主要的，但其中可能也不乏利益方面的因子。无论出于何种情形，似乎人们都会希望该石的历史悠久，这样不仅会显得它们更有文化，而且作为文物的价值也更高。正是在这样强烈的情结的指引下，诸多的论述者在潜意识中早就认定它具有悠久的历史，研究的目的就是要证明此前并非基于史料而是基于个人情结而产生的预设。在这种情况下，研究者往往会拿着放大镜甚至显微镜去发现符合自己意愿的史料,而忽略对自己不利的信息,甚至在有意无意中误读史料。比如,石巢关于明代铸铁偶像的叙述,明明写的是鸡冠石片,却误解为鸡血石片。而后来的引述者,从石巢的逻辑出发,觉得应该是石巢的笔误,就将鸡冠石径改为鸡血石,而根本没有想到去核实一下原文。又如,戴启伟提出的昌化石等石质印材的利用从王冕始这类比较少见的说法,被用来大书特书,而王冕以花药石或花乳石治印这样更为常见的说法,却完全被无视;很多时候,只要符合自己需要的材料,拿来就用,根本不作任何核实和考辨,甚至还常常作出曲解式的引申。比如关于"英雄独立佩",张新生只是说是清代宫廷用品,并相当随意地说了"经过三百年的风雨",引述者就推定其为康熙朝雕刻。骆金伟等人关于米芾朱砂石的引述和推断同样如此。

由此可见,过于强烈的个人情结,使得相关论述者在书写昌化石的历史时,不仅显得不够专业,甚至有时让人感觉缺乏起码的逻辑判断力。当然,人是追求意义的感情动物,无论他们如何标榜客观公正,实际上也无法完全摒弃自身的立场和价值取向。后现代史学虽然往往受到正统历史学界的诟病,但其对历史书写文本性的揭示,以及文本无法不渗透个人成见的论述,却无疑推动了历史研究对文本的认识和史学研究的深入开展,让我们不再简单地认为历史学家可以写出完全客观真实的历史。故而,我们就昌化石的历史书写,提出个人情结问题,并不是认为我们能够完全摒弃个人情结,实现历史书写的客观准确,而是认为,由个人情结而产生的情绪,不能凌驾于专业规范之上。尽管我们无法写出完全客观真实的历史,但这并不表示应该就此放弃对历史"真实"的追求,而可以依据自己的意愿随意编排甚至编造历史。尽管我们无法把握绝对的真实,但却可以书写出在一定合理而相对公认的规范下逻辑自洽的"真实"历史。这样的"真实"虽非绝对,但大抵离事实不远。更为重要的是,社会主流的思维和认知只有主体建立在这样的"真实"的基础上,人类前进方向才不至于偏离相对平稳而合理的轨道。

不仅如此,我们似乎还有必要进一步追问这一情结背后的价值取向或价值预设。显而易见,昌化石历史的书写者,无疑都理所当然地认为,历史越悠久,昌化石就越有价值和文化,地方也就越有光彩。"历史悠久的文明古国",这样耳熟能详的表述,可能让人们自然而然、不言而喻地认为历史悠久是值得推崇的荣光。这里,我无意将其视为迷思,但似乎确实需要省思这样的认知是否真的是不证自明的。历史固然本身就具有价值和意义,但很多情况下,悠久与否、悠久的程度并不是决定事物价值和意义高低的主要因素。我们关注历史、重视历史,似乎不宜只是纠结于其悠久与否,而更应该将注意力集中到通过深入挖掘史料来全面呈现历史的"真实",来发掘足以促发今人省思现实、滋养人类心灵世界的历史资源,如此,历史才能更好地展现其意义,否则,徒有悠久,又能如何呢?

历史上的"四大名砚"考辨

陈 锋

武汉大学历史学院暨中国传统文化研究中心

学风浮躁、人云亦云、排名争利,在各方面都表现出来。砚台作为物质文化研究的对象之一,值得引起历史学界的注意。本文主要讨论两个问题,一是当今"四大名砚"之说的盛行,二是历史上对砚台的排序及品评。

一、"四大名砚"之说的盛行

不论是收藏界、鉴赏界、砚雕界还是学术界,都盛行"四大名砚"之说。刘演良称:"自唐以来,我国出现了端、歙、洮、红丝四大名砚。以后,澄泥代替了红丝。……端砚为中国'四大名砚'之首,这是历史所赋予又为现实所认可的。"[①]郭传火认为:"唐代国力强盛,政治、经济的发展带动了笔墨纸砚的发展,……红丝石砚、端砚、歙砚、澄泥砚脱颖而出,被当时称之为'四大名砚'。至宋代后期,由于红丝石的停采,以出产于甘肃的洮河砚补入,才有了现在俗称的端砚、歙砚、洮河砚、澄泥砚。"[②]金彤认为:"经魏晋至唐宋,砚台的发展达到了一个辉煌、鼎盛的时期,形成了以山东青州的红丝砚、广东肇庆的端砚、安徽的歙砚、甘肃的洮河砚'四大名砚'为主流的局面。明清时期,砚台的制作更加讲求石质,……这一时期,青州红丝砚因石材枯竭、百无一求而淡出,继之以山西绛州的澄泥砚,与端、歙、洮砚,一并形成我国'四大名砚'新体系,并延至当今。"[③]傅翔认为:"从唐宋以来,四大名砚便深刻地影响了众多的文人学子。最初,四大名砚指的是红丝砚、端砚、歙砚、澄泥砚,到了宋末,因红丝石停产,才演变为端砚、歙砚、澄泥砚、洮河砚。"[④]黄海涛

---

① 刘演良:《名砚的鉴别和欣赏》,文物出版社,2008 年,第 1 页。

② 郭传火:《古砚收藏与鉴赏》,上海大学出版社,2008 年,第 10 页。

③ 金彤:《井田余香》,山西人民出版社,2010 年,第 7—8 页。

④ 傅翔:《古砚》,福建美术出版社,2010 年,第 13 页。

认为："时至北宋,洮河石砚名声大振,并终跻身四大名砚之列,名人大家以得洮河砚为快事。"①嵇若昕认为："宋代是雕砚工艺史上的辉煌时代,此时端、歙、红丝、洮河四种石砚为当时四大名砚,后因红丝石停采不出,遂把陶质的澄泥砚补入,仍为宋代四大名砚。"②蔺涛认为："唐后至宋,由于优质石砚端歙的普遍使用,对澄泥砚的生产和使用产生了一定的影响,加之红丝砚因资源枯竭淡出历史舞台,最终在宋代形成了端、歙、洮、澄'四大名砚',并延续至今。"③汪向群认为："歙砚作为四大名砚之一,绝不是商家的自夸,绝不是媒体的炒作,绝不是皇家的钦点,绝不是市井的讹传,而是千百年来无数消费者经过反复实践后作出的正确的抉择,是历史的必然。歙砚的产生比当时流行的一些砚都要晚一些,但其能够在唐中期之后就从当时四十余种砚中脱颖而出,跻身名砚行列,足见其实力超群,卓尔不凡。当时以青州红丝砚为第一,外加广东端州的端砚,安徽歙州的歙砚,甘肃洮州的洮河(砚),并称为'四大名砚'。宋代末期,红丝砚由于砚石掘尽,遂退出了榜首,由澄泥砚所代替,形成了以端砚为首的新的'四大名砚'。歙砚由第三位上升到第二位,此后,这种格局就一直保持下来直到今天,再也没有改变。"④出版过《砚林笔记》《砚谈》《中国当代名家砚作集》等多部砚学著作的俞飞鹏则直接说："端砚、歙砚、洮河砚和澄泥砚,并称为中国传统的四大名砚。"⑤洪丕谟则在同一本著作里前后论说不一,在论说红丝砚、紫金砚等鲁砚时,说唐宋时期的四大名砚是鲁砚、端砚、歙砚、洮砚。在论述澄泥砚时又说："作为与端砚、洮砚、歙砚并列为唐代四大名砚之一的澄泥砚,是中国砚台中别开生面的异军。"⑥

更有甚者,为了论述所谓的"四大名砚"在历史上早有成说而杜撰史料,如安庆丰说："我国'四大名砚'之说究竟又起源于何时?目前公认的看法是出自北宋苏易简的《砚谱》,其曰:'砚有四十余品,以青州红丝石为第一,端州斧柯山石为第二,歙州龙尾石为第三,甘肃洮河石为第四。'虽然这四种石砚亦非今之'四大名砚',但苏

① 黄海涛等:《开悟堂聊砚》,大象出版社,2006年,第179页。

② 嵇若昕:《双溪文物随笔》,台北故宫博物院,2011年,第94页。按:原文《玩砚琐谈》初刊于《历代砚台展》,台北历史博物馆,1997年。又按:嵇若昕《品埒端歙——松花石砚研究》称:"隋唐时代,以陶、瓷砚为主流,石砚次之。唐代中期以后,即已开始使用端石砚和歙石砚。五代南唐开始在歙州设官采石,为官方采石制砚的鼻祖。宋朝文风鼎盛,也是我国砚雕工艺史上的辉煌时代。当时人相当重视端石、歙石、红丝石和洮河石。"也隐约指出宋代的四大名砚。(原载台北《故宫学术季刊》第4卷第3期,1993年修订稿)

③ 蔺涛:《中国名砚·澄泥砚》,湖南美术出版社,2010年,第6—7页。

④ 汪向群:《中国名砚·歙砚》,湖南美术出版社,2010年,第24页。

⑤ 俞飞鹏:《砚林笔记》,中国社会科学出版社,2008年,第71页。

⑥ 洪丕谟:《洪丕谟说文房四宝》,安徽美术出版社,2010年,第156、167页。

氏将其见诸文字,确为当时公认之举,以至'四大名砚'的说法随即约定俗成,并且一直延续到今天。而后又因红丝石脉掘尽,为澄泥砚所代替,至明代以后'四大名砚'的实际内容就变成了'端砚、歙砚、洮砚、澄泥砚'。"①实际上,苏易简的《砚谱》根本就没有"甘肃洮河石为第四"这样的记载(见后述)。

以上所举,都是砚史界有代表性人士的说道,有的还是比较著名的学者。其说"四大名砚"在历史上的形成,有唐代说、宋代说、明代说三种。其说"四大名砚"的砚种和排列顺序大致有红丝砚、端砚、歙砚、澄泥砚和端砚、歙砚、洮河砚、澄泥砚二种。其说红丝砚在宋代以后退出"四大名砚"后,则又有洮河砚补入说和澄泥砚补入说二种。至于红丝砚退出的原因,均是红丝石在宋代以后资源枯竭而断采,其说之不经,笔者已经撰文考述,指出明清两代直至民国年间一直有红丝石的开采,此处不再赘述。②

当然,也有不谈所谓的"四大名砚",比较客观地叙说砚史者,如广陵书社为再版《阅微草堂砚谱》《归云楼砚谱》等写的出版说明:"隋唐以后,由于造墨技术的发展,对砚质要求高,相继发现名砚石,并有了端砚、歙砚、红丝砚、洮河石砚、澄泥砚等名砚。"又如历史学家程歗等撰写的《中国名砚——龙尾砚》一书,也只称龙尾砚(歙砚)是"全国名砚之一"。③ 也有质疑"四大名砚",但仍承认有"四大名砚"者,如傅绍祥称:"关于'四大名砚'之说,现普遍认可的是,唐宋时期为'红丝砚、端砚、歙砚、洮河砚'。因红丝石'宋末已绝','四大名砚'中的红丝砚被澄泥砚所取代。实际上,'四大名砚'之说,其渊源难以考证。……笔者贸然推断,可能是唐人因对当朝前后相继出现的歙砚、端砚、红丝砚、洮河砚喜爱而自然而然成习惯之说,遂流传于后世。"④吴笠谷称:"'四大名砚'称法的始作俑者,一时难考,至少以我阅读所及,未见民国以前人有此成说。"但又认为:"客观而论,'四大名砚'之因缘际会不同,影响各有消长,但皆属砚史上公认的著名砚种,排名前四也属实至名归。"并就"四大名砚影响之消长""四大名砚之地域文化因素""评说四大名砚""品题四大名砚"等论题展开论述。⑤

---

① 安庆丰:《中国名砚·洮砚》,湖南美术出版社,2010年,第7—8页
② 参见陈锋《如梦如幻红丝砚》,香港《传统·文化·生活》2011年第1卷;《红丝砚的历史演变与雕刻风格》,《论砚:中国砚文化高峰论坛》,中国书店出版社,2011年;《红丝砚史实考》,《光明日报》2012年1月29日"理论·史学"。在这些文章中,笔者已经指出历史上没有"四大名砚"之说,称将"另文考辨"。
③ 程歗、郑国庆:《中国名砚——龙尾砚》,湖南美术出版社,2015年,第22页。
④ 傅绍祥:《中国名砚·红丝砚》,湖南美术出版社,2010年,第9页。
⑤ 吴笠谷:《名砚辨》,文物出版社,2012年,第318页。

二、历史上对砚台的排序及品评

如上所引述,"四大名砚"的说法,似乎在历史上已经形成,有唐代说、宋代说、明代说三种。但事实上,历史上根本就没有"四大名砚"之说。各种所谓的"四大名砚"说法纯属子虚乌有。

检索历史文献,我们发现,历史上对各种砚台或名砚的排序与品评大致有如下几种情况。

第一,相关砚史、砚谱从总体上对砚台进行论说,在论述中有先后的排序,但不是名砚的排名。

北宋米芾所撰《砚史》,是现存最早的专门化的砚史著作,[①]《四库全书总目》称,该书"备列晋砚、唐砚,以迄宋代形制之不同,中记诸砚,自玉砚至蔡州白砚,凡二十六种。而于端、歙二石,辨之尤详"[②]。所记 25 种砚台、砚石,[③]其论述依次为玉砚、葛仙公岩石、华严尼寺岩石、端砚、歙砚、通远军漞石砚、西都会圣宫砚、青州青石、成州栗亭石、潭州谷山砚、成州栗玉砚、归州绿石砚、夔州黟石砚、庐州青石砚、苏州褐黄石砚、建溪黯澹石、陶砚、吕砚、淄州砚、高丽砚、青州蕴玉石、青州红丝石、虢州石、信州水晶砚、蔡州白砚。米芾所列砚台,"自谓皆曾目击经用者,非此则不录。其用意殊为矜慎"。既不是当时所有的砚石品种,也没有名砚排名的意旨。

南宋高似孙所撰《砚笺》第一卷记述端砚,第二卷记述歙砚,第三卷记述其他各砚 65 种。65 种砚台依次为:玉砚、水精砚、红丝石砚、蕴玉石砚、紫金石砚、素石砚、黄石砚、青石砚、丹石砚、白石砚、鹊金砚、褐石砚、会圣宫砚、高丽砚、仙石砚、金雀石砚、金坑石砚、凤咮砚、洮石砚、漞[④]石砚、唐石砚、宿石砚、绛石砚、淄石砚、登石砚、宁石砚、宣石砚、明石砚、泸石砚、戎石砚、淮石砚、万石砚、夔石砚、中正砦石砚、归石砚、柳石砚、成石砚、吉石砚、永嘉石砚、沅石砚、滩哥石砚、黛陁石砚、潭石砚、岳麓砚、庐山砚、太湖石砚、石钟山石砚、铜雀砚、汉祖庙瓦砚、灌婴庙瓦砚、东魏兴和瓦砚、楚王庙砖砚、古陶砚、青州石末砚、潍砚、磁砚、虢砚、澄泥砚、缸砚、银砚、铁砚、铜砚、蟾砚、漆砚、金龟砚。高似孙对端砚、歙砚各用一卷的篇幅记述,

---

① 《四库全书》将其归类为"谱录类"著作,与诸砚谱放在一起,欠妥。
② 《四库全书总目》卷一二五《子部二十五·谱录类》。
③ 《四库全书总目》称 26 种,实际上只有 25 种,青州青石砚重复两次论述,未加辨别。
④ 原文缺,据米芾《砚史》补。

说明了对此二种砚台的重视,其他则看不出对某种砚台的特别钟爱或已经形成了排名序列。

乾隆年间官方编纂的《西清砚谱》,凡二十五卷,"其序先以陶之属,上自汉瓦,下逮明制,凡六卷。次为石之属,则自晋王廙璧水砚,以至国朝朱彝尊井田砚,凡十五卷。共为砚二百"①。分析《西清砚谱》的文本,我们注意到:其卷一至卷六的"陶之属",分别记述汉未央宫东阁瓦砚、汉未央宫北温室殿瓦砚、汉铜雀瓦砚、汉砖多福砚、汉砖石渠砚、汉砖虎伏砚、②唐澄泥砚、唐八棱澄泥砚、明制瓦砚、旧澄泥方池砚、旧澄泥卷荷砚等,并不是将"澄泥砚"放在特别重要的地位,而是瓦砚、砖砚、澄泥砚等陶质砚台共同著录。卷七至卷二十一的"石之属",是对石质砚台的著录。其中,卷七至卷十五分别按历史年代记述,卷十六至卷二十一是无法判明纪年而按石种记录,这种按石种的记录,或许能够体味出编纂者对名砚的排序。最先著录的48方砚台均为端砚,接下来记述的是红丝砚、龙尾石砚、歙溪石砚、洮河石砚、䏅村石砚。这只能看出一种倾向,同样不存在"四大名砚"的排序。同时,将龙尾石砚、歙溪石砚分列,而不用习称的"歙砚",也值得注意。

第二,相关论述曾经对历史上某一个时期的名砚有过排名,但并不是所谓的"四大名砚"。

最早论述名砚的是柳公权,《旧唐书·柳公权传》载:"(公权)所宝惟笔砚图画,自扃镠之,常(尝?)评砚,以青州石末为第一,言墨易冷,绛州黑砚次之。"③柳公权将青州石末砚(一种石末的合成烧制砚)评为第一,将绛州黑砚(又称"绛州墨砚",当为绛州澄泥砚)评为第二。

宋代以后,有关评论渐多。宋人罗愿《新安志》称:"苏易简《文房四谱》中载砚四十余品,以青州红丝石第一,端州斧柯山第二,龙尾石第三,余皆在中下。虽铜雀台古瓦砚,列于下品,特存古物耳。"如是,共列出了红丝砚、端砚、龙尾砚(歙砚)三种。又罗愿《新安志》引蔡君谟《文房四谱》称,端砚、歙砚之外,"余不足道也"。如是,只有

---

① 《四库全书总目》卷一二五《子部二十五·谱录类》。

② 顺便指出,近年拍卖出1400万元的"澄泥伏虎砚",说是见于《西清砚谱》著录,其名称、材质都值得商榷。

③ 《旧唐书》卷一六五《柳公绰传附公权传》。按:唐人韦续《墨薮》卷二所记略同,但将"常评砚"作"尝评砚",其"尝"字对,其云:"(公权)尝评砚,以青州石末为之第一,研墨易冷,绛州墨砚次之。"宋人朱长文《墨池编》卷六《砚》称:"唐柳公权常(尝?)论砚,言青州石为第一,绛州者次之。"在这里,"青州石末"成了"青州石",少一"末"字,所指大不同。后来的著述又将"青州石"演化为"青州红丝石",所以就有了柳公权认为红丝石为第一的说法。又按:最近出版的宋人苏易简《文房四谱》竟然误为"青州石未为第一",翻译为"青州石制砚还算不上第一等的",把"末"字误为"未"字,还煞有介事地译成白话,实为可笑。见苏易简《文房四谱》(署名为石祥编著),中华书局,2011年,第145—146页,又见第152页。

红丝砚、端砚、歙砚三种名砚,或端砚、歙砚两种名砚。①

《文献通考》称:"宋朝唐询撰砚之故事及其优劣,以红丝石为第一,端石次之。"②如是,列出了红丝砚、端砚两种名砚。宋朱长文《墨池编》引唐询《砚录》云:"自红丝石以下,可为砚者共十五品,而石之品十有一。"唐询特别钟情于红丝砚,认为红丝砚有三大特点:"红丝石华缛密致,皆极其妍,既加镌凿,则其声清越,锵若金石,殆非耳目之所闻见。亟命裁而为砚,以墨试之,其异乎他石有三。他石不过取其温润滑莹,此乃渍之以水,而有滋液出于其间,以手磨拭之,久粘着如膏,一也。他石与墨色相发,不过以其体质坚美,此乃常有膏润浮泛,墨色相凝若纯漆,二也。他石用讫,甚者不过顷刻,其次止终食之间,墨即干矣。此若复之以匣,数日墨色不干,经夜即其气上下蒸濡,着于匣中,有如雨露三也。"其他砚石皆在"红丝石以下"。据唐询所说,十一品砚石依次为:青州红丝石、端州斧柯石、歙州婺源县龙尾石、秭归县大沱石、淄州金雀山石、淄州青金石、万州悬金崖石、庐州试金石、青州紫金石、吉州永福县紫金石、登州驼基岛石。③ 这也可以说是对十一种石质名砚的排名。

明人高濂《遵生八笺》认为:"砚为文房最要之具,古人以端砚为首,端溪有新旧坑之分。……歙石出龙尾溪者,其石坚劲发墨,故前人多用之。以金星为贵,石理微粗。……洮河绿石,色绿微蓝,其润如玉,发墨不减端溪下岩,出陕西,河深甚难得也。……广东万州悬崖金星石,色黑如漆,光润如玉,以水润之,则金星自见,干则无迹,极能发墨,用久不退,在歙之上,端之下岩可并也。浙之衢石,黑者亦佳,多不发墨。他如黑角砚、红丝砚、黄玉砚、褐色砚、紫金砚、鹊金墨玉石砚,皆出山东。水晶砚发墨如歙;蔡州白石砚、浮盖山仙石砚、丹石砚、唐州唐石砚、宿州宿石砚、吉州紫石砚、淄州黄金砚、金雀石砚、青州石末砚、熟铁砚、紫金石砚,用不发墨;青石砚、蕴玉石砚、戎石绛石砚、淮石砚、宁石砚、宣石砚、吉石砚、夔石砚,如漆发墨。明石砚、万州磁洞石砚、相州铜雀瓦砚、未央宫瓦头砚、柳州柳石砚,出龙壁下;成州成石砚,出栗亭;泸砚、潍砚、南剑州鲁水砚、宿州乐石砚、虢州澄泥砚、登州驼基岛石砚、归州大陀石砚、江西宁府陶砚……不可胜纪,众砚中龙尾发墨,池水积久不干,端溪美恶俱能发墨,中有受水燥湿之别。……他则无足议也。唐之澄泥砚,品为第一,惜乎传少,而今

---

① 罗愿:《新安志》卷十《叙杂说·研》。按:现存苏易简《文房四谱》没有这样的记载,当有脱文。按:乾隆《新安志》卷十《叙杂说·研》延续了这种记载:"苏易简《文房四谱》中载研四十余品,以青州红丝石第一,端州斧柯山第二,龙尾石第三,余皆在中下。虽铜雀台古瓦研,列于下品,特存古物耳。"清人吴景旭《历代诗话》卷五十《庚集》亦称:"苏易简作《文房四谱》,砚为首,以青州红丝石为一,斧柯山第二,龙尾石第三,余皆在中下。"

② 《文献通考》卷二二九《经籍考》,浙江古籍出版社,1988年,第1832页。

③ 朱长文:《墨池编》卷六《器用·砚》。

人罕见。"①在高濂看来,最为重要的是端砚、歙砚、洮河砚,即便如此,在论述洮河砚之前,还谈了湖广沅州石砚和黎溪石砚。其他排名更为混乱,或者说没有明确的排名。明人曹昭《格古要论》依次论及端砚、歙砚、万州金星石砚、洮河砚、铜雀台瓦砚、未央宫瓦砚六种名砚。② 明人丰坊则把石质名砚分为"神品""妙品"二种:"石砚神品,曰葛仙翁岩石,出唐州方城县,温州华严石、端州下岩青花子石、北岩石、惠州紫金石、洮河绿石、万州悬崖金星石、歙溪龙尾旧坑青黑卵石、婺源水船坑金纹石。妙品者,曰端溪中岩旧坑紫石、龙尾雁湖眉石、金丝罗纹石、金银间刷丝石、襄阳间玉玛瑙石、归州绿石大沱石、潭州斧山石、夔州黔石、西都会圣宫石、淄州金雀石、青州红丝石、温州罗浮石、大理点苍山石。"③与一般人的评价又不相同。

清人倪涛《六艺之一录》首先论青州红丝石,略云:"理黄者其丝红,理红者其丝黄,若其文上下通彻匀布,此至难得者。"其次论端州石,略云:"端州石出高要县斧柯山,……至佳者,殊不可多得。大抵以石中有眼者最为贵。"其三论歙州婺源县龙尾石,略云:"其石最为多种,性皆坚密,叩之有声如磬。有苍黑者,而色之浅深盖不一焉。其理或如罗纹,或如竹根之横文。又有金点,如星布列其上,而成北斗、南斗之状者。"其后依次论述淄州淄川县金雀山石、青金石等。④ 在倪涛看来,主要的名砚是红丝砚、端砚和歙砚。高凤翰的看法大致相同,其《砚史·摹本第三十七》称:"青州红丝石砚,旧入砚谱,列上品,当在端、歙之右。"⑤清人吴景旭《历代诗话》称:"青州红丝石一,洮河石二,端溪石三,歙州石四,腾邨(村)石五,皆石也。有玉,有金,有磁,有漆,其类不一。"⑥如是,则排出了红丝砚、洮河砚、端砚、歙砚、腾村砚五种名砚。

由上可以看出,不管是何种排名法,或二种,或三种,或五种,或六种,或十余种,恰恰没有四大名砚的排法。

第三,即便是名砚,不同时期,不同人士的品评也存在差异。

如青州石末砚,柳公权评为第一,宋人朱长文则认为:"唐柳公权常(尝?)论砚,言青州石为第一,绛州者次之,殊不言端溪石砚。世传端州有溪,因其石为砚至

① 高濂:《遵生八笺》卷十五《论砚》,参见高濂《燕闲清赏笺》中卷《论砚》,浙江美术出版社,2012年,第84—87页。
② 曹昭:《格古要论》卷中《古砚论》。
③ 丰坊:《书诀》。按:该书只有一卷,《四库全书》提要称:"《书诀》一卷,不著撰人姓氏,《明史·艺文志》亦未著录。"认为是"嘉靖间鄞人丰坊所作"。
④ 倪涛:《六艺之一录》卷三〇八《历代书论·砚谱》。
⑤ 高凤翰:《砚史笺释》,田涛等笺释,生活·读书·新知三联书店,2011年,第110页。
⑥ 吴景旭:《历代诗话》卷五十《庚集中》。

妙,益墨而至洁可爱。……水中石其色青,山半石其色紫,山绝顶者尤润。如猪肝色者佳。其贮水处有赤白黄色点者,谓之鹦鹆眼,或脉理黄者谓之金线纹,尤价倍常者也。"又说:"今歙州之山有石,俗谓之龙尾石,亦亚于端州,若得其心,则巧匠就而琢之,贮水之处圆转如漩涡可爱矣。……潍州北海县石末砚,皆县山所出烂石,土人研澄其末,烧之为砚,即唐柳公权所云青州石末砚者,潍乃青之故北海县,而公权以为第一,当是未见歙砚以上之品尔。以今参较,岂得为然?且出于陶灼,本非自然,乌(无)足道哉?"①按此说,端砚、歙砚显然在青州石末砚之上,而且他对柳公权的见识多有讥讽。欧阳修认为,"虢州澄泥,唐人品砚以为第一",虢州澄泥砚才是唐人认为的第一名砚,而"青州、潍州石末砚,皆瓦砚也。其善发墨,非石砚之比,然稍粗者损笔锋"。②

又如青州紫金石砚,米芾的评价最高,"老年方得琅琊紫金石",认为"人间第一品也,端、歙皆出其下"。③ 对此评价,同为宋人,一种意见大致赞同,一种意见反对。大致赞同者曾慥说:"青州紫金石,状类端州西坑石,发墨过之。"④高似孙说:"紫金出临朐,色紫,润泽,发墨如端、歙,姿殊下。"⑤反对者胡仔说:"青州紫金石,文理粗,亦不发墨。"⑥欧阳修说:"青州紫金石,文理粗,亦不发墨,惟京东人用之。"⑦乾隆《西清砚谱》则认为紫金石砚大致和端砚、歙砚差不多:"考宋高似孙《砚笺》称,紫金石出临朐,色紫润泽,发墨如端、歙。又称唐时竞取为砚,芒润清响,国初已乏云云,当由端、歙既盛行,采取者少,故甚少流传耳。是砚质理既佳,琢制亦精,堪备砚林一格。"⑧乾隆《题紫金石太平有象砚》诗云:"紫金石砚临朐产,起墨益毫略次端。刻作太平称有象,斯之未信敢心宽。"⑨认为紫金石砚略次于端砚。

非常闻名的曾被称为名砚第一的红丝砚,也被许多名家否定。米芾对红丝砚最不看好,他在《砚史·用品》中认为,"红丝石作器甚佳",但作为砚台,"大抵色白而纹红者,慢发墨,亦渍墨,不可洗,必磨治之。纹理斑,石赤者,不渍墨,发墨有光,而纹大

---

① 朱长文:《墨池编》卷六《器用·砚》。
② 欧阳修:《文忠集》卷七十二《外集二十二·砚谱》。
③ 米芾:《宝晋英光集》卷八《杂著》。
④ 曾慥:《类说》卷五十九《文房四谱·砚谱》。
⑤ 高似孙:《砚笺》卷三《诸品砚》。
⑥ 胡仔:《渔隐丛话后集》卷二十九《东坡四》。
⑦ 欧阳修:《文忠集》卷七十二《外集二十二·砚谱》。
⑧ 乾隆《西清砚谱》卷二十三《附录》。
⑨ 乾隆《御制诗四集》卷六十五《题紫金石太平有象砚》。

不入看。慢者经晹则色损,冻则裂,丁则不可磨墨,浸经日,方可用,一用又可涤,非品之善"。欧阳修也认为,红丝砚制作精美,可为案头陈设的佳品,"若谓胜端石,则恐过论"①。蔡襄的看法与欧阳修大致相同:"唐彦猷作红丝石砚,自第为天下第一,黜端岩而下之,论者深爱端岩,莫肯从其说。"②同为宋人的胡仔先是综合各家所说:"《砚录》云:红丝石出于青州黑山,其理红黄相参,二色皆不甚深,理黄者其丝红,理红者其丝黄,其纹上下通彻匀布,渍之以水,则有滋液出于其间,以手摩拭之久,而黏着如膏,若覆之以匣,至开时,数日墨色不干,经夜即其气上下蒸濡,着于匣中有如雨露。自得兹石,而端、歙之石,皆置之巾笥不复视矣。《砚谱》云:红丝石砚者,君谟赠余,云此青州石也,得之唐彦猷,云须饮以水使足,乃可用,不然渴燥,墨为之干。彦猷甚奇此砚,以为发墨不减端石。东坡云:唐彦猷以青州红丝石为甲,或云惟堪作骰盆,盖亦不见佳者,今观云庵所藏,乃知前人不妄许尔。"之后又提出自己的见解:"余今折衷此三说,东坡之说与彦猷合,而永叔之说太过。余尝见此石,亦润泽而不枯燥,但坚滑不甚发墨,彦猷如青社日,首发其秘,故著《砚录》,品题为第一,盖自奇其事也。至永叔乃谓红丝石砚须饮之以水使足,乃可用,不然渴燥。若是,则非砚材矣。"③其中,苏东坡的评价应该比较客观,按照苏东坡的意思,凡说红丝砚不好者,是没有见过真正好的红丝砚。

至于端、歙二砚,有人认为歙砚居上,端砚次之。如欧阳修的论说:"端石出端溪,色理莹润,本以子石为上。子石者,在大石中生,盖精石也,而流俗传诏,遂以紫石为上。又以贮水不耗为佳,有鸲鹆眼为贵。眼石,病也。然惟此岩石则有之。端石非独重于流俗,官司岁以为贡,亦在他砚上。然十无一二发墨者,但充玩好而已。歙石出于龙尾溪,其石坚劲,大抵多发墨,故前世多用之,以金星为贵。其石理微粗,以手摩之,索索有锋铓者尤佳。余少时又得金坑矿石,尤坚而发墨,然世亦罕有。端溪以北岩为上,龙尾以深溪为上,较其优劣,龙尾远出端溪上。"④有人认为端砚居上,歙砚次之。如明代著名学者方以智认为,"今以端石为上","自今论之,(与红丝砚相比,)细润发墨,总不如端,而歙次之"。⑤

---

① 欧阳修:《文忠集》卷一四八《书简五》。按:欧阳修此书简是嘉祐八年八月"前夕承惠红丝砚","与蔡忠惠公(君谟)",也就是说在蔡襄赠送欧阳修红丝砚后所写。按:前揭宋人姚宽《西溪丛语》中曾有"欧公《砚谱》以青州红丝石为第一"之句,与此说抵牾。

② 蔡襄:《端明集》卷三十四《杂著》。

③ 胡仔:《渔隐丛话后集》卷二十九《东坡四》。

④ 欧阳修:《文忠集》卷七十二《外集二十二·砚谱》。

⑤ 方以智:《通雅》卷三十二《器用》。

至于后出的松花砚,乾隆时期的《西清砚谱》认为"光润细腻,品埒端、歙",所以"冠于砚谱之首,用以照耀万古"。① 乾隆《盛京通志》认为:"混同江产松花玉,色净绿,细腻温润,可中砚材,发墨与端溪同,品在歙坑之右。"②或者认为和端砚、歙砚处于同一档次,或者认为超过了歙砚。

结　语

民国年间,赵汝珍撰《古董辨疑·古砚辨》称:"书史所载之砚石,不下百余种,不知者每以为各种砚石必须有其各有之特长,不然何以各种皆能名世也。此不然,盖砚石只以端、歙二种为最适用。其余皆人为之名贵,并非因本体之美而造成名贵也。惟砚之可贵,除本体外,尚有因作工之佳者、刻面之妙者,或名人所遗者,或掌故所关者,原因甚多。但砚石之美、砚石之适用,只有端、歙。其以他石为宝者,皆炫奇立异,不可信也。"③张耀宗、张春田编《文房漫录》收录者多为名家名文,其中郑逸梅《砚与石》云:"文房四宝,以砚最足耐人摩挲玩赏。明代李竹懒以'六砚'名斋,尤以紫桃砚为最著。上海郁泰峰藏李清照砚,陈之桢藏赵松雪、管夫人砚,邓之诚藏黄石斋砚等等,都奉为瑰宝。"并不讲求是何石质,仅以名家用砚为等差。④ 张中行《砚田肥瘠》认为好砚有四个要求,一是砚质好,二是形式好,三是年代久的好,四是有名人手泽的好;即使以砚质论,也仅论及端石和歙石,除此以外的其他砚材,总是下一等,⑤都没有言及所谓的"四大名砚",并对砚石之好坏、砚台之是否有名表明了见解。事实上,砚台以材质论,有石砚、陶砚、澄泥砚、紫砂砚、瓷砚、瓦砚、砖砚、玉砚、水晶砚、木砚、金属砚等多种。以砚之形制论,有足支形、几何形(方形、长方形、圆形、椭圆形、六棱形、八棱形等)、仿生形、随意形等多种。以名砚论,不同时期有不同的名品,不同人士的心目中也有不同的名品。同为一种砚石,因为坑口不同、地质层面不同、开采时代不同,其品质也有差异。一定要争短长,一定要说四大名砚,难免要进入误区。

砚台既是实用器,又有深厚的文化内涵,承载了物质文化的丰厚内容,需要历史学者作深入研究。

---

① 乾隆《西清砚谱》卷二十二《附录》。
② 乾隆《盛京通志》卷十五《松花玉》。
③ 赵汝珍:《古董辨疑》,金城出版社,2010 年,第 175 页。
④ 张耀宗、张春田编:《文房漫录》,生活·读书·新知三联书店,2013 年,第 102 页。
⑤ 张耀宗、张春田编:《文房漫录》,第 111—113 页。

　　附记：该文以"'四大名砚'考辨"为题，发表于《光明日报》2016 年 5 月 18 日"理论·史学"版。《新华文摘》2016 年第 15 期全文转载。于《光明日报》首发之文，限于篇幅，只是简略文本。此次收录的是文章的全文，并且作了修订。

"踞厕"视卫青与汉代贵族的登溷习惯

闫爱民　赵　璐

南开大学中国社会史研究中心暨历史学院

孔子云:"饮食男女,人之大欲存焉。"其中排在人们最基本需求首位的"饮食",不光是吃喝,还应包括吃喝的另一半"拉撒",庄子说"道在屎溺",即与此理一致。饮食屎溺是日常生活中的大事,但屎溺难登大雅之堂,故而古人常以"如厕""更衣"代之。汉代画像石上留下很多宴饮图,却很难找到屎溺的场面。汉人的如厕屎溺绝大部分是蹲坑的方式,但也有坐厕的方式,出土的坐厕便器时有所见。不过对于坐厕式的登溷之事,史书所载往往语焉不详,考古资料的发现又是见物不见人。如厕习惯和方式不但是汉代生活史研究的重要内容,往往也与帝国统治者们的日常政治活动相联系。①

一、"踞厕"视卫青与石崇的床厕

《汉书》卷五十《汲黯传》记载汉武帝见卫青的场面:

> 大将军青侍中,上踞厕视之。丞相弘宴见,上或时不冠。至如见黯,不冠不见也。上尝坐武帐,黯前奏事,上不冠,望见黯,避帷中,使人可其奏。

关于武帝"踞厕"视卫青,如淳曰:"厕,溷也。"孟康曰:"厕,床边侧也。"师古曰:"如说

---

① 学界对于汉代溷厕的研究成果较多,主要集中在溷厕建筑格局及类型、溷厕的积肥养猪、卫生功能及汉人如厕风俗等方面。考古发现的汉代厕所模型明器数量很多,厕所遗址也多为蹲坑式,如河南内黄三杨庄汉代聚落遗址、西安南郊缪家寨厕所遗址等。关于汉代的如厕方式,叶文宪的《趣味考古(修订本)》中《汉代的厕所是什么样子的》一文认为:汉代厕所的特点之一,"厕位都是蹲式而无坐式"。(山东人民出版社,2014年,第310页)彭卫、杨振红在《秦汉风俗》"厕所及相关设施"一节指出,"值得注意的是,汉代出现了坐式厕坑",永城保安山二号墓中一坐式石厕,"是已知中国古代最早的坐式坑厕"。(上海文艺出版社,2018年,第279页)

是也。"刘奉世曰："厕，当从孟说。古者见大臣则御坐为起。然则踞厕者，轻之也。"①
是踞床侧还是踞溷厕？古来学者颇有异议，甚至清朝的乾隆皇帝都加入了争论。②

　　判断汉武帝的"踞厕"，是踞"床边侧"还是踞溷厕，从三人的职守去看可能会更为
明了。刘奉世说"古者见大臣则御坐为起"，所谓"大臣"是针对公卿的，公孙弘为丞
相，汲黯位列九卿，所以武帝要正冠以示敬重。卫青虽贵为大将军，但同时又是侍中，
属内臣，而侍中的职责是照顾皇帝的生活起居，包括执虎子、掌清器处理便溺等事。所
以武帝在踞厕方便时，看见卫青在身边侍候是很正常的，未必有轻视卫青的意味。

　　汉武帝的"踞厕"见卫青，后人的理解往往截然对立，要么是在帐内床侧，要么是
在室外溷厕，实际上的情况更可能是两者兼而有之。《汲黯传》言武帝见三人是"宴
见"，即在公余时内廷的召见，其召见的地方都是在宫内帷帐中，如文中提及的"武
帐"一类。虽然是在帷帐之中，但还是有内外的分别。《汲黯传》说"上尝坐武帐，黯
前奏事，上不冠，望见黯，避帷中"。武帝平时见汲黯是在内廷的武帐内，由于没有正
冠而赶紧退避到帷幄之中；武帝踞厕见卫青，没有什么避讳，就是在帐内的"帷中"，
帷幄内是个人的隐私之地。所以武帝"踞厕"视卫青，也是在宫内帷帐之中方便，而
不是在溷厕蹲坑。汉家早有室内便溺的习惯，轻慢的刘邦为沛公时曾视儒冠为褒器
溲溺其中，就是发生在屋舍之内。

　　《说文》谓"踞，蹲也"，又谓"蹲，踞也"，二字互训。蹲坐，以臀部着地与否分为
实坐和虚坐。《正字通·足部》："踞，据物坐曰踞。"《左传》襄公二十四年孔颖达疏：
"踞，谓坐其上也。"《史记》卷九十七《郦生陆贾列传》："沛公方倨床使两女子洗足。"
倨床，《汉书》同传作"踞床"。踞床即箕坐在床上。踞床应该是垂足而坐于床榻边
侧，故二女子能为刘邦洗足。这里踞坐都是实坐。同理，武帝的"踞厕"是弯曲两腿
的实坐，或者说两足如箕垂地的蹲坐；踞厕就是"坐厕"，其所踞之"厕"，也应该是类
似坐床一样的坐便器，或者可称为"床厕"。

　　武帝的"踞厕"到底是踞坐在床上休息，还是踞坐在床厕如厕，可以以石崇的"床
厕"为参照。西晋石崇的厕所以豪奢著名，他的厕所实际上是效仿汉武帝"踞厕"之
厕。③ 我们可以与此比照，说明汉武帝的"踞厕"。《裴启语林》谓：

---

① 参见王先谦《汉书补注》，上海古籍出版社标点本，2008 年，第 3771 页。
② 乾隆《御制诗三集》卷七十五《读〈前汉书·汲黯传〉》："'踞厕视侍中'，如、孟说各殊。刘云当从孟，吾
亦云然乎。"（《文渊阁四库全书》第 1306 册，台湾商务印书馆影印本，1986 年，第 488 页下栏）
③ 徐震堮《世说新语校笺》引李详《笺释》谓："《汉书·外戚卫皇后子夫传》：'帝起更衣，子夫侍尚衣。'更
衣即厕所，有美人列侍，帝戚平阳主家始有之。石崇仿之，所以为侈。"（《世说新语校笺》下册，中华书局，1984
年，第 468 页）

刘寔诣石崇,如厕,见有绛纱帐大床,茵褥甚丽,两婢持锦香囊,寔遽反走,即谓崇曰:"向误入卿室内。"崇曰:"是厕耳。"(《世说新语·汰侈》注引)寔更往向,两守厕婢所进锦囊实筹。良久不得便,行出,谓崇曰:"贫士不得如此厕。"乃如他厕。(《太平御览》卷一八六、七○四引)①

刘寔所见石崇家的厕所,是"绛纱帐大床,茵褥甚丽",只有纱帐、大床和坐垫,可知不是平日常见的蹲厕,屋里没有蹲坑,所以引起刘寔的误解。这种厕所和人们所居内室的坐帐差不多,是在坐帐基础上改造的坐便设施,石崇的这种"大床"就是坐便的便器。刘寔平日蹲便惯了,换到坐床式的厕所就"良久不得便",后"乃如他厕",改回习惯的蹲坑才得以解决问题。石崇家里除了有这种少见的豪华坐床厕外,也有豪华的常见蹲坑厕所,《裴启语林》下面谈到"石崇厕"应该是此类厕所:

> 石崇厕常有十余婢侍列,皆佳丽藻饰,置甲煎粉、沉香汁之属,无不毕备;又与新衣,客多羞不能着。王敦为将军,年少,往,脱故衣,着新衣,气色傲然。②

需要注意的是,刘寔和王敦去的厕所并非同一类型的厕所。刘寔去的坐帐床厕,只有"两婢持锦香囊",厕屋比较小,且靠近卧室,所以刘寔误以为是私人寝室。王敦去的"石崇厕"则不然,"常有十余婢侍列",侍从的婢女众多,厕所专门除臭的"甲煎粉、沉香汁之属"也无不毕备,香气浓厚,虽然非常奢华,但还是属于宽敞的蹲坑厕所。进入厕所后,宾客们因众多婢女在旁而害羞不能"更衣",但不会有刘寔那样以为走进主人寝室的疑惑,和"良久不得便"的尴尬。

汉武帝"踞厕"视卫青的"厕",应与石崇这样奢华的"大床厕"的构造相近。明人谢肇淛也将汉武帝"踞厕"之厕与石崇的"绛纱帐大床"厕相对比,说:"石崇厕上有

---

① 周楞伽辑注:《裴启语林》,文化艺术出版社,1988年,第43—44页。周注本句读作:"寔更往,向两守厕婢所进锦囊实筹,良久不得,便行出。"作解谓:"(寔)追取得屏筹更入,则宾客众多,良久不得以筹实入锦囊矣。"按,汉魏时期文献中"便"字作便溺之义多见,如《汉书·张安世传》:"郎有醉小便殿上。"《金匮要略·妇人产后病脉证治》:"亡津液,胃燥,故大便难。"《裴启语林》此句句读当作"良久不得便"。刘寔所言"贫士不得如此厕",是说他索得屏筹(厕筹)后再入厕,由于不习惯这种豪华的"大床"式厕所,所以换了其他的普通蹲坑厕所。对照前后文,未见有众多宾客等待如厕情形,也很难想象私人宴客时会出现众人排队取筹等候如厕的状况。

② 周楞伽辑注:《裴启语林》,第44页。

绛纱帐,大床茵蓐甚丽,两婢持香囊,则帝王之厕可知。岂比穷措大粪秽狼藉蝇蛆纵横者? 而不可屈大将军一见乎?"①说得有道理。

汉武帝帐中床厕的豪奢,可以从《西京杂记》卷二所载武帝的"四宝宫"得到佐证。四宝宫为"七宝床、杂宝按、厕宝屏风、列宝帐,设于桂宫,时人谓之四宝宫"。桂宫在未央宫之北,武帝时建,本以奢华著名。② 桂宫的四宝之中,七宝床、杂宝按(案)、厕宝屏风、列宝帐,其中的"厕宝屏风",就是如厕时用作遮挡的屏风。或者谓"厕"通"侧",其使用功能都是一样的,都是宫中日常起居所用的坐卧之具。"四宝宫"与武帝见汲黯、视卫青的帷帐一样。帐内有帷或屏,帷幄、屏风内有床,床边有案几。帷幄和屏风起着分隔内外的作用。在此既可以召见大臣处理朝政,又可以如意便溺。

图1为山东安丘汉墓画像石上两张带屏大床中男主人的一张。床由屏风、床身和床足三部分组成,床身为一长方形的木板,男主人凭几而坐,身后屏风上悬挂着兵器。③ 武帝见汲黯的"武帐"与此带屏大床用途相类,当然会更为豪奢、尺寸更大。

图1 安丘东汉画像石"带屏的大床"

---

① 谢肇淛:《五杂俎》卷三《地部》,中华书局,1959年,第86页。

② 《三辅黄图》卷二《汉宫》谓:"桂宫,汉武帝造,周回十余里。《汉书》曰:'桂宫有紫房复道,通未央宫。'《关辅记》云:'桂宫在未央北,中有明光殿土山,复道从宫中西上城,至建章神明台蓬莱山。'《三秦记》:'未央宫渐台西有桂宫,中有明光殿,皆金玉珠玑为帘箔,处处明月珠。金陛玉阶,昼夜光明。'"(何清谷:《三辅黄图校释》,中华书局,2005年,第133—134页)

③ 引自孙机《汉代物质文化资料图说(增订本)》图55-5,上海古籍出版社,2008年,第252页。

图 2　沂南北寨汉墓画像石中的干栏式厕所及便器

接下来的问题是,在汉武帝和石崇的帐内坐床厕上如何遗矢溲溺？根据对汉人起居习惯和考古资料的研究,应该是在坐床下使用清器。汉代受粪之器称为清器,又称"行清",以木为函。《史记》卷一〇三《万石张叔列传》说石奋的儿子石建看望老父时,曾"取亲中裙厕牏,身自浣涤"。厕牏,裴骃《集解》:"吕静曰:'椷窬,褻器也,音威豆。'骃案:苏林曰'牏音投。贾逵解《周官》,椷,虎子也。窬,行清也'。孟康曰'厕,行清;窬,行中受粪者也。东南人谓凿木空中如曹谓之窬'。"①石建清洗老父使用的厕牏褻器,有虎子和行清。山东沂南北寨汉墓后室过梁北隔墙东面画像石上,刻一干栏式厕,旁立有一水缸,下有一人躬身在清洗清器,前边还有虎子(见图2)。②此画面正与石建洒扫清洁的场面相同。清器多是在屋内使用。刘寔第二次回到石崇的厕所,"良久不得便",他如何使用厕所便溺,史书记载不详。但刘寔所见石崇的厕所只有大床和茵褥坐垫,误以为是石崇的内室,便溺的清器应该是隐藏于坐床之下。

---

① 司马迁:《史记》卷一〇三《万石张叔列传》,中华书局,2014 年,第 3347 页。

② 山东省沂南北寨汉画像石墓博物馆编:《山东沂南汉画像石》,花宝斋拓印。《后室过梁北隔墙东面画像》编纂说明:"下层刻一干栏式厕,五脊式,下部一人躬身洒扫,手持短帚和箕,旁置虎子和水缸。"按,细观此图,厕所旁有水缸,"手持短帚和箕",更像手持短帚和刷子,在刷洗清器。

床下放置清器的推测,可以从浙江安吉古墓出土的西汉漆木坐便架得到旁证。安吉的古墓葬为战国晚期至西汉初期贵族大墓,出土的坐便架木胎黑漆,由坐板、足及足座三部分透榫接装而成,坐板中空,后宽前窄,形似马蹄,坐板面的内侧经凿削呈臀部状向下凹弧,与现代坐便器之坐板如出一辙。坐便架通高34厘米,通宽39厘米,长58厘米,现收藏于安吉县博物馆(见图3)。安吉县博物馆还藏有西汉漆木虎子高16.1厘米,釉陶虎子高19.3

图3　安吉县博物馆藏西汉漆木坐便架

厘米。① 按沂南汉画像石图中显示的清器和虎子比例,清器与虎子的高度差不多甚至还有低矮一些的,与后世的高脚马桶不同,形状高矮与现代医院病床上所使用的坐便器类似。已出土的汉代石质床榻,高度多在20厘米左右。河北望都汉墓出土的石质床榻,高18厘米,形制与安丘东汉画像石一样;河南郸城出土刻有铭文的西汉小型石质坐榻,高19厘米。② 安徽淮北市碧桂园工地发掘的西汉晚期墓出土的长方形石质床榻,高度则达到30厘米。③ 汉代出土的裹器虎子和清器一般不超过这个高度。清器的高度与床榻相近,坐于清器上便溺,和坐于床榻上差不多。坐便架是随用随放,以床为坐便架则是相对固定的,汉武帝和石崇的床厕肯定要比普通的床高得多,或者与坐便架的高度接近,必然是将床榻边侧做空成坐便板,便溺用的清器再置于坐床下。

后世皇家的坐厕也有类似的设计,可以作一参考。孟森先生《记陶兰泉谈清孝钦时事二则》一文,谈到清朝慈禧太后在列车上有特制的"床厕",其结构为:"床横置,面车窗,以幔围之。床身购诸肆,嫌柱稍高,截其脚而移高其床面。床侧一门,启之即如意桶。如意桶者,便溺器也,底贮黄沙,上注水银,粪落水银中,没入无迹,外施官锦绒缎为套,成一绣墩。"④ 慈禧的床厕及如意桶不是西洋式的马桶坐便器,还是中国传统式的坐厕。床厕整体用幔帐遮挡,床面较高,在床的边侧上有一暗门,如意桶

① 浙江省文物考古研究所安吉县博物馆:《浙江安吉五福楚墓》,《文物》2007年第7期,第61—74页。
② 陈增弼在《汉、魏、晋独坐式小榻初论》中认为:独坐式小榻的高度,大致为"高12—28厘米",但如果墓主人生前的社会地位高、经济条件好,为显示尊贵也会有更大尺寸的榻。(《文物》1979年第9期,第66—71页)
③ 胡钧、任一龙、邱少贝:《从淮北出土的一件石榻谈起》,《中国文物报》2019年7月30日,第4版。
④ 孟森:《明清史论著集刊》下册,中华书局,1959年,第613页。

图 4 清宫内使用的坐便凳及便盆

(清器)暗藏其中。汉武帝与石崇的"床厕"的构造与使用习惯应该与慈禧太后的床厕相近。另外,清宫里还使用坐便凳及椭圆形锡制便盆,其坐便凳也与安吉出土的木制坐便架非常相似(见图4)。①

如果说汉武帝平日起居有坐便的习惯,那么他在出行时也会保留这种习惯,这一点可以从史书上找到相关的证据,武帝甚至有自己的流动厕所——溷轩。

二、汉武帝的"轩中"与羊元群的溷轩

《汉书》卷九十七上《外戚传》载武帝祓霸上后过平阳公主家得幸卫子夫事:

> 既饮,讴者进,帝独说子夫。帝起更衣,子夫侍尚衣,轩中得幸。还坐欢甚。

对于"轩中",历代注家有着不同的解释。

颜师古认为:"轩谓轩车,即今车之施幰者。"

何焯《义门读书记》:"案长廊有窗而周回者曰轩,此轩中盖屋也。岂有帝方宴饮时上车更衣者乎?"

周寿昌曰:"此轩中,主第旁室中也。"

黄生《义府》:"《后汉书·李膺传》:'时宛陵大姓羊元群罢北海郡,赃罪狼藉,郡舍溷轩有奇巧,载之以归。'注:'溷轩,厕屋也。'本文轩中得幸,即所谓溷轩也。《释

---

① 毛宪民:《明清皇宫的如厕问题》,《紫禁城》2007年第7期,第203—207页。

名》云：'厕或曰溷，言溷浊也。或曰轩，前有伏，似殿轩也。'师古以轩车解之，不思天子车驾在外庭，岂子夫所得至！又更换衣岂必在车中？盖贵者入厕，出必更衣，如王敦在石崇家入厕之事可证，故即谓入厕为更衣。《汉书》说此者非一。如《窦婴传》'坐乃起更衣，稍稍引去'是也。师古注'凡久坐者皆起更衣，以其寒暖或变'，误矣。《通鉴》'隋文帝所宠陈夫人旦出更衣，为太子所逼'，用《汉书》意也。"

杨树达按："黄说是也。颜、周二说皆误。《论衡·幸偶篇》云：'均之土也，或基殿堂，或涂轩户。'亦是谓厕为轩之证。"①

以上诸家所言，讨论武帝幸卫子夫的举动在是轩车还是溷厕，此外还有近于溷厕的旁室之说。显然，黄、杨二氏征引《李膺传》等资料，以"轩中得幸"之轩，作"溷轩"之解，"更衣"即为"入厕"，这是确切的。② 但"溷轩"以李善注为据作"厕屋"解，又未免失之偏颇，师古"轩车"之说未必全误。否定轩车说的依据，何焯认为"岂有帝方宴饮时上车更衣者乎"。黄生亦谓"师古以轩车解之，不思天子车驾在外庭，岂子夫所得至"。如果按《汉书》所载，是武帝在"既饮"之时，借更衣之名于"轩中"幸子夫，"轩"为"屋"说确实合理。但对照《史记》卷四十九《外戚世家》中的记载："既饮，讴者进，上望见，独说卫子夫。是日，武帝起更衣，子夫侍尚衣，轩中得幸。"《汉书》删掉了《史记》中的"是日"二字，以凸显武帝对男女之欲的亟不可待；但《史记》的"是日"并非赘语，它扩大了时间范围，所以武帝于轩车中幸子夫是合理的，张守节《史记正义》亦谓"于主衣车中得幸也"。

师古、《正义》轩车之说有据，而黄、杨溷厕之推论亦合情理，那么又孰是孰非？有时史实的真相未必是非此即彼、截然对立的，折中双方之论，或更为允当！"溷轩"就是溷车或者说厕车，也就是流动的厕屋。"溷轩"的解释应该回到词的原有本义。

武帝幸子夫的"轩"是轩车还是溷厕，历代注家引经据典详加分辨，从另一方面也说明两者确实有很多相近之处。《释名·释宫室》曰："厕或曰溷，言溷浊也。或曰'轩'，前有伏，似殿轩也。"从外形上看，溷厕与轩车的构造确实近似，都以"轩"为特征，是高敞有围棚或"施幰"有帷幔的车，或有门窗、栏杆的廊屋。而在它们的内部结构上，车上有"伏"，也就是车前的横木扶手"轼"；溷厕内也都有栏杆扶手，类似"殿轩"。再有，两者的顶盖形状也十分相近。图 5 为南阳杨官寺汉墓出土的陶厕。其

---

① 见杨树达《汉书窥管》(下)，上海古籍出版社，2013 年，第 771—772 页。

② 关于"更衣"为如厕考古学上的例证，参见龚良《汉"更衣之室"形象及建筑技术考辨》一文，《南京大学学报》(哲学人文社会科学版)1995 年第 1 期，第 129—147 页。

溷厕建筑平面呈方形,后部为敞棚,悬山顶,屋顶中央设一透气天窗;前部有围墙作成前院,有长方形门框;在院落与敞棚之间有一道纵界墙,将敞棚与院落分成左右大小两部分,有猪圈和左右两个厕所。① 图 6 为辽阳北园东汉墓壁画出行图中的軿车。② 将两者的外观与构造作对比,厕所与轩车确实有很多近似的地方。

图 5　南阳杨官寺汉墓出土的陶厕

图 6　辽阳北园东汉墓壁画中的軿车

秦汉帝王和贵族喜欢出巡,出巡中需要各式用途的轩车侍奉,有主衣车、辒辌车

---

① 河南省文化局文物工作队、安金槐:《河南南阳杨官寺汉画象石墓发掘报告》,《考古学报》1963 年第 1 期,第 111—139 页。

② 插图引自孙机《汉代物质文化资料图说(增订本)》,第 112 页。

（冷暖卧车,后改为丧车)、安车(坐车)等,当然也不会少了溷轩。这种流动的"溷轩"车载厕所,可以随时解决皇帝的便溺问题,也会有安全的保障,不会出现如刘邦过柏人溷厕险些遇刺那样的险境。汉代皇帝的溺器虎子是由侍中掌管,随时调用,并不单是起夜时的小便用器。皇帝随身使用的清洁用具除了虎子、唾壶外,还有作为大便之器的清器。《后汉书》卷九《献帝纪》注引《汉官仪》:侍中"分掌乘舆服物,下至褻器、虎子之属"。其中"褻器"与"虎子"并语,"褻器"显然就是清器。虎子和清器不像唾壶,可以在任何场合使用,特别是在出行时需要有躲人眼目和避风雨的空间,总不能让侍中随身抱持,必然要放在轩车或专门的"溷轩"中。《西京杂记》卷四说:"汉朝以玉为虎子,以为便器,使侍中执之行幸以从。"汉代侍中的执掌,与《周礼》中的"玉府"职责相近。《周礼·天官·玉府》:"掌王之燕衣服,衽席床笫,凡褻器。"郑玄注引郑司农云:"衽席,单席也。褻器,清器、虎子之属。"孙诒让《正义》:"盖汉时名厕为清,故谓受粪之器为清器。清器即行清,谓以木为函,可移徙者,通谓之厕。"①虎子、清器具有"可移徙"的特点,既可放在殿屋中使用,当然也可以放在轩车上,即"使侍中执之行幸以从"。不论是行还是住,清器都随身放在使用者的旁侧,所以称"厕"了。

既然武帝能够在轩中"幸"子夫,那么此溷轩应该是比较宽敞、可坐可卧的车,而且"子夫侍尚衣",最有可能的是在舒适和车厢掩蔽的皇家主衣车的基础上改造而成。汉代的衣车,是一种前面开门后面用帷幕遮蔽的车子,主要是贵族妇女所乘,可卧息,也兼载衣服。《汉书·霍光传》昌邑王"使从官略女子,载衣车",即是此车。汉代辎车、辎车、葱(窗)灵车,与衣车规制相近,也都可称为衣车。② 汉代造车技术发达,从出土的文物和汉代画像来看,除了常用的车辆外,还能造一些宽敞复杂的特种车辆,如楼车、戏车、鼓吹车等,将车辆改装成溷轩在技术上没有问题。

东汉贪官羊元群的"郡舍溷轩"可以用车载之以归,说明溷轩的大小正可放在轩车上,可以行住两用,溷轩的结构与轩车比较相近:平时放在郡舍,是固定的;迁徙时则移到车上,可以流动。羊元群将此轩车和溷厕的功能结合起来加以改造,这可能就是溷轩的"奇巧"所在。

溷轩是流动的厕所,道路行进不稳,溷轩上的便器不会是蹲式的坑厕,必然为坐便,而且轩车上有靠背和扶手,与溷厕结构相近,可以使坐便者保持平衡和稳定状态。

---

① 孙诒让:《周礼正义》,中华书局,1987 年,第 459—461 页。
② 关于衣车的形制及图像,参见孙机《汉代物质文化资料图说(增订本)》的相关论述,第 112—113 页。

在溷轩上溲便,其平稳性是首先要考虑的,只有坐式便器才能与行进的轩车相适应。汉武帝轩中幸子夫之"轩"厕的内部构造,以羊元群的溷轩和武帝宫中床厕为参照,可由此解构和推知:轩厕上的坐便器,应该与武帝宫帷帐中的床厕有着相同的构造,将床式坐便架缩小而置于轩车上,是小号的和可移动的床厕。①

三、箕踞与汉人的坐厕习惯

在汉代,不止武帝本人,其叔父梁孝王家族也有坐便的习惯,但与汉武帝在宫内帐中使用床厕不同,他们使用的是专门的坐便型厕所。河南永城保安山二号墓的墓主被认为是梁孝王刘武的王后李氏。② 二号墓后室石室中有一结构为坐厕式的石厕,石厕的修建方法是在地上开凿石坑作为粪坑,底部南北两侧分别安放一块石板,石板上面分别竖置一靴形的踏座,踏座内侧有脚踏和坐垫,脚踏呈前低后高的斜面(见图7)。③ 从墓葬的布局分布看,发现石厕的是二号墓石室的后室(即封石题榜的"西宫"),按照汉人"事死如事生"的习惯,此"后室"为墓主人生前起居空间的"后

图7 保安山二号墓后室内石厕及结构图

① 与汉朝差不多同时代的古罗马帝国的贵族们也有使用流动厕所的习惯,他们是将双轮战车改造为轮椅型坐便器。大英博物馆藏有古罗马 Caracalla 大浴场双轮战车型大理石坐便器,其坐便板与安吉县博物馆收藏的漆木坐便架上面的坐便板极为相似。参见:https://www.britishmuseum.org/research/collection_online/collection_object_details.aspx?objectId=460003&partId=1&searchText=baths+of+caracalla&page=1。

② 见刘振东、谭青枝《关于河南永城保安山二号墓墓主问题》,《考古与文物》2001年第4期,第66—69页。

③ 河南省文物考古研究所:《永城西汉梁国王陵与寝园》图九二、图版二五,中州古籍出版社,1996年,第128—129页。

寝"，"东宫"则为宫殿中的"前堂"，石厕正好位于"西宫"的侧旁。

徐州北郊驮篮山西汉大墓应为早期封于彭城的楚王夫妇墓，两墓不仅有常见的前堂、后室、耳室，还有单独的厕间和沐浴室。厕间设施考究，由精细打磨的青石板修建而成，由蹲坑、踏板、靠背、扶栏、握手及下水道组成，其中踏板和靠背均为磨光的青石板。发掘者认为这是蹲坑厕所。① 此厕间若是以蹲姿如厕，人体重心前倾，以双足承重，身体不会后倾，打磨精美的靠背似乎没有存在的意义；特别是踏板为磨光的青石板，踩踏非常容易失足滑倒，如此蹲坑踏板实在没有道理！但如果判断其为坐便厕间，这样的设计就合情合理了。只有以坐姿如厕，两块光滑的青石板作为坐便板才合适，坐便时更为舒适，后面的靠背也可倚靠休息。另外，汉代的坐厕便具一般为低矮型坐便器，其与蹲坑踏板的高度差别并不显著，在青石坐板下或另有基座加以垫高也是可能的。驮篮山楚王墓的厕间，与保安山二号墓石厕一样，有可能也是坐厕。

值得注意的是，保安山二号墓坐便的靴型踏座通高 36 厘米，②与安吉县博物馆所藏坐便架 34 厘米的高度相差不多，它们比后世的坐便马桶要低得多，又比汉代的床榻稍高。汉武帝和石崇床厕的高度也应该与此相近。陕西榆林画像博物馆藏有"汉代双厕陶猪圈"（见图 8）。厕所和猪圈相连，厕所为双厕屋，其中一个是坐便厕屋，里面有一人正在坐便，坐便者的坐姿为箕踞。榆林陶厕坐便器的构造，由坐便者的坐姿判断，应该与保安山二号墓的坐便器一样，为低矮坐式青石厕具。可以想象，在石制坐便器上，人们或者铺上"裍褥"，或者上置木制坐便板，③坐便时会更舒适。配备有坐厕的人家，当然也会有常见的蹲厕，双厕另一面的厕所，应该就是常见的蹲坑厕所了。

已发现的汉代坐便器都比较低矮，由此可以判断，其与后世马桶上的坐姿不同。人们坐在低矮的坐便器上，不是垂足而坐，而是箕坐。不论是在溷轩、室内床厕还是在溷厕，汉人坐便的姿势是箕踞而便溺。汉人平日席地而坐的箕坐与坐便时的踞厕，坐姿相近但却有些微区别。箕坐是两腿张开，或屈膝，平放双足；踞厕，也是双腿形如簸箕，但小腿稍有弯曲而斜下垂足。

---

① 见邱永生、徐旭《徐州市驮篮山西汉墓》，《中国考古学年鉴（1991）》，文物出版社，1992 年，第 173—174 页；龚良《汉"更衣之室"形象及建筑技术考辨》，第 130—131 页。

② 河南省文物考古研究所：《永城西汉梁国王陵与寝园》，第 128 页。

③ 《云仙杂记》卷三《厕上以术汤盥手》引《洛阳要记》云："陈宛盛其居止，厕上以术汤盥手，槐板覆蔽粪穴。"（《四部丛刊续编》景明本）

图8 榆林画像博物馆藏"汉代双厕陶猪圈"及局部图①

秦汉住宅中的厕所,按照学界的研究,大致可分为三种类型:建在居室或帐中的厕所、与猪圈修建在一起的厕所、作为房屋结构附属部分的厕所。② 坐厕在这三种类型的厕所中都有出现。汉武帝及石崇的床厕、安吉县博物馆所藏西汉坐便架,是在居室中使用的坐厕。保安山二号墓石厕反映的是房屋结构附属部分的坐便厕所;榆林画像博物馆藏汉代双厕中的坐厕,则是与猪圈合在一起的溷厕;住宅厕所外还有见于文献记载的流动坐便厕所,即汉武帝和羊元群的溷轩。坐厕的便具,有木制的坐便架、床厕、清器,主要是在寝室内使用,室外的溷厕则以打磨光滑的青石制坐便器为主。使用坐便方式如厕的人群,多是贪图舒适的贵族、行动不便的老年人和不能久蹲的女性,如石奋、梁孝王李后等。

箕踞而坐在古代被视为无礼之态,因箕坐人两足张开形似簸箕前伸,容易暴露下体,是不雅之举,此外还应与箕踞也是坐便之态有关。再回到本文探讨的主题,史书所载的汉武帝"踞厕"视卫青,就是箕踞坐便的姿势,这也与榆林画像博物馆所藏陶制双厕坐便者的坐姿一样。武帝之所以常以"踞厕"之态面对卫青,又与大将军卫青侍中的"执虎子""掌亵器"职责有关。

本文原载于《南开学报》(哲学社会科学版)2019年第6期,人大复印报刊资料《先秦、秦汉卷》2020年第2期全文转载。

---

① 此图片由李建雄博士提供,谨志。
② 彭卫、杨振红:《秦汉风俗》,第276页。

"丝路"背景下的汉代日常生活

刘尊志

南开大学历史学院暨中国社会史研究中心

两汉时期是我国古代对外物质文化交流全面发展的一个重要时期,陆路与海上丝绸之路均已开通,成为古代东西方政治、经济、文化交流的纽带。丝绸之路的作用日益突出,不同形式、多种类型的物品、技术甚至宗教信仰等逐渐传入汉王朝境内,对两汉社会产生了重要影响,日常生活亦不例外。本文拟从考古学的视角,对丝绸之路日益发展背景下的汉代日常生活进行相关考察和分析。

一、日常生活中的物质内容

衣食住行及医疗保健等是体现日常生活物质内容最重要的载体和媒介,汉代,随着对外物质文化交流的不断发展,这些内容得到不断补充和纳新,呈现出丰富性和多样性。

（一）衣着、装饰与化妆品

汉代,新的织物和衣料及对应的服饰均有传入,并因一些人的喜好而得到推广,《续汉书·五行志》载:"灵帝好胡服、胡帐、胡床、胡坐、胡饭、胡箜篌、胡笛、胡舞,京都贵戚皆竞为之。"[1]新疆出土纺织品中有一定数量的外来产品,主要为棉、毛织物（毛布、毛毡）等。民丰尼雅遗址中的一座东汉墓出土了两块蓝白印花棉布残片,是我国目前所知最早的棉布,[2]棉布上的女神为中亚的丰收女神阿尔多克洒（Ardochsho）,推测是从贵霜传入;[3]尉犁营盘东汉 M15 出土对兽树纹双面罽袍、[4]洛浦山普拉 M01 出土"马人"武士毛织物等,[5]都体现出明显的外来风格。

---

① 司马彪:《续汉书》志第五《五行志》,中华书局,1965 年,第 3272 页。

② 新疆维吾尔自治区博物馆:《新疆民丰县北大沙漠中古遗址墓葬区东汉合葬墓清理简报》,《文物》1960年第 6 期,第 11 页。

③ 孙机:《建国以来西方古器物在我国的发现与研究》,《文物》1999 年第 10 期,第 71 页。

④ 新疆文物考古研究所:《新疆尉犁县营盘墓地 15 号墓发掘简报》,《文物》1999 年第 1 期,第 6—8 页。

⑤ 新疆维吾尔自治区博物馆:《洛浦山普拉古墓发掘报告》,《新疆文物》1989 年第 2 期,第 18—19 页。

装饰物品有大量输入。南越"处近海,多犀、象、毒冒、珠玑、银、铜、果、布之凑,中国往商贾者多取富焉"①。考古发现较多外来装饰物。广州游鱼岗 M3029 出土的蚀花珠、②广西贵县风流岭 M15 出土的肉红石髓耳珰③等,均较精美。以大量珠饰串起的串饰发现较多,广西合浦文昌塔墓地出土各种式样和颜色的串饰数件,④贵县汉墓出土有多种珠饰如玛瑙、蚀刻石髓、肉红石髓等混合的串饰。⑤ 金银质的装饰品也有很多,一些还镶嵌不同颜色的宝石,异域特点突出。尉犁县营盘墓地出土的金耳饰分成上、下两部分,两部分之间用穿缀一颗多棱形白色玻璃珠的盘丝线连接,每部分都是用细窄的金条掐制鸡心形、圆形和花蔓,然后再焊接成类似变形兽面纹的框架,框架内镶嵌玻璃。⑥ 江苏邗江甘泉东汉墓出土一批掐丝、焊金珠、镶嵌绿松石和水晶的金饰品,有泡形饰、"亚"形饰、盾形饰、挂锁形饰、王冠形饰、空心球、兽形片饰等,属中亚风格。⑦

胭脂是汉代化妆品的品种之一,西汉时已有使用,孙机先生指出:"汉地使用胭脂当由匈奴人为之介。"⑧河北满城 M2 出土的错金朱雀衔环双连铜豆形器为调制胭脂的用具,出土时尚有朱色痕迹。⑨

(二) 饮食

东汉灵帝好胡饭,京都贵戚皆竞为之,这是与汉代饮食有关的文献例证,考古资料更为丰富。

在对外物质文化交流的影响下,汉代食物原料增添了较多的新内容。部分粮食作物由外引入,如豌豆、扁豆、黑豆、胡豆、绿豆、胡麻等,河西走廊一带在两汉时已种植黑豆、扁豆、胡豆、豌豆。多种蔬菜被引进,如葱、蒜、芫荽、苜蓿、黄瓜、萝卜、胡萝卜等。广西贵县罗泊湾 M1 出土有苜蓿和黄瓜。⑩ 甘肃泾川水泉寺东汉墓出土的陶灶上堆雕有萝卜。⑪

① 班固:《汉书》卷二十八《地理志》,中华书局,1962 年,第 1670 页。
② 广州市文物管理委员会、广州市博物馆:《广州汉墓》,文物出版社,1981 年,第 291—292 页。
③ 熊昭明:《汉代合浦港考古与海上丝绸之路》,文物出版社,2015 年,第 163 页。
④ 广西省文物保护与考古研究所:《广西合浦文昌塔汉墓》,文物出版社,2017 年,第 68、151、219—221、313—314、384 页。
⑤ 熊昭明:《汉代合浦港考古与海上丝绸之路》,第 167—168 页。
⑥ 新疆文物考古研究所:《新疆尉犁县营盘墓地 1995 年发掘简报》,《文物》2002 年第 6 期,第 24—25 页。
⑦ 南京博物院:《江苏邗江甘泉二号汉墓》,《文物》1981 年第 11 期,第 6—7 页。
⑧ 河南省文物考古研究院编著:《曹操高陵》,中国社会科学出版社,2016 年,第 168 页。
⑨ 中国社会科学院考古研究所、河北省文物管理处:《满城汉墓发掘报告》,文物出版社,1980 年,第 265、267 页。
⑩ 广西壮族自治区博物馆:《广西贵县罗泊湾汉墓》,文物出版社,1988 年,第 87 页。
⑪ 刘玉林:《甘肃泾川发现一座东汉早期墓》,《考古》1983 年第 9 期,第 856 页。

由外输入的水果有葡萄、胡桃(核桃)、石榴、无花果、橄榄、番木瓜、西瓜、胡瓜等。尉犁县营盘墓地出土有葡萄、葡萄干、核桃等。① 罗泊湾 M1 出土有橄榄、乌榄等。② 安徽六安双墩 M1 出土的西瓜子证实了西瓜在西汉时就已传入我国。③

加工食物也得以传入和普及。如胡饼,是在要烤制的饼上撒上芝麻,饼烤出后十分香脆,很受欢迎,东汉晚期已较普及。乳制品主要有酪、酥油、干酪等,可放入面点中,亦可直接食用。

还有一些与饮食有关的器物。合浦寮尾 M13b 出土 1 件陶壶,胎黄白色,青绿色釉,一侧有短流,细长颈,椭圆形腹,颈腹间与流相对的一侧附曲形手柄,是 1 件典型的帕提亚时期陶壶。④ 金银器和玻璃器数量较多。青海大通上孙家寨乙区 M3 出土银壶是从中亚输入的,为今叙利亚一带罗马帝国时期的产品。⑤ 合浦汉墓出土较多玻璃器皿。杯如贵县南斗村 M8 出土的承盘高足玻璃杯;⑥碗如文昌塔墓地出土的一件玻璃碗,通体黄褐色,有状似叶片的褐色花纹,为植物灰型钠钙玻璃。⑦

(三) 居住与出行

与居住有关,体现外来因素者多为墓葬资料。一些汉画像石墓中使用石柱,如徐州白集汉墓出土石柱,为委角六楞柱,下为一趴卧石羊,⑧其他墓葬还见方柱、圆柱、八角柱、凹楞柱等,可能与受西方文化影响有关。莲花藻井可能与佛教的影响有关,河南密县打虎亭 M2,券顶中间为南北排列的 3 个藻井,中间藻井为莲花形图案。⑨ 另如券顶,也可能是外来建筑形式影响下的产物,而且会影响到日常生活中的相关建筑。建筑的装饰图案也有体现。徐州汉画像石艺术馆征集的汉画像石画像中有羽翼兽、双头鸟等,⑩双头鸟体现出的某些动物形象来自斯基泰民族或通过中介而从古希腊、西亚传到中国来,双头鸟为斯基泰民族所喜爱,其原形为西亚的双头鹫,也就是斯基泰民族流行的鹰头兽。⑪ 室

① 新疆文物考古研究所:《新疆尉犁县营盘墓地 1999 年发掘简报》,《考古》2002 年第 6 期,第 59、61、66 页。

② 新疆文物考古研究所:《新疆尉犁县营盘墓地 15 号墓发掘简报》,《文物》1999 年第 1 期,第 87 页。

③ 安徽省文物考古研究所、安徽省六安市文物局:《安徽六安双墩一号汉墓发掘简报》,安徽省文物考古研究所、安徽省考古学会《文物研究》第 17 辑,科学出版社,2010 年,第 107—123 页。

④ 广西文物考古研究所、合浦县博物馆、广西师范大学文旅学院:《广西合浦寮尾东汉三国墓发掘报告》,《考古学报》2012 年第 4 期,第 524 页。

⑤ 青海省文物考古研究所:《上孙家寨汉晋墓》,文物出版社,1993 年,第 164—165 页。

⑥ 熊昭明:《汉代合浦港考古与海上丝绸之路》,第 54—56、155 页。

⑦ 熊昭明:《汉代合浦港的考古学研究》,文物出版社,2018 年,第 88—89 页。

⑧ 南京博物院:《徐州青山泉白集东汉画像石墓》,《考古》1981 年第 2 期。

⑨ 安全槐:《打虎亭汉墓》,香港国际出版社,1999 年,第 162 页。

⑩ 杨孝军:《徐州新发现一批汉代画像石考释》,《四川文物》2005 年第 6 期,第 55—56 页。

⑪ 杨孝军:《塞人与汉代羽化图像》,《文史杂志》2015 年第 1 期,第 61—63 页。

内陈设方面,灵帝好胡帐、胡床、胡坐等,可作证明。另有一些外来的器皿如银盒、玻璃制品,也可当作室内的陈设品。

出行方面最突出的是一些畜力的传入,很多用于骑乘、挽车出行甚至运输,如大宛良马、汗血马等。车马器具主要表现为装饰,山东章丘洛庄汉墓出土的当卢,[①]是斯基泰民族的装饰文化传入我国后,受其影响,结合习见传统风格糅合而成的新型工艺品。[②]

(四) 医疗保健

汉代,于阗国及以西地区的医疗保健物品已传入汉地,融入日常生活,且有人死后用于陪葬。洛浦山普拉墓地出土有于阗或以西地区的医药物品,均盛放在香囊中,有香料膏丸、球形香丸等,另有苦豆子及银白色片状物、红色和乳白色粉末状物品,多包扎在小绢布里,部分在小纸包里,这些香药膏丸来自于阗以西的地区(印度或者波斯),银白色片状物可能是薄荷叶,红色和乳白色粉末状物应是磨成药散的草药。[③]广州南越王墓中发现有象牙、乳香以及带有明显波斯风格的银质药盒等,盒内盛有药丸。[④]

二、技术、娱乐与宗教

随着丝绸之路的开通和发展,相关技术及其娱乐、宗教等也得以传入,开始影响并不断渗透至日常生活之中。

(一) 技术

一些织物原料如棉花的种植和加工,皮、毛、毡等的加工与制作技术应已传入。欧洲及西亚、中亚的金银器加工技术如掐丝、焊金珠、镶嵌等工艺使得汉代金银质小型装饰物制作得到较快发展,很多应用到日常装饰之中。黄铜是通过将铜和含锌的炉甘石放入炉中冶炼而得,相关技术的传入,丰富了装饰品如环、镯等的制作。

---

① 济南市考古研究所、山东大学考古系、山东省文物考古研究所、章丘市博物馆:《山东章丘市洛庄汉墓陪葬坑的清理》,《考古》2004 年第 8 期,第 6 页。

② 崔大庸:《山东章丘洛庄汉墓出土的鎏金铜当卢》,《文物世界》2002 年第 1 期,第 24—26 页。

③ 肖小勇、郑渤秋:《新疆洛浦县山普拉古墓地的新发掘》,《西域研究》2000 年第 1 期,第 44—45 页。新疆维吾尔自治区博物馆、新疆文物考古研究所:《中国新疆山普拉——古代于阗文明的揭示与研究》,新疆人民出版社,2001 年,第 31、32 页。

④ 广州市文物管理委员会、中国社会科学院考古研究所、广东省博物馆:《西汉南越王墓》,文物出版社,1991 年,第 138、141、210 页。

香料、膏丸、药粉、相关医药及其制作技术、使用方法得以引入,在此基础上还有创新和发展。合浦堂排 M2b 出土铜熏炉中有少量香料和灰烬,风门岭 M24b 出土陶熏炉内有碳化的香料。① 汉代,人们在研究各种香料作用和特点的基础上,利用多种香料调合制造出特有的香气,配制方法为"香方",依据香方调和制成的为"合香"。东汉《汉建宁宫中香》的香方中有黄熟香、白附子、丁香皮、藿香叶、零陵香、檀香、白芷、茅香、茴香、甘松、乳香、生结香、枣子、苏合油等十余种香料,每种香料的用量不同,配制方法不一,有别器研磨、焙干,还要炼蜜和匀,窨月余,十分考究。② 另有医药存放或盛放等。

饮食主要有两点:一是作物种植技术的引进及在此基础上因地制宜种植技术的提升,这可保证持续或相对稳定的供应;二是带动食品加工技术的多样化,不仅扩大了膳食内容,也可促进推广,渐入日常生活之中。

居住方面,建筑材料、装饰及室内陈设内容的设计与制作等逐渐传入,至南北朝时期,相关家具制作获得较大发展的同时也对后世有着重要的影响。出行方面,对外来畜力的饲养技术有所吸收并不断提高,而车马器具的制作和纹饰风格设计则体现出外来文化的影响。

(二) 乐舞杂技

东汉灵帝好胡箜篌、胡笛、胡舞等,表明一些外来乐器、音乐及舞蹈等已逐渐被接受并渗透至一些地区的日常生活中。随着丝绸之路的开通,西域各国的一些乐器如琵琶、箜篌、觱篥、方响、锣、钹、星、羯鼓、腰鼓、达卜等传至中原。其中琵琶源于美索不达米亚,亚洲西部、西南部各地较为流行,至迟东汉时传入我国。四川乐山虎头湾汉代崖墓石刻画像③及辽宁辽阳棒台子东汉石椁墓壁画④中皆有弹奏琵琶的人像。

众多舞蹈、杂技、幻术等也逐渐传入并不断普及。"叠案"技艺在汉代较为流行,可能受到"安息五案"的影响,四川郫县东汉石棺画像中为叠九案。⑤ 幻术有吞刀吐

---

① 广西壮族自治区文物工作队:《广西合浦县堂排汉墓发掘简报》,《文物资料丛刊》第 4 辑,文物出版社,1981 年,第 46—56 页。广西壮族自治区文物工作队、合浦县博物馆:《合浦县风门岭汉墓——2003~2005 年发掘报告》,科学出版社,2006 年,第 91 页。

② 陈敬:《陈氏香谱》,顾宏义主编,田渊整理校点《宋元谱录丛编·香谱:外四种》,上海书店出版社,2018 年,第 105 页。

③ 龚廷万、龚玉、戴嘉陵编著:《巴蜀汉代画像集》,文物出版社,1998 年,图 105。

④ 李文信:《辽阳发现的三座壁画古墓》,《文物参考资料》1955 年第 5 期,第 18 页。

⑤ 四川省博物馆李复华、郫县文化馆郭子游:《郫县出土东汉画象石棺图象略说》,《文物》1975 年第 8 期,第 64 页。

火等,密县打虎亭 M1 的相关图像中有此图像。[①] 缘橦为高竿表演,汉王朝的表演者可能从都卢艺人那里学习了相关技巧,表演出高难度的杂技,[②]山东沂南画像石墓的画像中,1 人额上缘橦,上有 3 人表演。[③]

乐舞杂技等在传入后,逐渐影响到较多的阶层,并渗透至迎宾、宴客、家庭娱乐、礼仪活动等多个方面,大大丰富了日常生活的内容和内涵。

(三) 宗教

主要为佛教的传入及影响。一般认为,大约在西汉后期,佛教开始传入我国。东汉早期,明帝在洛阳修建了白马寺,使得一些信佛者有崇佛、信佛及礼佛之处。诸侯王以楚王刘英为代表,其"诵黄老之微言,尚浮屠之仁祠,洁斋三月,与神为誓……其还赎,以助伊蒲塞桑门之盛馔","晚节更喜黄老,学为浮屠斋戒祭祀"。[④]东汉早中期,就佛教的信奉者而言,还有较大的局限性,为朝廷或个别诸侯国中等级较高人员。史载"桓帝好神,数祀浮图,老子,百姓稍有奉者,后遂转盛"[⑤]即可说明。东汉晚期,在依附、吸收、融合的基础上,佛教渐与中国本土文化结合,形成相互杂糅的特点,东汉末年逐渐独立,成为影响当时乃至其后人们日常生活的宗教内容。

与佛教有关的器物、画像等,多数时代为东汉晚期,相当部分为东汉末年。江苏连云港孔望山摩崖造像内容丰富,佛道杂糅特点突出。[⑥] 一些器物如摇钱树、佛兽镜、神瓶、尖帽胡人俑、白相俑等,大都与佛教有一定关系,[⑦]另有牌饰、熏炉等。四川彭山江口东汉晚期崖墓出土 1 件陶摇钱树座,座上有一佛二胁侍。[⑧] 安徽当涂东汉墓出土的铜三足承盘香熏,盖顶所饰神人有头光,额正中凸起,似为"白毫相"。[⑨] 有关图像可更直观地反映社会或日常生活。沂南汉画像石墓的擎天柱中部有相对明显的佛教造像。[⑩] 徐州出土汉画像石中有 2 幅"僧侣骑象图",其中一幅中的僧侣着袈

① 安全槐:《打虎亭汉墓》,彩版二。
② 孙机:《汉代物质资料图说(增订本)》,上海古籍出版社,2008 年,第 449 页。
③ 南京博物院、山东省文物管理处:《沂南古画像石墓发掘报告》,文化部文物管理局,1956 年,图版第84。
④ 范晔:《后汉书》卷四十二《光武十王传》,中华书局,1965 年,第 1428 页。
⑤ 同上注,卷八十八《西域传·天竺国》,第 2922 页。
⑥ 连云港市博物馆:《连云港市孔望山摩崖造像调查报告》,《文物》1981 年第 7 期,第 1—7 页。
⑦ 何志国:《论早期佛教在长江流域的传播——以汉晋考古材料为中心》,《东南文化》2004 年第 3 期,第27—32 页。
⑧ 南京博物院编:《四川彭山汉代崖墓》,文物出版社,1991 年,第 37、38 页。
⑨ 贺云翱等编:《佛教初传南方之路文物图录》,文物出版社,1993 年,图 7,第 160、161 页。
⑩ 南京博物院、山东省文物管理处:《沂南古画像石墓发掘报告》,第 57 页,图版第 37。

袈,头顶巾帻,可以看出是光头;另一幅画面上方刻一人躺卧在象背上,右手托面,前面一人手持长钩,应为象奴,画面下方刻一枝叶茂盛的大树,很可能为菩提树。[1] 骆驼、翼兽、狮子等与佛教有关的动物题材和纹饰在安息时代传入我国。徐州十里铺东汉墓的中室横额上有狮面九头兽和裸体飞人形象等。[2] 莲花图案作为佛教的象征在东汉晚期墓葬中较常见,江苏邳州八义集过满山汉画像石墓的圆雕力士门柱等有莲花纹饰。[3]

三、"丝路"背景下汉代日常生活的发展

"丝路"背景下,汉代日常生活获得较多的发展,既有物品输出的带动,也有输入后的促进。

(一) 物品输出的带动

随着丝绸之路的开通与拓展,我国生产的丝绸、漆器、铁器、铜镜等传至域外较多地区。丝绸的大量外销,促进了蚕的饲养及桑树种植。文献载有"还庐树桑"[4]等。考古资料较多,河南内黄三杨庄西汉晚期田宅遗址的三号院落正房后侧发现栽植的两排桑树遗迹;[5]四川新都出土汉代画像中有桑园;[6]内蒙古和林格尔东汉墓后室南壁的庄园图中有桑林和采桑场景。[7] 漆树种植、漆的生产及漆器制作与丝绸有相似之处,两者均与汉代日常有关。铁器、铜镜等在东、南、西三个方向的丝路贸易中均有大量输出,也与相关手工业者的日常生活有关系。

(二) 输入内容的促进

1. 物质内容

输入的众多作物得到种植,并逐渐成为相应阶层日常劳作的内容。随着棉布的推广,棉花的加工、纺织、染色等融入日常。饮食方面,食品的加工、储藏等得到较多发展,膳食结构有了悄然变化。如胡饼受到不同阶层的喜爱,成为日常饮食中的美味。胡床、胡帐、胡坐等居室用品和生活习惯在某种程度上可能会打破原有席地而坐

① 杨孝军、郝利荣:《徐州新发现的汉画像石》,《文物》2007年第2期,第81—83页。
② 江苏省文物管理委员会、南京博物院:《江苏徐州十里铺汉画像石墓》,《考古》1966年第2期,第74页。
③ 陈永清、张浩林:《邳州东汉纪年墓中出土鎏金铜佛造像考略》,《东南文化》2000年第3期,第104页。
④ 班固:《汉书》卷二十四《食货志》,第1120页。
⑤ 河南省文物考古研究所、内黄县文物保护管理所:《河南内黄三杨庄汉代聚落遗址第二处庭院发掘简报》,《华夏考古》2010年第3期,第24页。
⑥ 龚廷万、龚玉、戴嘉陵:《巴蜀汉代画像集》,图5。
⑦ 内蒙古自治区博物馆文物工作队:《和林格尔汉墓壁画》,文物出版社,1978年,第41—42页。

及寝息的习惯。汉代,垂足而坐似不礼貌,但画像资料表明,东汉时有垂足而坐者。徐州汉画像石艺术馆征集的一块画像石,中刻一房屋,屋外左侧有一儿童坐在杌子上逗牛;①徐州耿集出土的画像石上,有一人持刀坐于几上,另有一人似在与其对话。②随着相关家具的推广和普及,垂足而坐逐渐代替席地踞坐,并逐渐在日常生活中成为主流。

2. 乐舞杂技与宗教

外来因素为汉代乐舞杂技注入了新的内容,日常娱乐更加丰富,迎宾、宴饮、庆祝及其他活动均有体现。

迟至东汉早期,一些人的日常生活已与佛教有了关联,刘英在楚国奉事佛教,有斋戒、祠礼、饭僧等仪式,奉佛者有伊蒲塞(进住居士)、桑门(沙门、佛僧)等,而其所尚"浮屠之仁祠"可能为寺庙。③ 桓帝信佛,百姓少有奉者,但之后渐盛,说明佛教已逐渐渗透至较多人的日常生活之中。东汉末年,佛教对日常生活的影响趋于多样化,一些日常物品与装饰,甚至丧葬等皆可体现,僧人逐渐增多并参与一些社会活动,佛造像崇拜增强,另有读、听佛经,等等。史载笮融"大起浮屠祠,以铜为人,黄金涂身,衣以锦采,垂铜盘九重,下为重楼阁道,可容三千余人,悉课读佛经,令界内及旁郡人有好佛者听受道,复其他役以招致之。由此远近前后致者五千余人户"④,可见现实生活中,较多人已接受佛教并深受影响。

(三) 外来人口

随着对外物质文化交流的发展,一些域外人士开始来华,并逐渐融入两汉社会及日常生活,这些人古代多被称为胡人。

中原地区的一些汉墓,尤其是东汉墓中多出胡人俑,戴尖帽,深目高鼻,颧骨突出。今广东广州及广西贵县、梧州、合浦等地的汉墓中常出土形象明显异于汉人的陶俑,一般体形矮短,深目高鼻,颧高唇厚,下颌突出,体毛浓重。合浦堂排西汉晚期 M1 出土站立胡人俑,似为乐舞俑,头戴圆顶小帽,身着对襟小领长袍,竖眉小眼,高鼻深目,脸部较圆,络腮胡须。⑤ 陶俑托举灯盘或头顶灯盘较为常见。广州东山象栏岗东

---

① 杨孝军、郝利荣:《徐州新发现的汉画像石》,《文物》2007 年第 2 期,第 86 页。

② 徐州博物馆:《徐州汉画像石》,江苏美术出版社,1985 年,图 202。

③ 陈亚萍:《中国最早的佛寺是东汉楚国的浮屠仁祠》,《徐州师范学院学报》(哲学社会科学版)1994 年第 4 期,第 76—77 页。

④ 陈寿:《三国志》卷四十九《吴书·刘繇传》,中华书局,1959 年,第 1185 页。

⑤ 广西壮族自治区文物工作队:《广西合浦县堂排汉墓发掘简报》,《文物资料丛刊》第 4 辑,文物出版社,1981 年,第 46—56 页。

汉前期 M4016[①] 与合浦寮尾东汉晚期 M13b[②] 出土陶座灯,俑均深目高鼻,尖下巴,络腮胡;前者俑半跪坐,发束于前额,后者缠头绾结如汉式的幞头,屈膝而坐,右手撑地,左手举托灯盘,头仰视。胡人俑的形体特征与印度尼西亚的土著居民相似,但深目高鼻又可能是以南亚及西亚人作为模拟对象。[③] 这些发现反映出当时岭南可能已使用出身南洋或南亚或西亚的奴仆。另据记载,"董卓多拥胡兵"[④],应是特殊内容。再结合汉代画像资料,胡人有的做侍者,有些从事乐舞杂技表演或其他工作,大多与汉代人的日常生活关系密切。

(四) 称呼语言

汉代人的日常称呼语言因丝绸之路的开通和发展而不断丰富。国名、地名、人名多为音译,如贵霜、安息、波斯;也有其他命名方式,如大秦、已程不国等。物名有多种,如鸵鸟,有的称条支大鸟,也有的称为安息雀。最为普遍而又很快融入汉代人语言体系的是在域外的人、物等之前加上"胡"字,如胡人、胡医、胡商等,食品则有胡瓜、胡萝卜、胡桃、胡豆、胡麻等,《续汉书》载灵帝喜好冠以"胡"字的事物近 10 种,涉及内容较多。

这些称呼语言,或在传入时已存在,或根据发音传入并流传,一些则冠以较为普遍且又相对含糊的称呼和叫法,并延续至今,成为一些物品或技艺的定名,也成为日常语言的一部分。

(五) 商业活动

两汉时期,陆上丝绸之路有较多"商胡贩客"到中原从事商业活动,海上贸易则使得"中国往商贾者多取富焉",而番禺等则成为大都会。[⑤]

考古发现的较多外来物品可能与商贸有关,另有货币等。从中亚、西亚传入我国的有贵霜铜币、萨珊银币、安息货币等,新疆乌恰县发现大批波斯银币;[⑥]楼兰古城出土 1 枚贵霜王发行的钱币,正面为国王立像,周缘有希腊文,背面为手持三叉戟的骑骆驼神像。[⑦] 外文铅饼,文字多为希腊文,但正面为龙纹等,是中西文化的结合体。

---

① 广州市文物管理委员会、广州市博物馆:《广州汉墓》,文物出版社,1981 年,第 328 页,图版九九:1。

② 广西文物考古研究所、合浦县博物馆、广西师范大学文旅学院:《广西合浦寮尾东汉三国墓发掘报告》,《考古学报》2012 年第 4 期,第 515—516 页。

③ 广州市文物管理委员会、广州市博物馆:《广州汉墓》,第 478 页。霍巍、赵德云:《战国秦汉时期中国西南的对外文化交流》,巴蜀书社,2007 年,第 268 页。

④ 司马彪:《续汉书》志第五《五行志》,第 3272 页。

⑤ 班固:《汉书》卷二十八《地理志》,第 1670 页。

⑥ 李遇春:《新疆乌恰县发现金条和大批波斯银币》,《考古》1959 年第 9 期,第 482—483 页。

⑦ 新疆楼兰考古队:《楼兰古城址调查与发掘简报》,《文物》1988 年第 7 期,第 20 页。

甘肃灵台发现 270 多枚,埋藏在一处有意建造的坑内,饼正面为凹凸龙纹,底面铸一周希腊文,另有二方形戳记;[①]陕西扶风姜塬出土的汉代外文铅饼,很可能与安息国有关。[②] 外文铅饼大多出于遗址内,有的是专门埋藏,或与汉代钱币共同埋藏,一些可明显看出长期使用后的磨损。推测其是为便于贸易和买卖而使用的货币,且作为媒介型货币用于不同区域间商品贸易的可能性最大。

四、相关内容与特征

随着中外物质文化交流的拓展与繁荣,汉代日常生活的内容不断丰富,与日常生活相关的内容、内涵亦在悄然发生着变化,体现出对应的内容和特征。

（一）有益的内容

《盐铁论》载:"汝、汉之金,纤微之贡,所以诱外国而钓胡、羌之宝也。夫中国一端之缦,得匈奴累金之物,而损敌国之用。是以骡驴馲驼,衔尾入塞,驒騱騵马,尽为我畜,鼲貂狐貉,采旃文罽,充于内府,而璧玉珊瑚琉璃,咸为国之宝。是则外国之物内流,而利不外泄也。异物内流则国用饶,利不外泄则民用给矣。"[③]这反映出对外物质文化交流为汉王朝及汉代日常生活均带来诸多有益的内容。对外物质文化交流不仅可带动自身生产、生活的发展,众多外来内容还能促进日常生活的不断丰富和多样化。

对外来物质文明与精神文化接受的过程,也是对外了解和认知的过程,同时还是吸收、应用的过程。物品传入带来的有益内容最为突出。棉布衣料至东汉时渐被接受,而其对下层人民来讲,在进行种植、加工的同时又可改变衣葛麻织物的习惯,对身体存在较大益处;众多食品的传入,使得饮食内容更趋多样和丰富,膳食结构也有相应变化。其他如装饰、居住、医疗、保健等也有较多体现和反映。

（二）相关的特征

1. 形式的多样性

中外物质文化的交流,有政府间的交流和往来,有商贸和战争,还有各种形式的人员往来,另有移民或借助宗教传播的输入,可谓形式多样。各种形式的交流和往来,直接或间接地影响到汉代人的日常生活。

2. 创新或首次性

汉代是中外物质文化交流的开拓期,由于处于相互交流的早期阶段,对日常生活

---

① 灵台县博物馆:《甘肃灵台发现的外国铭文铅饼》,《考古》1977 年第 6 期,第 427 页。

② 罗西章:《扶风姜塬发现汉代外国铭文铅饼》,《考古》1976 年第 4 期,第 275—276 页。

③ 桓宽:《盐铁论》,王利器《盐铁论校注》,中华书局,1992 年,第 28 页。

影响的很多内容都具有创新性或首次性。

3. 发展的渐进性

汉代,较多由外输入的内容最初是由等级较高者掌握或享用,他们是较早接触者和受益者,而很多内容传入之初在海上丝绸之路的港口一带或陆上丝路沿线附近较为突出,其他阶层或地区则是逐渐受到影响,体现出明显的渐进性。渐进的过程,大致是由帝王到一般贵族官吏,再经普及推广,逐渐延伸至寻常百姓家;或由港口向内地延伸,或由陆上丝路沿线由西向东发展。以佛教的传播为例,新疆地区较早接触,逐渐向东传播,而沿海的今连云港周边地区则可能是以连云港为基点向西呈扇形辐射,今山东临沂、枣庄及江苏徐州等地出土较多有佛教含义的画像石,大多在时代上晚于连云港孔望山摩崖石刻的初刻时代;东汉早期至桓帝时,佛教信奉者多为帝王或相关人员,桓帝之后,百姓中的信奉者才逐渐增多,东汉末年趋于兴盛。

4. 需求的同步性

丝绸之路与汉王朝遏制侵扰、巩固和加强边疆统治等有密切关系,进而可提升贸易往来及政治、文化的交流。汉王朝及统治阶层对域外"珍宝"的普遍需求也是内容之一,《盐铁论》所载良畜、毛皮与制品、璧玉珊瑚琉璃等可为国之宝,很多被朝廷充于内府,而《后汉书》亦载西域殷富,多珍宝,且多有赠送者,[1]这在很大程度上丰富和充实了高等级人员乃至一般贵族官吏的日常生活。与国家利益、需求同步,许多物品、技术、思想文化等越来越多地传入汉王朝境内,对较多日常生活内容产生诸多影响的同时也带来一些潜移默化的变化。

5. 开拓与启发性

汉代作为对外物质文化交流的开创期,陆路、海上交通及多种形式的交流框架和格局基本形成,体现出的开拓特征十分突出,且对后世影响较大,因此又具启发性。史书用"凿空"二字来评价张骞通西域之功,[2]仅从"丝路"背景下的汉代日常生活即可窥一斑。

6. 局限和不完善性

(1) 日常生活物质内容多寡不一

与食物、装饰化妆、娱乐、医疗保健等相关的物品,种类多,普及程度广,影响大,居住、出行方面的物品则略少。这与前者易于接受外来因素,相关物品便于携带和运

---

① 班固:《后汉书》卷五十一《李恂传》,第 1683 页。

② 司马迁:《史记》卷一二三《大宛列传》,中华书局,1959 年,第 3169、3170 页。

输等有关;而住行相对稳定,更多为技术,传播相对较慢,因此少见。物品偏重于宝物、珍禽异兽,一般物品少,这与相应阶层的需求有关,同时也是对外物质文化交流初期阶段的体现。

(2) 技术层面内容少,外来人员的融入相对欠缺

与娱乐相关的一些技艺有所传入,但生产技术或方法传入较少,较多是手工业制品,尤其是物品的直接输入。外来人员大多为伎乐或奴婢,技术人员少,对技术的推广有所限制。

(3) 影响中的地域性

也是渐进性的表现之一。海上丝绸之路的港口一带或陆上丝路沿线附近所受影响大且内容丰富,其次为两京及政治、经济相对发达的王侯统治区域,其他地区则相对薄弱。

(4) 发展中的等级性。

相关研究指出:"值得注意的是,域外输入相当大的部分是贵重物品,很多出土于高级别墓葬或遗址中,这说明,当时它们是当作奢侈品输入的。"①这和等级性有较大关系,而且一直有所体现,与日常生活有关的诸多内容皆可反映。考古发现的相关实物资料,大多出土于等级相对较高的墓葬中,而且墓葬等级越高,对应内容越丰富,等级较低的墓葬极少或不见。

综上所述,丝绸之路的发展和繁荣从多方面促进了汉代日常生活的发展和变化,内容不断丰富,趋于多样,涉及面广,并体现出与时代相对应的特点。很多外来因素经历了被传入和被接受的过程,相当部分逐渐融入汉代日常生活之中且不断发展。汉文化是在不断吸收与纳新中逐步演进和形成的,"丝路"背景下的汉代日常生活在一定程度上体现了汉文化"多元一体"的内容、内涵和发展特征,而其对后世也有着较大影响,在古代社会发展史上具有较重要的价值和地位。

本文原载于《历史教学》(上半月刊)2019 年第 11 期。

---

① 中国社会科学院考古研究所编著:《中国考古学·秦汉卷》,中国社会科学出版社,2010 年,第 928 页。

魏晋南北朝的鞋与人：
一项中古日常生活史的建构尝试

夏 炎

南开大学中国社会史研究中心暨历史学院

　　20 世纪 70 年代中期兴起于德国的日常生活史，①近年来也逐渐进入中国社会史的研究视域。② 虽然无论在理论建构、研究方法还是在探讨范畴等方面，日常生活史的本土化进程依然任重而道远，但日常生活史研究范式的引入，无疑对于中国历史，尤其是古代史的重新发现具有重要的学术意义。对于学术积淀深厚的魏晋南北朝史研究而言，日常生活史应该是一个全新的话题。③ 本文选取鞋这一日常性十分突出的物品，拟围绕这一个案展开日常生活史相关论题的讨论。学界对于魏晋南北朝鞋的探讨，目前仅限于物质文化史与社会生活史的层面。研究的主要范式是从鞋的物质性出发，探讨其类型、材质、用途、穿着方式及其变迁。实际上，我们还可以通过其他视角重新讲述鞋的历史，试图通过一种全新的建构理念，重新整合碎片化的历史记忆，探索一种适合中古史叙述特色的日常生活史研究范式。

---

　　① 常建华：《他山之石：国外和台湾地区日常生活史研究的启示》，《安徽大学学报》(哲学社会科学版) 2015 年第 1 期。

　　② 常建华：《从社会生活到日常生活——中国社会史研究再出发》，《人民日报》2011 年 3 月 31 日，第 7 版。

　　③ 在以往的社会史研究领域，生活史研究多采用"社会生活"的概念，彭卫曾经统计出中国大陆地区 20 世纪 50 年代之后发表的中国古代社会生活史论文共计 465 篇，除去"总论"，各朝代论文数目的比重分别是：先秦 17%，秦汉 16.5%，魏晋南北朝 8%，隋唐五代 14.6%，宋辽金元 14.1%，明清 15.4%，魏晋南北朝时期的相关研究明显处于劣势。(彭卫：《近五十年中国古代社会生活史研究述评》，《中国史学》第 6 卷，1996 年，第 69—72 页) 侯旭东认为近年来中国魏晋南北朝史研究出现了一些新动向，主要包括：围绕儒家及其礼制的研究、法制史、官制史、区域史、新资料(三国吴简、新出吐鲁番文书与入华粟特人墓葬)以及经济史的消沉。(侯旭东：《关于近年中国魏晋南北朝史研究的观察与思考》，《社会科学辑刊》2009 年第 2 期) 在这些新动向中，我们亦没有发现日常生活史研究的身影。笔者翻阅了近 20 年发表在《中国史研究动态》上的关于魏晋南北朝史年度综述的系列文章，作者往往将具有生活史意义的文章归为"社会风俗""文化""社会史"加以介绍。这一迹象表明，时至今日，在魏晋南北朝史的研究阵地中，日常生活史基本是处于一种模糊的状态。

一、模糊的鞋:文献学考察的启示

根据物质文化史或社会生活史的研究,魏晋南北朝时的鞋可分为履、屐、屝、屦、屩、舄、靴等多种类型,不同的形制、材质亦各有其用途及使用的场合。关于这些问题,前贤已通过传世文献结合考古资料进行过一定的探讨,虽然囿于史料的稀缺,讨论得并不十分充分,但毕竟为我们勾勒出了那个时代鞋的基本面貌。① 实际上,我们还可以通过其他视角重新讲述鞋的历史,这一视角是从关于鞋的文献学考察中得到的启示。

《华阳国志》卷一一《后贤志》记西蜀何随"家养竹园,人盗其笋。随偶行见之,恐盗者觉,怖走竹中,伤其手足,挈屐徐步而归。其仁如此"②。《华阳国志》记载的鞋是"屐",此后,一些类书在引用《华阳国志》的相关记载时,亦记作"屐",如隋虞世南撰《北堂书钞》记作"随乃挈屐徐步而归"③。但是唐欧阳询《艺文类聚》卷六五所引《华阳国志》则记作"挈履徐步而归"④,将"屐"写作了"履"。至北宋《太平御览》所引《华阳国志》的相关部分又出现了前后抵牾的情况。如卷六九八记作"挈屐而归"⑤,卷八二四记作"挈履徐步归"⑥,卷九六二记作"挈履徐步而归"⑦,卷九六三记作"乃挈履而归"⑧。可见,后世类书在引用《华阳国志》"何随竹园"史料的过程中,出现了"屐""履"混用的情况。

《晋书》卷七五《刘惔传》:"惔少清远,有标奇,与母任氏寓居京口,家贫,织芒屩以为养,虽荜门陋巷,晏如也。"⑨关于此事,《太平御览》有两处引《晋书》相关记录。其中,卷五一一引《晋书》亦记作"织芒屩以为养"⑩,而卷四四六引《晋书》却记作"织芒履以为养"⑪。《御览》卷五一一引《晋书》所载"织芒屩"与唐修《晋书》同,而卷四四六所引《晋书》却将"织芒屩"记作"织芒履"。此外,关于刘惔织草鞋奉养母亲之事

① 朱大渭等《魏晋南北朝社会生活史》综合传世文献与考古资料,对魏晋南北朝的履、屐、屩、靴等进行了详细的叙述。(中国社会科学出版社,1998 年,第 104—112 页)徐晓慧《六朝服饰研究》分男子服饰与女子服饰两大类对六朝世俗服饰的基本形制进行介绍,其中便有足服一节。(山东人民出版社,2014 年,第 59—66、83—84 页)具体的论考则主要集中在木屐的形制、演变等问题。

② 常璩著,任乃强校注:《华阳国志校补图注》卷一一,上海古籍出版社,1987 年,第 631 页。

③ 虞世南撰,孔广陶校注:《北堂书钞》卷一三六,中国书店,1989 年,第 559 页。

④ 《艺文类聚》卷六五,上海古籍出版社,1999 年,第 1160 页。

⑤ 《太平御览》卷六九八,中华书局,1960 年,第 3115 页。

⑥ 《太平御览》卷八二四,第 3673 页。

⑦ 《太平御览》卷九六二,第 4271 页。

⑧ 《太平御览》卷九六三,第 4276 页。

⑨ 《晋书》卷七二,中华书局,1974 年,第 1990 页。

⑩ 《太平御览》卷五一一,第 2327 页。

⑪ 《太平御览》卷四四六,第 2051 页。

亦见于南朝梁沈约的《俗说》,《御览》卷四八五引《俗说》:"刘真长,少时居丹徒,家至贫,织芒履以养母。"①这里记作"织芒履",与唐修《晋书》异。又,《御览》卷六九八引《俗说》所记更详:"刘真长,少时居丹徒,家至贫。剧方回数出南射堂射。刘往市卖屩,路经射堂边。过人无不看射,刘过初不回顾。方回异之,遣问信。答云:'老母朝来未得食,至市货屩,不得展诣。'后过,剧呼之,使来与共语,觉其佳。"②这里,刘惔所卖的草鞋是"屩",而非"履"。可见,《太平御览》在引用《晋书》《俗说》关于东晋刘惔织草鞋养母史料时,出现了"屩""履"混用的情况。

《南齐书》卷三四《虞玩之传》:"太祖(萧道成)镇东府,朝野致敬,(虞)玩之犹蹑屐造席。太祖取屐视之,讹黑斜锐,蒆断,以芒接之。问曰:'卿此屐已几载?'玩之曰:'初释褐拜征北行佐买之,着已二十年,贫士竟不办易。'太祖善之,引为骠骑诸议参军。"③关于此事,《太平御览》引《齐书》有类似的记录,其卷四八五引《齐书》:"虞玩之,太祖镇东府,朝野致敬,玩之犹蹑履造席。太祖取屐视之,曰:'卿此履已几载?'玩之曰:'着此履已二十年,贫竟不办易。'太祖善之。"④《御览》所引《齐书》除去"太祖取屐视之"与萧子显《南齐书》同,《南齐书》中的"屐"在《御览》中均被记作"履"。

《陈书》卷一八《沈众传》:"永定二年(558),(沈众)兼起部尚书,监起太极殿。恒服布袍芒屩,以麻绳为带……"⑤《南史》卷五七《沈约附孙众传》亦记作"布袍芒屩"⑥。《御览》卷六九八引《陈书》、卷八五〇引《梁书》亦记作"布袍芒屩"⑦。从《陈书》到《南史》再到《御览》所引《陈书》《梁书》(或有误),沈众的扮相均为"布袍芒屩"。然而,《御览》卷八五一《饮食部九·料》引《南史》却记作"布袍芒履"⑧。可见,《御览》又出现了"屩""履"混用的情况。

通过对上述史料中"鞋"的文献学考察,我们发现,后世文献在引用同一史料的过程中,往往会出现名称混用的情况。《华阳国志》《晋书》《南齐书》《陈书》诸书虽然是本文进行分析的基础文本,但这些史料本身是在大量先行史料的基础上编修而

---

① 《太平御览》卷四八五,第2222页。
② 《太平御览》卷六九八,第3117页。
③ 《南齐书》卷三四,中华书局,1972年,第607—608页。
④ 《太平御览》卷四八五,第2220页。
⑤ 《陈书》卷一八,中华书局,1972年,第244页。
⑥ 《南史》卷五七,中华书局,1975年,第1415页。
⑦ 《太平御览》卷六九八,第3117页;卷八五〇,第3800页。
⑧ 《太平御览》卷八五一,第3804页。

成,故其所载相关鞋的名称的可靠性已不易确定。其后的类书如《艺文类聚》《太平御览》出现的"屐"与"履"、"屩"与"履"的混用情况,究竟是后人有意或无意为之,抑或传抄、翻刻有误,我们亦无从查考。① 从鞋的形制上看,"芒屩"与"芒履"均作草鞋,两种称谓的含义出入不大,"屩"、"履"混用还在情理之中。然而,"屐"与"履"却具有极大的差异。关于魏晋南北朝的"屐",由于其形制独特,学界多有讨论。② 我们相信,对于亲自接触过"屐"与"履"的中古时代乃至宋初的人们而言,他们不太可能不了解两者之间的差异,从而出现"屐""履"不分的认知错误。排除上述情况,笔者认为,"屐""履"的混用似乎在向我们提示一种信息,即古人在记录历史之时,似乎并没有把注意力集中在鞋的物质性上,他们所特别关注的应该是穿鞋的人及其行为表现。可见,古人对于鞋的类型的描述在一定程度上是模糊不清的,这一记载的不确定性使我们意识到,如果仅仅从史料中的名物记载来探讨鞋的历史也许并不能建构真正的生活史脉络。然而,当我们转换一下视角,从人的角度来探讨日常生活中的鞋的历史时,或许鞋的分类便显得并不那么重要了。只有忽略鞋的物性转而从人性的角度看问题,鞋在日常生活中的历史位置方能真正体现出来。这一史实建构的关键是将鞋的物性叙述转换为人性叙述。所谓人性叙述,是以人为核心探讨人与物质之关联以及物质对于人之相关行为的影响,这应是日常生活史建构的一种重要研究范式。

二、鞋的日常性:人与物的灵性互动

循着上述思维模式,我们在零碎的史料中找到了人与鞋之间的灵性互动痕迹,原先仅仅具有物性的鞋由于人的独特行为而被赋予人性之特征,并参与到历史中人们的日常生活行为之中,鞋的日常性正是在此历史进程中被人为彰显并加以叙述的。

西晋李重在上奏中说:"降及汉、魏,因循旧迹,王法所峻者,唯服物车器有贵贱

---

① 关于《艺文类聚》引文中存在的问题,参见力之《〈艺文类聚〉的问题种种——〈艺文类聚〉研究之一》,《古籍整理研究学刊》1998 年第 4、5 辑合刊。同时,学者亦注意到《太平御览》对于引文多有删节改写之处,参见周生杰《〈太平御览〉研究》,巴蜀书社,2008 年,第 454—456 页。

② 梁满仓通过解读部分传世文献,初步探讨了木屐的形制,参见梁满仓《魏晋南北朝时期的木屐、芒屩、靴》,《华夏文化》1994 年第 3 期。梅铮铮则试图揭示木屐在士人生活中体现出的文化意涵,参见梅铮铮《屐与魏晋士人生活之关系》,《四川文物》2001 年第 4 期。王长印、王晶结合出土文物与传世文献,认为木屐从样式上可分为平底屐和齿屐,参见王长印、王晶《六十一则木屐文献略考》,《语文学刊》2009 年第 2 期。王志高、贾维勇结合南京出土的东晋南朝木屐遗物,探讨了木屐形制的发展历程,参见王志高、贾维勇《南京颜料坊出土东晋、南朝木屐考——兼论中国古代早期木屐的阶段性特点》,《文物》2012 年第 3 期。郑敏则在沈从文观点的基础上,独出新见,认为"高齿屐"是一种拖鞋,其高齿并非装在屐底,而是屐前面作齿式向上翻起的部分,参见郑敏《关于高齿屐》,《文史哲》2000 年第 5 期。

之差,令不僭拟以乱尊卑耳。……(泰始)八年(272)《己巳诏书》申明律令,诸士卒百工以上,所服乘皆不得违制。若一县一岁之中,有违犯者三家,洛阳县十家已上,官长免。如诏书之旨,法制已严。"①可见,从汉代开始,鞋就被人为赋予了等级性特征,这一服制规定被魏晋所沿袭。西晋的确出台过对鞋的等级性规定。《晋令·服制令》:"第八品以下,士卒百工人,……履色无过绿青白,奴婢履色无过红青,衣食客,……履色无过纯青。"②《晋令》散佚严重,赖类书得以保存只言片语。虽然上述仅仅是目前可见的部分服制规定,但从中亦可窥见时人赋予鞋以等级性特征的诉求。刘宋元嘉二十七年(450),北魏拓跋焘率军伐宋,宋军驻彭城。当时,刘宋安北长史、沛郡太守张畅在城上与北魏尚书李孝伯曾有一段对话,最后两句是这样的,孝伯曰:"君南土膏粱,何为着屐?君且如此,将士云何?"畅曰:"膏粱之言,诚以为愧。但以不武,受命统军,戎阵军间,不容缓服。"③二人外交辞令的内涵我们暂且不论,但李孝伯所谓"膏粱不着屐"的论调则体现出鞋的等级性特征在南北朝的贯彻与发展。直至梁初,沈瑀任余姚令,"瑀初至,富吏皆鲜衣美服,以自彰别。瑀怒曰:'汝等下县吏,何自拟贵人耶?'悉使着芒屩粗布,侍立终日,足有蹉跌,辄加榜棰"④。沈瑀的言论充满了鲜明的等级性,"下县吏"与"贵人"对应的便是"芒屩粗布"与"鲜衣美服",即使是富吏,但由于其等级低下,亦不能僭越服制。颜之推根据其在梁的亲身体验,曾得出结论:"梁世士大夫,皆尚褒衣博带,大冠高履,出则车舆,入则扶侍,郊郭之内,无乘马者。"⑤在颜之推的眼中,"大冠高履"⑥是萧梁士大夫的基本形象。我们可以这样理解,高履应当属于当时的士大夫及以上阶层,鞋的阶层性特征直至南朝后期愈发凸显。

中古时期冬至日的"履长之贺"亦与鞋相关,人们由此赋予鞋以礼仪性特征。北齐杜台卿《玉烛宝典》:"十一月建子,周之正月。冬至日,南极景极长。阴阳日月万物之始。律当黄钟,其管最长,故有履长之贺。"⑦这是从天文学的视角对"履长之贺"作出的解释,但时人似乎更关注冬至日献履袜的礼仪性节俗实践。曹植有《冬至献

---

① 《晋书》卷四六,第 1310 页。

② 张鹏一著,徐清廉校补:《晋令辑存》,三秦出版社,1989 年,第 106 页。

③ 《宋书》卷四六,中华书局,1974 年,第 1398—1399 页。

④ 《梁书》卷五三,中华书局,1973 年,第 769 页。

⑤ 王利器撰:《颜氏家训集解(增补本)》卷四,中华书局,1996 年,第 322 页。

⑥ 这里的高履应当是一种叫作舄的鞋,《太平御览》卷六九七《服章部一四·舄》引崔豹《古今注》曰:"舄,以木置履下,干腊不畏泥溺也。"(第 3111 页)

⑦ 《初学记》卷四,中华书局,1962 年,第 82 页。

袜颂表》:"伏见旧仪,国家冬至献履贡袜,所以迎福践长,先臣或为之颂。臣既玩其嘉藻,愿述朝庆,千载昌期,一阳嘉节,四方交泰,万物昭苏,亚岁迎祥,履长纳庆,不胜感节,情系帷幄,拜表奉贺。并献纹履七緉,袜若干副,上献以闻。谨献。"①从"伏见旧仪"可知,冬至日献履袜当是汉代以来朝廷礼仪的一种传统,如《中华古今注》卷中《鞋子》便有"汉有绣鸳鸯履,昭帝令冬至日上舅姑"②的记载。曹植沿用旧典,说明曹魏袭用此制。沈约《宋书》佚文:"冬至朝贺享祀,皆如元日之仪。又进履袜,作赤豆粥。"③说明冬至日献履袜的礼仪在南朝依然沿用。北魏崔浩《女仪》曰:"近古妇常以冬至日进履袜于舅姑,皆其事也。"④唐段成式《酉阳杂俎》卷一《礼异》亦云:"北朝妇人,常以冬至日进履袜及靸。"⑤一方面说明北朝亦有冬至日进履袜的习俗,同时,也反映出该习俗在全社会的普及程度。除去自下而上的献履袜,当时由皇帝赐予臣下履袜也是恩典礼仪的一种。萧道成即位后,手诏赐(张)融衣曰:"见卿衣服粗故,诚乃素怀有本;交尔蓝缕,亦亏朝望。今送一通故衣,意谓虽故,乃胜新也。是吾所着,已令裁减称卿之体。并履一量。"⑥可见,鞋在当时成为重要的礼仪媒介,被人赋予礼仪性特征。

　　唐人张彦远有云:"芒屩非塞北所宜,牛车非岭南所有。"⑦鞋本身并无区域性,而不同区域内的人与区域特征明显的原材料的结合造就出鞋的区域性特征。《广州记》:"白荆堪为履,紫荆堪为床。"⑧可见,岭南的白荆是制履的良材。唐刘恂《岭表录异》:"枹木,产江溪中。叶细如桧,身坚类柏。惟根软,不胜刀锯。今潮循人多用其根,刳而为履。当木湿时,刻削易如割瓜;木干之后,柔,刀不可理也。或油画,或漆,其轻如通草。暑月着之,隔卑湿地气。力如杉木。今广州宾从诸郡牧守,初到任,皆有油画枹木履也。"⑨虽然《岭表录异》为唐人作品,但岭南在中古的发展具有前后延续性,且变化不甚剧烈,故亦可将此记载视为魏晋南北朝的情况记录。从白荆到枹木,岭南独特的自然资源造就了鲜明的区域特征,当地

---

① 《初学记》卷四,第84页。
② 马缟撰,吴企明点校:《中华古今注》卷中,中华书局,2012年,第104页。
③ 《初学记》卷四,第82页。《太平御览》卷二八亦引该条《宋书》佚文,陈爽辑出,认为:"今本《宋书》不载,疑为《礼志》佚文。"参见陈爽《〈太平御览〉所引〈宋书〉考》,《文史》2015年第4辑,第95页。
④ 《初学记》卷四,第82页。
⑤ 段成式撰,方南生点校:《酉阳杂俎》卷一,中华书局,1981年,第8页。
⑥ 《南齐书》卷四一,第727页。
⑦ 张彦远撰,俞剑华注释:《历代名画记》卷二,上海人民美术出版社,1964年,第32—33页。
⑧ 《艺文类聚》卷八九,第1549页。
⑨ 《太平御览》卷九六一,第4267页。

人又经过再加工，将此区域性赋予鞋之上，鞋的区域性特征便在此历史进程中形成并发展。

《三国志》卷三二《蜀书·先主传》："先主少孤，与母贩履织席为业。"①这是刘备的一段不大光彩的往事，往往被对手作为揭短的话柄。但"贩履"作为当时家庭手工业的一种形式的存在，反映出人们又将鞋带进了流通领域，赋予其商品性。东晋刘惔"少清远，有标奇，与母任氏寓居京口，家贫，织芒屩以为养，虽荜门陋巷，晏如也"②。南齐江泌"少贫，昼日斫屐，夜读书，随月光握卷升屋"③。《搜神记》卷四："宫亭湖孤石庙，尝有估客至都，经其庙下，见二女子，云：'可为买两量丝履，自相厚报。'估客至都，市好丝履，并箱盛之。"④上引史料中的"织芒屩以为养""贫而斫屐""买丝履"体现出鞋被人为赋予的商品性特征。

上文讨论的鞋的等级性、礼仪性、区域性、商品性诸特征，均无法脱离人这一行为主体而独立存在。与以往物质文化史和社会生活史的研究范式不同的是，史料虽然还是那些史料，但我们却发现了物的背后所隐藏的人性特征。实际上，在史家的笔下，日常生活中的鞋与人之间的密切关系还可以通过多种途径表现出来。

咏物的文学作品是最为直接的表现形式之一。东汉时，便有以"履"为主题的文学作品出现，如李尤文的《履铭》。西晋傅玄亦作《履铭》："戒之哉，念履正无邪。正者吉之路，邪者凶之征。"后梁宣帝有《咏履诗》："双见应声宣，并飞时表异。处卑弥更妍，常安岂悲坠。"⑤这些咏物的文学作品正是日常生活中物与人灵性互动的绝佳体现，我们可以称之为物的人格化。物的人格化不仅仅体现在文学作品的所谓托物言志上，更多地是渗透在作者笔下的隐喻书写中。《艺文类聚》卷四三《乐部三·舞》中收录了一系列南北朝时的咏舞诗。如梁简文帝《咏舞诗》："扇开衫影乱，巾度履行疏。"其另一首《咏舞诗》："入行看履进，转面望鬟空。"梁刘遵《应令咏舞诗》："履度开裙褶，鬟转匝花钿。"梁刘孝仪《和舞诗》："回履裾香散，飘衫钏响传。"其《和诗》："转袖随歌发，顿履赴弦余。"周庾信《咏舞诗》："顿履疏随节，低鬟逐上声。"⑥诗人为我们展现的，恐怕并非诗中的履，而是那些舞姿婀娜的女性形象。同时，在描写层面上，诗中的履已不仅仅具备物的

---

① 《三国志》卷三二，中华书局，1982 年，第 871 页。
② 《晋书》卷七五，第 1990 页。
③ 《南齐书》卷五五，第 965 页。
④ 干宝撰，汪绍楹校注：《搜神记》卷四，中华书局，1979 年，第 50 页。
⑤ 《初学记》卷二六，第 629—630 页。
⑥ 《艺文类聚》卷四三，第 768—769 页。

特征,而是被诗人赋予了独特的女性特征。梁沈约《齐司空柳世隆行状》云:"公禀灵华岳,幼挺珪璋,清襟素履,发乎韶丱,及长,风质洞远,仪止祥华,动容合矩,吐言被律。"①"清襟素履"虽然是对衣服和鞋的形象描写,但当读者看到这四个字的时候,恐怕首先想到的并不是物,而是一种士人的风骨。梁何点"虽不入城府,而遨游人世,不簪不带,或驾柴车,蹑草屩,恣心所适,致醉而归,士大夫多慕从之,时人号为'通隐'"②。何点的"蹑草屩"也令人想到了隐士之风。《英雄记》:"幽州刺史刘虞,食不重肴,蓝缕绳屦。"③"蓝缕绳屦"不会为读者带来极其破败的感受,相反却彰显出刘虞的俭朴之风。东晋陶渊明"无履,(王)弘顾左右为之造履。左右请履度,潜便于坐申脚令度焉"④。刺史王弘为陶渊明亲自量脚做履的传闻,既体现了王弘的惜才爱才之情,也刻画了陶渊明的高士风范。陈沈众"性吝啬,内治产业,财帛以亿计,无所分遗。其自奉养甚薄,每于朝会之中,衣裳破裂,或躬提冠屦。永定二年,兼起部尚书,监起太极殿。恒服布袍芒屩,以麻绳为带,又携干鱼蔬菜饭独啖之,朝士共诮其所为"⑤。沈众的"躬提冠屦""布袍芒屩"又让我们看到了一个吝啬之人的形象。宗躬《孝子传》:"张景胤六岁丧母,母遗物悉散施,唯留一画扇,每感思,辄开匣流涕。父邵为吴兴太守,暴疾报至,天雪水涸,便徒跣上岸,左右捉履靴逐,发都,夜昼三日半至郡,入郭奉讳,气绝吐血,久乃苏。"⑥张景胤丢弃的鞋袜具有极强烈的视觉冲击力,孝子形象立刻被作者烘托出来。西蜀何随"家养竹园,人盗其笋。随偶行见之,恐盗者觉,怖走竹中,伤其手足,挈屐徐步而归。其仁如此"⑦。"挈屐徐步"又体现了何随的仁义之心。

由此可见,如果我们抛开鞋的物质性特征,而从人性的视角对既往史料进行重新审视的话,我们看到的便不再是一双双有着奇怪名称的鞋,而是具有一些人为赋予之特征和人格化的鞋。用通俗的话来说,这些鞋"活起来了"。日常生活史的关键词是"日常"与"生活",而以往的名物研究则不大关注鞋的灵动性生活要素,鞋一定要穿在脚上才具备行为的日常生活化特征,因此只有"活"的鞋才能够进入日常生活史流动的历史画面。

---

① 《艺文类聚》卷四七,第854页。
② 《梁书》卷五一,第732页。
③ 《太平御览》卷二五八,第1211页。
④ 《晋书》卷九四,第2462页。
⑤ 《陈书》卷一八,第244页。
⑥ 《艺文类聚》卷二〇,第371页。
⑦ 常璩著,任乃强校注:《华阳国志校补图注》卷一一,第631页。

三、"非常"中的"日常"：文本叙述中暗含的信息

上文将鞋与人置于日常生活史的研究范式之下，努力建构并活化了鞋在特定时空下的历史画面。实际上，在极有限的史料中，我们还会发现鞋与人在日常生活中相结合的别样画面，从中可以体会古人在历史叙述中赋予鞋的更多日常性特征。

在叙述魏晋南北朝历史的史籍中，我们经常会发现一些与穿鞋、脱鞋相关的词语，如脱屣、屣履、蹑履、倒屣、倒履等，这些词在史籍中的出现为我们进一步研究人之于鞋的行为日常性提供了很好的线索。

（一）脱屣

"脱屣"一词最早见于《汉书》卷二五上《郊祀志上》所载汉武帝的一句话："嗟乎！诚得如黄帝，吾视去妻子如脱屣耳。"①颜师古注："屣，小履。脱屣者，言其便易，无所顾也。"②胡三省认为："履不蹑跟曰屣，脱之易耳。"③"脱屣"无非就是脱鞋之意，至于屣的具体形制则并非本文所关心之论题，我们所关心的是"脱屣"一词在魏晋南北朝时代的使用情况。曹魏文帝时，幽州刺史崔林曰："刺史视去此州如脱屣，宁当相累邪？"④此后，《晋书》《梁书》《陈书》《魏书》《北齐书》《南史》《北史》均有"脱屣"的记载，而且不止一处。当时的墓志中亦有相关记录，如《元惊墓志》："祖雍州康王，拂衣独往，脱屣千乘。"⑤"脱屣"在魏晋南北朝的普遍使用，说明对于士大夫以上阶层来说，在其日常生活中，脱鞋是一种经常发生的行为。正因为如此，对于一些重臣来说，才会有"剑履上殿"的殊荣。赵翼《陔余丛考》卷三一《脱袜登席》："古人席地而坐，故登席必脱其屦。"⑥脱鞋行为的日常性，使其逐渐演变为一种词语的固定搭配，比喻看得很轻，无所顾恋。

除去脱屣，当时还有屣履、蹑履、倒屣、倒履等词语，其中，屣履与蹑履指未完全穿好鞋，拖着鞋走路的样子，而倒屣、倒履则是指把鞋穿倒了。这些行为实际上与上述脱屣的行为是紧密相关的。正由于当时的士大夫以上阶层入室需要脱鞋，而当有急事需要出门的时候，就容易发生未穿好鞋或把鞋穿倒的情况。

---

① 《汉书》卷二五上，中华书局，1962年，第1228页。
② 《汉书》卷二五上，第1230页。
③ 《资治通鉴》卷二二八，中华书局，1956年，第7345页。
④ 《三国志》卷二四，第679页。
⑤ 赵超：《汉魏南北朝墓志汇编》，天津古籍出版社，1992年，第352页。
⑥ 赵翼：《陔余丛考》卷三一，中华书局，1963年，第652页。

（二）屣履

"屣履"最初的含义是一种非正常的穿鞋形式。晋夏侯湛《秋夕哀》:"结帷兮中宇,屣履兮闲房。"①乐府《伤歌行》:"揽衣曳长带,屣履下高堂。"②梁庾肩吾《从皇太子出玄圃诗》:"春光起丽谯,屣履步山椒。"③拖着鞋漫步在房中、堂前、屋前、屋后,从这些诗句中,我们可以看出人的一种闲适状态。

和闲适之意相反,屣履还引申出另一层含义。东汉灵帝末,"国相孔融深敬于(郑)玄,屣履造门"。唐人李贤注:"屣谓纳履未正,曳之而行,言趋贤急也。"④胡三省认为:"屣履者,履不躢跟也。"⑤又云:"言急于出迎,不暇躢履至跟也。"⑥即为了迎接尊贵的客人,而在匆忙之中未将鞋完全穿上,拖着鞋出门迎接的样子,以示敬贤之意。"屣履"在汉代应用广泛,除去上引孔融拜郑玄之例外,《后汉书》卷四九《王符传》:"后度辽将军皇甫规解官归安定,……有顷,又白王符在门。规素闻符名,乃惊遽而起,衣不及带,屣履出迎,援符手而还,与同坐,极欢。"⑦章帝时,崔骃见窦宪,"宪屣履迎门,笑谓骃曰:'亭伯,吾受诏交公,公何得薄哉?'遂揖入为上客"⑧。可见,屣履迎客之意在汉代已出现,并在东汉逐渐普遍。至南朝,屣履迎客之意依然被沿用。如南齐"建元中(480),武陵王晔为会稽,太祖(萧道成)遣儒士刘瓛入东为晔讲说,京产请瓛至山舍讲书,倾资供待,子栖躬自屣履,为瓛生徒下食,其礼贤如此"⑨。延兴元年(494),萧铿"进位司徒,侍中、骠骑如故。高宗(萧鸾)镇东府,权势稍异,铿每往,高宗常屣履至车迎铿"⑩。

（三）躢履

梁宗室萧大训,"少而脚疾,不敢躢履"⑪。北齐刘昼认为:"善者,行之总,不可斯须离也;若可离,则非善也。人之须善,犹首之须冠,足之待履。首不加冠,是越类也。足不躢履,是夷民也。"⑫可见,"躢履"的本意即是穿鞋。南齐王琰《冥祥记》讲述了

---

① 《艺文类聚》卷四,第 53 页。

② 萧统编,李善注:《文选》卷二七,中华书局,1977 年,第 389 页。

③ 《艺文类聚》卷六五,第 1165 页。

④ 《后汉书》卷三五,中华书局,1965 年,第 1208 页。

⑤ 《资治通鉴》卷五五,第 1788 页。

⑥ 《资治通鉴》卷一三九,第 4360 页。

⑦ 《后汉书》卷四九,第 1643 页。

⑧ 《后汉书》卷五二,第 1719 页。

⑨ 《南齐书》卷五四,第 942 页。

⑩ 《南齐书》卷三五,第 628 页。

⑪ 《南史》卷五四,第 1343 页。

⑫ 刘昼撰,傅亚庶校释:《刘子校释》卷二,中华书局,1998 年,第 105 页。

刘宋时，司马逊好友袁炳在死后多年来托梦的故事："初炳来暗夜，逊亦了不觉所以，天明得睹见。炳既去，逊下床送之。始蹑履而还暗，见炳脚间有光，可尺许，亦得照其两足，余地犹皆暗云。"①可见，故事中的蹑履与下床两种行为之间有关联，下床后，两脚刚刚穿在鞋上，未及提鞋，拖着鞋走路，这里的蹑履便类似于屣履，也是穿鞋走路的一种形式。东汉末年，徐幹《室思》："展转不能寐，长夜何绵绵。蹑履起出户，仰观三星连。"②这便是拖着鞋走路的蹑履。类似的事例还有梁徐勉《诫子书》中曾说："或复冬日之阳，夏日之阴，良辰美景，文案间隙，负杖蹑屐，逍遥陌馆，临池观鱼，披林听鸟，浊酒一杯，弹琴一曲，求数刻之暂乐，庶居常以待终，不宜复劳家间细务。"③这里的"蹑屐"与"蹑履"同意。隋炀帝《月夜观星诗》有"被衣出荆户，蹑履步山楹"④之句。梁徐悱《赠内》："日暮想清阳，蹑履出椒房。"⑤流行于晋宋齐时代的《冬歌》："蹑履步荒林，萧索悲人情。"⑥宋齐《读曲歌》："初阳正二月，草木郁青青。蹑履步前园，时物感人情。"⑦蹑履这一非正常的穿鞋行为，也具有拖着鞋出迎，以示尊敬之意。如《古诗为焦仲卿妻作》"新妇识马声，蹑履相逢迎"⑧便表现了妻子迎接丈夫急切而恭敬的情态。《世说新语·排调》："谢遏夏月尝仰卧，谢公（安）清晨卒来，不暇着衣，跣出屋外，方蹑履问讯。公曰：'汝可谓前倨而后恭。'"⑨这里的蹑履，表现出谢遏匆忙迎客的一种状态。

蹑履行为所表现出的恭敬特性，也被经常用于描写特定人群的行为方式。东吴孙权曾与诸葛恪有一段对话，孙权问："卿何如滕胤？"恪答曰："登阶蹑履，臣不如胤；回筹转策，胤不如臣。"⑩"登阶蹑履"表现出上朝时穿鞋走路的恭敬之情。《世说新语·简傲》："王子敬（献之）兄弟见郗公（愔），蹑履问讯，甚修外生礼。及嘉宾（郗愔子郗超）死，皆箸高屐，仪容轻慢。命坐，皆云'有事，不暇坐'。既去，郗公慨然曰：'使嘉宾不死，鼠辈敢尔！'"⑪《晋书》卷六七《郗鉴附孙超传》亦有类似记载：

① 《太平广记》卷三二六，中华书局，1961 年，第 2585 页。
② 徐陵编，吴兆宜注，程琰删补，穆克宏点校：《玉台新咏笺注》卷一，中华书局，1985 年，第 37 页。
③ 《梁书》卷二五，第 385 页。
④ 《初学记》卷一，第 13 页。
⑤ 《玉台新咏笺注》卷六，第 247 页。
⑥ 郭茂倩编：《乐府诗集》卷四四，中华书局，1979 年，第 648 页。
⑦ 《乐府诗集》卷四六，第 673 页。
⑧ 《玉台新咏笺注》卷一，第 51 页。
⑨ 刘义庆著，刘孝标注，余嘉锡笺疏：《世说新语笺疏（修订本）》下卷上《排调》，上海古籍出版社，1993 年，第 817 页。
⑩ 《三国志》卷六四，第 1430 页。
⑪ 刘义庆著，刘孝标注，余嘉锡笺疏：《世说新语笺疏（修订本）》下卷上《简傲》，第 775 页。

"王献之兄弟,自(郗)超未亡,见(郗)愔,常蹑履问讯,甚修舅甥之礼。及超死,见愔慢怠,屐而候之,命席便迁延辞避。愔每慨然曰:'使嘉宾不死,鼠子敢尔邪!'"①王献之兄弟在郗超在世时,见到其父郗愔,经常"蹑履问讯",毕恭毕敬,然而,在郗超死后,王献之兄弟对待郗愔的态度却迅速逆转,"皆箸高屐",以示轻慢。宋颜延之《侍皇太子释奠》有"踵门陈书,蹑履献器"②一句,体现出行为主体的恭敬之心。刘宋明帝崩,蔡兴宗辅政,"时右军将军王道隆任参内政,权重一时,蹑履到前,不敢就席,良久方去,竟不呼坐"③。"蹑履到前"反衬出蔡兴宗行事的小心谨慎。陈陆缮,"仪表端丽,进退闲雅,世祖使太子诸王咸取则焉。其趋步蹑履,皆令习缮规矩"④。这里的"趋步蹑履"又指穿鞋走路的规范仪态。北魏刘献之论学曰:"立身虽百行殊途,准之四科,要以德行为首。子若能入孝出悌,忠信仁让,不待出户,天下自知。倘不能然,虽复下帷针股,蹑履从师,止可博闻强识。"⑤可见,蹑履的恭敬特性在北朝依然沿用。

（四）倒屣、倒履

中古时期,士大夫及以上阶层,登堂入室须脱鞋席地而坐。客人来到,主人出迎,匆忙之间把鞋穿倒,这便是"倒屣""倒履"。此后,倒屣便成为形容主人热情迎客之词。东汉末年,董卓专权,"献帝西迁,(王)粲徙长安,左中郎将蔡邕见而奇之。时邕才学显著,贵重朝廷,常车骑填巷,宾客盈坐。闻粲在门,倒屣迎之"⑥。曹魏时,"何晏为吏部尚书,有位望。时谈客盈坐,王弼年未弱冠,往见之。晏闻来,倒履出户迎之"⑦。西凉时,敦煌人宋繇"家无余财,雅好儒学,虽在兵难之间,讲诵不废。每闻儒士在门,常倒屣出迎,停寝政事,引谈经籍"⑧。北周卢思道在《孤鸿赋》中写道:"通人杨令君、邢特进已下,皆分庭致礼,倒屣相接,蒯拂吹嘘,长其光价。"⑨墓志中亦有相关表述,如《北齐元孝矩墓志》:"解褐除员外散骑侍郎。曳履阶庭,从容广下,实有逯逯之威,□仪之美。至于五日时暇,开馆洒扫。折简名宾,倒屣迎客。"⑩又如

---

① 《晋书》卷六七,第 1804 页。
② 《初学记》卷一四,第 343 页。
③ 《宋书》卷五七,第 1584 页。
④ 《陈书》卷二三,第 303 页。
⑤ 《太平广记》卷二〇二,第 1519 页。
⑥ 《三国志》卷二一,第 597 页。
⑦ 《太平御览》卷六一七,第 2773 页。
⑧ 《魏书》卷五二,中华书局,1974 年,第 1152—1153 页。
⑨ 《隋书》卷五七,中华书局,1973 年,第 1398 页。
⑩ 贾振林编著:《文化安丰》,大象出版社,2011 年,第 240 页。

《(北)齐故孙君(显)墓志铭》："倒屣迎贤,堂盈樽蒲。"①

从脱屣到屣履、蹑履、倒屣、倒履,这些本是穿鞋的非正常行为,而历史文本中却着意将这些行为记录下来,是为了凸显行为主体的某种品格和行事作风。但如果从日常生活史的视角对这些非常态的穿鞋行为进行剖析的话,我们看到的却是在其背后隐藏的具有日常性的穿鞋行为。脱屣的频繁出现,说明魏晋南北朝时代的士大夫以上阶层在鞋的使用上的日常习惯,而拖着鞋或倒穿着鞋走路亦从另一侧面反映出上述用鞋习惯。由于相关的史料零散而稀少,我们便不能放过史料中的任何蛛丝马迹,既要关注人与物之间表面上的关联性特征,同时以非常态的行为反证常态行为也是日常生活史研究可取的一种研究路径。

结　语

对魏晋南北朝日常生活进行全新的历史考察,可以生动地再现魏晋南北朝日常生活的多个面相,进一步把握魏晋南北朝特定的时代特征与时空特色,从而揭示出日常生活与社会变迁之间的互动关系。与此同时,通过对魏晋南北朝日常生活所折射出的生活方式及其社会变迁的考察,还可以使我们更深入地观察与认识这一时期的社会形态与性质、文化及思想的观念积累和进步。总之,从日常生活领域捕捉中国社会变迁的信息,深入体察魏晋南北朝日常生活风貌,对于从全新的视角对传统课题进行再认识,构建全新的魏晋南北朝历史思维模式与解读体系,具有一定学术理路设计的合理性。

当然,研究历史上人们具体的日常生活行为,往往被冠之以"碎片化"而频频遭到诟病。就以本文探讨的鞋为例,其研究的碎片化倾向便十分明显。我们承认,日常生活史研究的单一碎片化趋势的确是应该在研究中努力加以克服的。由于史料的局限,魏晋南北朝日常生活史的研究困难重重。面对零碎而稀少的史料,我们必须通过视角转换对原先的叙事结构进行重新建构。这一建构路径是从原有的物质文化史、社会生活史的叙事范式中脱离出来,要剥离物的一面,凸显人的一面,同时还不能脱离物的存在。日常生活史研究,"一定要以'人'为中心,不能以'物'为中心。我们不能停留在对某一类服装或某一类饮食的具体研究上。重要的是研究'人'在'生活'中如何穿如何吃……舍弃了'人',就没有'生活',也就没有'日常生活史'"②。从史

---

① 贾振林编著:《文化安丰》,第 293 页。

② 黄正建:《关于唐代日常生活史研究现状的思考》,《中国社会科学院院报》2004 年 9 月 14 日,第 3 版。

家对于鞋的形制的模糊性叙述,到其笔下的鞋与人的灵性互动,再到刻意记载下来的非正常穿鞋行为,在这些文本的背后,实际上隐藏着史家赋予鞋以人性化特征的一种习惯性叙述,而这一叙述方式恰好正是日常生活史所追求的研究范式。沿着这一思路,本文忽略鞋的物性特征,努力去探寻其背后隐藏的人性因素,发现人与物之间的灵性互动,并尝试通过非常态行为反证日常行为,试图在新视角、新方法的基础上,建构符合魏晋南北朝时空特色的日常生活史画面。

与此同时,日常生活史研究的目标不应当仅限于还原历史上人们的日常生活,而是应当有更深一层的理论关怀。这一研究范式,对于宋代以前的日常生活史研究更具指导意义。在史料相对较少的情况下,我们无法全面探讨社会各阶层的各种日常生活实态,只能通过探讨史料相对集中的某些社会阶层的某种日常行为,解释其与社会历史变迁之间的奥秘,这对于中国古代前期日常生活史研究的确起到了方法论性质的指导意义。史料中所涉及的鞋与人的故事基本上属于士人及以上阶层,因此,本文所建构的鞋的日常生活史只能属于特定人群。诸如衣食住行方面的内容历来不是古代历史编纂的主体内容,但那些被史家着意记录并流传后世的零星记忆一定具有某种历史意义。因此,即使材料仅仅局限于某些特定人群,那些与之相关的日常生活印记却并非毫无意义,相反,史家刻意留下的记录或许正是解答历史变迁问题的突破口。从这个意义上讲,即使日常生活史研究所面对的史料是碎片化的,其所面对的行为主体范围又具有一定局限性,但日常生活史的确可以为社会史研究带来更为具体而生动的思维冲击,不失为一种从微观走向宏观、从个体走向总体的合理研究路径。

原文发表于《古典文献研究》第 21 辑上卷,凤凰出版社,2018 年,第 75—87 页,有改动。本文为教育部人文社会科学重点研究基地重大项目"制度与生活:王朝秩序与唐五代以前的日常生活研究"(项目编号:20JJD770008)、中央高校基本科研业务费专项资金资助项目阶段性成果。

唐五代时期的凤冠

——基于物质文化史和形象史学的考察

李志生

北京大学历史学系

在一般人的认识中,凤冠霞帔是旧时女子出嫁时的至荣装束,但关于凤冠的形制、演变等,从目前的研究看,尚有较大的探讨空间。[1]

一、"冠"的定义与凤冠的初现

何为冠?按《说文解字》,冠,"絭也,所以絭发,弁冕之总名也"[2];再按《释名·释首饰》,"冠,贯也,所以贯韬发也"[3]。所谓"韬发",按《仪礼·士冠礼》郑注释"纚":"一幅长六尺,足以韬发而结之矣。"[4]《急就篇》颜师古释"帻":"韬发之巾,所以整嫧发也,常在冠下,或但单着之。"另,颜师古同注释"冠":"冠者,冕之总名,备首饰也。"[5]由此,在汉唐时人的理解中,冠的本初功能为"韬发",易言之,戴冠时,发应蔽于冠之下,所以戴冠前,要以纚、帻等先行束发。

① 就目前的研究而言,在中国古代服饰史专著中,对凤冠的论述均较疏略,如周锡保《中国古代服饰史》,中国戏剧出版社,1984年,第288页;黄能馥、陈娟娟《中国服饰史》,上海人民出版社,2004年,第187、313页;周汛、高春明《中国历代妇女妆饰》,学林出版社、三联书店(香港)有限公司联合出版,1997年,第92页。对凤冠的具体研究,则以关注明清时期为多,如董进《图说明代宫廷服饰(七)——皇后礼服》,《紫禁城》2012年第4期,第116—117页;徐文跃《明代的凤冠到底什么样?》,《紫禁城》2013年第2期,第62—85页;朱曼《论明代凤冠霞帔的定制与婚俗文化影响力》,《美术教育研究》2013年第9期,第44—45页;苏士珍《明代凤冠装饰特点及其对现代首饰设计的启示》,中国地质大学(北京)硕士学位论文,2014年。对凤冠在历史上的发展演变,学界研究鲜少且分析简单,如罗微《人类学视野的古代汉族凤冠符号象征意义》,《青海民族研究》第17卷第1期,2006年1月,第3—4页;李小虎《〈明史·舆服志〉中的服饰制度研究》,天津师范大学硕士学位论文,2009年,第15页;袁恩培、张璐《定陵凤冠装饰艺术探究》,《大舞台》2015年第7期,第226页。关于唐五代时期凤冠的形制及发展演变的原因,以笔者所见,目前尚无专文探讨。
② 许慎:《说文解字》七下,中华书局,1963年,第156页下。
③ 刘熙:《释名》卷四《释首饰》,中华书局,1985年,第71页。
④ 《仪礼注疏》卷二《士冠礼》,《十三经注疏》本,中华书局,1980年,第950页下。
⑤ 史游撰,颜师古注,王应麟补注:《急就篇》卷三"冠帻簪簧结发纽"颜注,商务印书馆,1936年,第206页。

明确了古人对冠的定义,再来探讨凤冠的出现。现当代学者一般认为凤冠起自汉代,如孙晨阳、张珂编著的《中国古代服饰辞典》,对"凤冠"的定义就是:"皇后、嫔妃及皇亲、贵族妇女所戴的礼冠,冠上装饰有金玉制成的凤凰形饰品。汉代只有太皇太后、皇太后、皇后入庙行礼时才戴。"①如此定义,当是源自《续汉书·舆服志》中的一段文字:

> 太皇太后皇太后入庙服……翦氂蔮,簪珥。珥,耳珰垂珠也。簪以瑇瑁为摘,长一尺,端为华胜,上为凤皇爵,以翡翠为毛羽,下有白珠,垂黄金镊。左右一横簪之,以安蔮结。②

欲探讨汉代的凤冠形制,须先对这段史料中的一些关键名词予以理解。"帼",又作蔮或蔮,"蔮,恢也,恢廓覆发上也"③。入庙是礼制规定的重要场合,故入庙者的头饰当以不露髻为前提,"在不露髻的场合中,汉代妇女多戴帼"④。"摘","实际上就是绾发、簪发"之具。⑤ "华胜",按《汉书·司马相如传》颜注:"胜,妇人首饰也。"⑥《释名·释首饰》:"华胜:华,象草木华也;胜,言人形容正等,一人著之则胜也,蔽发前为饰也。"⑦"爵","即略切"⑧,音雀,"凤皇爵"也即凤皇雀,它是以金凤形象为主的步摇,"汉之步摇,以金为凤,下有邸,前有笄,缀五采玉以垂下,行则步摇"⑨。而"下有邸",也可从汉代皇后的谒庙服中看到:"假结,步摇,簪珥。步摇以黄金为山题,贯白珠为桂枝相缪,一爵九华,熊、虎、赤黑、天鹿、辟邪、南山丰大特六兽……诸爵兽皆以翡翠为毛羽。"⑩所谓"山题",当是山状基座,"步摇应是在金博山状的基座上安装缭绕的桂枝,枝上串有白珠,并饰以鸟雀和花朵。至于熊、虎等六兽如何安排,《志》文未说清楚"⑪。另,《续汉书·舆服志》此段记载的入庙服者为太皇太后、皇太后,而不

---

① 孙晨阳、张珂编著:《中国古代服饰辞典》,中华书局,2015年,第217页。
② 司马彪:《续汉书》卷三〇《舆服志》,《后汉书》,第3676页。
③ 刘熙:《释名》卷四《释首饰》,中华书局,1985年,第74—75页。
④ 孙机:《汉代物质文化资料图说(增订本)》,上海古籍出版社,2008年,第283页。
⑤ 同上,第283页。
⑥ 《汉书》卷五七《司马相如传》颜注,第2598页。
⑦ 刘熙:《释名》卷四《释首饰》,中华书局,1985年,第75页。对"胜"和"华胜"的释义,参见孙机《汉代物质文化资料图说(增订本)》,第283—284页。
⑧ 《说文解字》五下,第106页下。
⑨ 王先谦:《后汉书集解·舆服志下》引陈祥道云,中华书局,1984年,第1358页下。
⑩ 司马彪:《续汉书》卷三〇《舆服志》,《后汉书》,第3676—3677页。
⑪ 孙机:《步摇、步摇冠与摇叶饰片》,《文物》1991年第11期,第55页。

包括皇后。由此可知,汉代太皇太后、皇太后入庙服的凤冠形制(皇后入庙服与此不同),当是以帼(蔮)覆发,以擿绾发,擿端安华胜,头顶安基座,基座上插凤形步摇。汉代贵妇戴步摇的形象,可见湖南长沙马王堆一号墓"T"型帛画辛追像。[1]

如此,以上述汉唐时人对"冠"的定义衡量,汉代并没有出现严格意义上的凤冠,其时太皇太后、皇太后入庙礼服的构成之一——"髦蔮"上装饰的"凤皇爵",其实只是一种步摇头饰,并不能称为"冠",从凤皇爵到步摇冠之间,还是有距离的,"如果进一步将巾帼改用更硬挺的材料制成类似冠帽之物,再装上多件步摇,就可以称之为步摇冠了"[2];而且汉晋时人,或者是《续汉书》的作者司马彪(?—306),也并未将其称为凤冠。当然,今人对"冠"的理解多是广义的,关于广义之"凤冠",有学人就作了如此定义:"它可以从两方面解读,一方面可以说是聚集了华美珠宝的'一种帽子',另一方面可以说是用于头部佩戴的且成冠状造型的'一种首饰'。"[3](下文简称此定义为"广义的凤冠")如果以此广义的定义进行理解,称汉代已出现凤冠,确也名副其实。

从汉唐间大的历史时段看,汉代太皇太后、皇太后的步摇凤冠只是昙花一现,并未对宋代之前的贵妇礼服冠制产生影响,并且汉后唐前,凤形头饰也十分鲜见,仅见的,也只有石崇为爱婢翔风所制的凤冠之钗:"石季伦爱婢名翔风,魏末于胡中买得之。……使翔风调玉以付工人,为倒龙之佩,萦金为凤冠之钗,言刻玉为倒龙之势,铸金钗象凤皇之冠。"[4]翔风的凤冠之钗,仅是石崇奢侈生活的一个小点缀而已。

二、唐宋后妃的礼服头饰与等级

凤冠进入后妃的礼服之制,始于宋而非唐,这在史文中有明确记载,本无须多言,但因其涉及凤冠于唐五代时期流行的原因,故不惮重复,再探之如下。

关于唐代皇后礼服中的头饰,《旧唐书·舆服志》载武德七年(624)衣服令:

> 《武德令》,皇后服有祎衣、鞠衣、钿钗礼衣三等。
>
> 祎衣,首饰花十二树,并两博鬓……[5]

① 山西博物院、湖南省博物馆:《马王堆汉墓文物精华》,图16,山西人民出版社,2011年,第12页。
② 孙机:《步摇、步摇冠与摇叶饰片》,《文物》1991年第11期,第56页。
③ 苏士珍:《明代凤冠装饰特点及其对现代首饰设计的启示》,第1—2页。
④ 王嘉撰,萧绮录:《拾遗记校注》,齐治平校注,中华书局,1981年,第214—215页。
⑤ 《旧唐书》卷四五《舆服志》,第1955页。

鞠衣、钿钗礼衣与袆衣的头饰同。《大唐开元礼·序例下·衣服》载开元七年(719)令:

> 皇后服首饰花十二树。小花如大花之数,并两博鬓。①

唐代皇后的三类礼服头饰,均以花钗十二株(或再加小花钗十二株)、博鬓两扇②构成,而无冠饰。此类头饰大致可从《送子天王图》《太真上马图》等窥见一斑。③ 而明人所绘则天皇后像,头戴凤冠,明显与唐制不符。④

关于宋代后妃礼服中的凤冠,《宋史·舆服志》载:

> 后妃之服。一曰袆衣,二曰朱衣,三曰礼衣,四曰鞠衣。……妃首饰花九株,小花同,并两博鬓,冠饰以九翚、四凤。……
>
> 中兴,仍旧制。其龙凤花钗冠,大小花二十四株……博鬓……皇后服之,绍兴九年所定也。⑤

如上记载文字杂错,前段仅载妃之冠饰,而未及皇后;后段对时间的记载,又不甚清晰。另按《文献通考·王礼考》:

① 《大唐开元礼》卷二《序例下·衣服》,民族出版社,2000年,第29页上。按,唐代曾数次删定《衣服令》,见诸史载的有三次——武德七年(624)、开元七年(719)、开元二十五年(737)。《旧唐书·舆服志》所载为《武德令》;《新唐书·车服志》则采开元七年令,兼以《开元礼》(开元二十年[732]颁行)为另一重要史源,因《新唐书》修撰时的"文省事增"原则,故开元七年《衣服令》的相关内容,更多地保存于《大唐开元礼》与《唐六典》《通典》中;而开元二十五年的《衣服令》,则史文阙载。关于新、旧《唐书·舆(车)服志》的史料来源,学界有不同看法,谢成成认为,《旧唐书·舆服志》采自《大唐开元礼》和《唐会要》(见氏文《〈旧唐书〉的史料来源》,荣新江主编《唐研究》第1卷,北京大学出版社,1995年,第363—364页);而刘亚坪通过仔细勘比,认为《旧唐书·舆服志》所载为《武德令》(氏著《唐代后、妃、命妇礼服制度考析》,北京大学硕士学位论文,2013年,特别是第36页)。笔者赞同刘亚坪的观点。
② 关于博鬓,学界有不同认识。有以其为簪钗者(如《大唐六典》,广池千九郎训点,内田智雄补订,广池学园事业部,1973年,第110页下;纳春英《唐代服饰时尚》,中国社会科学出版社,2009年,第11—13页),另有以其为假髻者(如周峰《中国古代服装参考资料》[隋唐五代部分],北京燕山出版社,1987年,第299页;赵斌、吕卓民、周怡《唐代宫廷服饰》似亦持此观点,西安出版社,2013年,第124—125页),还有以其为冠旁左右如两叶状饰物者(如周锡保《中国古代服饰史》,第289页;黄能馥、陈娟娟《中国服饰史》,第313页)。笔者赞同周锡保等的观点。按,命妇饰两博鬓自隋代已现(见《隋书》卷一二《礼仪志》,第260页),而除隋、唐、宋等朝皇后头饰为两博鬓外,明代皇后服饰为"三博鬓左右共六扇"(《大明会典》卷六十《冠服一·皇后冠服(册宝附)》,江苏广陵古籍刻印社,1989年,第1082页下)。如此,"博鬓"当是两两相对,或四扇(两博鬓),或六扇(三博鬓)。
③ 两图分别见周锡保《中国古代服饰史》,男图一,第181页;女图十三,第204页。
④ 图见王圻、王思义《三才图会》,上海古籍出版社,1988年,第565页。
⑤ 《宋史》卷一五一《舆服志》,第3534—3535页。

政和三年,议礼局上所定皇后服饰制度,首饰花十二株,小花如大花之数,并两博鬓,冠饰以九龙四凤。①

《文献通考》对皇后冠饰的配置及初定时间记载清晰。综合《宋史》和《文献通考》的相关记载,我们可以清楚地看到,宋代后与妃的冠饰区别,主要在有龙与否,也即龙凤相配的冠饰才是其时身份最高的皇后所戴之冠,单纯的凤冠则居于龙凤冠之下。关于这一差别,还可从宋代公主的礼服冠饰上看到。宋制,"公主笄礼。年十五,虽未议下嫁,亦笄。……冠笄、冠朵、九翚四凤冠,各置于槃,蒙以帕"②。公主人生中重要的笄礼之冠,也是凤冠。

宋代皇后龙凤冠的图像材料,可见《中国历代帝后像》所载的宋代诸后真像。③在这些真像中,我们还注意到,虽然皇后的冠饰为九龙四凤,但凤的形象显然更加突出,在真宗后和徽宗后的真像中,可以很清晰地看到,在皇后之冠的左上部,斜插着一个完整的凤饰。

直至明代,皇后的礼冠依然是龙凤冠,并且龙凤冠仍居于凤冠之上:"皇后冠服。洪武三年定……其冠,圆匡冒以翡翠,上饰九龙四凤,大花十二树,小花数如之。两博鬓,十二钿";"皇妃、皇嫔及内命妇冠服。洪武三年定……冠饰九翚、四凤花钗九树,小花数如之。两博鬓九钿"。④ 明代皇后戴冠的情况,可见《中国历代帝后像》所载的明代诸后真像;而皇后龙凤冠的具体配置,则见于明定陵出土的皇后龙凤冠实物。⑤

关于龙凤的两性意义,今人一般以龙为皇帝的象征,凤为皇后的代表,但"凤的象征意义从总体上说,到唐代还没有完全女性化",而"龙凤象征意义的两性分化,至迟在北宋初年,已为人所确认"。⑥ 至于皇后冠饰上既有凤亦有龙,学者解释为:"后妃是为皇室传宗接代的,因此在服饰上也还沾些龙气,如皇后冠饰除金凤形象外,还有翠龙衔珠的形象,表示她是皇帝的嫡妻,生下的儿子还要做皇帝;皇妃冠饰就只有凤,没有龙。"⑦

综此,在礼制层面上,唐时,凤冠并未进入后妃、命妇的礼服之制;而至宋代,凤冠

---

① 《文献通考》卷一一四《王礼考·后妃命妇以下首饰服章制度》,中华书局,1986 年,第 1032 页中—下。
② 《宋史》卷一一五《礼志》,第 2730 页。
③ 《中国历代帝后像》,有正书局,民国时期。
④ 《明史》卷六六《舆服志》,第 1621、1623—1624 页。
⑤ 中国社会科学院考古研究所、定陵博物馆、北京市文物工作队:《定陵》,文物出版社,1990 年,第 205—206 页、彩版 114—116。
⑥ 王维堤:《龙凤文化》,上海古籍出版社,2000 年,第 273、274 页。
⑦ 同上,第 275—276 页。

虽进入了后妃命妇的礼服行列,但其与龙搭配与否,则昭示着这些社会身份最高的妇女间的等级差别。所以,单以凤冠论宋至明(清代皇后的礼冠已无龙饰[①])的命妇礼服,其间的细微差别,依然无法全面揭示。

三、唐五代时期敦煌壁画所见凤冠形制

虽然在唐代《衣服令》中,凤冠并未进入后妃命妇的礼服之制,但它早已出现在唐时宫廷乐舞的舞服中,这从如下材料中便可看到:

> 《天授乐》,武太后天授年所造也。舞四人,画衣五采,凤冠。[②]
> 唐明皇造《光圣乐舞》,舞者八十人,凤冠,五采画衣,兼以上元圣寿之容,以歌王业所兴也。[③]

而关于这些舞服中凤冠的形制,史文则阙载。它是"一种聚集了华美珠宝"的帽子,还是"用于头部佩戴的且成冠状造型"的首饰? 这还需从唐代的图像材料中寻找答案,而敦煌壁画为我们提供了若干线索。

关于敦煌壁画中的凤冠,有学者指出:"敦煌壁画唐、五代、宋供养人戴凤冠的不少,都与(《乐廷瓌夫人行香图》[④]中)女十三娘一样,多为一只展翅卷尾的单凤。"[⑤]这一说法似嫌笼统。从敦煌壁画看,首先,凤冠上的凤未必都呈展翅卷尾状;其次,在凤冠的形状、形制上,也存在着若干明显差异。所以,以广义的凤冠定义度之,敦煌壁画所呈现的凤冠,至少有如下两类。

第一类,其形象见《乐廷瓌夫人行香图》中的女十三娘、敦煌莫高窟 116 窟盛唐时期的新娘图、[⑥]莫高窟 158 窟中唐王后礼佛图、[⑦]莫高窟 12 窟晚唐时期新娘图[⑧]等。

---

① 见《清史稿》卷一〇三《舆服志》(缩印本),中华书局,1998 年,第 821 页下。
② 《旧唐书》卷二九《音乐志》,第 1061 页。
③ 陈旸:《乐书》卷一八〇《舞·光圣舞》,《文渊阁四库全书》本(电子版)。
④ 在谭婵雪主编的《敦煌石窟全集》24《服饰画卷》中,此图名"都督夫人与女眷盛装",图 103,商务印书馆(香港)有限公司,2005 年,第 123 页。
⑤ 杨树云:《〈乐廷瓌夫人行香图〉初探》,郑学檬、冷敏述主编《唐文化研究论文集》,上海人民出版社,1994 年,第 309 页。
⑥ 谭婵雪主编:《敦煌石窟全集》25《民俗画卷》,图 99,上海人民出版社,2001 年,第 114 页。
⑦ 段文杰、樊锦诗主编:《中国敦煌壁画全集》7《中唐》,辽宁美术出版社、天津人民美术出版社,2006 年,第 50 页。《敦煌石窟全集·服饰画卷》认为,此为敦煌最早出现的凤冠。(第 227 页)
⑧ 在谭婵雪主编的《敦煌石窟全集》24《服饰画卷》中,此图名"都督夫人与女眷盛装",图 102,第 115 页。

四图所呈现的凤冠,实是冠状造型的首饰。从《乐廷璟夫人行香图》我们可以很清晰地看到,都督女十三娘的凤冠,实是饰有大、小两凤的凤形步摇——或展翅、或不展翅而卷尾的单凤形状,只不过大的是固定于顶发中心。此类凤冠或是盛唐时期高级品官女眷的礼服头饰之一,按唐制,"内外命妇服花钗_{施两博鬓,宝钿饰也}"①,而在钗、钿的造型上,实态中或已有以凤为之者。两幅新娘图显示的,则是平民新娘的凤冠形象。关于平民女子婚嫁时的头饰,唐制规定,"花钗礼衣,庶人嫁女则服之","其钗覆笄而已,其两博鬓,任以金银杂宝为饰"。② 而此两图中新娘所戴的头饰,不属钗而为钿,③它们也是以凤为型,这明显超过了唐代礼、令的规定。它或许反映的是中国古代的一种婚俗——"摄盛",所谓"摄盛",是指新郎、新娘举行婚礼时,可在车、服等方面超越常制,以示贵盛。④ 而唐时地方统治者对民间的摄盛情况,或也予以了默认。

第二类,出现在五代时期的敦煌,它为华贵的花钗凤冠配翟衣礼服或钿衣礼服。《敦煌石窟全集·服饰画卷》的作者,曾依据敦煌诸壁画,综合绘成了"五代贵妇花钗凤冠与翟衣"和"唐代贵妇礼服"两图,⑤此两图显示的贵妇礼服,是明显存在差别的。"唐代贵妇礼服"所示的礼服基本有据可循,大致符合唐代《衣服令》的规定,当是命妇的第二等礼服——钿钗礼衣。按,唐时命妇有礼服三等——花钗翟衣、钿钗礼衣和礼衣,关于花钗翟衣和钿钗礼衣,《旧唐书·舆服志》载:

内外命妇服花钗_{施两博鬓,宝钿饰也},翟衣青质_{罗为之},绣为雉,编次于衣及裳,重为九等而下,第一品花钿(钗)⑥九树_{宝钿准花数,以下准此也},翟九等。第二品花钿(钗)八树,翟八

---

① 《旧唐书》卷四五《舆服志》,第 1956 页。

② 《大唐六典》卷四"礼部郎中员外郎之职"条,第 95 页下。

③ 关于钗和钿,贺昌群认为,唐代妇女的髻鬟上有发饰和鬓饰,"宝钿花钗为鬓饰"(氏著《唐代女子服饰考》,收入氏著《贺昌群文集》第一卷,商务印书馆,2003 年,第 266 页)。而钗和钿的区别,"单股的为簪,双股的为钗"(孙机《唐代妇女的服装与化妆》,氏著《中国古舆服论丛(增订本)》,文物出版社,2001 年,第 244 页);"钿是用黄金、翡翠、珠宝等所制成的花朵形首饰,又名'花钿'","钿应是由钗发展而来的一种有镶嵌物的首饰"(武复兴《唐代长安的妇女服饰》,《人文杂志》1987 年第 6 期,第 22 页)。

④ 所谓"摄盛",《仪礼》郑注云:"士而乘墨车,摄盛也。"(《仪礼注疏》卷二《士冠礼》,第 963 页下)。按《周礼·巾车》:"服车五乘:孤乘夏篆,卿乘夏缦,大夫乘墨车,士乘栈车,庶人乘役车。"(《周礼注疏》卷二七《春官·宗伯》,《十三经注疏》本,第 824 页下—825 页上)据此,《仪礼》贾疏:"案《周礼·巾车》云:'……大夫乘墨车,士乘栈车,庶人乘役车。'士乘大夫墨车为摄盛。"(《仪礼注疏》卷四《士昏礼》,第 963 页下)故"三礼"中所言"摄盛",乃指车服超越常制一等。对敦煌壁画中摄盛情况的解释,参见《敦煌石窟全集》25《民俗画卷》,第 112 页。

⑤ 谭婵雪主编:《敦煌石窟全集》24《服饰画卷》附录《服饰名词图释》,附图 8、附图 7,第 252 页。

⑥ 花钿,因注文有"宝钿准花数",故"花"当为"花钗"。孙机则以其"花钿"。(见《两唐书舆(车)服志校释稿》卷二,载氏著《中国古舆服论丛(增订本)》,第 434 页)

等。……第五品花钿(钗)五树,翟五等。并素纱中单,黼领,朱褾、襈,……蔽
膝,……大带,……青衣,革带,青袜、舄,佩,绶。……钿钗礼衣,通用杂色,制与
上同,唯无雉及佩绶去舄,加履。第一品九钿,第二品八钿……第五品五钿。①

"唐代贵妇礼服"描绘的命妇礼服头饰花钗,衣的纹饰非翟,足衣为履,符合钿钗礼衣
的形制。而"五代贵妇花钗凤冠与翟衣"的花钗凤冠与翟衣礼服,则与唐制有较明显
的不同。依其衣上所带的翟纹纹饰——夹杂其中而非"重为九等",此服或为命妇礼
服的第一等花钗翟衣,而唐制规定的花钗翟衣的头饰,为花钗、博鬓和宝钿,非是凤
冠。由"五代贵妇花钗凤冠与翟衣"一图推测,唐后期至五代初,中原地区的后妃命
妇礼服之制中,或已加入了凤冠这一元素,并在敦煌地区的命妇图像中得以保存。作
此推测的理由有以下两点。

第一,敦煌壁画对命妇服饰的描绘,一般是本于制度的,《乐廷瓌夫人行香图》可
证此。依敦煌莫高窟第130窟题记,此窟甬道北壁西向第一身供养人题名为"朝议
大夫使持节都督晋昌郡诸军事守晋昌郡太守兼墨离军使赐紫金鱼袋上柱国乐庭瓌供
养时",与之相对的甬道南壁西向第一身女供养人题名为"都督夫人太原王氏一心供
养"。② 对此,贺士哲推测,"乐庭瓌夫妇供养像可能就是他在晋昌郡任职期间专程来
莫高窟所做的佛事功德"③。按唐制,朝议大夫为散官正五品下,其妻可着花钗翟衣
和钿钗礼衣,《乐廷瓌夫人行香图》中王氏之服无雉,且为红色,不符合花钗翟衣之制
("翟衣青质"),而合钿钗礼衣之制("通用杂色","无雉")。并且,王氏之服的红色,
或依据的是唐令"寻常服饰"(常服)之制。关于常服之色,太宗贞观四年(630)八月
诏:"冠冕制度,以备令文,寻常服饰,未为差等。于是三品已上服紫,四品五品已上
服绯,六品七品以绿,八品九品以青。妇人从夫之色。"④王氏为五品官夫人,"衣色与
乐庭瓌同,即封建社会制度规定的'妇人之衣从夫色'"⑤。并且,王氏鬓上的花钗也
当为五枚(左侧应还有对称的两枚)。由此推测,敦煌壁画中五代时期贵妇的花钗凤

① 《旧唐书》卷四五《舆服志》,第1956页。开元七年《衣服令》与武德七年令大体相同,见《大唐开元礼》
卷三《序例下·衣服》,第31页上。
② 贺士哲:《从供养人题记看莫高窟部分洞窟的营建年代》,敦煌研究院编《敦煌莫高窟供养人题记》,文
物出版社,1986年,第62—63、204—205页。
③ 同上,第205页。
④ 《唐会要》卷三一《章服品第》,中华书局,1955年,第569页。
⑤ 段文杰:《莫高窟唐代艺术中的服饰》,收入氏著《敦煌研究艺术研究》,甘肃人民出版社,2007年,第
330页。亦请参见杨树云《〈乐廷瓌夫人行香图〉初探》,郑学檬、冷敏述主编《唐文化研究论文集》,第305页。

冠与翟衣之制,也当有制度所本。

第二,虽然在目前所见的唐代《衣服令》的命妇服制中,并无凤冠之配,但唐时皇室成员、宫中女官、命妇戴冠,或早已在现实中存在,这在如下材料中可以看到:

首先是隋炀帝萧后的礼冠,其上有花树十三树,明显与隋唐之制不符。按隋开皇制,"皇后首饰,花十二树";大业制,皇后袆衣,"首饰花十二钿,小花毦十二树";①唐《武德令》沿隋制,皇后"袆衣,首饰花十二树"②。据此学者推测:"它应该是明器,不是萧后生前使用过的……是萧后去世后,唐太宗给她定制的礼冠。萧后亡于贞观二十二年(648),享年八十余,唐太宗是以皇后之礼为她下葬的。"③

其次,李倕墓也出土了一顶精美的冠饰,"众多饰件是用金丝(金条)与金片制成,并用金丝相连接(以金条结之);镶嵌、粘接或串坠有珍珠、绿松石、象牙、琥珀、玻璃等(饰以五色细珠);不少饰件上有鸾凤、鸳鸯、鸟雀以及鸟翅、尾羽的造型(为鸾鸟状)"④。按,李倕亡时年二十五,她为唐高祖李渊后人,曾祖为李渊十八子舒王元名,祖为豫章王宣,父为嗣舒王津。李倕虽出身皇族,但亡时并未见有命妇封号。⑤ 而其夫侯莫陈氏,在李倕亡时,为官不显,仅为正七品的文散官宣德郎。因着李倕这样的出身与夫妻身份,故其墓葬的遗物也存在矛盾之处:"墓主李任倕出身皇室宗亲,其夫侯莫陈氏亦应为北魏贵族后裔。墓中出土一组精美的铜器、银器等,应与墓主的身份地位相符,从其头戴的华丽的冠饰,身着佩带金玉装饰的服装,也可反映出其身份的高贵,及生前生活的奢华。但墓中出土的一组陶人俑及动物俑,数量少,体形小,制作粗糙,似与其身份地位不符。可能是其夫家已经没落,经济状况下降,墓主下葬时的穿戴以及随葬的一组精美的铜器、银器及漆器也可能是墓主下嫁时的嫁妆,或生前所喜用之物。"⑥所以,李倕因何而具礼冠,目前并无制度可循。

① 《隋书》卷一二《礼仪志七》,第 260、276 页。

② 《旧唐书》卷四五《舆服志》,第 1955 页。

③ 扬州市文物考古研究所所长束家平言("扬州新闻网",扬州晚报 2016 – 09 – 19 11:48:00)。对萧后冠饰的详细探讨,参见王永晴、王永阳《隋唐命妇冠饰初探——兼谈萧后冠饰各构件定名问题》,《东南文化》2017 年第 2 期,第 78—86 页。

④ 张建林:《李倕墓出土遗物杂考》,《考古与文物》2015 年第 6 期,第 68 页。关于李倕墓出土头冠的详细情况,亦请参见马志军《唐李倕发掘简报》,《考古与文物》2015 年第 6 期,第 12—20 页;安娜格雷特·格里克《唐李倕冠饰的清理、修复和复原》,侯改玲编译,载中国陕西省考古研究院、德国美因茨罗以·日耳曼中央博物馆编著《唐李倕墓——考古发掘、保护修复研究报告》,科技出版社,2018 年,第 183—240 页。

⑤ 马志军:《唐李倕墓发掘简报》,《考古与文物》2015 年第 6 期,第 19 页。

⑥ 同上,第 22 页。

再次,在懿德太子李重润之墓的石椁上,也有两位戴冠的宫中女官形象。① 这两位"头戴凤冠"②的女官,"高冠卷云,前后插金玉步摇,其佩玉制度亦极严整,在唐代图像中为仅见材料"③。其冠制为"顶部插五树花钿钗,前部正中有一圈串珠,内镶五颗宝石。左右两侧绘两层圆珠,前后插凤头金簪,凤嘴衔长缨,长缨之下有步摇,步摇由玉珩、玉琚、玉璜、冲牙、组绶组成"④。按唐制,命妇的第三等礼服为礼衣,"六尚、宝林、御女、采女、女官七品以上大事之服也。通用杂色,制如钿钗礼衣,唯无首饰、佩、绶"⑤。依此,礼衣并无冠饰甚至首饰之配,但懿德太子墓的女官形象显示,宫中的女官礼服对此早已有所改动。⑥

五代时期贵妇凤冠的实例,从归义军节度使家眷的图像中多可看到。首先,见于莫高窟第 98 窟的曹氏家窟,此窟造于后唐同光年间(923—925),⑦其中多绘归义军节度使曹议金家族女眷的贵妇形象。⑧ 此时曹议金官为太保,正一品,⑨其子妇们身着礼服,并且在闫氏的头饰中,也出现了凤冠,其凤冠中的凤呈展翅卷尾状。其次,在敦煌莫高窟第 61 窟中绘有于阗公主像,于阗公主为沙洲归义军节度使曹延禄妻,"于阗公主的装束基本仿效唐制礼服"⑩,她"身着高贵的唐制礼服,头戴高耸的大型莲花凤冠,上有花钿步摇",其服色为绛红色,无翟饰,不符合花钿礼衣之制("翟衣青质"),而合钿钗礼衣之制("通用杂色","无雉"),故当为钿钗礼衣,其冠上之凤呈卷尾而非展翅状。在敦煌壁画所见的唐五代时期的两类凤冠中,此类凤冠更为华贵,"凤冠和项饰上镶满翠玉宝石"⑪。类似的凤冠,还出现在五代至宋初归义军节度使曹元忠夫人翟氏(凉国夫人)、曹延恭夫人、于阗王李圣天皇后曹氏

① 石椁线雕图见《唐懿德太子墓发掘简报》,《文物》1972 年第 7 期,第 27 页;复原图见沈从文《中国古代服饰研究》,插图 79,上海书店出版社,2005 年,第 295 页。

② 陕西省博物馆、乾县文教局唐墓发掘组:《唐懿德太子墓发掘简报》,《文物》1972 年第 7 期,第 27 页。

③ 沈从文:《中国古代服饰研究》,第 300 页。

④ 樊英峰:《李重润墓石椁线刻宫女图》,《文博》1998 年第 6 期,第 70 页。

⑤ 《新唐书》卷二四《车服志》,第 523 页。也见《大唐开元礼》卷三《序例下·衣服》(第 31 页上—下)、《大唐六典》卷一二"内官尚服之职"条(第 255 页上)、《通典》卷一〇八《开元礼纂类三·序例下》(王文锦等点校,中华书局,1988 年,第 2806—2807 页)。

⑥ 关于懿德太子墓女官冠饰与制度的相左及其原因,纳春英《唐代服饰时尚》一书略有言及(第 20—21 页)。

⑦ 关于莫高窟第 98 窟的建造时间,参见贺世哲《从供养人题记看莫高窟部分洞窟的营建年代》,敦煌研究院编《敦煌莫高窟供养人题记》,文物出版社,1986 年,第 217—219 页。

⑧ 参见谭婵雪主编《敦煌石窟全集》24《服饰画卷》,图 219(范文藻摹),第 233 页。

⑨ 对曹议金加官的考证,参见荣新江《归义军史研究——唐宋时代敦煌历史考索》,上海古籍出版社,1996 年,第 95—103 页。

⑩ 参见谭婵雪主编《敦煌石窟全集》24《服饰画卷》,图 219(范文藻摹),第 243 页。

⑪ 同上,图 238 说明,第 248 页。

的画像中。①

四、唐五代时期凤冠流行的原因

综上我们看到,在魏晋南北朝相当长的时间内,凤冠基本远离了人们的视线,而唐五代时,它却在国家礼制层面外较多地出现了。关于这一现象出现的原因,当前的学界并未给出答案,②学者谈论较多的,也只是武则天对凤与女性关系的推动,③而这并不足以说明其时凤冠较流行的原因。

再检索文献,我们看到,在唐代,戴凤冠最多的实是女冠。④ 兹引《太平广记》之《神仙》《女仙》诸卷的三条材料如下:

> 三更后,闻户外珩璜环佩之声,异香芳馥,俄而青衣报女郎且至,年可二八,冠碧云凤翼冠,衣紫云霞日月衣。⑤

> (赵旭)见一神女在空中,去地丈余许……戴金精舞凤之冠,长裙曳凤。⑥

> 太原郭翰……乘月卧庭中,时有清风,稍闻香气渐浓,翰甚怪之,仰视空中,见有人冉冉而下,直至翰前,乃一少女也。……衣玄绡之衣,曳霜罗之帔,戴翠翘凤凰之冠,蹑琼文九章之履。⑦

按,《太平广记》集录的女仙故事或传记,实专指女道士的所为或修练情况,其中的一

---

① 谭婵雪主编:《敦煌石窟全集》24《服饰画卷》,图224、图225,第236、237页。段文杰、樊锦诗主编:《中国敦煌壁画全集》9《五代·宋》,图版六,第6页;图版六说明,第3页。常沙娜:《中国敦煌历代服饰图案·历代服饰部分效果图》,图11,第256页。

② 如杨树云在《〈乐廷瓌夫人行香图〉初探》一文中,只略提及了此图中的凤冠而不及其原因(《唐文化研究论文集》,第309页)。

③ 参见王维堤《龙凤文化》,第269—271页;罗微《人类学视野的古代汉族凤冠符号象征意义》,《青海民族研究》第17卷第1期,2006年1月,第2—3页。

④ 女冠虽属女身,但身份特殊:她们被载于专门户籍中,"凡道士女道士、僧尼之簿籍,亦三年一造"(《大唐六典》卷四"尚书礼部祠部郎中员外郎之职"条,第103页);在量刑、受田方面,她们也与"凡人"有别,"诸道士受《老子经》以上,道士给田三十亩,女官二十亩"(仁井田陞:《唐令拾遗·田令》,东方文化学院东京研究所,1933年,第638页)。

⑤ 《太平广记》卷五三《神仙·杨真伯》,中华书局,1961年,第330页。

⑥ 同上,卷六五《女仙·赵旭》,第405页。

⑦ 同上,卷六八《女仙·郭翰》,第420页。

些还被收于《道藏》的其他典籍中,但相较之下,《太平广记》的成书年代较早,引用的版本、所载的情况也更近古。由上引三条材料我们可以看到,凤冠乃是唐时一些女道士(或称女冠、女官)冠服的常见配制,这也恰符唐时女冠的法服规制。关于女冠的法服,约成书于隋末的《洞玄灵宝三洞奉道科戒营始》①规定:

> 科曰:女冠法服衣褐并同道士,唯冠异制。法用玄纱,前后左右皆三叶,不安远游。若上清大洞女冠,冠飞云凤气之冠。②

也即在道教上清派法服中,女冠的冠饰为"飞云凤气之冠"③,在冠制上,它与凡常女冠法服的区别一目了然,此类冠既小且简。④

而道教在唐代的地位及广泛影响,或将上清派女冠的"飞云凤气之冠"带到了现实中。如众所知,道教号称唐朝的国教,⑤李唐建国伊始,高祖便下诏规定:"老教,孔教,此土先宗;释教后兴,宜崇客礼。令老先,次孔,末后释。"⑥因此,有唐一代,道教对其时的社会产生了广泛影响。⑦另外,上文谈到,唐代世俗社会中的凤冠,是较早出现在宫廷乐舞中的,目前可爬梳到的最早的凤冠,是为武则天改周后"天授舞"舞者所戴。如此,我们就必须首先审视武则天与道教的关系,以剖析"天授舞"舞者的凤冠,是否与女冠的"飞云凤气之冠"有关。

一直以来,人们谈论更多的是武则天的佛教信仰,以及她以佛教作为统治和登位的工具,"女皇幼小时曾穿缁衣,青年时也曾为尼,当了皇后以后,更是以种种方式奉献于佛教,所以她的信仰不容置疑"⑧。但与此同时,无论在做皇后还是登基后,武则天都没有放弃对道教的崇奉与利用。⑨王永平在《道教与唐代社会》一书中,称唐时

---

① 对《洞玄灵宝三洞奉道科戒营始》成书年代的探讨,参见大渊忍尔《道教とその经典》,创文社,1997年,第206—217页;Livia Kohn(孔力维),*The Daoist Monastic Manual:A Translation of FengDaoKeji*, Oxford University Press, 2004, pp. 23-49.

② 《洞玄灵宝三洞奉道科戒营始》卷五《法服图仪》,《道藏》第24册,文物出版社、上海书店、天津古籍出版社,1988年,第761页中。

③ 同上,第761页中。

④ 同上,第761页下。

⑤ 关于唐高祖到玄宗时的崇道政策及举措,参见卿希泰主编《中国道教史(修订本)》第二卷,四川人民出版社,1996年,第31—118页。

⑥ 唐高祖:《先老后释诏》,《全唐文》附《唐文拾遗》卷一,上海古籍出版社,1990年,第1页。

⑦ 关于道教与唐代社会诸层面的关系,参见王永平《道教与唐代社会》,首都师范大学出版社,2002年。

⑧ 雷家骥:《武则天传》,人民出版社,2001年,第313页。

⑨ 参见卿希泰主编《中国道教史(修订本)》第二卷,第70—80页。

道教的发展有三个高潮,其中之一就是高宗、武则天时期。从显庆五年(660)武则天参政,到弘道元年(683)高宗驾崩。在此期间,武则天参与了各种崇道活动,如亲临老君故里,科举考试中首次加试老子《道德经》,以道士、女冠隶宗正寺——宗正寺掌天子族亲属籍,召见茅山宗宗主(此宗承上清派),大规模兴建道观和度人入道,搜讨和整理道经,等等。而更为凸显武则天崇道的,则是她两次安排爱女太平公主为女冠。第一次在咸亨元年(670),武则天母荣国夫人卒,她以太平公主为女冠,特于颁政坊置太平观,“以幸冥福”。第二次在仪凤(676—679)中,吐蕃请婚太平公主,“后不欲弃之夷,乃真筑宫,如方士薰戒,以拒和亲事”①。即使在武则天登基后,“虽然她曾颁布过一些不利于道教发展的政策,这主要也是从改唐为周的政治方面来考虑的。综观她的一生没有对道教下过类似唐初诸帝限制和禁止佛教发展之类的命令,相反道教的势力在武周政治生活中仍很活跃,尤其是她提出佛、道齐重的宗教政策,更具有特殊的重要意义,这就使得她所统治的时期,成为高宗和玄宗两个崇道高潮之间的重要过渡时期”②。

武则天在崇道的同时,还是凤与女性联系的重要推动者,“武则天做皇帝,不搞龙瑞而制造凤瑞,有自比为凤的意思”③。如上元三年(676)十一月,武则天以“陈州言凤凰见于宛丘”④,而改元仪凤;再如高宗死后的第一年,身为皇太后的武则天,将中书省改称凤阁;更为明显的一事,是载初二年(690)九月五日,“群臣上言:有凤皇自明堂飞入上阳宫”⑤,四天之后,武则天就“革唐命,改国号为周。改元为天授”⑥。“可见,武则天是煞费苦心要把凤和自己联系起来的。”⑦

武则天既崇道又以凤自比,如此,在她与道教,特别是上清和茅山等派、宗女冠的接触中,这些女冠所戴的“飞云凤气之冠”是否对她有启发呢?这是极有可能的。我们知道,唐前,“(秦)始皇又金银作凤头,以玳瑁为脚,号曰凤钗”⑧;另有东汉太皇太后、皇太后入庙的凤冠。但这些都与武则天相距遥远,钗和冠的形制亦或不清。最有可能引发她及其手下联想的,当是其时上清派女冠的“飞云凤气之冠”。一顶凤冠无

---

① 《新唐书》卷八三《诸帝公主·太平公主传》,第3650页。

② 雷家骥:《武则天传》,第56页。

③ 参见王维堤《龙凤文化》,第270页。

④ 《旧唐书》卷五《高宗纪下》,第102页。

⑤ 《资治通鉴》卷二○四“武则天载初元年九月戊寅”条,第6467页。

⑥ 《旧唐书》卷六《则天皇后纪》,第121页。

⑦ 参见王维堤《龙凤文化》,第270页。对武则天制造凤瑞的叙述,亦参考了此书。

⑧ 马缟:《中华古今注》卷中“钗子”,李成甲校点,辽宁教育出版社,1998年,第21页。

疑会将道教与崇凤紧密联系在一起,凤冠出现在武则天时"天授舞"舞者的头饰中,当是这一联系的现实体现。

至于唐玄宗"光圣乐舞"中舞者的凤冠,除了有对"天授舞"舞服的继承,更是明皇自己对道教崇佞的彰示。玄宗崇奉道教是史书确载与学界公认的事实:"玄宗御极多年,尚长生轻举之术。于大同殿立真仙之像,每中夜夙兴,焚香顶礼。天下名山,令道士、中官合炼醮祭,相继于路。投龙奠玉,造精舍,采药饵,真诀仙踪,滋于岁月。"①除了政治上、生活中的崇道,玄宗还亲自将道教的元素,嵌入了其时的乐舞中,最典型的莫过于《霓裳羽衣曲》和"舞"了。关于《霓裳羽衣曲》的渊源,《唐会要》载为"婆罗门改为霓裳羽衣"②;而唐代的其他文献中,则将此曲与道士和仙女联系在了一起:"罗公远多秘术,尝与明皇至月宫,仙女数百,皆素练霓衣,舞于广庭,问其曲,曰:《霓裳羽衣》。帝晓音律,因默记其音调。"③罗公远是玄宗最宠幸的道士之一,屡被召策问,奏答莫不称旨。虽罗公远与明皇至月宫的传说并不可信,但这些文字足证此曲与玄宗、与道教有着密切关系。而依此曲编排的舞蹈,也被学者称为"刻画仙女形象最成功的作品",此舞"中序入拍起舞,舞者扮若仙女,服饰典雅华丽"④,这典雅华丽的服饰,就是白居易《霓裳羽衣歌和微之。》所描述的"不著人家俗衣服,虹裳霞帔步摇冠"⑤。这种仙女服饰的构成,实多衍于道教的法服。按《洞玄灵宝三洞奉道科戒营始》,没有获得任何法位的"凡常女冠法服,玄冠,上下黄裙,帔十八条"⑥,也即冠、裙、帔的搭配。其他取得法位的道士和女冠的法服:

正一法师,玄冠黄裙,绛褐绛帔,二十四条。

高玄法师,玄冠黄裙,黄褐黄帔,二十八条。

洞神法师,玄冠黄裙,青褐黄帔,三十二条。

---

① 《旧唐书》卷二四《礼仪志》,第934页。
② 《唐会要》卷三三《诸乐》,第617页。
③ 王建:《霓裳辞十首》解题,《全唐诗》卷二二,中华书局,1960年,第289页。
④ 王克芬:《中国舞蹈发展史》,上海人民出版社,2004年,第187、209页。
⑤ 白居易:《霓裳羽衣歌和微之。》,《白居易集》卷二一,顾学颉校点,中华书局,1979年,第459页。
⑥ 《洞玄灵宝三洞奉道科戒营始》卷五《法服图仪》,《道藏》第24册,第761页下。

洞玄法师,芙蓉冠,黄褐黄裙,紫帔,三十二条。

洞真法师,元始冠,青裙紫褐,紫帔青裹,表二十四条,里十五条。

大洞法师,元始冠,黄裙紫褐,如上清法,五色云霞帔。

三洞讲法师,元始冠,黄褐绛裙,九色离罗帔。①

也即冠、褐、裙、帔的搭配。如此,"霓裳羽衣舞"的服饰构成——虹裳、霞帔、步摇冠,大致与"凡常女冠法服"的搭配相符。此外,按《汉书·郊祀志》颜师古注"羽衣,以鸟羽为衣,取其神仙飞翔之意也"②,故羽衣也一直为道教所沿用,这也可从多首描述道士的唐诗中看到:"落日衔仙宝,初霞拂羽衣"③;"日照昆仑上,羽人披羽衣。乘龙驾云雾,欲往心无违"④。

综此,在《霓裳羽衣曲》和"舞"中,道教元素渗透深入,而其中仙女们头戴的步摇冠,是否也如十三娘的凤形冠或上清大洞女冠的飞云凤气冠的冠式呢? 这种可能也是存在的。所以,缘着玄宗对道教的崇奉并将其运用于乐舞中的态度,"光圣乐舞"中舞者佩戴凤冠,也就不仅是承袭二字可以解释的了。

因最高统治者的提倡,在唐代,道教对妇女的生活产生了巨大影响,"在众多的宗教中,道教以追求现世的享乐和相对较少歧视妇女的特色,吸引了广大的妇女信众,产生了巨大的影响"⑤。中唐以后,妇女们听到、看到的舞者凤冠,亲历或听闻了武则天以凤自比的事例,亲闻或道听途说了曾为女冠的太平公主、杨太真的故事——作为女子的太平公主,曾在政治上叱咤一时;而受明皇宠幸的杨贵妃,则被"当时谣咏有云:'生女勿悲酸,生男勿喜欢。'又曰:'男不封侯女作妃,看女却为门上楣。'其人心羡慕如此"⑥——因此出现了"遂令天下父母心,不重生男重生女"⑦的情况。那么,一些身处中上层的贵妇们,是否也会考虑在自己的礼服中,加入凤这一元素,以期

① 《洞玄灵宝三洞奉道科戒营始》卷五《法服图仪》,《道藏》第 24 册,第 760 页下—761 页上。
② 《汉书》卷二五上《郊祀志》,第 1225 页。
③ 张说:《道家四首(之一)奉敕撰》,《张说集校注》卷九,熊飞校注,中华书局,2013 年,第 460 页。
④ 李华:《咏史十一首(之一)》,《全唐诗》卷一五三,第 1586 页。
⑤ 雷家骥:《武则天传》,第 441 页。
⑥ 陈鸿:《长恨歌传》,《白居易集》卷一二,第 236 页。
⑦ 白居易:《长恨歌》,《白居易集》卷一二,第 238 页。

获得更为腾达的未来呢？另一些经济能力尚可的家庭，是否也会在女儿人生的重要时刻——出嫁时，试着给女儿戴上凤冠（凤饰），以求得荣华富贵和好运呢？凤冠在民间的潮流涌动，又刺激了命妇礼制的变化，最终在北宋时，正式被纳入后妃的礼服之制中。

凤在中国历史上，最终演变成妇女的指代符号，凤冠更成了妇女尊贵身份的象征，凤冠的这一特征，唐五代实是最重要的肇基时期。

五、日常生活史下的唐五代凤冠

日常生活史的出现，是对历史结构主义批判的结果。"日常生活史学者认为，空谈'社会结构'，而忽视个人在日常生活中的感受，必然导致对历史规律认识的简单化"；"史学'科学化'的最大弊端是'见物不见人'，而抽掉了'人'这个内核，任何社会现象都不能得到正确的解释"。① 日常生活史"应当紧扣其打通个人与社会结构之间桥梁这一研究主旨"②。而从日常生活史的视角，观察唐五代时期的凤冠，至少可以作如下三方面的思考。

第一，凤冠的流行，反映了其时之人的趋贵心理。如上所析，在唐五代凤冠演变与流行的过程中，武则天和唐玄宗无疑是重要的顶层推动者。身为女性的武则天，为突出或获取最高权力与地位，大搞凤瑞，这也推动了凤与妇女，特别是妇女高贵身份的联系。受武则天影响，中宗时，善于逢迎的重臣、诗人李峤，以中宗生日与韦后爱女长宁公主的满月重合，而赋诗"神龙见像日，仙凤养雏年"③，以神龙喻中宗，以仙凤喻公主。凤与皇后、女皇以及公主的联系，大大提升了凤在人们心目中的地位。另外，在武则天时，凤冠还进入了宫廷乐舞的舞服。而玄宗时乐舞舞服对凤冠的承继与发展，使凤与凤冠的突出地位进一步加强。或许是受武则天、唐玄宗等顶层人物崇凤，以及舞人头饰凤冠的影响，盛唐时，"朝议大夫使持节都督晋昌郡诸军事守晋昌郡太守兼墨离军使赐紫金鱼袋上柱国乐庭瓌"女十三娘的头上，便出现了凤冠，此当是以凤冠彰示自己尊贵身份的一种反映。而五代时期贵妇头戴的凤冠，或已进入高等命妇的礼服之制——钿钗礼衣（花钗礼衣的情况暂不明），这从敦煌曹氏家族女眷贵妇的头饰中可窥见一斑，它也凸显了这些妇女身份的尊贵。而平民女子出嫁时头戴凤

---

① 刘新成：《日常生活史：一个新的研究领域》，《光明日报》2006年2月14日，第12版。
② 胡悦晗、谢永栋：《中国日常生活史研究述评》，《史林》2010年第5期，第181页。
③ 李峤：《中宗降诞日长宁公主满月侍宴应制》，《全唐诗》卷五八，第691页。对李峤此诗性别意义的分析，参见王维堤《龙凤文化》，第272页。

冠,应属摄盛,这是百姓为求得荣华富贵,而做的超越常制之举。

第二,从凤冠的流行,还可看到唐五代时妇女对佛教的崇奉。按唐制,"外命妇嫁及受册、从蚕、大朝会"服花钗礼衣,"外命妇朝参辞见及礼会"服钿钗礼衣,[①]据此,我们尚不能明了唐五代贵妇在进行重大佛事活动时,穿着礼服、佩戴头冠的情况。而《都督夫人与女眷盛装》图中贵妇的冠服,或可补唐代正史及《衣服令》记载的不足。如前所述,晋昌郡守乐庭瓌的妻女,当是在乐庭瓌任职晋昌郡期间,专程随其赴莫高窟做佛事功德的。由此图推测,唐五代时,重大佛事活动是极受重视的,并被视为非常重要且严肃的场合,因此,高级品官的女眷在进行重大佛事活动时,都表现得极为隆重。身为命妇的乐庭瓌夫人王氏,就身着正式的吉礼之服——钿钗礼衣,其女十三娘也头戴凤冠。这些贵妇对佛教的虔诚,通过她们身上穿戴的礼服和凤冠,可以明显彰示出来。这一点,还可从敦煌莫高窟第61窟归义军节度使曹议金家族女眷的着装上看到。[②]

第三,莫高窟第98窟的壁画,向我们提示了五代时期外命妇参与家祭时的礼服情况。按《开元礼》的规定,唐时主妇并不涉家祭之仪,[③]但她们可以参与祭祀,六品以下官妻还可穿祭服,而祭服则是以其最高等礼服花钗礼衣为之:"进贤冠者……六品以下私祭皆服之",其祭寝"祭服以进贤冠,主妇花钗礼衣"。[④] 但外命妇参与家庙、宗祠祭祀时,是否穿着祭服,史书阙载,而莫高窟第98窟壁画描绘的情况,又可补此。如众所知,敦煌莫高窟第98窟为曹氏家窟,敦煌世家大族"在莫高窟营造的'家窟',实际上起着自己宗族祠堂的作用,甚至起着一般的祠堂起不到的作用"[⑤]。由《节度使曹议金家族贵妇服饰》[⑥]推测,曹氏家族女眷入家窟行祭时,当穿着礼服(祭服),并且在一些女眷的礼服中,还加入了凤冠这一元素。而五品以上官妻参与家祭时,是否也如六品以下官妻,穿着最高等级礼服花钗翟衣呢? 从目前的材料看,尚不能确定。按颜真卿《和政公主神道碑》称颂肃宗女和政公主:"每至伏腊,祫祠蒸尝,必具礼衣花钗之饰,以躬中馈堂室之奠。"[⑦]依此,和政公主在家祭时,所着为第一等礼服花钗翟衣。而从莫高窟第98窟曹议金家族贵妇的服饰看,其应为第二等礼服——钿钗礼

① 《旧唐书》卷四五《舆服志》,第1956页。
② 参见谭婵雪主编《敦煌石窟全集》24《服饰画卷》,图221,第234页。
③ 参见拙文《唐人理想女性观念——以容貌、品德、智慧为切入点》,荣新江主编《唐研究》第11卷,北京大学出版社,2005年,第167页。
④ 《新唐书》卷二四《车服志》,第521、347页。
⑤ 马德:《敦煌莫高窟史研究》,甘肃教育出版社,1996年,第250页。
⑥ 参见谭婵雪主编《敦煌石窟全集》24《服饰画卷》,图219(范文藻摹),第233页。
⑦ 王谠撰,周勋初校证:《唐语林校证》卷五《补遗》,中华书局,1987年,第509页。

衣("通用杂色","无辫"),这实际也更符合官员祭祀时穿着礼服的等级。关于官员私祭的礼服等级,《新唐书·车服志》载:

> 玄冕者……三品以下私祭皆服之。

> 爵弁者……五品以上私祭服之。

而三品以下、五品以上从祀之服的等级为:

> 玄冕者,五品之服也。

> 爵弁者,六品以下九品以上从祀之服也。

> 毳冕者,三品之服也。

> 絺冕者,四品之服也。①

也即三品以下、五品以上官员私祭时,其所着礼服之等,是低于从祀之服的。依着妇人"出嫁从夫"的儒家"三从"观念,五品以上命妇在参与家祭时,身着第二等礼服,也就合乎礼教规范了。

赘语:方法和材料的审视

在中国历史上,凤冠是一种符号,它最终成为汉族妇女至高身份和荣誉的象征。但它演变的历史漫长而模糊,虽然通过缕析有限的史文资料及敦煌图像材料,我们大致梳理出了如下线索,即唐至五代可以看作民间发展的一个节点(五代或已进入礼制),宋代则是发展的另一个节点——明确进入了礼服行列,但由唐至宋递进的原因,则并无史文可征,所以,本文在阐释变化的原因时,借鉴了物质文化史的研究方法。

关于物质文化史研究的路径及结论的开放性,高彦颐在《从唐宋身体文化试论缠足起源》一文中谈到:"文化史并不是要探讨一种历史的真理或不确定性,更大的

---

① 马德:《敦煌莫高窟史研究》,第519—520页。

意义在于一种解释和商讨的过程：在文字和实物、现实和过去、历史学家和历史学科之间，缠足起源的研究与其他历史研究一样，最后的分析是为了探讨未知的和不可知的。"①凤冠演变的历史也一样，它或可称为另一个"未知的和不可知"的话题，本文也仅是提供了一种分析而已。

在分析凤冠演变的过程中，我们无法回避对图像资料的运用，而这又涉及形象史学。② 关于形象史学，彼得·伯克（Peter Burke）在《图像证史》一书中谈到：

> 一两代人以来，历史学家极大地扩展了他们的兴趣，所涉及的范围不仅包括政治事件、经济趋势和社会结构，而且包括心态史、日常生活史、物质文化史、身体史等等。如果他们把自己局限于官方档案这类由官员制作并由档案馆保存的传统史料，则无法在这些比较新领域中从事研究。
>
> 出于这一原因，范围更加广泛的证据被越来越多地使用，其中除了书面文本和口述证词外，图像也占了一席地位。③

凤冠于历史上的演变，再次证明了在物质文化史研究中，图像资料运用的重要性：如果没有敦煌壁画所描绘的凤冠形象，我们仅以文字史料作为研究对象，将无法知晓唐五代时期凤冠的具体形制及种类；并且，对敦煌图像资料的运用，在一定程度上，也佐证了"图像证史"的重要意义，"即以图像证文献不能证之史，以图像激发舍弃图像而不能发之史观，由此而扩大人类理解自身历史的视野与范畴"④。

当然，如学者业已指出的，在形象史学研究中，也存在着须警惕之处，"如果以为这类图解性的描述毫无问题地反映了某个特定地点和时间的技术状况，而不去做进一步的史料考证，不去识别制作该画的艺术家是谁……甚至不去认真考证有关该艺术家的史料，也有可能犯错误"⑤。关于中古敦煌洞窟壁画的绘制者——无论是高级

---

① 高彦颐（Dorothy Ko）：《从唐宋身体文化试论缠足起源》（"In Search Footbinding's Origins"），邓小南主编《唐宋女性与社会》，上海辞书出版社，2003年，第409页。

② 关于形象史学的概念、研究方法及可能存在的问题，参见刘中玉《形象史学：文化史研究的新方向》，《河北学刊》2014年第1期，第19—22页。

③ 彼得·伯克（Peter Burke）：《图像证史》，杨豫译，北京大学出版社，2008年，第3页。

④ 曹意强：《图像证史——两个文化史经典实例》，《新美术》2005年第2期，第37页。

⑤ 同上注，第109页。在既有的研究中，学者对宋元以后书画家的生活及其艺术品的买卖、订作、收入、赞助等，已多有关注，如高居翰《画家生涯：传统中国画家的生活与工作》，杨宗贤等译，生活·读书·新知三联书店，2012年；白谦慎《傅山的交往和应酬：艺术社会史的一项个案研究》，上海书画出版社，2003年；李铸晋编《中国画家与赞助人：中国绘画中的社会及经济因素》，石莉译，天津人民美术出版社，2013年。

画家还是普通画匠,无论是官宦画师还是民间画工,都自始至终绘制敦煌石窟的佛教壁画,[①]他们虽然也会因此而获取报酬——"缠盘"[②],但许多人将造窟活动视为一种功德而少取工价,或者完全是义务劳动,特别是在为寺院或僧团造窟时,更是如此。[③]所以,因着对佛教的信仰及虔诚,这些画家对绘制壁画的认真态度,是毋庸置疑的。并且,敦煌壁画于佐证历史的意义,学界已多有研究,段文杰就曾指出:"世俗人物服饰,如故事画中的人物,特别是供养人像,都是有名有姓的现实人物的写照。……宗教壁画中人物的衣冠服饰,不仅有现实依据,而且是随时代的改变而变化的。因此,它对于研究我国衣冠服饰发展演变的历史,是具有一定科学性的。"[④]在一定程度上,敦煌壁画中的服饰,是这一地区某一时期服饰文化的综合特征写照。关于敦煌壁画的综合特征写照问题,沙武田在研究了敦煌画稿后指出:

> 鉴于敦煌的绘画集中在一个地区,绘画者画工画匠的时代、组织、师承等各方面会由于空间的关系而产生紧密联系,洞窟壁画本身相互间也会产生影响。各种因素综合作用,特别是粉本画稿的使用,使得敦煌壁画较早地形成了一定的模式,并进而使得壁画艺术走向程式化。通俗地讲,就是壁画之间的相似性或一致性特征。
>
> 敦煌佛教艺术中存在的艺术推动力主要是人们的模仿思想,而非想象力;想象力虽然有,但和模仿思想比较起来,其表现出来的壁画数量非常之少。[⑤]

特别是五代以后,敦煌壁画中程式化的倾向更为明显,"(这一时期)艺术表现的程式化也逐渐严重起来"[⑥],"供养人画像千篇一律,……女像桃形凤冠,饰步摇"[⑦]。这种程式化带来的结果利弊参半,其有利的一面在于,唐五代时期的凤冠,当是在参照现时现地的基础上,对现实礼冠的一种提炼、模仿而非想象,它反映的是唐五代时期妇女礼冠的综合特征。

---

① 参见马德《敦煌画匠称谓及其意义》,《敦煌研究》2009 年第 1 期,第 4 页。

② 见 S. 3929V1、V2《节度押衙知画行都料董保德等建造兰若功德(二通)》,中国社会科学院历史研究所等合编《英藏敦煌文献(汉文佛经以外部分)》第 5 卷,四川人民出版社,1992 年,第 214 页。关于敦煌画师的收入,参见姜伯勤《敦煌艺术宗教与礼乐文明——敦煌心史散论》,中国社会科学出版社,1996 年,第 16 页。

③ 参见马德《敦煌工匠史料》,甘肃人民出版社,1997 年,第 21 页。

④ 段文杰:《莫高窟唐代艺术中的服饰》,收入氏著《敦煌研究艺术研究》,甘肃人民出版社,2007 年,第 299 页。

⑤ 沙武田:《敦煌画稿研究》,中央编译出版社,2007 年,第 396、398 页。

⑥ 史苇湘:《关于敦煌莫高窟内容总录》,《敦煌莫高窟内容总录》,文物出版社,1982 年,第 182 页。

⑦ 同上,第 399 页。

之所以称这些凤冠是现实的而非想象的,又涉及"观者"的问题。① 毫无疑问,所有敦煌石窟的建造者,都是以积功德、求福报为目的的,但其中一些洞窟的壁画,也兼具其他功用,它们或在讲经时配合解释经文,②或拥有弥合现实政治的意义。③ 配合解释经文,就需要通俗易懂、吸引信众,而对真实场景或实物的描绘,无疑更能拉近信众与宗教教义间的距离,因此也更能达到弘扬佛法的目的;而弥合人际政治关系,更需要这些政治人物及其眷属的观瞻与认同,也必须体现他们在现实中的政治、宗教地位,他们身着的礼服或法服,也须匹配与反映他们的身份,也即这些画像及服饰,是须得到这些画像人物认可的,而工匠、画师遵从现实中的礼服冠制,就是一种最明智的选择了。而这样一种绘画理念,就是敦煌石窟肖像画中的"邈影如生","'邈影生同'作为肖像画的标准,反映了当时仍有一种追求写实的时尚"④,虽然这一观念在与程式化的较量中,或许并不占上风。

虽然敦煌石窟壁画有显示衣冠服饰发展的意义,但唐五代时期的敦煌毕竟偏居一隅,其凤冠的样式到底与中原有着怎样的同异? 它更多反映的是地方习俗还是整个唐境的服饰特征? 这些都是有待进一步探讨的。无论如何,敦煌壁画所描绘的两种凤冠,无疑提示我们,它与中原凤冠的流行一定有着某种联系,否则将无法解释宋代后妃礼服中凤冠的加入,这也是本文将其纳入唐五代时期凤冠演变思考的初衷。

---

① 对敦煌壁画观者的讨论,参见巫鸿《何为变相?——兼论敦煌艺术与敦煌文学的关系》,载氏著《礼仪中的美术——巫鸿中国古代美术史文编》,郑岩等译,生活·读书·新知三联书店,2005 年,第 364—365 页。

② 对敦煌石窟壁画承担讲经作用的讨论,参见巫鸿《敦煌 172 窟〈观无量寿经变〉及其宗教、礼仪和美术的关系》,载氏著《礼仪中的美术——巫鸿中国古代美术史文编》,第 411—412 页。

③ 如莫高窟第 98 窟曹议金功德窟,就打破了此类洞窟一般只绘制自家亲属画像的常例,而将归义军的文臣武将、僧官大德也统统绘入其中,目的就是为了笼络各方人士,巩固自己的政权。参见荣新江《归义军史研究——唐宋时代敦煌历史考索》,第 241—243 页。

④ 姜伯勤:《敦煌艺术宗教与礼乐文明——敦煌心史散论》,第 87—89 页。

蒙元遗俗与明人日常生活

——兼论民族间物质与精神文化的双向交融

陈宝良

西南大学历史文化学院

引论:"胡风"荡然无存?

元世祖起自内亚大陆的"朔漠",经过多年的征战,终于得了天下,在华夏大地建立了一统的大元王朝。蒙古人入据中原之后,开始以"胡俗"改变中国原有的衣冠文物制度。这完全是一种蒙古化的衣冠服饰制度,诸如"辫发椎髻,深檐胡帽,衣服则为袴褶窄袖及辫线腰褶,妇女衣窄袖短衣,下服裙裳"①,亦即孔子在《论语》中所深恶痛疾的"被发左衽"。如此"胡俗",染化一久,无论士庶,显已浑不知怪,习以为常。蒙古习俗流行天下,绝非如同满族人的强行推广"薙发"之令,而是出自"汉人的迎合主义"。②尽管蒙古人实行过民族歧视的等级制度,但似乎并无颁发过有关汉服、蓄发的禁令。换言之,元朝官方并未实行过金朝式的强制服饰胡化的政令。③

在清末辛亥前后的知识分子眼里,明太祖可以称得上是"驱除鞑虏"的民族英雄典范。太祖建立大明王朝之后,即以汉、唐制度衣钵继承者自期。立国之后,明太祖所实施的政策措施,无不集聚于恢复汉、唐制度上。这可以从下面两个方面得到有力的证据。一则远承汉代。或许基于同是布衣出身的相同的经历,明太祖朱元璋对汉高祖刘邦的所言所行抱有极大的认同感,如分封诸子、迁徙人口以实京城之举,无不

---

① 陈建:《皇明启运录》卷四,载氏撰《皇明通纪》,钱茂伟点校,中华书局,2008年,上册,第137页。

② 相关的探讨,可参见桑原骘藏《中国人辫发的历史》,载氏撰《东洋史说苑》,钱婉约、王广生译,中华书局,2005年,第120页。

③ 如元代政书《经世大典序录·舆服》言:"圣朝舆服之制,适宜便事,及尽收四方诸国也,听其俗之旧,又择其善者而通用之。"所谓的"听其俗之旧",足证元代官方并未实行过强制性的统一服饰政策。相关的探讨,参见李治安《元代汉人受蒙古文化影响考述》,《历史研究》2009年第1期。

都是在制度建设上对汉高祖的极力模仿。① 一则近桃唐代。在皇位继承方面，元武宗、元文宗均立其弟为皇太子，这种彝伦不叙的行为，难免会受到深受礼教熏染的汉人质疑。所以明太祖即位以后，就明确对蒙古人的继嗣之俗加以禁约，甚至在榜文中以不无嘲讽的口吻反驳道："以弟为男，不思弟之母是何人？"②至洪武元年（1368）十一月，下诏禁止辫发、胡髻、胡服、胡语，衣冠尽复唐代旧制，即"士民皆束发于顶，官则乌纱帽、圆领、束带、黑靴，士庶则服四带巾，杂色盘领衣，不得用黄玄"③。

明朝作为汉人建立的最后一个王朝，是否真的如明代史家所言，人伦已达臻"大明之世"④，而且风行长达百有余年的"胡俗"，确已"悉复中国之旧"⑤？ 其实，正如明人郎瑛的敏锐观察之言，"风俗溺人，难于变也"⑥，蒙元遗俗，即使在"一洗其弊"之后，也并未尽革，而是因袭难变。无论是已有的研究成果，还是重新梳理明朝人的日常生活，无不足证蒙元遗俗已经广泛渗透到明人日常生活之中，风俗确乎存在着因袭难变的一面。⑦ 风俗因袭难变的面相，转而又可证明"国家"认同与"文化"认同并非存在着统一性，且各民族之间的物质与文化交流，存在着一种双向交融的倾向。

一、"胡元乱华"：胡风侵袭中原的历程

在传统中国士大夫的心目中，华夏文物之盛，当数三代。然自春秋之后，诸夏与夷狄日趋激荡与融合。秦不师古，且兼一统天下，三代法制，已是概不能复。即使两汉兴盛，三代文物法制的遗存，已是十无四五。爰及两晋，因"五胡乱华"，华夏文物再次沦丧。北魏以后，"中华从事胡服"。金、元之后，即使黎民百姓，也是"尽习胡语、胡俗"。⑧

① 相关的探讨，参见赵翼《廿二史札记校证（订补本）》卷三二《明祖行事多仿汉高》《明分封宗藩之例》，王树民校证，中华书局，2001 年，下册，第 737、746—749 页。

② 黄瑜：《双槐岁抄》卷四《宋元伦理》，中华书局，1999 年，第 72 页。

③ 陈建：《皇明启运录》卷四，《皇明通纪》，上册，第 137 页。

④ 黄瑜：《双槐岁抄》卷四《宋元伦理》，第 72 页。

⑤ 陈建：《皇明启运录》卷四，《皇明通纪》，上册，第 137 页。

⑥ 郎瑛：《七修类稿》卷二一《辩证类·酒钱元俗》，上海书店出版社，2001 年，第 221 页。

⑦ 关于明初洪武年间对服饰、婚丧乃至日常礼仪的整顿，其初步的探讨，可分别参见陈宝良《明代社会生活史》，中国社会科学出版社，2004 年，第 34—35、190—191 页。另外，张佳所撰《重整冠裳：洪武时期的服饰改革》（香港中文大学《中国文化研究所学报》第 5 卷，2014 年 1 月，第 113—159 页）、《再叙彝伦：洪武时期的婚丧礼俗改革》（台湾《"中央研究院"历史语言研究所集刊》第 84 本第 1 分，2013 年 3 月，第 83—148 页）、《别华夷与正名分：明初的日常杂礼规范》（《复旦学报》2012 年第 3 期，第 21—30 页）诸文，有更为深入的探讨。

⑧ 陈建：《皇明启运录》卷四，《皇明通纪》，上册，第 137 页。

进而言之,"胡风"侵袭中原大地,虽说滥觞于"五胡乱华",然至蒙元之时,此风尤盛,且影响及于江南。

先以北方为例加以说明。如北京在虞夏时属于幽州之地,至周又属燕、蓟。自后魏以来,"胡俗"已广泛渗透到民间习俗之中。再往后,北京在辽代为"南京",在金代为"中都",元代更是成为"大都",契丹、女真、蒙古各族之君,相继在北京建都,最终导致民风土俗无不因袭"胡风",甚至成为"左衽之区"。① 又如开封,金代将宋"东京"开封改为"南京",其结果则造成"民亦久习胡俗,态度嗜好与之俱化"。譬如男子发式,流行一种"蹋鸥",即"男子髡顶,月辄三四髡,不然亦间养余发,作椎髻于顶上,包以罗巾"。这种发式同样渗透到村落之间,使乡村的百姓也"多不复巾,蓬辫如鬼,反以为便"。最值得关注的是,淮河以北,"衣装之类,其制尽为胡矣"。② 还有山东滕县,在金朝时因滕县与宋交界,设置了"滕胜军",导致民间百姓尚武习兵,而其中豪富且有智略之人,百姓"群起而听之",以致滕县一地,共计设有 70 余座山寨。又金代在滕县多度僧道,一县之内,寺观匾额,大多出自御赐。至元代,滕县风尚大抵因袭金代,"邑民大率靡然胡风矣"。③

综上可知,北方经过"五胡乱华",以及辽、金、元各朝的统治,其民间习俗中就充满了"胡风"。关于此,明初大儒方孝孺有如下揭示:"今北方之民,有父子兄妇同室而寝,污秽亵狎,殆无人理。盂饭设七,咄尔而呼其翁,对坐于地而食之。"④正因为北方民间风俗多受契丹、女真、蒙古的熏染,且存在着诸多不符合中原礼教的习俗,所以方孝孺才将北方之俗列入需要"正俗"的内容之中。

再以江南为例加以说明。已有研究成果揭示,元末江南士人风俗存在着蒙古化的趋势。⑤ 经过元朝统治者不到数十年的笼络政策,元代的江南地区,出现了一种"以豪侈粗戾变礼文之俗"的现象,即江南士人在风俗习惯上趋向蒙古化,而江南士人的"宋之遗习,消灭尽矣"。当时为士者已辫发短衣,而且多效仿蒙古人的语言、服饰,究其目的还是为了"速获仕进"⑥,即通过融入蒙古人生活习俗而尽快在元朝政府

① 崔溥:《漂海录》卷三,葛振家点注,社会科学文献出版社,1992 年,第 163 页。
② 范成大:《揽辔录》,《范成大笔记六种》,中华书局,2004 年,第 12 页。
③ 顾炎武:《天下郡国利病书》之《山东备录》上《滕县志·风俗志》,黄珅等点校,上海古籍出版社,2012 年,第 3 册,第 1654—1655 页。
④ 方孝孺:《正俗》,黄宗羲编《明文海》卷八五,中华书局,1987 年,第 1 册,第 820 页。
⑤ 郑克晟:《试论元末明初江南士人之境遇》,载氏撰《明清史探实》,中国社会科学出版社,2001 年,第 16—17 页。
⑥ 方孝孺:《逊志斋集》卷二二《俞先生墓表》,《四部丛刊》本,商务印书馆,1929 年。

做官。江南地区生活习俗之胡化,已不全限于士人,尚包括妇女。从服饰、语言、发型、姓氏、饮食,都有着不小的变化。① 在元代江南的时尚饰物中,有些甚至是女真族的"遗制"。如当时颇为流行用"减铁"制作佩带与刀靶的饰物,甚至在余干、钱塘、松江的市场上,成为一种畅销品,这无疑受到了女真风俗的影响。②

宋濂、方孝孺的记载,进而可以证明蒙古人习俗对江南地区同样产生了相当深远的影响。宋濂在《芝园续集》卷四《汪先生墓铭》中有如下之言:"先生壮时,元有天下已久,宋之遗俗变且尽矣。"③既然说是"变且尽矣",当然不是个别现象,而是说蒙古人的风俗在江南地区烙印极深。方孝孺在其《后正统论》中亦言:"在宋之时,见胡服、闻胡语者犹以为怪。……至于元,百年之间,四海之内,起居、饮食、声音、器用,皆化而同之。"④

有元一代,大江南北深受蒙古习俗影响,究其原因,大抵不脱以下三个。

其一,官方蒙古语言文字的推广。按照元代的制度,官方听从汉人学习蒙古语言文字。⑤ 如至元九年(1272),和礼霍孙上奏,认为蒙古字设立了国子学,而汉官子弟并未学习蒙古文字,且官府的公文尚用畏吾儿字。为此,朝廷下诏,规定自今以后,诏令一概使用蒙古文字,并遣送百官子弟入学。又据《元史·程钜夫传》记载,当时的诏令多用蒙古文字,这显然是建立在民间已经通习蒙古文字之上。可见,元代各朝君主,唯知以蒙古文字为重,并要求天下臣民一概学习蒙古语,通蒙古文字,然后便于奏对,所以时人多习蒙古语言文字。⑥

汉人学习蒙古语言文字的结果,则导致了以下两大文化倾向的形成:

一是蒙古语向市井语言的渗透。已有的研究成果显示,在元代,蒙古语已经潜移默化地渗入汉人市井勾栏的戏曲剧目中。根据方龄贵的系统梳理及其考释,现存元明戏曲剧目中含有蒙古语词语多达近 200 个,较为突出的词语,有"卯兀"(坏)、"胡同"(水井)、"曲律"(骏马、俊杰)、"茶迭儿"(庐帐)等。⑦

---

① 何孟春:《余冬序录摘抄一》,沈节甫辑《纪录汇编》卷一四八,影印明万历刊本,商务印书馆,1938 年。

② 孔齐:《至正直记》卷四《减铁为佩》,《宋元笔记小说大观》,上海古籍出版社,2007 年,第 6 册,第6670 页。

③ 宋濂:《芝园续集》卷四《汪先生墓铭》,《宋濂全集》,浙江古籍出版社,1999 年,第 3 册,第 1526 页。

④ 方孝孺:《逊志斋集》卷二《后正统论》。

⑤ 关于元代汉人学习蒙古文字之风,详细的探讨,可参见李治安《元代汉人受蒙古文化影响考述》,《历史研究》2009 年第 1 期,第 25—32 页。

⑥ 赵翼:《廿二史札记校证(订补本)》卷三〇《元汉人多作蒙古名》,下册,第 701—702 页。

⑦ 详细的统计及其考释,可参见方龄贵《古典戏曲外来语考释词典》,汉语大词典出版社、云南大学出版社,2001 年。

二是汉人多取蒙古名。在元代,汉人的蒙古名字,大致上有以下两种情况。一是来自赐名。如张荣,元太祖赐名"兀速赤";刘敏,元太祖赐名"玉出干";刘敏之子刘世亨,元宪宗赐名"塔塔儿台";刘敏次子刘世济,赐名"散祝台"。二是自己取蒙古名。自从有了赐名之例,汉人争相以取蒙古名为荣,进而形成一时风尚。如贾塔刺浑,是冀州汉人;张拔都,是平昌汉人;刘哈刺不花,是江西汉人;杨朵儿只、迈里古思,都是宁夏汉人;还有崔彧,本是弘州汉人,却取小字"拜帖木尔";高寅之子,名"塔失不花"。①

其二,蒙古人大量侨寓中原及内地。即以江南的镇江为例,当地存在着不少侨寓户,包括蒙古人、畏吾儿人、回回人、也里可温、契丹人、女真人。根据《至顺镇江志》记载,元代至顺年间,镇江之侨寓户共计有 3845 户,其中蒙古人 29 户,畏吾儿人 14 户,回回人 59 户,也里可温 23 户,契丹人 3 户,女真人 25 户。侨寓人口共计 10555 人,其中蒙古人 163 人,畏吾儿人 93 人,回回人 374 人,也里可温 106 人,河西人 35 人,契丹人 116 人,女真人 261 人。②

其三,民族之间的通婚。已有的研究成果显示,元代各民族的婚姻习俗得到了当时统治者的默认甚至保护。随元代统治稳定及对汉文化的进一步汲取而来者,则是民族通婚的盛行,其中包括蒙古人、色目人和汉人及不同民族之间的通婚。③ 蒙汉通婚在元代已经颇为普遍。如俞俊,祖先是嘉兴人,后占籍松江上海县,娶也先普化次兄丑驴之女。④ 不但蒙汉通婚,元代的色目人也与汉人通婚。如元成宗时,御史台曾上言,称各行省官员因为久任,与所属编氓有联姻之举。色目人与汉人联姻的例子,有南昌富民伍真的父亲娶诸王之女为妻;伯颜不花的斤之母鲜于氏,乃是太常典簿鲜于佽之女。⑤

二、明承元制:帝国制度中的蒙古因子

照理说来,大明帝国的建立,号称恢复汉唐制度,在制度建设上理应全面承袭汉唐。但事实并不尽然。且不说明初《诸司职掌》所定官制,尚对元代官制多有因袭,若是仔细考察明帝国的制度建设,其中亦不乏蒙古化的因子。就此而论,说是"明承

---

① 赵翼:《廿二史札记校证(订补本)》卷三〇《元汉人多作蒙古名》,下册,第701—702页。
② 脱因修,俞希鲁纂:《至顺镇江志》卷三《侨寓》,《宋元方志丛刊》,中华书局,2006年,第3册,第2648—2649页。
③ 潘清:《江南地区社会特征与元代民族文化交融》,《东南文化》2004年第4期,第57—58页。
④ 陶宗仪:《南村辍耕录》卷二八《醋钵儿》,中华书局,1997年,第352页。
⑤ 赵翼:《廿二史札记校证(订补本)》卷二九《色目人随便居住》,下册,第701页。

元制"，大抵符合明代制度史的实情。明代制度对元代的继承性，主要体现在以下三个方面。

其一，沿用元制，在礼仪上尚左。明太祖初起兵之时，尚多采用元代制度。元至正二十四年（1364）正月，江南行省群臣共尊朱元璋为吴王，并由李善长出任右相国，徐达出任左相国。至吴元年（1367）十月，朱元璋下令，规定百官礼仪均尚左，于是改任李善长为左相国，徐达为右相国。《礼记·玉藻》曰："听乡任左。"注云："凡立者尊右，坐者尊左。侍而君坐，则臣在君之右，是以听向皆任左以尊君。"当时李善长、徐达二人侍奉朱元璋，坐时定为"任左"。在明代，因中原与北方靠近京城之故，所以主人、宾客相见，立时作揖，"以右为尊"；就坐时，则"以左为尊"。① 这或许从礼的意义上讲，有符合古礼的一面，但显然与汉人王朝的礼制有所不合，大抵是蒙元的遗制。

其二，明承元制，采用三宫并立。历代王朝，后宫仅设一个皇后，至元代才改设三宫之制。按照元朝的制度，因元太祖曾与其族帐设誓，若同取天下，世世约为婚姻，所以正宫皇后必用雍吉剌氏，犹如契丹世用萧氏为正宫皇后。自正宫皇后以下，又设立两宫，且称为"二宫皇后""三宫皇后"。这无疑是遵奉金朝遗制，完全不同于宋朝后宫制度。② 元代的三宫制度，同样为明代所承继。在明代后宫，虽不并称为皇后，但每选一个皇后，必并立三宫，即所谓的"中宫""东宫"与"西宫"。按照这套制度，即使后来别立皇贵妃，初次选定的东宫、西宫，也同样可以与中宫并尊。③

其三，明代政风，多承蒙元遗俗。在明代政治风俗中，对元朝最为直接的继承则是"政由吏为"，具体又反映在以下两个方面。

一是任用吏员。明代官员任用制度，主要采用"三途并用"，其中一途即为吏员。这种对吏员的重视，显然来源于蒙古人用吏之俗。可见所谓的"政由吏为"，作为一种政治风俗，其实也是故元遗俗。蒙古人入主中原之后，因为风俗、语言的差异，再加上人事不通，文墨不解，所以官员上任之后，"凡诸事务，以吏为源。文书到案，以刊印代押，于诸事务，忽略而已"④。在元代，用人政策上存在着一种"重吏轻儒"的倾向，"七品文资，选为省掾，八品流官，选为令史"，公卿大多由省掾、令史得以进身。明初立国，在吏员制度上作了不少革新。譬如按照明初所定制度，只有农民出身之

---

① 黄瑜：《双槐岁抄》卷一《礼仪尚左》，第 14 页。
② 叶子奇：《草木子》卷三下《杂制篇》，中华书局，1983 年，第 63 页。
③ 赵翼：《廿二史札记校证（订补本）》卷二九《元宫中称皇后者不一》，下册，第 673 页。
④ 朱元璋：《大诰》之《胡元制治》第三，张德信、毛佩琦主编《洪武御制全书》，黄山书社，1995 年，第750 页。

人,才有资格考取胥吏,至于市民,不允许他们参加胥吏的考试,其中就是考虑到以下两点:一则市井之民多无田产,不知农业的艰难,如果做吏,容易危害农民;二则市民中有一些无藉之徒,村无恒产,市无铺面,绝对没有本钱做行商,而且存心不良,日生奸诈,不像农民那么老实。一旦让这些人为吏,他们就会勾结官府,妄言民之是非,在衙门内与官员一同作弊。① 尤其是明初所实施的崇尚儒术的政策,更是堪称对元代乱政的革新。尽管如此,吏员在明代仍然是出身的一途,有些甚至可以铨选为京官,如洪武年间吏部主事谈士奇之辈,无不出身吏员,且其例不胜枚举。②

二是官贪吏污。元代初年,法度犹明,官吏尚有所畏惮。自秦王伯颜专政以后,已是上下贿赂,公行如市,纲纪荡然。与人索取钱财,各有名目:属官首次参见长官,要收"拜见钱";无事白要钱财,称为"撒花钱";碰到节日,与人要钱,称为"追节钱";生辰之日,则收取"生日钱";管事而向人索取,称为"常例钱";送往迎来,则有"人情钱";勾追公事,有"赍发钱";诉讼之时,则要"公事钱"。不仅如此,若是觅得钱多,称为"得手";除官得到肥的州县,称为"好地分";补得职近,称为"好窠窟"。③ 诸如此类,不一而足。元代所有这些政治陋习,同样存在于明代,仅仅是有些称呼稍有不同而已。④

三、蒙元遗俗:帝国日常生活的胡化之风

若是将视角转向日常生活,蒙元习俗,在明代亦多有遗存。据何孟春的说法,蒙元习俗在明朝延续了"百有余年"之后,"胡俗悉复中国之旧矣"。⑤ 然在北京,入明之后,在民间风俗中,还是蒙古余风未殄,诸如:"尚道、佛,不尚儒;业商贾,不业农;衣服短窄,男女同制;饮食腥秽,尊卑同器。"⑥山东滕县,诸如"好竞喜斗,斗而负者不以讼于官,期报之而后已,以胜为能",以及语言"间用胡音",犹有"金、元之余习"。⑦ 为示明晰,下面从服饰、饮食、婚丧、节日、语言称谓、社交礼仪、音乐、宗教八个方面加以揭示。

(一) 服饰

明代日常服饰生活中的胡化现象,最为明显的例子就是对"左衽"的习以为常。这种现象自宋金对峙以来就已普遍存在,尤以在各色庙宇塑像中最为常见。据宋人

① 朱元璋:《大诰续编》之《市民不许为吏卒》第七十五,《洪武御制全书》,第847页。
② 黄瑜:《双槐岁抄》卷五《胥掾官之尚书》,第89页。
③ 叶子奇:《草木子》卷四下《杂俎篇》,第81—82页。
④ 郎瑛:《七修类稿》卷二一《辩证类·酒钱元俗》,第221页。
⑤ 何孟春:《余冬序录摘抄一》,《纪录汇编》卷一四八。
⑥ 崔溥:《漂海录》卷三,第163页。
⑦ 顾炎武:《天下郡国利病书》之《山东备录》上《滕县志·风俗志》,第3册,第1654—1655页。

周必大《二老堂诗话》记载,陈益担任出使金朝的属官,在路过滹沱的光武庙时,就见到庙中塑像尽是"左衽"。又据岳珂《桯史》,涟水的孔庙,孔子的塑像也是"左衽"。还有泗州的塔院,所设立的五百应真像,或塑或刻,全为"左衽"。这尽管是金人的遗制,然迄于明初而未尽除,屡次见于《实录》中的臣子上奏,诸如永乐八年(1410)抚安山东给事中王铎之奏,宣德七年(1432)河南彰德府林县训导杜本之奏,正统十三年(1448)山西绛县训导张幹之奏,均得到明旨,要求将"左衽"改正,事实却是因仍未改。① 可见,自宋金对峙以后,再加上蒙元入主中原,服饰上的"左衽"逐渐被认同而不以为异,其影响已经及于庙宇像设。不仅如此,在明代的南方与北方,妇女服饰中无不以"左衽"为尚。据朝鲜人崔溥的记载,明代北方的妇女,自沧州以北,妇女衣服之衽,还是"或左或右",并未统一为"右衽"。直至通州以后,才"皆右衽"。至于江南的妇女,所穿衣服"皆左衽"。② 这是一条极为重要的记载,至少说明即使在江南,妇女服饰的胡化现象也相当明显。

众所周知,在中原汉人的眼里,蒙古人的服饰,即所谓的"元服",无疑属于胡服的典型。蒙元服饰的特点,大抵可以用"帽子系腰"加以概括。所谓帽子,就是在元代,无论官民,无不戴帽。帽子的制式,"其檐或圆,或前圆后方,或楼子",基本属于兜鍪的遗制。与帽子相应者,则是发式,通常是将头发编成辫子,或者将头发打成纱罗椎,而庶民一概不用椎髻。所谓系腰,即"衽则线其腰",就是上衣在腰间加一腰线,其中富贵华靡之服,用浑金线制成"纳失失",或者在腰线上绣通神襕。因帽子系腰,上下一般可服,其结果则导致等威不辨。③ 据田艺蘅的记载,明人所戴之帽或所穿之衽,很多还都保留着蒙古人的遗俗,这就是所谓的"帽则金其顶,衽则线其腰"。所谓的"帽则金其顶",就是田艺蘅幼时在杭州见到过的小孩所戴的"双耳金线帽";而"衽则线其腰",是说明朝人所穿之衽,在腰部有一道线,这完全是蒙古人的遗风。在明代,小孩周岁之时,脖子上就戴五色彩线绳,称为"百索"。又明代的小孩还用色丝"辫发",向后垂下。关于此种习俗,有两种解释:一种认为其中包含有"长命缕"的含义,是保佑小孩长命百岁之意;另一种则认为,此俗起于"夷俗",如南朝时宋、齐人称北魏为"索虏",就是因为他们"以索辫发",而明朝小孩以五色彩丝系项,或以色丝辫发,也不过是"胡元旧习"。④陈子龙的记载更是显示出,在明末的京城乃至北方地

① 顾炎武:《日知录集释》卷二八《左衽》,黄汝成集释,中州古籍出版社,1990 年,第 660 页。
② 崔溥:《漂海录》卷三,第 194 页。
③ 叶子奇:《草木子》卷三下《杂制篇》,第 61 页。
④ 田艺蘅:《留青日札》卷二二《帽》《百索》,上海古籍出版社,1985 年,第 725、739—740 页。

区,无论是贵人、士人,还是庶人、妇人,服饰均呈一种胡化的倾向,且被引为时尚。譬如京城贵人,为图方便,喜欢穿窄袖短衣,或者以纱縠竹箬为带。如此妆扮,已与胡服相近。又北方的士人,大多喜好胡服。而庶人所制之帻,"低侧其檐,自掩眉目",称为"不认亲"。至于妇人的辫发,也大多"缀以貂貆之尾"。①

假若说明初朱元璋建立大明帝国,恢复汉唐衣冠制度,是汉民族意识的一种反映,那么,弘治以后北方,尤其是北京居民在服饰上崇尚"胡风",显然已无民族意识的影子,不过是一种基于个人喜好之上的服饰审美趋向。据史料载,元人服饰盛行于明代并被明人广泛使用者,有"比甲"与"只孙"两种。比甲是元世祖时皇后察必宏吉剌氏所创,其式样是前有裳无衽,后面之长倍于前面,也无衣领与衣袖,仅用两襻相缀。比甲这种服饰的出现,显然是为了便于弓马生活。明代北方妇女普遍崇尚比甲,将它当成日用的常服,而且稍有改进,织金刺绣,套在衫袄之外。只孙这种服装,《元史》又称"质孙",也起源于元代。其名是蒙古语,若译成汉语,其意思是"一色服"。在元代时,凡是贵臣奉皇帝之诏,就穿只孙进宫,以示隆重。只孙在明代仍被穿用,但仅是军士常服,在明代皇帝的圣旨中,经常出现制造"只孙"件数的记载,显是明证。当时北京的百姓,每到冬天,男子一概用貂狐之皮,制成高顶卷檐的帽子,称为"胡帽",妇女也用貂皮裁制成尖顶覆额的披肩,称为"昭君帽"。此风所及,使北直隶各府及山东、山西、河南、陕西等地也互相仿效。②

在明代,中原地区的服饰称谓有些显然也受到了蒙古人习俗的影响。据陶宗仪《南村辍耕录》记载,在元代,蒙古人一般将妇女的礼服称为"袍",而汉人则称"团衫",南人则称"大衣"。但在明代,从北京一直到地方,一概称妇人的礼衣为"袍"。③ 在海南琼山,关于服饰的一些称谓,同样保留着一些"胡语"的特点,如称"小帽"为"古逻",称"系腰"为"答博"之类。④ 可见蒙古人的习俗在汉人中也是沿习已深。最为明显的例子,就是称长衫为"海青"。海青之称,在明代已成一种市语,并为大众所熟谙。如冯梦龙《山歌》卷六《咏物四句·海青》:"结识私情像海青,因为贪裁吃郎着子身。要长要短凭郎改,外夫端正里夫村。"《三刻拍案惊奇》第十九回:"走到门上,见一老一少女人走出来上轿。后边随着一个戴鬃方巾,(穿)大袖蓝纱海青的,是他本房冯外郎。"所

① 陈子龙:《安雅堂稿》附录一《论史·五行志服妖》,辽宁教育出版社,2003 年,第 364 页。
② 相关的记载,可分别参见陶宗仪《南村辍耕录》卷三〇《只孙宴服》,第 376 页;沈德符《万历野获编》卷一四《礼部·比甲只孙》,中华书局,2004 年,中册,第 366 页;陆容《菽园杂记》卷八,中华书局,1997 年,第 100 页。
③ 张志淳:《南园漫录》卷五《礼服》,民国元年云南图书馆刻本。
④ 正德《琼台志》卷七《风俗》,据宁波天一阁博物馆藏明正德刻本影印,国家图书馆出版社,2013 年。

谓海青,《六院汇选江湖方语》作如下解释:"海青,乃长衫也。"按这一市语有较浓的吴方言色彩。郑明选《秕言》亦言:"吴中称衣之广袖者为海青。"如此说来,似乎这一市语含有较为浓厚的吴方言色彩,其实,正如有的研究者的考证结果所显示的,它的源头还是来自蒙古人的服饰。明陆噓云《世事通考》下卷"衣冠类":"駞褐衫衣有数样,曰海青、曰光腰、曰三弗齐之类。今吴人称布衫总谓之海青,盖始乎此。"①

(二)饮食

在明代学者有关风俗问题的讨论中,有一个很重要的观念:"风俗溺人,难于变也。"尽管明初朱元璋建立大明帝国以后,力图一洗其弊,革除元代诸多风俗,但元代蒙古人的习俗,也就是明代人经常提到的"故元遗俗",还是渗透在明代人日常生活与习俗的方方面面。即以饮食生活习惯来说,诸如设酒则每桌五果、五按、五蔬菜,汤食非五则七,酒行无算,另置酒桌于两楹之间,排列壶盏、马盂,以及把盏,或尊卑行跪礼,②如此设酒的种种风俗,无不都是元人的遗俗,而仍然存在于明代人的生活与习俗之中。

若是细加考察,蒙古人的饮食礼仪习俗,尚存在于明人日常生活中者,当数"挈设"与"把盏"最为典型。

所谓"挈设",原本为蒙古语言,相当于汉人礼仪中的"荐体"与"体荐",或称之为"芊背皮",属于一种酒席茶饭中的待客礼仪。按照蒙古人的这种饮食礼仪,招待上宾,必用羊背皮、马背皮之类;若是其余宾客,则用羊、牛的前腿、后腿招待。假如用鹅招待宾客,则必用鹅的前胸招待上宾,其余宾客,则多寡随分而定。入明之后,这种待客礼仪得以遗存,尤其广泛存在于北方人的饮食习俗中。譬如按照汉人的习俗,招待上宾,以鹅头为敬,但在北方还是以鹅胸为敬,显然受到了蒙古饮食习俗的影响。③

所谓"把盏",原本也是蒙古人的饮酒习俗。据记载,蒙古人设置筵席,需要在酒桌上设置五种蔬菜、五种果品、五种按酒,在两楹之间另置酒桌,上面排列壶、瓶、台、盏、马盂(相当于明朝的折盂)。等到把盏敬酒之时,必须行三跪之礼,举盏至尊者之前,半跪,退三步,而后执台两膝跪地,等到尊者饮毕,起身,进前接盏,又一膝跪地。若是尊者赐给卑者之酒,卑者向前,接盏一膝跪地,退三步,两膝跪地,将酒一饮而尽。尊者的随从一起跪地,接过酒盏,退下,酒盏不再还给尊者。④

饮酒"把盏"甚至"换盏"之俗,在明代尚有遗存。如明代初年,马亮任河南布政

① 王锳:《宋元明市语汇释(修订增补本)》,中华书局,2012年,第48页。
② 郎瑛:《七修类稿》卷二一《辩证类·酒钱元起》,第221页。
③ 叶子奇:《草木子》卷三下《杂制篇》,第68页。田艺蘅:《留青日札》卷二六《芊背皮》,第858页。
④ 叶子奇:《草木子》卷三下《杂制篇》,第68页。

司参政,信国公汤和路过河南,马亮在陪饮之时,离席把盏。汤和当众叱责马亮,认为这是违礼之举,加以处罚。还有广西布政司参政张凤,与同官蒋学、按察司副使虞泰、按察司佥事李湜一起饮宴,"交互换盏"。这两件事都发生在洪武十二年(1379)三月,于是礼部专门移文,戒敕百官,禁止筵宴时行"把盏"与"换盏"之礼。① 即使朝廷有此禁令,但把盏、换盏之俗,久已深入人心。明代饮酒之俗多与蒙元相同,只是元代进爵之时,比起明朝来,多一道一膝跪地的礼仪程序而已。②

(三) 婚丧

蒙元婚姻之俗,同样广泛渗透于明代日常的婚姻生活中。婚姻生活中的"胡俗",通常分为两类:一类是父死"妻母",即以母为妻;③一类是兄死"蒸嫂",即以嫂为妻。如此婚姻之俗,若以民族学或法律的观念来看,其实就是"收继婚"。

早在《明妃曲》中,就有"妻母"之说,这在中原汉人的眼里,自然属于一种婚姻上的"胡俗"。已有的研究成果显示,收继婚对北方汉人的影响,可以追溯到辽、金两朝。辽、金统治北方近300年,势必对汉人的婚姻习俗产生潜移默化的影响。入元之后,特别是蒙古人统一南北前夕,又向全国颁布了"小娘根底,阿嫂根底,收者"的诏令,最终奠定了汉人实行收继婚的法律依据。④

收继婚这种习俗,在明代的蒙古人中同样存在。如宣大河套一带蒙古俺答之妻三娘子,被明封为"忠顺夫人"。从伦理关系上讲,卜石兔是忠顺夫人之子。俺答死后,卜石兔即以忠顺夫人为妻。关于此事,明人李君章在监兵阳和时,曾作有一诗,加以揭示。诗云:"胡妇胡儿款塞年,相持悲泣转相怜。氍毹未展交欢帐,湩酪先开合卺筵。五路良媒冰始泮,四传佳偶箭将悬。喜看剪叶频输马,关月边风动管弦。"⑤至于"蒸嫂",在明代的蒙古人中亦不乏其例。如也先普化长兄观观死后,"蒸长嫂而妻之";次兄丑驴死后,又"蒸次嫂而妻之"。⑥ 诸如此类的蒙古婚姻习俗,对位于边地的汉族居民,同样产生了不小的影响。如平凉府隆德县,民间百姓"或然夷风",甚至出现了"蒸寡嫂"的现象。⑦

① 黄瑜:《双槐岁抄》卷一《文华堂肄业》,第12页。
② 郎瑛:《七修类稿》卷二一《辩证类·酒钱元俗》,第221页。
③ 这里指的是名义上的"母",如父亲所纳之妾,而非生母,也就是下一段中提到的"小娘"。
④ 相关的探讨,可参见李治安《元代汉人受蒙古文化影响考述》,《历史研究》2009年第1期,第39—40页。
⑤ 姚旅:《露书》卷九《风篇》中,福建人民出版社,2008年,第213—214页。
⑥ 陶宗仪:《南村辍耕录》卷二八《醋钵儿》,第352页。
⑦ 顾炎武:《肇域志》之《陕西·平凉府·隆德》,谭其骧、王文楚、朱惠荣等点校,上海古籍出版社,2004年,第3册,第1726页。

至于丧葬,明代边疆或中原汉族地区民间所流行的火葬、水葬习俗,同样属于蒙元遗俗。所谓火葬,就是人死之后,焚弃尸骸;所谓水葬,就是人死之后,投骨于水。如前述平凉府隆德县,民间百姓"多火葬"①。至于南京、浙江等地,民间百姓,更是"狃于胡俗",或"徇习元人焚弃尸骸"之俗,火葬、水葬盛行一时。为此,在洪武二年、三年(1369、1370),朝廷专门下令,禁止民间实行火葬、水葬,由刑部著之律例,将火葬、水葬者"坐以重罪"。与此相应,朝廷又在府县设立义冢,作为民贫无地以葬者的安葬之地。②

除了火葬、水葬之外,明代丧葬礼仪中的"荒亲之礼",显然也受到"胡元之俗"的影响。按照传统的礼仪,父母死后,为人子者在守丧期间不得成亲,这是为了表达一种哀悼之情。所谓荒亲之礼,就是作为人子,在父母垂死之日,就讲"亲迎之礼",甚至有的人家在父母死后,禁止家人举哀,而专行亲迎之礼。这种礼俗,不但存在于明代的杭州,甚至"四方皆同";不但存在于普通民众家庭,甚至"诗礼之家"亦多行之。③

(四) 节日

明人节日生活丰富多彩,然在诸多节日生活中,有些实属"金元之遗俗",尤以元宵、端午两节最为明显。

在金、元两朝,每年正月十六日,流行一种"放偷"习俗。每当这一天时,各家各户对小偷严加防范,遇到偷窃行为,则"笑而遣之",即使是妻女、车马、宝货为人所窃,也全不"加罪"。这种习俗,在明代扬州尚有遗存。至于北京正月十六日夜里所流行的"走街"习俗,可能也是金、元放偷的遗俗。④

明代端午节时,无论宫廷还是民间,无不盛行"射柳""走解"之俗,同样沿用金元旧俗。

明永乐年间,宫中流行一种"翦柳"之戏。所谓翦柳,其实就是"射柳"。射柳原本是女真人、蒙古人的游戏。此戏为将鹁鸽藏在葫芦中,再将葫芦悬挂在柳树上,然后向葫芦射箭,射中葫芦,鹁鸽就冲天飞去,以鹁鸽飞行之高低来定胜负。至万历年间,每当端午节,宫中除了赛龙舟之外,还"修射柳故事"。宫中射柳之戏,延及明代的边镇。

---

① 顾炎武:《肇域志》之《陕西·平凉府·隆德》,第 3 册,第 1726 页。
② 黄瑜:《双槐岁抄》卷一《禁水火葬》,第 14 页。陈建:《皇明启运录》卷五,《皇明通纪》,上册,第 163 页。
③ 郎瑛:《七修类稿》卷一六《义理类·荒亲》,第 160 页。
④ 郎瑛:《七修类稿》卷四四《事物类·放偷》,第 468 页。

在端午这一天,各边镇无不"射柳较胜",若是士卒命中,将帅就会次第加以赏赍。

当端午节时,明代宫中还在后苑表演"走骠骑"之戏。所谓走骠骑,俗称"走解",其实就是杂技中的马术表演。其法为一人骑马执旗,在前面引导,另外二人骑马继出,在马上呈弄技巧,或上或下,左右腾挪,人马相得。表演马术之后,又身穿"胡服",臂鹰走犬,表演围猎的样子。①

(五) 语言称谓

由于蒙古人长期统治中原地区,最终导致蒙古语对中华正音也产生不小的影响。这种影响,到了明代弘治年间,还保留在北京的民间,有些甚至成为北京话的一部分。史载弘治年间,在北京的街上,童男童女互相嬉戏、聚谈、骂詈,都不作中华正音,学成一种"鸟兽声音",含糊咿唔,很难辨别字义,称作"打狗呫"。② 这种打狗呫一类的语言,显然受到蒙古话的影响,而且其遍布的范围也较广,在北直隶各府及山东、山西、河南、陕西等地方,都有人互相仿效。

就各类称谓而言,诸如明代广泛流行的"皇上""使长""老爷""大汉""猫儿头""歪辣骨"诸称,显然也多为"亡元遗俗"。

以臣子称国君为例,西汉臣子称皇帝为"县官",东汉称皇帝为"国家",北朝称"家家",唐代称"圣人",亦称"大家""天家",宋代称"官家",至元代方称"皇上"。当然,这些称谓仅仅是臣子私下称皇帝,并非面对皇帝的称谓。此外,在臣子对皇帝的私下称谓中,西汉的臣子有时亦称皇帝为"陛下",辽、金则称"郎主"。③ 可见,明代臣子称皇帝为"皇上",实则蒙元遗俗。

在明代初年,尚演习蒙元遗俗,臣下称呼亲王为"使长"。如明成祖登极之后,问建文朝的旧将平安在靖难时对自己为何如此相逼,不料平安答道:"此际欲生致使长耳。"④

---

① 沈德符:《万历野获编》卷一、卷二《列朝·帝治》《列朝·端阳》,上册,第 18、67 页。刘献廷:《广阳杂记》卷一,中华书局,1957 年,第 364 页。

② 何乔新:《何文肃公集》卷三三《题为禁治异服异言事》,清康熙三十三年刻本。按:在北京土语中,称人胡说为"胡呫",疑即"打狗呫"的遗俗。唯蒙古语与北京土语之间的关系,当另文予以探讨。

③ 于慎行:《谷山笔麈》卷一三《称谓》,中华书局,1997 年,第 147—148 页。

④ 沈德符:《万历野获编》卷四《宗藩·使长侍长》,上册,第 105 页。按:沈德符的记载中,认为"使长"一称,"未知其义谓何"。其实,根据另外一些记载,"使长"一称,其义有二。一为仆人对主人的称呼。如福建莆田、福清,下人称主人为"使",这是依从通政使、布政使之名以尊人。又莆田、福清之俗,儿子亦称父亲为"阿使"。这是仿效仆人称主人之例。二是士卒对州将的称呼。譬如五代时,李存矩为新州防御,骄惰不治,士卒有"使长不矜恤"之言。入明之后,亦称公侯郎君为"使长"。另外,若妃子主持内宫,则被宫眷称为"使长"。可见,使长一称,尽管取义出典稍有不同,但其义大抵是指下人对上人之称。相关的考述,可分别参见姚旅《露书》卷九《风篇》中,第 205 页;于慎行《谷山笔麈》卷一三《称谓》,第 148 页。

在明代民间，多称官长为"老爷"。这一称谓，同样源自元代。《元史·董抟霄传》记载，董抟霄在南皮安营，毛贵兵猝至，问抟霄："汝为谁?"抟霄答道："我董老爷也。"说完，随之被杀。这是"老爷"一称见于元代正史的佐证。①

明代的镇殿将军，称为"大汉"，此称亦源自元代。据史料记载，明代的镇殿将军，通常募选身躯长大异常之人充任。一旦选任为镇殿将军，就可以得到"大汉衣粮"。等到年过 50 岁，才允许出去做官。②

在明代，一般将已透风有毛的冬笋，称为"猫儿头"。此外，又称人做事不干净为"猫儿头"，或称"猫儿头生活"。此称源自元代。据载，元代贫穷的新官出京，通常有人替他们应付盘缠，并随同新官一同到任，还替新官管事，一般称这类人为"猫儿头"。其意是说，最好的冬笋是在土中之时，一出头来，就不再被人看重；又如猫一样，它的头虽似虎，但并不令人畏惧。其后，民间又骂达官的家人为"猫头"。③

在明代北方，民间詈骂最为下劣的妇女，通常称为"歪辣骨"。这一称谓，有两种解释。一说认为，牛的身上，自毛骨皮肉以至全身，无一弃物，只有牛两角内有天顶肉少许，秽气逼人，最为贱恶，所以拿此比称粗婢。另一说则来自京城熟谙市语之人，认为在宣德朝时，瓦剌惧怕明朝频繁征讨，且自己衰弱贫苦，于是就将族内妇女售卖给边地的汉人，每口不过价值几百钱，名为"瓦剌姑"，这是就其貌寝而价廉而言。④ 尽管上述两种解释，明人沈德符亦有"二说未知孰是"之论，最终难以确定，然若"歪辣骨"出自"瓦剌姑"，这显与蒙古族颇有关系。

（六）社交礼仪

如果将视野转向明代的社交礼仪，尤其是民间妇女的拜礼，大抵也是对蒙元遗俗的因袭。众所周知，自古中国的妇女大多流行立拜之礼，只有后周天元帝时，下令妇女朝见之时，效仿男子俯伏之状，行跪地叩头之礼。武周之时，大抵如此。然妇女跪地叩头之礼，仅仅行于一时，在汉唐承平之时，并不如此。宋时妇女朝见时所行之礼，史无明载，不可考知。然从一则史料记载中可知，宋天圣年间，明肃太后临朝，想代行郊天祭祀之礼，宰相薛简肃认为不可，劝谏道："果尔，太后将作男子拜乎? 抑女子拜乎?"太后听言，此事作罢。可见，在宋代，男子之拜与女子之拜同样有别，且足证古之妇女多行立拜之礼。入明之后，按照制度，三品以上的命妇，遇到太后、中宫的大

① 赵翼：《廿二史札记校正（订补本）》卷三〇《老爷同寅臬司》，下册，第 713 页。
② 陶宗仪：《南村辍耕录》卷一《大汉》，第 19 页。
③ 田艺蘅：《留青日札》卷三《猫儿头》，第 155 页。
④ 沈德符：《万历野获编》卷二五《词曲·俚语》，中册，第 650 页。

庆,或者是元会、令节,照例需要入宫朝贺。命妇朝贺,所行拜礼与朝士有别。朝士拜礼,除朔望升殿外,即使常朝,也必须行五拜三叩头之礼。而命妇则不然,仅仅行四拜之礼,而且只是在下手立拜。只有在致贺受赍的时候,命妇才一跪叩头而已。值得注意的是,明代民间士民之家的妇女,所行拜礼,已是"伏地顿首",与男子无异。这无疑是沿用了"故元之习"。①

（七）音乐

按照传统中国的音乐理念,礼以导敬,乐以宣和。若是不敬不和,就难以为治。蒙古人入主中原并建立元朝之后,古乐荡然无存。这主要体现在以下三个方面:一是俗乐的盛兴,淫词艳曲,更唱迭和;二是队舞的兴起,甚至在祭祀古先帝王神祇的祀典上,亦"饰为舞队,谐戏殿廷";三是"胡乐"的渗透,所谓的俗乐,实则大多为胡乐,声音宏大雄厉,甚至"使胡虏之声,与正音相杂"。②

大明立国,明太祖朱元璋命尚书詹同、陶凯及协律郎冷谦重新制作《燕享九奏乐章》,以使乐章不但协和音律,而且有平和广大之意,并于洪武四年（1371）七月最终制作完成。这一乐章制成后,"一切流俗喧哓淫亵之乐,悉屏去之"③,号称是古乐的复兴。尽管朝廷作出如此努力,但蒙古人的音乐显然已经渗透到民间的俗乐之中,一时很难去除干净。所以,即使到了崇祯年间,地方官府在阅武仪式上,所演奏的乐器,仍然尽是一些蒙古人的乐器。如崇祯四年（1631）三月,张岱路过山东兖州,亲身观看了巡按御史主持的阅武仪式,表演时都是在马上奏乐,而且所用乐器,有"三弦""胡拨""琥珀词""四上儿""密失""叉儿机""傑休兜离"。④ 又据史料记载,在北直隶的各府、州、县及镇店、乡村,有一些光棍,平日不务本等生理,专门沿街游荡,其中更有一些无赖化的快手、民壮骑在马上,"合打插儿机、紧急鼓,及弹琥珀词等项,殊乖中夏礼义之教"⑤。

上面所谓的"插儿机""紧急鼓"或"琥珀词",从史料所言"殊乖中夏礼义之教"一句,基本可以断定是蒙古人的乐器。"插儿机"又作"叉儿机";"紧急鼓",有时又讹称为"锦鸡鼓",均属"虏乐"。⑥ 至于琥珀词,在明代的史料记载中,表述不一:或

① 沈德符:《万历野获编》卷二三《妇女·命妇朝贺》,中册,第 588 页。
② 陈建:《皇明启运录》卷六,《皇明通纪》,上册,第 181—182 页。叶子奇《草木子》卷二上《原道篇》,第 21 页。
③ 陈建:《皇明启运录》卷六,《皇明通纪》,上册,第 181—182 页。
④ 张岱:《陶庵梦忆》卷四《兖州阅武》,上海古籍出版社,1982 年,第 31 页。
⑤ 嘉靖《威县志》卷二《地理志·风俗》,《天一阁藏明代方志选刊续编》,上海书店,1990 年。
⑥ 沈德符:《万历野获编》卷二五《词曲·俚语》,中册,第 650 页。

作"浑不似",北方人俗称为"琥珀槌",明代的北京人及边塞人又称为"胡博词"。正统年间,在朝廷赐给迤北瓦剌可汗的诸物中,有一种名为"虎拨思"的东西,想必也是此类乐器。又根据教坊司老妓的说法,其名应该称为"浑不是",意思是说这一乐器的形状,似箜篌,似三弦,似琵琶,似阮,似胡琴,实则全不是,故称为"浑不是"。说法不一,大多音近,无疑应该是同一类乐器。据《元史》所载,应当正称为"火不思",其他的均为讹称。这是一种蒙古人的乐器,四弦,长劲,体圆,适合在马上弹奏。诸如上述的蒙古人乐器,再加上筝、秦琵琶、胡琴之类,无不属于"达达乐器",而所弹之曲,与汉人曲调浑然不同。①

（八）宗教

明代的宗教风俗,尤其是佛教风俗,大多沿袭"胡元胡习"。这种沿袭,首先来自朝廷的不察。举例来说,明代皇宫中存在的"欢喜佛",其实就是对元代佛教习俗的因袭。所谓欢喜佛,其实就是一尊"男女淫亵之像"。据传,这种佛像得以存于明代宫中,其目的是深怕太子长于深宫之中,不知人事,也就是为了对太子进行性教育。② 又如永乐三年（1405）,西僧因进献佛像、舍利、金塔而至京,明成祖下令百官在龙江关迎接;永乐五年如来大宝法王至京时,又命百官在三山门迎接。自此以后,无论是朝天宫祭寿星、祭三清,还是灵谷寺祭佛,文官五品以上、武官四品以上,都必须具服随班行礼。③ 诸如此类,原本是"胡元胡习",却在朝廷仪式中得到了很好的继承。

按照元代的制度,各代皇帝必须先受佛戒九次,方可登极称帝。④ 进入明代之后,这一制度就演变为"替僧"制度。按照明代的制度,凡是皇太子、诸王子诞生以后,一般就要剃度幼童一人,替皇子出家为僧,号称"替僧",或称剃度,又称"代替出家"。按照惯例,初选替僧之时,一般要从众僧中卜一年命最贵之人,才允许披剃。⑤

这种替僧习俗,有记载认为或许起源于"故元遗俗"。⑥ 在明人看来,此制虽非雅俗,但在宫中习以为常,显然很值得引起关注。据载,北京城南的海会寺,相传就是明神宗初生受厘之所,显然就是替僧出家之处。⑦ 从张居正的集子中可知,明神宗的替

① 陶宗仪:《南村辍耕录》卷二八《乐曲》,第349页。
② 田艺蘅:《留青日札》卷二七《佛牙》,第883—884页。
③ 张怡:《玉光剑气集》卷二六《玄释》,中华书局,2006年,第920页。
④ 陶宗仪:《南村辍耕录》卷二《受佛戒》,第20页。
⑤ 沈德符:《万历野获编》卷二七《主上崇教》,第683页。
⑥ 如谈迁云:"本朝自太子、诸王降生,俱剃度幼童替身出家。不知何所缘起,意者沿故元遗俗也。"参见氏著《枣林杂俎》和集《替身出家》,中华书局,2006年,第538页。
⑦ 沈德符:《万历野获编》卷二七《京师敕建寺》,第686页。

僧法名"志善"。志善原先住在龙泉寺。后神宗出内帑千金,潞王、公主及诸宫眷再施舍千金,在北京的居贤坊重建寺院,由太监冯保监修。寺院建成后,神宗赐名"承恩寺",任命志善为僧录司左善世,并为承恩寺的住持。① 这些僧人凭着皇帝替僧的身份,在一般僧众中具有极高的声望,而且朝廷给予他们的奉养居处,几乎等同于王公。

四、夷夏互动:民族间物质与精神文化的双向交融

以儒家思想作为意识形态的中原汉族王朝,无不恪守"夷夏之防"的观念,而其终极目标则是"用夏变夷",最终达臻天下大同。《春秋》一经虽严华夷之辨,然其中心主旨还是在于至德无不覆载,即通过华夏的政教对四夷之人加以感化。否则,若是冰炭同器,不濡则燃,不但中国不宁,四夷也不能自安。

揆诸历史的事实,并非完全如此,而是呈现出一种夷夏互动的态势。即以明代的服饰为例,汉民族在服饰风尚上受到蒙古人习俗的影响,并出现一些"胡化"倾向。这是明代服饰民族融合的一个方面。与此同时,那些被安置到中原地区的蒙古人,或由于获得朝廷的赐衣,②或受到中原汉民族服饰习俗的影响,也慢慢在服饰生活方面出现"汉化"倾向。可见,在服饰文化或生活上,民族间的影响是一种互动的关系。

(一) 用夏变夷:"汉化"的主观努力

用夏变夷,是传统中国知识人的理想,其目的在于使"入主"或"寓居"中原大地的"夷狄"能一改旧习,做到彻头彻尾的"汉化",进而达到"华夷一统"。这种观念显然广泛存在于明代的知识阶层中。如冯惟敏就著有散曲《劝色目人变俗》,用通俗的语言苦口婆心地劝导移居中原的色目人,既然已经在中原"看生见死",就不如"随乡入乡",弃置"梵经胡语",打叠起"缠头左鬓",转而去读"孔圣之书",改穿"靴帽罗襕",甚至"更名换字",行为一同"中国"。③

追溯历史的源头,"用夏变夷"无疑是中原王朝统治者的主观理想,但确实也得

---

① 张居正:《张太岳文集》卷一二《敕建承恩寺碑文》,上海古籍出版社,1984 年,第 146 页。张尔岐:《蒿庵闲话》,《昭代丛书庚集》卷一六。按:据《古今图书集成》(《方舆汇编·职方典》第四十五《顺天府部》)记载,志善是木斋禅师的大弟子,居住在长椿寺。不知此说何据,当以张居正所记为准。

② 永乐九年(1411),明成祖下令,赐各卫寄居鞑靼官军衣服,其中都督、都指挥、指挥为织金纻丝衣,千百户、卫所镇抚为纻丝绫衣,舍人、头目为绸绢衣,旗军人等为胖袄、袴、鞋。《明太宗实录》卷一二二,永乐九年十二月庚戌条,台湾"中研院"历史语言研究所,1966 年校印本。

③ 冯惟敏:《散曲·劝色目人变俗》,《冯惟敏集》,谢伯阳编纂,齐鲁书社,2007 年,第 337 页。

到了四夷英明之主的响应,其中尤以北魏孝文帝与北齐神武帝最为典型,孝文帝有"用夏变夷之主"之誉,而神武帝也被称为"英雄有大略"。①

入明之后,朝廷借助通婚与赐姓,进而将"用夏变夷"付诸实践。以通婚为例,明太祖第二个儿子秦王,就娶了元太傅中书右丞相河南王扩廓帖木儿之女王氏为正妃。洪武二十八年(1395),秦王死,王妃以死相殉,最终得与秦王合葬一处。至于秦王的次妃邓氏,尽管是大明功臣清河王邓愈的女儿,反而屈居王氏之下。又洪武十八年这一科的状元任亨泰,母亲为元代乌古伦公主,是色目人,妻子也是蒙古人,最后被朝廷赐予国姓朱氏。可见,明初之时,朝廷继承故元旧俗,尚与属国之女通婚。②

以蒙古人改用汉姓与汉名为例,通常表现为以下两种情形。

一是改用汉姓汉名。如李希颜,官至布政使,为人一向刚正。他原本是木华黎的子孙,移居到中原之后,自称"我木下子也",于是改姓为李,且子孙在中原繁衍甚多。③

二是被赐予汉姓汉名。自永乐以后,迤北的蒙古部族首领,不时率众归附明朝,一概获赐汉姓汉名,纷纷出任明朝官职,或任都督,或任百户,前后共计有数十人,其中最为著名的有:

吴允诚,原本是鞑靼的平章,蒙古名为把都帖木儿。永乐三年(1405)四月率部归顺明朝,被赐姓名吴允诚,出任右军都督金事。归顺明朝之后,吴允诚曾率骑征讨亦集乃,多有俘获,且能做到战必尽力,积功封为恭顺伯。洪熙元年(1425)二月,加封吴允诚之弟吴管都指挥,并封为广义伯,吴允诚之子吴克忠为恭顺侯。吴克忠后随大军征讨"虏寇",力战而死,追封为汾国公,谥号为"庄愍"。其弟吴克勤亦积功官至都督,与克忠同殁于阵,追封为遵化伯。于是,论者将吴允诚父子效忠于明朝的行为,与汉之金日碑、唐之契苾何力相比拟。

金忠,原本是元代的大将,蒙古名为也先土干。永乐二十一年(1423)归顺明朝,被封为忠勇王。宣德三年(1428),扈从巡边,遇到兀良哈万余人"入寇",奋前斩首,加封太保。

柴秉诚,原本为鞑靼部族酋长,蒙古名为伦都儿灰。永乐三年(1405)率部归顺

① 顾炎武:《日知录集释》卷二九《国语》,第686—687页。
② 沈德符:《万历野获编补遗》卷一《宗藩·亲王娶夷女》,下册,第806页。朱国祯:《涌幢小品》卷七《题石建坊》,中华书局,1959年,第142页。
③ 何良俊:《四友斋丛说》卷三五《正俗》二,中华书局,1983年,第323页。

明朝,被赐姓名柴秉诚,出任后军都督佥事。

杨效诚,原本为伦都儿灰的部属,蒙古名为保住。永乐三年(1405)率部归顺明朝,被赐姓名杨效诚,出任陕西行都司都指挥佥事。

柴志诚,原本为鞑靼头目。永乐四年(1406)正月归顺明朝,被赐姓名柴志诚,出任都指挥同知。

杨汝诚,原本为鞑靼头目,蒙古名为阿儿剌台。永乐四年(1406)正月归顺明朝,被赐姓名杨汝诚,出任都指挥佥事。①

至于西北一些边地,因为遍设卫所,汉族与少数民族混居,华夏之俗对"夷俗"开始产生不小的影响,导致"夷虏"趋于汉化。如河西一带,原本风俗"混于夷虏","土屋居处,卤饮肉食,牧畜为业,弓马是尚,好善缘,轻施舍"。进入明朝之后,"更化维新,卫所行伍,率多华夏之民,赖雪消之水为灌溉,虽雨泽少降,而旱涝可免,勤力畎亩,好学尚礼",所以地虽属于边境,却"俗同内郡"。② 又如宁夏一带,在前代"夷俗"流行。入明之后,生活在宁夏一带的居民,既有仕宦之人,又有征调之人,还有谪戍之人,大多来自四方,以故风俗杂错。然时日一久,无不诵习诗书,擅长词藻华翰,风俗"迥非前代夷俗之比矣"③。还有宣府一带,虽然"达女"的发式还是保持着蒙古人的特色,一般均为"垂发",直至出嫁之时,才将前两鬓下垂的头发剪去其末,称之为"廉耻";④然宣府一带的"俗夷",即使还保留着原本蒙古人的待客之道,但多少在礼仪上开始出现汉化的倾向。⑤ 尤其是那些已经部分汉化的"熟夷",在居住上已经不再保留原先北狄、西戎的"帐房",而是开始建固定的房屋,"以茅结之,或圆或方,而顶尖如保定近邑民间小房耳"⑥。

再将视角转向西南地区。内地移民到了贵州以后,使贵州出现了"用夏变夷"的现象,内地汉人习俗开始影响到边地少数民族。如花犵猪族,有些人靠近城市居住,"衣服语言,颇易其习";思南府"蛮獠杂居,渐被华风";朗溪司的峒人,"近来服饰,亦颇近于汉人"。至于从江西、四川、湖广来的商人、流徙罢役或逋逃之人,为人大多奸诈,到了贵州以后,"诱群酋而长其机智,而淳朴浸

① 黄瑜:《双槐岁抄》卷四《赐降虏姓名》,第80页。陈建《皇明历朝资治通纪》卷四、五、九,《皇明通纪》,上册,第417—418、421、527页。
② 顾炎武:《肇域志》之《陕西行都指挥使司》,第3册,第1525页。
③ 顾炎武:《肇域志》之《陕西·宁夏卫》,第3册,第1621页。
④ 姚旅:《露书》卷九《风篇》中,第213页。
⑤ 姚旅:《露书》卷九《风篇》中,第213页。
⑥ 姚旅:《露书》卷九《风篇》中,第214页。

以散矣"。①

（二） 以夷变夏：“胡化”的客观事实

通观中国历史上民族之间的关系史，中原华夏民族“胡化”现象的出现，大抵来自两条路径。一是北方少数民族入主中原，如北朝之鲜卑族、辽之契丹族、金之女真族以及元之蒙古族，其结果是造成自上层士人以至下层百姓的大量“胡化”。二是因汉人王朝“徙戎”政策的鼓励，使一些少数民族人士进入中原地区。尽管汉人王朝的目的在于借助此举而起到“用夏变夷”之效，其结果却反而造成了诸多“以夷变夏”的客观事实。

毫无疑问，“徙戎”举措的实施，其实是一把双刃剑。剑的一面，显然可以获得四夷“慕化”的美名，借助于四夷进入中原之后，“服改毡裘，语兼中夏，明习汉法，睹衣冠之仪”，逐渐消弥夷狄之性。然不可忽略的是，这把剑具有另外的一面，即这些移居中原的四夷之人，看似有愿意接受“向化”之诚，其实夷狄之性终究一时难以改变，其结果仅仅是获得“向化”的虚名，有时反而成为边患之忧。

中国自古以来的传统观念，一向信奉“戎夏不杂”的训诫，认为“蛮貊无信，易动难安”，所以将其“斥居塞外，不迩中国”。当然，鉴于“帝德广被”，四夷假若愿意接受向化之诚，有时也可以前来朝谒，且“请纳梯山之礼”，但一旦朝贡完毕，则“归其父母之国，导以指南之车”。汉魏以后，一革此风，改而为“征求侍子，谕令解辫，使袭衣冠，筑室京师，不令归国”。此即所谓的“徙戎”。如据《汉书》记载，汉桓帝曾迁五部匈奴于汾晋；唐武则天统治时期，“外国多遣子入侍”。②

明初平定天下，凡是蒙古人、色目人，若是散处诸州，大多更姓易名，杂处民间，时日一久，已经相忘相化，很难加以辨识。此外，明朝廷承继历代“徙戎”举措，对于来降的鞑靼“降人”，将其妥善安置于中原内地。如永乐年间，鞑靼来降，乞求留居京师。朝廷授予他们指挥、千百户之职，赐给俸禄、银钞、衣服以及房屋、什器，将他们安置在河间府、东昌府等处居住，生养蓄息。此即所谓的“降人”。③ 正统元年（1436）六月，专门拨赐河间府等处的田土，用来安插归附的外夷官员，其中指挥赐田150亩，

---

① 以上所引资料，均见嘉靖《贵州通志》卷三《风俗》，收入《天一阁藏明代方志选刊续编》。按：明代史料对贵州一地的文化交融与风俗融合尚有很多揭示，再引其中一条予以说明之。其中有曰："入我圣朝，甸以流官，陶以学校，参以中州流寓之士，相渐以文教之风，用夏变夷，颇见其俗，以故思南、铜仁、金筑、毕节人，皆颇知礼仪，而四礼颇有华风同文之化，移易之机信在也。"参见邓球《皇明泳化类编》卷九九《风俗》，明隆庆间刻本。

② 相关的考述，参见顾炎武《日知录集释》卷二九《徙戎》，黄汝成集释，第689—691页。

③ 顾炎武：《日知录集释》卷二九《徙戎》，黄汝成集释，第689—691页。张怡：《玉光剑气集》卷二《臣谟》，第58页。

千户、卫镇抚 120 亩,百户、所镇抚 100 亩。不久又下令,凡是前来归降的夷人,每名拨赐德州的田地 50 亩加以安插。① 至景泰年间,因于谦的上奏,归降之蒙古人随大兵一起征讨湖广与两广之寇,厚给犒赏,事平之后,就留居于湖广与两广。于是,蒙古人除了广布于北方的京畿地区之外,开始向湖广、两广等地安置。② 至成化二年(1466)三月,都督赵辅、金都御史韩雍在征讨广西"蛮寇"的时候,专门上奏调用"达官""达军"千余人,月给廪饩、下程、柴薪,并给予冬夏衣帽,子孙也容许承袭,大破两广"猺獞"。地方乱事平息之后,就将达官、达军分拨安置于两广的省城以及雷州、廉州、神电诸卫,官给营房、伴当、田租。③

其实,对于将这些蒙古降人安置于中原,明代的各级官员还是心存忧虑。如像李贤、刘定之、丘濬、马昂等人,无不从"非我族类,其心必异"的观念出发,对安置于中原内地的蒙古降人提出了种种限制与防范的设想。正统元年(1436)十二月,行在吏部主事李贤上奏,从"赤子黎民"与"禽兽蛮貊"之辨出发,要求在汉人黎民与蒙古降人之间,划出亲疏之分。进而指出,"夷狄人面兽心,贪而好利,乍臣乍叛,荒忽无常",这些蒙古人前来归降,并非出于心悦诚服,而是"实慕中国之利也",一旦边备有警,"其势必不自安矣"。④ 景泰元年(1450),翰林院侍讲刘定之上疏言十事,其中之一即涉及"降胡",认为蒙古降人留居京城,大有隐忧,甚至会"或冲破关塞,奔归故土;或乘伺机便,寇掠畿甸"。为此,他提出了如下四项建议:一是迁徙蒙古降人,将他们安置于"南土";二是禁止蒙古降人继续保持本民族的风俗,不允许他们自相婚媾,甚至要改变服饰;三是将其中的一部分蒙古降人编为军兵,并与明王朝之兵"部伍相杂",借此对其有所牵制;四是将其中的一部分蒙古降人编为齐民,与明朝的百姓"里甲相错",借此对其习俗加以染化。⑤ 丘濬尽管承认"降夷"在国家面临大的征讨之时,"起以从行,固亦赖其用矣",但又不得不慎重指出,正统"己巳之变","虏犯近郊"之时,其中的一部分降夷"亦有乘机易服,以劫掠平民,甚至乃有为虏向导者"。鉴于此,丘濬进而提出,必须对这些降夷"不忘其故俗"的心态给予足够的重视。在此基础上,对这些内附的降夷,采取一种在"任用之中,而寓制驭之意"的态度,在赐予优厚的待遇之外,并不全部编入卫所,一所不超过 20 人,一卫

---

① 陈建:《皇明历朝资治通纪》卷一二,《皇明通纪》,下册,第 605 页。

② 张怡:《玉光剑气集》卷二《臣谟》,第 58 页。

③ 陈建:《皇明历朝资治通纪》卷二〇,《皇明通纪》,下册,第 823—824 页。

④ 李贤:《上中兴正本书》,陈子龙等编《明经世文编》卷三六,中华书局,1997 年,第 1 册,第 278 页。顾炎武:《日知录集释》卷二九《徙戎》,黄汝成集释,第 689—691 页。

⑤ 陈建:《皇明历朝资治通纪》卷一五,《皇明通纪》,下册,第 693 页。

不超过 200 人,且"官不许专城,卒不许类聚"。① 而马昂则对"徙戎"作了全新的诠释,即以"晋人居戎内地,以致五胡云扰"为历史借鉴,览古监今,防微杜渐,将安插在京畿之内的"降虏",重新加以迁移。其"徙戎"之法有二:一则"远徙边郡",二则"分置外卫,配隶军伍之中,治以中国之法"。至于原来管事的降人头目,也调到别的卫所,以免他们"群聚一处,坐生其心"。只有这样,方可"中国底宁,戎心永遏"。②

诸如此类的建设性意见,无疑还是难脱"华夷之辨"的老观念,希望通过迁移或分散治理的方式,改变降夷的"戎心",以便尽快让这些降夷融入中原华夏文化之中。其实,这些传统士大夫的担心也不无道理。明代归降的蒙古人,即使到了明代中期,还是"遗胤聚处,胡俗夷性犹存,不无犷悍难驯之患"③,甚至衣服、语言,"犹循其旧俗"④。

明代大量归降蒙古人久处中原内地,再加上"胡俗夷性"的生命力又是如此之强,⑤其结果必然导致"腥膻畿内"⑥。说得直白一些,就是中原内地的汉人,势必会受到蒙古人的影响。众所周知,明代北直隶河间府以及山东东昌府之间,一直响马不绝,究其原因,就是因为"达军倡之"的缘故。⑦

京畿地区如此,西北边地同样如此,当地汉人的生活习俗,也有一种"胡化"的倾向。如陕西以西当地汉人盖房子,大多采用一种"板屋",即"屋咸以板,用石压之"。《小戎》曰:"在其板屋。"可见,这是受到了自古以来西戎之俗的影响。⑧ 又如明初迁徙到甘肃的南京移民的后代,生活习俗也开始逐渐"胡化"。甘肃在明代为九边之一,地处西北,靠近黄河的地方都是水田。明初之时,明太祖曾迁移南京之民到甘肃戍守。直至明末清初,这些移民的后代在语言上仍然不改,妇女的服饰也如吴地的宫髻,穿着长衫。但因在当地居住时间久远,在习俗上不免潜移默化受到当地民俗的影响,如穿着上就已经不用纨绮,而是保持一种俭朴,而且每家藏有弓矢,养有鹰犬,从事一些狩猎活动。⑨ 这是江南移民融入边地社会的一种体现。

---

① 丘濬:《内夏外夷之限一》《内夏外夷之限二》,《明经世文编》卷七三,第 1 册,第 615—616 页。

② 马昂:《覆时政疏》,《明经世文编》卷四一,第 1 册,第 321 页。

③ 陈建:《皇明历朝资治通纪》卷二〇,《皇明通纪》,下册,第 823—824 页。

④ 丘濬:《内夏外夷之限一》,《明经世文编》卷七三,第 1 册,第 615—616 页。

⑤ 举例来说,明初将"土达"安置在宁夏、甘凉等处。承平日久,种类蕃息。至成化四年(1468),最终导致"满四之变"。这已足证"胡俗夷性"的生命力相当强盛。参见顾炎武《日知录集释》卷二九《徙戎》,黄汝成集释,第 689—691 页。

⑥ 李贤:《上中兴正本书》,《明经世文编》卷三六,第 1 册,第 278 页。

⑦ 顾炎武:《日知录集释》卷二九《徙戎》,黄汝成集释,第 689—691 页。

⑧ 王士性:《广志绎》卷三《江北四省》,第 49 页。

⑨ 宋起凤:《稗说》卷一《甘州土风》,中国社会科学院历史研究所明史室编《明史资料丛刊》第 2 辑,江苏人民出版社,1982 年,第 28 页。

若将视角转向西南地区,汉人日常生活习俗受到西南少数民族的影响同样不可视而不见。譬如很多来自内地的移民在进入贵州以后,大多"见变于夷"。其意是说,内地移民一旦移居贵州,时日一久,不能不受到少数民族风俗的熏染。如安庄卫的卫人,因久戍边境,"习其风土之气性,颇强悍";乌撒卫的卫人,因久处边幅,"强悍凶狠",显然也是风土所致。①

余论:华夏文化之多元一体

通观华夏文化的变迁历程,实是一部"汉化"与"胡化"交织在一起的历史。相比之下,受儒家"华夷之辨"观念的熏染,汉化在儒家知识人群体中已经形成一种思维定势,且成为历代中原汉族王朝民族政策的观念指南,遂使汉化成为一种文化主流,一直处于颇为强势的位置。反观胡化,既有来自域内的胡化,如汉之匈奴、魏之鲜卑、唐之回纥、辽之契丹、金之女真、元之蒙古这些民族对中原文化的影响,又有来自中亚乃至印度文化的输入,尤以佛教传入对中国文化的影响最为典型。诸如此类的胡化,虽已经潜移默化地渗透到汉族民众的日常生活与精神世界中,却始终处于一种劣势的位置,仅仅是一股潜流。

随华夏文化变迁而来者,则是华夏文化中心的区域性转移,即从关中、中原,逐渐到江南、岭南、湖广乃至西南的转移路线图。大抵在隋唐以前,汉族文化的中心是在黄河以北地区,此即历史上人们所夸称的"中国""中华"与"华夏",而尚未开发的南方则被鄙视为蛮夷之地。自"五胡乱华"之后,因北方不时受到塞外少数民族的侵扰,并在相当长的时期内受少数民族的统治,杂居通婚也就成为自然的现象,最终导致北方人对其他少数民族并无多少排斥的倾向。然自宋代南渡之后,最终形成经济与文化中心的南移历程,使南方成为华夏的经济与文化中心。相比之下,经济更为发达、文化更为先进的南方人,一直秉承"尊王攘夷"之说,国家与种族的观念反而显得更为强烈。② 即使如此,以"中州"一称为典范的中原,汉人在心目中还是将其视为华夏文化的正脉所在。所以,即使到了元代,元朝的汉人还是将北方视为"中原雅音"的正宗,南方反而"不得其正"。③

---

① 嘉靖《贵州通志》卷三《风俗》。

② 桑原骘藏:《东洋史说苑》,第15—24页。

③ 如元人孔齐云:"北方声音端正,谓之中原雅音,今汴、洛、中山等处是也。南方风气不同,声音亦异。至于读书字样皆讹,轻重开合亦不辨,所谓不及中原远矣。此南方之不得其正也。"参见孔齐《至正直记》卷一《中原雅音》,《宋元笔记小说大观》,第6册,第6563页。

作为历史上第一个统一中国的少数民族王朝,蒙元一朝,更是成为各民族文化交融的典范。前辈学者郑天挺在《汉化与胡化》一文中,从"蒙古人对汉族文化之倾慕""蒙古汉人文化自然之调融""西域文化之东来"三个方面,较为简明扼要地阐述了元代"汉化"与"胡化"的两大倾向。① 细究郑氏所论,汉、蒙、色目文化的交流,除了蒙古、色目人的"汉化"之外,其注意力同样集聚于汉人"胡化"的现象,诸如汉人学习蒙古文、部分汉人胡服辫发、风气"豪侈粗戾"等,借此证明文化的交流是"双向的"。② 李治安更为深化的研究已经证实,蒙元多元文化体系内的交流影响,并不局限于文化的"单向变动",而是蒙、汉、色目不同文化之间的相互"涵化"。③ 即使是已经成为华夏文化中心的江南,由于大量蒙古人、色目人的移居,同样使得这种文化的双向交融得到了淋漓尽致的体现,无论是文化面貌,还是生活样式,各民族之间开始淡化彼此之间的界线,进而相互交融,形成"具有时代和地区特色的民族融合"④。

毫无疑问,对蒙元遗俗与明人日常生活之关系的考述,其最终目的还是为了回答在华夏文化变迁历程中"汉化"与"胡化"的关系问题。职是之故,下面在系统梳理前人研究成果的基础上,拟就以下四个问题加以重新诠释。

一是在华夏文化的形塑过程中,"汉化"之说已经成为一种文化思维定式,且有陷入"汉族中心论"的危险。

所谓汉化,按照魏特夫的解释,实为一种"吸收理论"(Absorption Theory),其意是说凡是入主中原的"异族"统治,终究难以逃脱一大定律,即被汉化,甚至被同化,"征服"者反而被"征服"。⑤

诸如此类的汉化论,从华夏文化演变的历程来看,确实可以找到很多的例子作为这一说法的佐证。以域内的蒙古人、色目人为例,流寓于江南的蒙古人、色目人,大多已经被汉化,诸如学习汉族缙绅设立义田,自己置办庄园与别墅,并且还取一些汉式的庄名,妇女节烈观渐趋加强,收继婚受到讥刺,丧葬上采用汉式葬俗,以及蒙古人、色目人纷纷改取汉名。⑥ 以来自域外的佛教为例,正如有的研究者所论,佛教刚传入

① 郑天挺:《元史讲义》,王晓欣、马晓林整理,中华书局,2009 年,第 29—30 页。

② 对郑天挺《汉化与胡化》一文的解读,可参见王晓欣《郑天挺教授的元史教学与思考(代整理后记)》,《元史讲义》,第 176 页。

③ 李治安:《元代汉人受蒙古文化影响考述》,《历史研究》2009 年第 1 期,第 24—50 页。

④ 潘清:《江南地区社会特征与元代民族文化交融》,《东南文化》2004 年第 6 期,第 52—54 页。

⑤ 孙卫国:《满洲之道与满族化的清史——读欧立德教授的〈满洲之道:八旗制度与清代的民族认同〉》,《中国社会史评论》,2006 年。

⑥ 潘清:《元代江南社会、文化及民族习俗的流变——以蒙古、色目人的移民对江南社会的影响为中心》,《学术月刊》2007 年 3 月号,第 134—136 页。

中国之时,确有印度化的趋向,然自唐代以后,佛教最终还是被汉化,且这种汉化了的佛教,其中的形而上学已经成为宋代理学合成物的重要组成部分。①

毫无疑问,诸如此类的其他民族以及外来文化被汉族文化同化的事例,并不能推导出以下的结论,即在中国历史上,其他民族入主中原之后,最终都会被无往不胜、无坚不摧的汉族文化所同化,华夏文化有着无穷的生命力。假若作出如此的历史解读乃至引申,其最大的问题在于视角的偏向,即是从汉族、汉文化的角度来考察不同民族与不同文化之间的融合。

二是为了纠正"汉化"论的缺陷,异军突起的"新清史"研究者,抛弃固有的"汉化"论的思维定式,进而倡导"满化"("胡化"的一种),这其实是一种"满族中心论",他们通过强调"满化"的倾向而质疑"中国"这一概念,其对"中国"乃至"华夏"的认识,同样存在着误区。②

三是是否真的"崖山之后再无中华"?其实,梳理此论的提出乃至演化不难发现,这一说法的出现,一方面反映了华夏文化日趋"胡化"的历史真实,另一方面却又是那些汉族知识分子在面对"胡化"大势时内心所呈现出来的一种无奈之情,且从根本上反映出这些汉族知识分子内心深处的"汉族中心"意识,以及对华夏文化的认同感。

细究"崖山之后再无中华"一说的提出,当源自钱谦益《后秋兴》诗第 13 首,诗云:"海角崖山一线斜,从今也不属中华。更无鱼腹捐躯地,况有龙涎泛海槎。望断关河非汉帜,吹残日月是胡笳。嫦娥老大无归处,独倚银轮哭桂花。"③钱谦益是一个颇为复杂的历史人物,他既是投降清朝的"贰臣",却又在内心深处不乏汉族知识分子固有的"遗民"意识,甚至暗中投入反清复明的运动之中。"崖山之后再无中华"的意思,是说自宋朝覆亡、蒙古人一统天下之后,虽有明代对汉唐文化的复兴,但随后的明清易代,更使华夏文化丧失殆尽。这倒与顾炎武的"亡国"与"亡天下"之论若合符节。在顾炎武看来,诸如元之代宋与清之代明之类的"易姓改号",仅仅是"亡国"而已,唯有"仁义充塞,而至于率兽食人,人将相食",才称得上是"亡天下"。④ 钱、顾二

① 何炳棣:《捍卫汉化:驳伊芙琳·罗斯基之"再观清代"(下)》,张勉励译,《清史研究》2000 年第 3 期,第 109 页。

② 对"新清史"论者"满化"之说的评述,可参见孙卫国《满洲之道与满族化的清史——读欧立德教授的〈满洲之道:八旗制度与清代的民族认同〉》,《中国社会史评论》2006 年;李爱勇《新清史与"中华帝国"问题——又一次冲击与反应?》,《史学月刊》2012 年第 4 期。

③ 钱谦益:《投笔集》卷下《后秋兴之十三》,载氏撰《钱牧斋全集》,钱仲联标校,上海古籍出版社,2003 年,第 7 册,第 73 页。

④ 顾炎武:《日知录集释》卷十三《正始》,黄汝成集释,第 307 页。

人,出处大节迥异,却在华夏文化的认同上归趋一致。

钱谦益的说法,显然受到了郑思肖、元好问、宋濂等人的影响。南宋遗民郑思肖,曾对元取代宋之后,华夏文化的沦丧深有感触,曾有言:“今南人衣服、饮食、性情、举止、气象、言语、节奏,与之俱化,惟恐有一毫不相似。”又说:“今人深中鞑毒,匝身浃髓,换骨革心,目而花暄,语而谵错。”①在明清之际,因《心史》的重见天日,郑思肖一度成为明朝遗民的偶像。钱谦益之说,难免也是语出有因。元好问本人虽具有曾为“蛮族”的拓拔魏的皇室血统,但已深受华夏文化的熏陶,在内心深处同样不乏汉人的遗民意识。他所著《中州集》,其中“中州”二字,已经显露出了颇为强烈的华夏文化认同意识。他有感于在蒙古铁蹄下的悲惨命运,决心记录他原已覆灭的王朝所取得的文学成就,他所著的《中州集》等作品是重新构建金后期历史的重要史料。元好问多产的一生,大部分时间都致力于使许多优秀的汉族和女真文人不被人们所忘却。② 钱谦益编选《列朝诗集》,无疑就是对元好问的《中州集》的模仿。天启初年,钱谦益 40 来岁时,就有志于仿效元好问编《中州集》,编次有明一代的《列朝诗集》,中间一度作罢。自顺治三年(1646)起,他又续撰《列朝诗集》,历三年而终于完成。由此可见,钱谦益人虽投降清朝,但尚不免有故国之思。宋濂曾有言:“元有天下已久,宋之遗俗,变且尽矣。”③生活在明清易代之际的钱谦益,显然继承了宋濂的这一说法,进而形成“崖山之后再无中华”之论。得出这一结论的另外一个依据,即作为明清之际文坛领袖的钱谦益,对明初文臣第一人的宋濂,应该说心仪已久,甚至将宋濂为佛教撰写的文字,编次成《宋文宪公护法录》一书。

以恢复汉唐为宗旨的明朝,是否能够使华夏文化得以延续不替?令人失望的是,当时朝鲜使节的观察,更是加深了“崖山之后再无中华”这一观念。根据日本学者夫马进的研究,明代朝鲜使节眼中的“中华官员”,显然已经不是华夏文化的正宗。如许篈在《荷谷先生朝天记》中,曾说当时接待他们的明朝贪婪官员:“此人惟知贪得,不顾廉耻之如何,名为中国,而其实无异于达子。”赵宪在《朝天日记》中,亦认同将明朝官员讥讽为“蛮子”,反而自认为“我等居于礼义之邦”。④

至近世,前辈学者王国维、陈寅恪虽未明言“崖山之后再无中华”,但他们对有宋

① 郑思肖:《郑思肖集·大义略叙》,上海古籍出版社,1991 年,第 188、190 页。

② 何炳棣:《捍卫汉化:驳伊芙琳·罗斯基之“再观清代”(下)》,《清史研究》2000 年第 3 期,第 102 页。

③ 宋濂:《芝园续集》卷四《汪先生墓铭》,《宋濂全集》,第 3 册,第 1526 页。

④ 相关的探讨,可参见夫马进《朝鲜燕行使与朝鲜通信使——使节视野中的中国·日本》,伍跃译,上海古籍出版社,2010 年,第 3—21 页。按:相同阐述的日文版本,可参见夫马进《朝鲜燕行使と朝鲜通信使》(名古屋大学出版会,2015 年,第 144—147 页),然日文版书与中文版书内容多有出入。

一代文化成就的颂扬,也暗含此义。如王国维在《宋代之金石学》一文中提出:"天水一朝,人智之活动,与文化之多方面,前之汉唐,后之元明,皆所不逮也。"①陈寅恪亦有言:"华夏民族之文化,历数千载之演进,造极于赵宋之世。"②

四是通观中国历史上各民族文化交融的事实,采用"涵化"一说,更能体现华夏文化形塑过程的历史真实。

自崖山之后,无论是少数民族建立的元、清,还是号称恢复汉唐的明朝,文化上确乎已经不同于宋朝一样的中华文化,而是多受胡化、"满化"的影响。既然不论是"汉化"说,还是"胡化"说,都不可避免地烙下一偏之颇的印记,那么,如何看待历史上华夏文化的民族融合?就此而论,采用"涵化"一说,显然更为符合历史的真实。李治安在阐述元代多元文化体系内的交流影响时,曾指出这种交流并不局限为文化的单向变动,而是蒙、汉、色目三种不同文化之间的相互"涵化"。他认为,所谓的"涵化",就是涵容浸化、互动影响的意思,就是蒙、汉、色目三种不同文化相互影响。③ 涵化(acculturation)这一概念,又可作"泳化",明朝人邓球就曾经编有《皇明泳化类编》一书,所持即是相同之义。④ 涵有二义:一为包容,二为沉浸。泳本指水中潜行,后又转化为沉浸。可见,所谓的涵化、泳化,其实即指不同文化之间互相影响,互为包容,而后潜移默化地将他者的文化浸化于自己民族固有的文化中,进而形成一种全新的文化。对华夏文化的变迁,实当以"涵化"二字概括之,才可免于偏颇。

进而言之,假若按照何炳棣的说法,"汉化是一个持续不停的进程,任何关于汉化的历史的语言学的研究最后必须设想它的未来"⑤,那么,化其言而用之,揆诸中国历史的事实,胡化同样是一个持续不停的进程。在华夏文化的形塑过程中,汉化与胡化并非呈两条并行的线条各自演进,而是在各自的演进过程中不时出现一些交点。这种交点,就是胡汉的融合,而后呈现出一个全新的"中华"与"中国"。

正如元末明初学者叶子奇所论,"夷狄"与"华夏"之间,因"风土"的差异,导致风俗有所不同。⑥ 即使按照儒家的传统观念,对待民族文化之间的差异,还是应该秉

① 王国维:《王国维遗书》第5册《静安文集续编》,上海古籍书店,1983年,第70页。
② 陈寅恪:《邓广铭〈宋史职官志〉考证》,《金明馆丛稿二编》,上海古籍出版社,1980年,第245页。
③ 李治安:《元代汉人受蒙古文化影响考述》,《历史研究》2009年第1期,第48页。
④ "涵化"这一概念的提出,可参见 Karl A. Wittfogel and Fêng Chia-shêng, *History of Chinese Society*：*Liao*, 907—1125, American Philosophical Society, 1949, pp. 1-32. 对此概念的评述,则可参见萧启庆《论元代蒙古人的汉化》,载氏撰《内北国而外中国:蒙元史研究》,中华书局,2007年,第671页。上述概念的阐释,均转引自张佳《重整冠履:洪武时期的服饰改革》,香港中文大学《中国文化研究所学报》第58卷,2014年1月,第115页,注7。
⑤ 何炳棣:《捍卫汉化:驳伊芙琳·罗斯基之"再观清代"(下)》,《清史研究》2000年第3期,第109页。
⑥ 叶子奇:《草木子》卷二下《钩玄篇》,第36页。

持一种"至公"的原则。出于至公,就会"胡越一家",古来圣贤视天下为一家、中国为一人,也是出于相同的道理。若是出于本民族的一己之私,从中分出一个亲疏之别来,那么就会陷于"肝胆楚越"的尴尬境地。① 早在春秋时期,孔子当周衰之后,不免生出欲居九夷的念头。到了宋、元之际,当文天祥被俘而至燕京,在听到了蒙古人军中之歌《阿剌来》时,声音雄伟壮丽,浑然若出于瓮,更是叹为"黄钟之音"②。至明末清初,顾炎武在亲身经历了九州风俗,且遍考前代史书之后,同样发出了"中国之不如外国者有之矣"的感叹。③

让我们再次回到蒙元遗俗与明朝人的日常生活之间的关系上来。明代虽号称恢复汉唐,但实则在日常生活中保留了诸多蒙元文化的因子。正如清初学者张履祥所言,明朝人凡事都要学晋朝人,但所学不过是"空谈无事事一节"而已。因为与晋朝人为人"洁净"相比,明朝人似乎显得有点"污秽"。究其原因,则是因为论世不同:晋朝人尚保存着"东汉流风",而明朝人大多因仍"胡元遗俗"。④ 可见,时日一久,这种胡化风俗已经沉淀下来,慢慢渗透于汉族民间的日常生活而人们并不自知。就此而论,"崖山之后再无中华"之说,仅仅说对了一半,即崖山之后的华夏文化,已经不再如同宋代以前的华夏文化,但并不能证明崖山之后中华文化已经沦丧殆尽,而是变成了一种经历蒙、汉乃至满、汉融合之后的华夏文化。正如费孝通所言,"各个民族渊源、文化虽然是多样性的,但却是有着共同命运的共同体"。从根本上说,中华民族呈现出一种"多元一体"的格局。⑤ 若是持此见解,"汉化"与"胡化"之争讼,自可消弭。

此文经删节,刊发于《安徽史学》2016 年第 1 期。

---

① 叶子奇:《草木子》卷三上《克谨篇》,第 55 页。
② 孔齐:《至正直记》卷一《文山审音》,《宋元笔记小说大观》,第 6 册,第 6562 页。
③ 顾炎武:《日知录集释》卷二九《外国风俗》,黄汝成集释,第 687 页。
④ 张履祥:《杨园先生全集》卷二八《愿学记》(三),中华书局,2002 年,第 764 页。
⑤ 费孝通:《中华民族多元一体格局》,中央民族学院出版社,1989 年,第 19 页。

衣冠与认同:明初朝鲜半岛袭用
"大明衣冠"历程初探

张 佳

复旦大学文史研究院

在儒家文化传统当中,"衣冠"长久以来一直被视作"文明"的象征。与中国同属儒家文明圈的朝鲜(1392—1897),对衣冠制度也极为重视。明清鼎革之后,东国士大夫以固守"大明衣冠",来表示其对"中华"文明的坚持与传承,这点已为学界熟知。[①] 然而,中国的东邻究竟在何种背景下接受明朝的服饰体系、"衣冠"在明初中国与朝鲜半岛政权的互动中曾经扮演过何种角色,笔者尚未见有学者对此进行专门讨论。[②] 中国的元明易代(1368),与朝鲜半岛的丽鲜更迭(1392)近乎同时,两者之间存在着深刻的内在关联;可能稍异于后人的想象,不同于明亡后朝鲜士大夫对"衣冠"的固执,丽末鲜初对"大明衣冠"的接受,经历了一段较为曲折的历程。14世纪后期的明丽、明鲜关系起伏跌宕,"冠服"曾是其中的重要议题,而且是双方宗藩关系得以确立的文化基础之一。

一、"胡化"与"复古":蒙古风下的中国与高丽

至迟从汉代开始,朝鲜半岛就与中原王朝存在着持续而密切的政治文化关系;而

---

① 关于"衣冠"在古代东亚国际政治中的意义,以及古代朝鲜对"大明衣冠"的坚持,请参看葛兆光教授的系列研究:《朝贡、礼仪与衣冠——从乾隆五十五年安南国王热河祝寿及请改易服色说起》,《复旦学报》2012年第2期,第1—11页;《大明衣冠今何在》,《史学月刊》2005年第10期,第41—48页;以及《文化间的比赛:朝鲜赴日通信使文献的意义》,《中华文史论丛》2014年第2期,第1—62页。又,"大明衣冠"一语,首见于郑麟趾《高丽史》卷一三六《辛禑四》(禑王十三年),文史哲出版社,2012年,第3册,第745页。需要说明的是,明代服饰对朝鲜的影响,主要体现在官员和士人两大阶层,庶民和妇女服饰则更多延续了自身的传统。

② 关于元明之际的中朝关系,日韩及中国学界已有不少研究。具体可以参看叶泉宏《明代前期中韩国交之研究,一三六八——一四八八》(台湾商务印书馆,1991年),以及范永聪《事大与保国——元明之际的中韩关系》(香港教育图书公司,2009年)两部专著的研究综述。不过就笔者管见所及,仅内藤隽辅《高丽风俗に及ぼせる蒙古の影响について》一文(收入氏著《朝鲜史研究》,东洋史研究会,1961年,第81—117页)曾简要概述丽末接受明朝服饰的经过,此外未见有对此问题的详细探讨。

自蒙元以降,朝鲜半岛诸多政治与社会变化,更显示出与中原地区的联动性。13 世纪草原蒙古民族迅速崛起,建立起涵括众多族群、疆域空前辽阔的蒙元帝国。不仅中原金、宋故地被悉数纳入版图,高丽王朝在九次残酷的抗蒙战争(1231—1273)失败之后,也被卷入蒙元世界体系,仅通过王族入元为质、与蒙古皇室联姻等方式,维持一种半独立状态。忠烈王以降,高丽国王世代为蒙元驸马,并担任元朝在其国土设立的征东行省长官;高丽人和原先金朝辖区内的各族群一样,被归为第三等级的"汉人"。虽然蒙元统治者并未长期推行强制蒙古化政策,但在族群混融的背景下,蒙古风俗作为一种优势族群的文化,开始在东亚大陆弥散。中国南北方,经历了蒙元一个到一个半世纪的直接统治,汉族民众的日常生活,无论服饰、语言还是婚丧习尚等,都可以看到蒙古风俗的影响。[1]《明太祖实录》谓:

> 元世祖起自朔漠以有天下,悉以胡俗变易中国之制。士庶咸辫发椎髻,深檐胡帽,衣服则为袴褶窄袖及辫线腰褶;妇女衣窄袖短衣,下服裙裳,无复中国衣冠之旧。甚者易其姓字为胡名、习胡语。俗化既久,恬不知怪。[2]

虽然元代"悉以胡俗变易中国之制"的说法有所夸张,但蒙元时代中国胡汉风俗混融程度之深、波及人群之广,是不容置疑的事实。[3]

高丽王室与蒙元贵族关系密切,曾以政令的形式,强制推行蒙古化生活方式。因此高丽"胡化"的程度,可能要超过中原地区。[4] 高丽与元朝世为"甥舅之国",丽蒙联姻对高丽上层社会习俗的影响,萧启庆先生归纳为"通血缘、用蒙名、易服发、行胡礼、奏胡乐、嗜狩猎"六个方面。[5] 就服饰而言,《高丽史·與服志》总括高丽五百年间的习尚演变,称高丽前中期大致参用唐代制度,然而成为元朝藩属之后,情形大变:

---

① 参看李治安《元代汉人受蒙古文化影响考述》,《历史研究》2009 年第 1 期,第 24—50 页。

② 《明太祖实录》卷三〇,台湾"中研院"史语所校印本,1962 年,第 525 页。

③ 参看 Henry Serruys(司律思),"Remains of Mongol Customs during the Early Ming," *Monumenta Serica*, Vol. XVI, 1957. 甚至在明初禁革胡俗之后尚有残留,参看罗玮《汉世胡风:明代社会中的蒙元服遗存》,首都师范大学硕士学位论文,2012 年。

④ 有关蒙古风尚在高丽兴衰的历程,参看前引内藤隽辅《高丽风俗に及ぼせる蒙古の影响について》。当然,元丽交流是双向的,由于不少高丽人以移民、宿卫、内侍等方式进入元朝,高丽风尚对蒙元也有所影响。参看王子怡《"宫衣新尚高丽样"——元朝大都服饰的"高丽风"研究》,《艺术设计研究》2012 年第 3 期,第 41—45 页。

⑤ 萧启庆:《元丽关系中的王室婚姻与强权政治》,收入氏著《元代史新探》,新文丰出版公司,1983 年,第 249—252 页。

> 事元以来,开剃辫发、袭胡服,殆将百年。及大明太祖高皇帝赐恭愍王冕服,王妃、群臣亦皆有赐,自是衣冠文物焕然复新,彬彬乎古矣。①

高丽在元宗(1260—1274年在位)当政时,彻底降附蒙古人。在蒙古人扩张时期,改易蒙古式的发式与冠服,是被征服者表示降顺的一种方式。② 然而当大臣劝说"效元俗、改形易服"时,元宗以"未忍一朝遽变祖宗之家风"为由拒绝。③ 高丽自上而下的大规模蒙古化,始于元宗之子忠烈王在位时期(1274—1308)。忠烈王在大都做人质时接受了蒙古习俗,元宗十三年(1273)回国,即"辫发胡服",尽弃高丽旧俗。④ 忠烈王四年,更直接下令在国内推行蒙古服装与发式:

> 令境内皆服上国衣冠,开剃。蒙古俗,剃顶至额,方其形,留发其中,谓之开剃。时自宰相至下僚,无不开剃。⑤

据说大小臣僚当中,仅有禁内学馆的儒士不肯剃发,"左承旨朴桓呼执事官谕之,于是学生皆剃"。高丽的大规模蒙古化,自此以政令的形式由上而下展开。

流行于东亚大陆的蒙古风,直至元帝国衰落时方告衰歇。开创明朝的朱元璋集团,脱胎于元末北系红巾军组织。红巾军起事时,曾以"驱胡"为口号,鼓动民众反元。朱元璋部沿袭了红巾武装的民族主义策略,明朝建立之初,便以"用夏变夷""复中国之旧"为口号,清理社会生活中的各类"胡俗"。洪武元年二月,明太祖朱元璋下诏"复衣冠如唐制","胡服、胡语、胡姓一切禁止"。⑥ 经过洪武三十年间的增删损益,一套以"别华夷、明贵贱"为主旨的"大明衣冠"体系,基本成型。⑦

---

① 《高丽史》卷七二《舆服》,第2册,第472页。

② 蒙古人在扩张早期,有令被征服者改易蒙古服饰的事例。南宋使臣徐霆称,金亡后士大夫为道士者,可以"免跣焦";蒙古攻金之时,金朝将领徒单益都"不肯改易髻发,以至于死";而崔立以开封城降蒙,即令"在城皆辫发,为大朝民"。(以上参看许全胜《黑鞑事略校注》,兰州大学出版社,2014年,第88、93页)1254年蒙军入侵高丽,也将高丽"君臣百姓出陆,则尽剃其发",作为撤军的条件。(《高丽史》卷二四,第365页)不过,蒙古灭宋后并无类似命令;高丽降附后,也获得"衣冠从本国俗,皆不改易"的许可。(《高丽史》卷二五,第384页)忠烈王的强制胡化政策,并非蒙古人的要求,而是高丽主动示好的表现。

③ 《高丽史》卷二八,第1册,第428页。

④ 《高丽史》卷二七,第1册,第417页。

⑤ 《高丽史》卷七二《舆服》,第2册,第476页。

⑥ 《明太祖实录》卷三〇,第525页。

⑦ 关于明初服饰体系的形成过程,参看拙作《重整冠裳:洪武时期的服饰改革》,香港中文大学《中国文化研究所学报》第58卷,2014年,第113—158页。

与中国基本同时，反元潮流也开始在高丽滋长。恭愍王(1351—1374年在位)即位之初，元朝开始陷入动荡，腹里地区和长江流域分别爆发了刘福通、徐寿辉红巾起义，作为财赋重地的江浙一带，也被方国珍、张士诚等人占领。恭愍王认定元朝实力已衰，趁蒙古人忙于镇压内乱之机，一方面积极向半岛东北地区拓展疆土，攻占元双城总管府等地；另一方面废除征东行省理问所，削弱元朝对其内政的干预。在这期间，恭愍王为加强王权而诛除元朝皇后奇氏家族，更造成了高丽与元朝长期难以弥合的裂痕。① 这一事件虽因蒙古人无暇东顾而暂得平息，却造成了元廷对恭愍王的不信任，并在以后的元丽关系中屡屡发作。②

在文化上，高丽也有意祛除蒙古人的影响。恭愍王当政后，表现出修举礼乐的强烈热情。他甫一即位，便以"箕子受封于此，教化礼乐，遗泽至今"为由，下令平壤府"修祠奉祀"。③ 按照传说，箕子是最早将朝鲜半岛与中原文化联系起来的人物，认同儒家文明的半岛士人，多以"箕封""箕壤"作为本国的代称。④ 恭愍王因箕子"教化礼乐"之功而令平壤府奉祀，透露出对高丽此前"衣冠礼乐""古国之风"的向慕。高丽礼乐曾经大量吸纳唐宋制度，然而由于蒙古入侵、国都迁徙导致"乐工散去，声音废失"，直至一百余年后，恭愍王八年方才下令"有司新制乐器"。⑤ 对于国家最为重要的宗庙祀典，恭愍王在位期间也反复予以修整。恭愍王六年，下令重订太庙昭穆次第，十二年又命补造太庙祭器、礼服，并新撰祭祀乐章。⑥ 在衣冠上，恭愍王对忠烈王以来"辫发胡服"的旧习亦有所不满。按照史书记载，他曾接受大臣建议"解辫发"：

> 王用元制，辫发胡服坐殿上。(李)衍宗欲谏……既入，辟左右曰："辫发胡服，非先王制，愿殿下勿效。"王悦，即解辫发，赐衣及褥。⑦

---

① 高丽迎娶蒙古公主的目的之一，是假借蒙古人之势，压服国内权门大族。然而，高丽宫女奇氏(完者忽都，顺帝太子，也即后来的北元昭宗之母)意外成为元顺帝皇后，却使得奇氏家族倚元室为后援，迅速崛起。恭愍王诛灭奇氏后，元朝曾为高丽另择新君，要求恭愍王退位。不过，元朝的要求因军事干预的失败而未能实现。(参看《元史》卷一一四《后妃一》，第2880页)由此造成的元丽关系裂痕，参看池内宏《高丽恭愍王の元に对する反抗の运动》，收入氏著《满鲜史研究》中世第3册，吉川弘文馆，1979年，第175—195页。

② 参看特木勒《北元与高丽的外交：1368年—1369年》，《中国边疆史地研究》2000年第2期，第78页。

③ 《高丽史》卷三八《恭愍王一》，第1册，第576页。

④ 关于朝鲜半岛箕子崇拜所反映的"慕华"心理，参看孙卫国《大明旗号与小中华意识——朝鲜王朝尊周思明问题研究》，商务印书馆，2007年，第37—44页。

⑤ 《高丽史》卷七〇《乐一》，第2册，第443页。

⑥ 《高丽史》卷六一《礼三》，第2册，第325—326页；卷七〇《乐一》，第2册，第447页。

⑦ 《高丽史》卷一〇六《李衍宗》，第3册，第266页。

李衍宗所提到的"先王之制",应当是指高丽建国之后,参用唐制建立起来的衣冠制度。在高丽太祖留下的《训要十条》当中,有对冠服的训诫:

> 我东方旧慕唐风,文物礼乐,悉尊其制……契丹是禽兽之国,风俗不同,言语亦异,衣冠制度,慎勿效焉。①

高丽太祖遗命后世衣冠典制遵循"唐风",不得效仿草原民族之俗。蒙古和契丹一样,都有髡发之俗,在文化上迥异于中原民族,效法其衣冠习俗自然与先王遗令不符。恭愍王有恢复"先王之制"的愿望,不过在当时环境下,"解辫发"只能是个人行为。高丽与元虽有矛盾,关系却未完全断裂;而且高丽内部亲元派力量强大,从李衍宗谏言时"辟左右"的谨慎来看,恭愍王不可能公开下令让国人革除"胡服"。不过,当以"驱除胡虏,恢复中华"为旗号的明朝崛起、蒙元势力退归塞北之后,高丽和明因为有共同敌人和相似的文化追求,两个国家迅速建立关系,便是顺理成章的事情。

二、拟之亲王:恭愍王时期的明朝赐服

恭愍王十七年(洪武元年,1368)九月乙卯,高丽得知明军已经攻克大都、元顺帝与太子先后北奔。仅仅三日之后,恭愍王便"令百官议通使大明"②,著名儒臣郑梦周(1337—1392)等人"力请于朝",建议高丽正式弃元投明,与明朝确立宗藩关系。③两个月后,高丽派遣礼仪判书张子温前往金陵通好。这是高丽与明朝之间的首次正式通使,④《高丽史》所记载的出使细节非常有趣:

> 吴王礼待甚厚,使六部、御史台宴慰。至台宴日,张乐。大夫谓子温曰:"台宴未尝用乐,今日之乐,为使臣也。"子温曰:"乐以和为主。⑤ 诸公既以和气相

---

① 《高丽史》卷二《太祖二》,第 1 册,第 26 页。

② 《高丽史》卷四一《恭愍王四》,第 1 册,第 627 页。

③ 《高丽史》卷一一七《郑梦周》,第 3 册,第 444 页。郑梦周被后世推尊为韩国理学之祖,他对丽末鲜初的外交政策有重要影响。参看叶泉宏《郑梦周与朝鲜事大交邻政策的渊源》,《韩国学报》第 15 期,1998 年。

④ 恭愍王十三年(1364),曾有"淮南朱平章"遣使高丽。(《高丽史》卷四〇《恭愍王三》,第 1 册,第 618 页)恭愍王与张士诚、方国珍、扩廓帖木儿等元季群雄多有交往,但元末僭号者众,此处"朱平章"尚难以断定其人为谁。

⑤ 此语本于《礼记·乐记》。

接,何必乐为? 夫子曰:'乐云乐云,钟鼓云平哉? 礼云礼云,玉帛云平哉?'"大夫曰:"尚书既知礼乐之本,不必用乐。"乃止。吴王闻之,加厚礼以送。①

因为朱元璋此时尚未向高丽遣使宣告建国,所以《高丽史》依据《春秋》义例,依旧称朱元璋为"吴王"而非皇帝,并无贬抑之意。高丽正使为礼仪判书,身份是文臣——丽末鲜初派往明朝的使臣,绝大多数为儒臣,这与遣元使形成了鲜明对比。根据统计,为了迎合蒙元的崇武风尚,高丽在朝聘活动当中派出的使者近半为武人。② 这表明高丽已经意识到明朝和元朝在文化性格上的差异。以接受过儒学训练的文臣作为使者,更有利于与明朝沟通。张氏此行的成功正说明了这一点:张子温以言辞辩驳明朝台臣,朱元璋非但不以为忤,反而"加厚礼以送",这不仅仅是出于联合高丽对付元朝余党的政治需要,还因为张氏熟练地征引《礼记》《论语》等儒家典籍,向明朝展示了一个"儒化"的高丽,成功拉近了与明朝在文化观念上的距离。而《高丽史》对本次出使细节的铺述,意在暗示明丽关系可以在儒家意识形态框架内建立,绝非无心之笔。

由于文化相近、敌手相同,恭愍王时期高丽与明朝宗藩关系的确立相当顺利。张子温回国后不久,恭愍王十八年(洪武二年,1369)四月,明朝遣使高丽,正式宣布朱元璋已"北逐胡君,肃清华夏,复我中国之旧疆";而高丽历来"慕中国之风",故此特地来告。③ 忠愍王基于"尊王攘夷"的儒家义理,立即上表庆贺明太祖"复中国皇王之统",承认明政权接续中国"正统",并称赞明朝"典章文物之粲然,华夏蛮貊之率俾",表示愿意认同明朝文化,成为藩属。④ 一个月后,高丽再遣总部尚书成准得赴金陵祝贺明太祖生辰,并"请赐本国朝贺仪注"⑤"请祭服制度"⑥。对这些要求,明朝一概应允。有意思的是,明太祖不仅颁给了高丽所请求的冠服,而且还额外赠送了明朝重新校正的编钟、编磬等大型乐器,⑦以及六经四书、《通鉴》等经史典籍。显而易见,明朝乐见

① 《高丽史》卷四一《恭愍王四》,第 1 册,第 627 页。

② 参看颜培建《蒙元与高丽人员交往探讨——以高丽使臣身份为中心》,南京大学博士学位论文,2011年,第 71 页。

③ 《高丽史》卷四一《恭愍王四》,第 1 册,第 628 页。

④ 《高丽史》卷四一《恭愍王四》,第 1 册,第 628 页。本表为李穑所拟,又见《牧隐稿·文稿》卷十一,民族文化推进会编《韩国文集丛刊》第 5 册,三省印刷株式会社,1991 年,第 95 页。

⑤ 《高丽史》卷四一《恭愍王四》,第 1 册,第 630 页。

⑥ 《明太祖实录》卷四五,第 883 页。

⑦ 这些乐器包括:"编钟十六架全,编磬十六架全……笙、箫、琴、瑟、排箫一。"(《高丽史》卷七〇《乐一》,第 2 册,第 445 页)有关此次明朝音乐交流的背景,参看王小盾《明朝和高丽的音乐交往——。1368—1373》,《中国音乐学》2011 年第 3 期,第 61—70 页。

高丽这类尊奉中国典制的"向化"举动。明太祖在给恭愍王的答书中即称"王欲制法服以奉家庙,朕深以为喜",并劝说恭愍王切勿沉溺佛教,要"修仁义礼乐以化民成俗"。① 而在此前后,明朝先是派人来祭祀高丽山川、颁诏革正神灵封号,以示高丽境土已"归职方";又颁行开科举诏,提出高丽如有"经明行修之士",可以"贡赴京师会试"。② 无论是颁给冠服、乐器,还是祭祀山川、广开科举,明朝意在通过这些文化和礼仪的互动,宣示已将高丽纳入重新恢复起来的中华文化圈,而这也正合高丽的初衷。

根据《高丽史·舆服志》的记载,本次明朝颁给高丽的冠服,有国王和臣下的祭服、国王朝服以及王妃冠服。其中官员祭服共分七个等级,其规格"比中朝臣下九等,递降二等",也即高丽本国官员的服饰等级,比同品级的中国官员降低两等(参看表 1)。

表 1　明朝与高丽朝臣祭服等级比较

梁冠等级		七梁	六梁	五梁	四梁	三梁	二梁	一梁
对应品级	明朝	一品	二品	三品	四品	五品	六、七品	八、九品
	高丽			一品	二品	三品	四、五品	六、七品

资料来源:《高丽史》卷七二《舆服志》,第 2 册,第 475 页。

这种服饰等级的换算原则,后来也基本上被朝鲜王朝所继承。③ 按照洪武初年制度,明朝王国(亲王封国)最高官员左、右相,品秩为二品;④而高丽一品官则相当于明朝的三品。由此推断,高丽官员的这套服饰规则,很可能是依据高丽(朝鲜)"郡王爵"的地位制定的。⑤

然而有意思的是,明朝颁赐给恭愍王的冠服,却是高出郡王一等的亲王级别的冠服。明朝颁赐恭愍王祭服(衮冕)和朝服(远游冠、绛纱袍)两套冠服,其中渊源最为古老、最能反映穿着者身份的,是衮冕。按照《周礼》等儒家经典的构想,天子与群臣参加祭祀和典礼时,应当各自穿着不同种类的冕服。冕服共有六种,制度甚为繁琐。⑥ 明初对冕服制度作了很大的修整:在种类上,仅保留衮冕一种,而将其余五种

① 《明太祖实录》卷四六,第 908 页。《高丽史》卷四二《恭愍王五》,第 1 册,第 634 页。
② 以上分见《高丽史》卷四二《恭愍王五》,第 1 册,第 632、636 页。
③ 参看《经国大典》卷三《仪章》,朝鲜印刷株式会社,1934 年,第 224—229 页。
④ 《明太祖实录》卷六四,第 1212 页。
⑤ 建文时颁赐朝鲜国王冕服,谓"朝鲜本郡王爵位"。(见《朝鲜太宗实录》卷三,太宗二年二月己卯,[韩国]国史编纂委员会影印《朝鲜王朝实录》第 1 册,1968 年,第 226 页)唐代初期曾封高句丽君主为辽东郡王,百济君主为带方郡王,新罗君主为乐浪郡王;(见《旧唐书》卷一四九上《东夷》)明初关于朝鲜(高丽)爵位等级的说法,可能渊源于此。
⑥ 儒家经典中冕服的设计及制度演变,参看阎步克《服周之冕——〈周礼〉六冕礼制的兴衰变异》,中华书局,2009 年。

删汰;穿着冕服的人群,也仅限于皇族(皇帝、太子和亲王)内部。群臣参与典礼,只能头戴梁冠,不得服冕。①明朝颁赐给恭愍王的祭服,是仅有皇族才可以穿着的衮冕,而非朝臣使用的梁冠。按照当时制度,衮冕又按照冕的旒数和衮服的章数,分为两个等级:皇帝衮冕十二旒、十二章,太子和亲王衮冕九旒、九章。而恭愍王衮冕为九旒、九章,等级基本与明朝亲王相同。② 这种比于亲王的特殊规格,还体现在印绶上。明朝颁降的高丽国王印,是和亲王相同的龟纽金印;③而同为藩属的安南和琉球,所赐则为郡王级的驼纽涂金银印。④

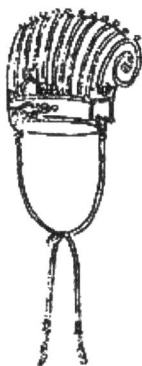

图1 明初皇太子远游冠

作为恭愍王朝服的远游冠,在明初服饰体系里,地位也甚为特殊。按照汉唐旧制,亲王服远游冠,⑤明初对此作了调整。根据洪武初年制度,皇帝服通天冠;而远游冠和通天冠形制相同,仅在梁数上有所差别(十二梁/九梁,参看图1)。⑥ 为了凸显太子作为皇位继承人的特殊身份,远游冠成为皇太子的专有服饰,虽亲王亦不得服。恭愍王获赐的七梁远游冠,仅下皇太子一等。另外,明朝颁给恭愍王妃的冠服,虽然低于亲王妃的等级,但其装饰也为明朝皇室特有。恭愍王妃冠饰为七翟二凤,翟和凤是明朝内命妇(皇族之妻)专有的冠饰,外臣之妻不得佩。⑦ 下面的表格显示了高丽王室获赐的冠服,在明朝服饰体系当中的等级序列:

① 参看张志云《重塑皇权:洪武时期的冕制规划》,《史学月刊》2008年第7期,第35—42页。

② 九章,即衣服上绣的九种纹案,明代皇帝冕服十二章。高丽国王冕服与明朝亲王的差别,在于亲王冕旒用五彩玉,而高丽国王用青玉,仅在装饰上稍有不同。要注意的是,冕服是依据旒数和章数来区分级别的,而非其他。

③ 《高丽史》卷七二《舆服》,第2册,第478页。《大明集礼》卷二一,《域外汉籍珍本文库》第3辑史部第27册,第475页。唯亲王印朱绶,尺寸稍大;高丽国王印为鏊绶。

④ 《明太祖实录》卷四三,第847页;卷一七〇,第2582页。万历《明会典》卷五五,中华书局,1989年,第347页。

⑤ 《大明集礼》卷三九,《域外汉籍珍本文库》第3辑史部第28册,第214页。

⑥ 图一皇太子远游冠(九梁)式样,采自《大明集礼》卷四〇,《域外汉籍珍本文库》第3辑史部第28册,第237页。皇帝通天冠式样,见同书第231页。需要说明的是,远游冠作为皇太子冠服,仅见于洪武元年制度(《明太祖实录》卷三六下,第684页);到洪武后期,远游冠已从皇室冠服体系中退出。《大明集礼》成书于洪武三年,但直至嘉靖年间方才刊刻流传。嘉靖刊本根据当时的制度,对《大明集礼》的部分内容作了删改。故此,今本《集礼》卷三九《皇太子冠服》部分,没有明代皇太子服用远游冠的内容;但《集礼》卷四〇《冠服图》,则删削未尽,仍然保留了远游冠式样图。

⑦ 参看《明太祖实录》卷三六下,第686—687、691—693页。

表2　高丽王室冠服在明初服饰等级中的位置

	皇帝(后)	皇太子(妃)	亲王(妃)	高丽王(妃)	明朝臣(妻)
冕　服	十二旒十二章	九旒九章	九旒九章	九旒九章	无冕服
远游冠	(通天冠,十二梁)	九梁	无	七梁	无
命妇冠饰	九龙四凤	九翚四凤	九翚四凤	七翚二凤	无翚、凤饰

资料来源:《明太祖实录》卷三六下;《高丽史》卷七二《舆服志》。

显而易见,在冠服类别上,高丽国王与明朝皇室相同,等级上与亲王接近。按照儒家礼制,冠服是身份等级的外在表现。明朝将恭愍王比之皇族、拟之亲王,不能不说是"异典"。① 这里可资比较的一个例子是琉球。洪武三十一年,明朝亦曾赐给琉球中山王及其臣下服饰。② 虽然史书未载冠服的具体名目,但从其他史料可以推知,当时国王受赐的冠服当中,规格最高的是郡王级别的七梁皮弁冠,而没有冕服。③ 洪武二十七年,明朝下令琉球国王相"秩同中国王府长史",即相当于中国正五品官员。④ 冠服与官员的品秩相应,据此可以推知,琉球朝臣的冠服等级,应比中国递降四等。通过颁降服饰的规格,不难看出明朝对高丽的特别重视。

对于明朝颁降的礼服和乐器,高丽君臣喜出望外。著名文臣李穑(1320—1396)在草拟的谢表中,有"礼服乐器,示华制于方来;经籍史书,发良心于久昧"之句。⑤ 恭愍王久有摆脱蒙古影响、兴复礼乐之志,因此这些学习明朝礼乐的举动,并非故作姿态。儒臣郑道传(1342—1398),曾经参与恭愍王兴举礼乐的活动:

圣明龙兴,我玄陵(按,即恭愍王)先天下奉正朔,天子嘉之,赐祭服、乐器。王于是躬裸大室,卿(郑道传)为太常,协音律、定制度。⑥

---

① 这可能还与前代元丽关系有关。元代高丽国王世代"尚主",拥有"驸马"头衔,可以得到比照蒙古"黄金氏族"成员的待遇,(参看萧启庆《元丽关系中的王室婚姻与强权政治》,第246页)明初对高丽的优待,可能也受到这一历史因素的影响。

② 《明太祖实录》卷二五六,第3706页。蔡温《中山世谱》卷三,《琉球王国汉文文献集成》第4册,第146页。正统时,琉球给礼部的咨文亦称"洪武年间,钦蒙太祖高皇帝给赐本国各官冠、笏、朝服等件",(见《历代宝案》卷四,冲绳县教育委员会,1992年,第126页)。

③ 永乐五年,尚思绍袭封琉球中山王,明朝"给皮弁冠、朝服等件"。天顺五年,册封尚德所颁赐的冠服详细名目保留下来,其皮弁冠服为"七旒皂皱纱皮弁冠一顶""五章锦纱皮弁服一套",为郡王级。(参看《历代宝案》卷一,第15页;卷四,第125页)此类册封赐服,均遵循先例,很少更动。

④ 《明太祖实录》卷二三二,第3389页。蔡温《中山世谱》卷三,第142页。

⑤ 李穑:《谢赐纱罗表》,《牧隐稿·文稿》卷十一,《韩国文集丛刊》第5册,第96页。

⑥ 《高丽史》卷一一九《郑道传》,第3册,第476页。

收到祭服和乐器后，恭愍王亲自穿着冕服祭祀宗庙，而且还任命官员仿效明朝重新考订音律、定立乐制。对明朝以去蒙古化为目标的礼仪复古运动，恭愍王也欲仿效实行。恭愍王二十一年，高丽上表祝贺明朝平蜀，称赞明太祖"大勋斯集，污俗维新"。这里所谓的"污俗"，是明初文献里的常用词，指元代受蒙古影响的习俗。恭愍王同时请求派遣子弟入明求学，称：

> 秉彝好德，无古今智愚之殊；用夏变夷，在诗书礼乐之习。①

而在此两年之前，明廷以"胡元入主中国，夷狄腥膻、污染华夏"为由，下令兴举天下学校，以期"大振华风"，"复我中国先王之治"。② 高丽表文所谓的"用夏变夷"，正与明朝重建中国文化的旗号遥相呼应。在服饰上，恭愍王决定仿行明代制度。明朝的衣冠体系，分为祭服、朝服、公服、常服四大类别，而此前明朝仅应高丽请求，颁给了国王和臣僚的祭服以及国王的朝服。恭愍王二十三年五月，恭愍王先是下令"禁效胡剃额"③，也即禁止仿效蒙古人剃发垂辫，至九月又派使者"请冠服"④，准备全面实行明制。然而二十天后，恭愍王突遭国内亲元势力暗杀，请冠服的使臣未出国境便中途折返。⑤ 此后，明丽关系急转直下，恭愍王时期频繁的文化往来，亦随之戛然而止。

三、曲折与反复：高丽末期"大明衣冠"的行废

高丽末期，国内始终存在以儒臣为主导的亲明派，和倚蒙古为后盾的亲元武臣。两派势力随着时局变化，此消彼长。⑥ 洪武七年（1374）十一月，恭愍王被弑后不久，明朝派往高丽的两个使臣也一个被杀、一个被执送北元。这是明丽交恶的转折点。祸王（1375—1388 年在位）即位后，权臣李仁任（？—1388）当国，郑梦周、郑道传、李崇仁（1347—1392）、金九容（1338—1384）、朴尚衷（1332—1375）等大批亲

① 《高丽史》卷四三《恭愍王六》，第 1 册，第 646、647 页。《贺平蜀表》和《请子弟入学表》均为李穑草拟，又见《牧隐稿·文稿》卷十一，《韩国文集丛刊》第 5 册，第 95—96 页。

② 《明太祖实录》卷四六，第 925 页。

③ 《高丽史》卷八五《刑法二》，第 2 册，第 708 页。

④ 《高丽史》卷四四《恭愍王七》，第 1 册，第 664 页。

⑤ 《高丽史》卷一一二《朴尚衷》，第 361 页；卷一一七《郑梦周》，第 443 页。

⑥ 参看范永聪《事大与保国：元明之际的中韩关系》第 4 章《祸王朝时武臣亲元派与儒家亲明派之争》，第 119—165 页。

明儒臣同时遭到放逐。恭愍王生前推行的冠服改革,也陷入停顿。《高丽史·李仁任传》谓:

> 大明龙兴,续中原之正统。玄陵(按,指恭愍王)先天下而奉正朔,将请衣冠而变胡服,下令国中,禁人剃头。升遐不日,仁任以侍中,剃玄陵所长之发。于是国人知仁任有无君之心,无事大之志矣。①

李仁任是亲元势力的代表,《高丽史》更直接指其为杀害明使的幕后主使,此后高丽一度全面倒向北元。禑王三年(1377),高丽正式接受北元册封,与明朝断绝关系。自恭愍王十九年(1370)获颁《大统历》以来,高丽一直使用"洪武"纪年,以示奉明之"正朔"。至此,高丽改行北元"宣光"年号,又下令"中外决狱,一依《至正条格》"。《至正条格》是元顺帝时颁行的法典,此时又被重新用作决狱的标准。明朝遣使祭祀高丽山川时所立的石碑,也被推倒。② 凡此种种举动,皆意在表示高丽不再遵从明朝建立的文化制度与国际秩序。③ 然而北元实力日衰、难以尽恃,再加上国内亲元、亲明两派势力彼此制衡,高丽不得不长期依违于北元与明朝之间,实行"两端"外交。④对于高丽多次的通好请求,明太祖都以"高丽隔海限江,风殊俗异""实非中国所能治"为由,"命绝往来,使自为声教"。⑤ 所谓听凭高丽"自为声教",即不再承认原先的明丽宗藩关系。

禑王十一年(1385),高丽与明朝的关系终于有了实质性缓和。明太祖答应恢复高丽正常的朝聘往来,并派遣使臣册封禑王。使者至时,禑王身穿"先王所受法服",率领臣僚至郊迎接,礼仪"悉如朝廷所降仪注"。⑥ 明朝使臣逗留期间,对高丽的典章制度也特别留意。他们先后谒文庙、观社稷坛、请见祀典、求观城隍庙和籍田。⑦ 以上礼仪,在明初或是新设,或是经历更革,意在考察高丽是否接受中国制度,以此判断高丽君臣是否真有"向化"之心。

而高丽儒臣,也有意以"慕华向化"的姿态,来弥合明丽关系的裂痕。"制册新颁

---

① 《高丽史》卷一二六《李仁任》,第3册,第583页。
② 直到禑王十一年明使再来时问及此碑,"乃命复立"。《高丽史》卷一三五《辛禑三》,第3册,第731页。
③ 《高丽史》卷一三三《辛禑一》,第3册,第690页。
④ 参看池内宏《高丽末に于ける明及び北元との关系》,《满鲜史研究》中世第3册,第265—332页。
⑤ 《高丽史》卷一三六《辛禑四》,第3册,第740页。
⑥ 李穑:《受命之颂并序》,《牧隐稿·文稿》卷十一,《韩国文集丛刊》第5册,第98页。
⑦ 《高丽史》卷一三五《辛禑三》,第3册,第731—732页。

周典礼,衣冠复见汉仪章"①,明朝册封使穿着的服饰,再次引起高丽儒臣的注意。郑梦周作诗赞美使臣"翩然乌纱帽,色映海东陲","路人奔走看乌纱"。② 此后两年之内,高丽接连三次遣使金陵,请求明朝赐予冠服。禑王十二年(1386)二月,郑梦周亲赴京师"请(国王)便服及群臣朝服、便服"③。著名文臣李穑与李崇仁合拟的《请冠服表》,盛赞明朝"议礼度制,大开华夏之明",请求允许本国"用夏变夷""俾从华制"。④ 该年八月,高丽又派密直副使李薄"再请衣冠",希望明太祖"推一视之仁,遂使夷裔之民,得为冠带之俗"。⑤ 对这两次遣使,明朝都没有明确答复。礼部转述明太祖的谕旨说:"(高丽)表至,云及'用夏变夷'。变夷之制,在彼君臣力行如何耳。"⑥言外之意,是听任高丽自为。然而,高丽希望得到袭用明朝衣冠的明确表态,因为这意味着明朝同意将高丽重新纳入中华文化圈。禑王十三年二月,高丽再派精通汉语的偰长寿(1341—1399)赴明交涉,终于如愿而归。《高丽史》记载了当时偰氏与明太祖的对话:

> 圣旨:如何,你有甚说话么?
>
> 长寿奏:臣别无甚的勾当,但本国为衣冠事,两次上表,未蒙允许,王与陪臣好生兢惶。想着臣事上位二十年了,国王朝服、祭服,陪臣祭服,都分着等地赐将去了,只有便服不曾改旧样子。有官的戴笠儿,百姓都戴着了原朝时一般有缨儿的帽子。这些个心下不安稳。
>
> 圣旨:这个却也无伤。赵武灵王胡服骑射,不害其为贤君。我这里当初也只要依原朝样戴帽子来。后头寻思了:我既赶出他去了,中国却蹈袭他这些个样子,久后秀才每文书里不好看,以此改了。……伯颜帖木儿王(按,恭愍王蒙古名)有时,我曾与将朝服、祭服去。如今怎那里既要这般,劈流扑剌做起来,自顾戴。有官的纱帽,百姓头巾,戴起来便是,何必只管我跟前说?

---

① 权近:《代人送国子周典簿倬》,《阳村集》卷四,《韩国文集丛刊》第 7 册,第 47 页。

② 郑梦周:《洪武乙丑九月,七站马上次江南使张溥诗韵》《乙丑九月,赠天使周倬》,《圃隐集》卷二,《韩国文集丛刊》第 5 册,第 585 页。

③ 关于郑梦周本次出使的背景和经历,可以参看伍跃《高丽使臣郑梦周的南京之行》,《明史研究论丛》第 9 辑,2011 年,第 38—56 页。

④ 《高丽史》卷一三六《辛禑四》,第 3 册,第 735 页。又见李穑《牧隐稿·文稿》卷十一,《韩国文集丛刊》第 5 册,第 92 页;李崇仁《陶隐集》卷五,《韩国文集丛刊》第 6 册,第 616—617 页。

⑤ 《高丽史》卷一三六《辛禑四》,第 3 册,第 738 页。本表为李崇仁拟,又见《陶隐集》卷五,《韩国文集丛刊》第 6 册,第 615 页。

⑥ 《高丽史》卷一三六《辛禑四》,第 3 册,第 737 页。

长寿奏：臣来时，王使一个姓柳的陪臣直赶到鸭绿江，对臣说："如今请衣冠的陪臣回来了，又未明降，好生兢惶。你到朝廷苦苦的奏。若圣旨里可怜见呵，你从京城便戴着纱帽、穿着团领回来，俺也一时都戴。"臣合无从京城戴去？

圣旨：你到辽阳，从那里便戴将去。①

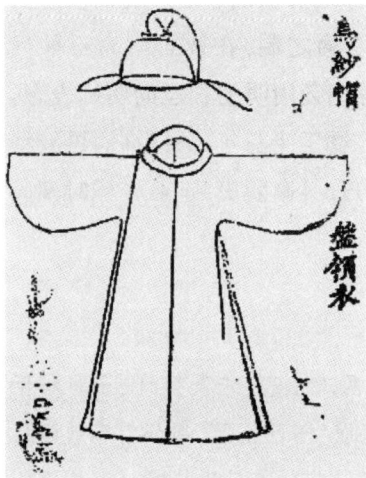

图 2　明初官员常服

至此，高丽正式得到袭用明朝衣冠的许可。偰长寿"服帝所赐纱帽、团领而来，国人始知冠服之制"（参看图 2②）。高丽士大夫的兴奋之情，溢于言表。文臣权近（1352—1409）和从金陵回国的偰长寿中途相遇，得知"许令本国冠服皆袭华制"后，当即赋诗庆贺高丽"衣冠制度新"③。禑王十三年（1387）六月，高丽正式"依大明之制，定百官冠服"④，"自一品至九品，皆服纱帽、团领"。这次改制几乎涉及所有社会阶层，除官员外，学生士人、巡军螺匠以及工商百姓人等，皆改制新服，唯有丁吏和宫内奴仆"其头巾与带仍元制，以其微贱不改"⑤。而在此三个月前，司宪府已下令"禁辫发胡笠"，又效仿明朝出榜"禁胡跪，行揖礼"。⑥ 当时郑梦周与河仑（1347—1416）、廉廷秀、姜淮伯、李崇仁等人，曾一道"建议革胡服、袭华制"⑦，应该就是这套方案的策划与推动者。据说明使看到高丽官员穿着明式冠服，感慨说："不图高丽复袭中国冠带，天子闻之，岂不嘉赏！"布衣元天锡（1330—1394 后）所作诗歌多与丽末时政有关，

① 《高丽史》卷一三六《辛禑四》，第 3 册，第 743—744 页。

② 图二采自《大明集礼》卷四〇，《域外汉籍珍本文库》第 3 辑史部第 28 册，第 248 页。"盘领"即"团领"。

③ 权近：《嘉州路上，逢偰密直长寿自京师还，钦蒙宣谕，许令本国冠服皆袭华制》，《阳村集》卷五，《韩国文集丛刊》第 7 册，第 51 页。权氏系理学家，也是丽末鲜初中韩交往当中的关键人物。参看叶泉宏《权近与朱元璋：朝鲜事大外交的重要转折》，《韩国学报》第 16 期，2000 年。

④ 《高丽史》卷一三六《辛禑四》，第 3 册，第 744 页。

⑤ 《高丽史》卷七二《舆服》，第 2 册，第 477 页。胥吏倡优及宫内仆役等地位低微人群，依旧穿着元时服饰、不预新朝之制，这点亦与明朝相同。

⑥ 《高丽史》卷八五《刑法二》，第 2 册，第 709 页。关于"胡跪"与"揖礼"的区别以及此前明朝的禁令，参看拙作《别华夷与正名分：明初的日常杂礼规范》，《复旦学报》2012 年第 3 期，第 21—30 页。

⑦ 《高丽史》卷一一七《郑梦周》，第 3 册，第 445 页。

可谓"诗史"。他曾为此专门赋诗四首，其前两首云：

> 天子宣威及海滨，衣冠法制已敷陈。着新革旧何其速，外国人为中国人。
> 自古三韩事大邦，从循典礼不蒙戎。得逢风教重兴日，方信殊方尽可降。①

对于高丽易服，元氏之诗大概可以代表当时一般士人的心情。"得逢风教重兴日，方信殊方尽可降"，意谓明朝复兴礼教，异域殊方皆可成为明朝藩属。毫无疑问，元氏对"天子"权威的认可，是建立在其"中国"文化认同的基础上的。

然而不到一年时间，形势再起波澜。祸王十四年（1388）二月，明朝通知高丽，准备在元朝双城总管府的故地，开设铁岭卫，以统辖当地的女真人。然而三十年前，高丽趁元朝势衰向北拓境，早已将这一地区纳入版图。② 这个消息引起轩然大波。祸王一面派人赴明申辩，另一面却又不待明朝答复，便调动全国兵力并串联北元，准备进攻辽阳。祸王前往平壤做战前准备时，命随行人员"宜皆着大元冠服"，一时"城中人编发胡服者已多"。③ 四月，祸王下令攻辽，"左右军发平壤，号十万"，同时命"停洪武年号，令国人复胡服"，以示与明朝彻底决裂。元天锡作诗纪其事云：

> 近闻有朝旨，除年号改服。
> 抽兵尽丁数，上下事驰逐。
> 貔貅十余万，欲渡鸭江绿。④

然而，这只是一段插曲。当时明朝已在东亚大陆取得了压倒性的军事优势，洪武二十年（1387），长期盘踞东北的北元军阀纳哈出降明，翌年，明军又在捕鱼儿海之战中大获全胜，北元势力益加衰微，高丽更难以与明朝抗衡。在此背景下，大将李成桂（1335—1408）回师"兵谏"，征辽之事草草收场，高丽王朝也从此进入尾声。值

---

① 元天锡：《是月朝廷奉大明圣旨改制衣服，自一品至于庶官、庶民，各有科等，作四绝句以记之》，《耘谷行录》卷三，《韩国文集丛刊》第6册，第175页。元氏集中诗作皆按年编排，本诗系年在丁卯（祸王十三年）六月。

② 高丽与明朝有关铁岭卫的争议，参看卜书仁《论元末明初中国与高丽、朝鲜的边界之争》，《北华大学学报》2001年第3期，第51—55页。明朝最终在这一问题上作出让步。

③ 《高丽史》卷一三七《辛祸五》，第3册，第750页。

④ 元天锡：《病中记闻》，《耘谷行录》卷三，《韩国文集丛刊》第6册，第183页。

得注意的是,《高丽史》在叙述这段历史时,多次提到禑王喜好畋猎驰逐、胡服胡乐。如更易衣冠时,"禑与宦者及幸臣独不服,李沃以左常侍,胡服呼鹰,从禑驰射";攻辽前,禑王夜半使群妓"唱胡歌宴乐";下令攻辽后,"张胡乐于浮碧楼,自吹胡笛",大同江泛舟时使人"奏胡乐,禑自吹胡笛,且为胡舞"。① 史书中这些细节描写,都意在表现辛禑蔑弃礼教、喜好胡风,暗示其对以华夏文化认同为基础的明丽宗藩关系,并非心悦诚服。

威化岛回师后,李成桂成为高丽实际掌权者。此后高丽内部虽然分化出拥护王室与拥护李成桂的不同派系,②但他们在尽力维系明丽宗藩关系上,态度并无二致。李成桂回京后,立即下令"复行洪武年号,袭大明衣冠,禁胡服"③。不久禑王被废,昌王即位(1388),文臣赵浚(1346—1405)上《陈时务疏》,其中专门提到冠服问题。他简要回顾了高丽冠服演变的历史:

> 祖宗衣冠礼乐,悉遵唐制。迫至元朝,压于时王之制,变华从戎,上下不辨,民志不定。我玄陵(按,指恭愍王)愤上下之无等,赫然有志于用夏变夷,追复祖宗之盛,上表天朝,请革胡服,未几上宾。上王继志得请,中为执政所改。殿下即位,亲服华制,与一国臣民焕然更始,而尚犹不顺其品制,以梗维新之政。愿令宪司定日立法,其不从令者,一皆纠理。④

按照明初的宣传,明朝衣冠体系是仿照唐代制度建立的,明初官员所戴的乌纱帽,名字即为"唐巾"。⑤ 因此在高丽士大夫看来,使用明朝衣冠,具有"追复祖宗之盛"的意义。昌王即位后即"亲服华制",但尚有人不遵从衣冠新制,赵浚建议专门立法纠察。至此,在经历了禑王时期的反复之后,明朝冠服在高丽的行用再未发生波折(参看图3⑥)。

---

① 《高丽史》卷一三六《辛禑四》,第3册,第744页;卷一三七,第750、751、752页。
② 拥戴高丽王室的文臣,以李穑、郑梦周、李崇仁等为首,拥护李成桂者,则以郑道传、赵浚等为代表。虽然对内政治立场不同,但在维系明丽关系上,两派是基本一致的。
③ 《高丽史》卷一三七《辛禑五》,第3册,第755页。
④ 赵浚:《松堂集》卷三,《韩国文集丛刊》第6册,第425页。
⑤ 王圻:《三才图绘·衣服》,《续修四库全书》1234册,第628页。
⑥ 郑梦周画像采自《圃隐集》卷首(《韩国文集丛刊》第5册,第560页),底本绘制于洪武二十二年;方孝孺画像采自《逊志斋集》卷首(《四部丛刊》影印明嘉靖辛酉刊本),底本绘制于洪武二十五年稍后。这两幅画像虽然模勒不及绘本细致,但依然较为真实地反映了明初纱帽的特点(展脚下垂,可与图二对比),非后世想象之作可比。

图3　十四世纪末明朝和朝鲜两国官员常服画像(郑梦周与方孝孺)

四、一代之制:朝鲜王朝对明朝服饰的沿用

高丽王朝最后的二十年里,王位凡四易(恭愍王、禑王、昌王、恭让王),最终王族覆灭,国家易主。明朝正式册封过的恭愍王和禑王,一个遇弑,一个遇废黜后被杀;恭让王(1389—1392年在位)曾派世子亲朝金陵,但也未摆脱被废黜的命运。曾被明朝册封的高丽国君一再被弑、被废,这对宗主国的权威无疑是严重的挑战。对于权臣操纵下高丽频繁的王位更迭,明太祖极为不满。他对朝鲜开国君主李成桂有极为负面的评价:

> 朝鲜国,即高丽。其李仁人(任)及子成桂,今名旦者,自洪武六年至洪武二十八年,首尾凡弑王氏四君,姑待之。[1]

可能因情报有误,明太祖错把李成桂当作高丽末期亲元派首领李仁任之子。[2] 不过,高丽末年的王位更迭,确实操控于李仁任、李成桂两位权臣之手。在明丽宗藩关系体系下,李成桂擅行废立,不仅破坏了高丽的政治秩序,也损害了明朝的权威。再加上两国间的军事猜疑,终洪武之世,明朝与新建立的朝鲜的关系并不融洽。虽然明太祖为李成桂选定了"朝鲜"国号,但却始终拒绝给予正式册封;明朝的不满,还借所谓的

---

① 朱元璋:《皇明祖训》,收入《四库存目丛书》史部第264册,第168页。

② 这引发了后来朝鲜持续颇久的"宗系辩诬"交涉,参看黄修志《书籍外交:明清时期朝鲜"书籍辩诬"述论》,《史林》2013年第6期,第81—95页。

"表笺"问题反复发作。①

　　然而身为"乱臣贼子"的李成桂，需要以明朝的认可作为新王朝的合法性基础，不得不尽力维系明鲜关系。而且与高丽尊崇佛教不同，朝鲜王朝以儒家意识形态立国，当政者对内也和明朝一样，以变易"胡俗"作为新政权的合法性证明。开国之初，权近所作《平壤城大同门楼记》曾谓"王氏之世（按，即高丽），辽金与元境壤相邻，熏染胡俗，益以骄悍"；李成桂建国后，明太祖赐以"朝鲜"国号，士大夫都希望能"不变旧时骄悍之习，以兴礼义之化"，恢复箕子古风。② 因此在服饰上，朝鲜自然也沿袭了作为"华夏制度"的明朝衣冠。洪武二十五年，李成桂祭祀宗庙，即先"服绛纱袍、远游冠"，"百官公服前导"入庙斋戒，然后改着冕服行礼。③ 洪武三十一年，定宗李芳果即位，也是"改服绛纱袍、远游冠"接受百官朝贺，然后再改着冕服，率领官员为李成桂上尊号。④ 朝鲜国王在典礼上穿着的这些冠服，皆系高丽时代明朝颁降。

　　明太祖去世后，明鲜关系逐渐取得实质性改善。尤其在靖难之役期间，出于军事需要，朝鲜成为建文政权拉拢的对象。⑤ 经过不断奏请，建文四年（1402），危在旦夕的建文朝廷正式颁赐朝鲜冕服。明廷的敕书，详细解释了颁赐的理由：

　　　　日者陪臣来朝，屡以冕服为请。事下有司，稽诸古制，以为："四夷之国，虽大曰子。且朝鲜本郡王爵，宜赐以五章或七章服。"朕惟《春秋》之义，远人能自进于中国则中国之。今朝鲜固远郡也，而能自进于礼义，不得待以子男礼。且其地逖在海外，非特中国之宠数，则无以令其臣民。兹特命赐以亲王九章之服，遣使者往谕朕意。呜呼！朕之于王，显宠表饰，无异吾骨肉，所以示亲爱也。王其笃慎忠孝，保乃宠命，世为东藩，以补华夏，称朕意焉。⑥

───────────────

　　① 参看刁书仁《洪武时期中朝外交中的表笺风波》，《明史研究》第 10 辑，2007 年，第 374—382 页；夫马进《明清时期中国对朝鲜外交中的"礼"和"问罪"》，《明史研究论丛》第 10 辑，2012 年，第 290 页。宗主国对属国的政治稳定负有义务，一旦有篡夺废立等情况发生，必须采取措施以示惩戒。可以与朝鲜对比的例子是安南。洪武二十六年，闻知权臣胡季犛杀害国王陈炜（陈废帝）后，明太祖以"安南弑主废立"为由，下令"绝安南朝贡"；洪武二十九年，安南前王陈叔明卒，明亦因其以"篡弑害国"，认为"若遣使吊慰，是抚乱臣而与贼子也"，拒绝遣使祭祀。（《明太祖实录》卷二二七，第 3314 页；卷二四四，第 3547 页）

　　② 权近：《平壤城大同门楼记》，《阳村集》卷十二，《韩国文集丛刊》第 7 册，第 135 页。

　　③ 《朝鲜太祖实录》卷八，太祖元年十月甲午、乙未，《朝鲜王朝实录》第 1 册，第 83—84 页。

　　④ 《朝鲜太祖实录》卷十五，太祖七年九月丁丑，《朝鲜王朝实录》第 1 册，第 136 页。

　　⑤ 靖难期间建文帝对朝鲜的怀柔政策，参看朴元熇《靖难之役与朝鲜》，《明史研究》第 1 辑，1991 年，第 227—247 页。

　　⑥ 《朝鲜太宗实录》卷三，太宗二年二月己卯，《朝鲜王朝实录》第 1 册，第 226 页。

与洪武时代的严厉语气相比,本次敕书行文极为亲切柔和。按照明廷的解释,因为朝鲜能"自进于礼义",故此按照"远人能自进于中国则中国之"的《春秋》大义,特旨赐予朝鲜国王"亲王九章之服",以此显示明廷对于朝鲜"无异吾骨肉"的亲爱之情。这是朝鲜开国二十年来,首次获得明朝赐服;而且朝鲜国王等同于中国亲王的服饰等级,也正式得到了明廷确认。然而不久之后,朱棣以藩王的身份起兵夺位,宣布革除建文旧政,恢复"祖制"。此时不仅朝鲜需要明朝的支持,朱棣也需要藩国的认可来显示自身的合法性。因此,当朝鲜"奉表贡献"之后,朱棣立即给予国王诰印,并按朝鲜请求赐给冕服,等级亦为九旒九章,朝鲜国王冠服的地位再次得到了确认和巩固。①

结　　语

　　中国和高丽都被蒙古风笼罩接近百年,而明朝服饰体系的建立和流行,是东亚在文化上走出蒙古时代的一个标志。在丽末鲜初接受"大明衣冠"的过程中,李穑、郑梦周、郑道传、李崇仁、赵浚等大批文臣,起了直接的推动作用。明朝以"用夏变夷"为口号推动的礼仪重建,迅速和高丽士大夫的儒学信仰形成共鸣。出使金陵的高丽使者,每每赞叹"汉家礼乐睹新仪""礼乐衣冠迈汉唐";②朝鲜初河仑历数明太祖之勋业,更首推其"雷厉逐异类,正统接皇王。衣冠复华夏,礼乐尊唐虞"③之功。不仅明朝着意塑造的汉唐中国"正统"继承者的形象获得了认可,而且高丽"祖宗衣冠礼乐,悉遵唐制"的历史记忆也被重新唤醒。在此影响下,丽末也以明朝为模板,出现了以"追复祖宗之盛"为目标的服饰改革。高丽袭用的"大明衣冠",其后又为李朝继承,明清易代后更被视作华夏正统在本国延续的象征。

---

　　① 《朝鲜太宗实录》卷六,太宗三年十月辛未,《朝鲜王朝实录》第 1 册,第 281 页。永乐时颁降的朝鲜国王冕服图示,见《国朝五礼仪序例》卷一,信兴印刷株式会社,1982 年,第 58—59 页。有意思的是,恭愍王时期出现的高丽国王与王妃冠服等级不侔的情况,此时依然延续,且终明之世未改。永乐元年朝鲜国王所受冕服为亲王级,而王妃却为郡王级。朝鲜与明间的冠服交涉,并未就此停止。正统、景泰年间,明朝又先后颁降朝鲜国王远游冠服、翼善冠和衮龙袍;朝鲜世子亦得等比照中国亲王世子之例,使用七章冕服。朝鲜仿行的明代冠服体系,至此始臻完备。参看《朝鲜世宗实录》卷一一三,世宗二十八年八月壬戌,《朝鲜王朝实录》第 4 册,第 699 页;《朝鲜文宗实录》卷一,文宗即位年五月庚申,《朝鲜王朝实录》第 6 册,第 236 页。

　　② 郑梦周:《常州除夜呈诸书状官》,《圃隐集》卷一,《韩国文集丛刊》第 5 册,第 579 页。李崇仁:《元日奉天殿早朝》,《陶隐集》卷二,《韩国文集丛刊》第 6 册,第 564 页。

　　③ 河仑:《赠陆礼部还朝》,收入陆颙《颐光先生外集》卷二,《北京图书馆古籍珍本丛刊》第 97 册,第 546 页。本诗作于建文三年礼部主事陆颙出使朝鲜之时,河仑《浩亭集》失收。

迥异于前代以暴力征服为基础,以质子、联姻、助兵、贡纳等方式来维护的元丽关系,明丽(包括后来的明鲜)宗藩关系是在大致和平的背景下缔结,[①]并依靠朝聘礼仪来维持的,这在中国王朝与朝鲜半岛两千多年的交往史中,是极为少有的特例,值得特别关注。在这一过程中,虽然存在双方对现实需求的考虑,以及对各自国力强弱的权衡,[②]但不容否认,东国士大夫长久以来的"慕华"心理,或者说两国共同的儒家文化认同,是这种宗藩关系得以和平建立的重要基础。明太祖曾回忆明丽顺利缔结宗藩关系的缘由说:

> 当即位之初,法古哲王之道,飞报四夷酋长,使知中国之有君。当是时,不过通好而已。不期高丽王王颛,即称臣入贡。斯非力也,心悦也。[③]

其时明朝与高丽接壤的辽东地区,尚为北元控制,明军力不能及。[④] 明丽宗藩关系迅速建立,不是因为高丽惧怕明朝武力,而是因高丽"心悦",也即对"中国"的认同。[⑤]丽季名臣李穑称高丽崇尚儒学,一旦中国"有圣人者出,未尝不为之依归焉"[⑥];郑梦周亦谓高丽之事中国,"视天下之义主而已"[⑦],所谓"义主"即文化上的宗主。而作为文化象征的衣冠,在明丽新宗藩关系形成过程中发挥了重要的媒介作用。丽末士大夫屡屡通过"请冠服"这一举动,来表示对华夏文明,进而是对自称接续中国"正统"的明王朝的认同;而站在华夏中心主义立场上的明王朝,也乐于通过颁赐冠服的形式,来显示对藩属国在文化上的接纳。"大明衣冠"在丽末鲜初的行废,与明朝与朝鲜半岛关系的起落相同步;在明初的东亚国家关系中,衣冠成了构建政治认同的重要文化符号。

---

① 野史所记载的明丽战争,仅有"濮真征高丽"一事,实系误传,濮英与北元纳哈出作战,阵亡于辽东。见叶泉宏《"明初濮真征高丽"传说探原——明清野史谬误剖析之一例》,《东吴历史学报》第17期,2007年。

② 关于这方面的研究,参看伍跃《外交的理念与外交的现实——以朱元璋对"不征之国"朝鲜的政策为中心》,中国明史学会主编《明史研究》第11辑,第26~54页。

③ 《高丽史》卷一三三《辛祸一》,第3册,第696页。

④ 洪武四年二月,元辽阳行省平章刘益投明,明朝势力才达到辽东半岛南部。而与高丽接壤的辽东北部,直到洪武二十年元将纳哈出投降,方为明朝完全控制。

⑤ 洪武三年明朝给恭愍王的册文中,称高丽"良由素习于文风,斯克谨修于臣职"(《高丽史》卷四二《恭愍王五》,第633页),表达的也是类似含义。

⑥ 李穑:《送偰符宝使还诗序》,《牧隐稿·文稿》卷九,《韩国文集丛刊》第5册,第75页。

⑦ 《高丽史》卷一一七《郑梦周》,第3册,第443页。

明代武官造园活动及社会影响

秦 博

中国历史研究院古代史研究所

明代是中国古典园林发展的一个高峰时期,特别是明中叶以后,私家园林兴盛起来。一般认为,修造园林是文人倡导的综合性文化活动,但此时勋贵武官亦多热衷造园。[①] 在明代中后期"重文轻武"的大历史背景下,武官效仿文士雅趣的造园行为,旨在打破缙绅士大夫的文化垄断,以拓展自身的社会影响力。在勋贵武将修建园林、邀饮雅集的背后,是一张绵密复杂的权力关系网。本文尝试梳理明代勋贵武职修造园林雅居的过程,并剖析其中反映的社会文化动向。

一、明代勋贵武将造园活动概况

明代勋臣因其祖先军功可世袭爵位、宅邸,尊贵的身份和雄厚的实力为他们建造园林提供了便利。明太祖朱元璋定鼎金陵后,"开国辅运"功臣被安排在南京皇城周边居住,世人熟知的魏国公徐达赐第"在聚宝门内,出秦淮,名大功坊"[②],其余勋贵赐第鳞次相望,有至清代不颓者。[③] 成祖朱棣迁都北京后,北京城中勋胄赐邸更为密布,诸勋家宅邸皆位于京师五城坊巷之内,周边街道胡同因以为名。[④] 明代中后期竞奢之风大行,勋臣群体世享爵禄但军政实权受限,故更加耽于生活享受,他们开始在世居宅邸内筑园雅居。嘉、万之际,文坛领袖王世贞称南京魏国公后代围绕"中山王

---

① 一些通论性的论著涉及了明代武将造园的概况,但少见有从武将群体身份特殊性及文、武交往角度进行细致分析者。仅胡箫白《莫愁湖与南京徐氏考述——以"胜棋楼"传说故事的编造为中心》(《南京晓庄学院学报》2012年第4期)及胡运宏《明代南京魏国公徐氏家族园林》(《江苏社科界第八届学术大会学会专场应征论文论文集》,2015年)两文关注了魏国公家族军事贵族身份对其园林修建的影响。

② 陈沂:《金陵世纪》纪第宅其八《中山武宁王宅》,南京出版社,2008年。第40—41页。

③ 道光《上元县志》卷一四《古迹·第宅》,《中国方志丛书》华中地方第447号,成文出版社,1983年,第1002页。

④ 见张爵《京师五城坊巷胡同集》,北京古籍出版社,1982年,第6、7、9、10、11、12页;沈榜《宛署杂记》,北京古籍出版社,1980年,第35、37页。

诸邸"筑园已达十所。① 万历年间,北京"都下园亭相望","多出戚畹勋臣"。② 据《帝京景物略》记载,"靖难"功臣英国公张氏花园就在其赐第堂室以东。③ 另"靖难"元勋成国公朱氏赐第内有花园名"适景园",因景色旖旎,被"都人呼十景园"。④ 还有万历朝宁远伯李成梁家族故园,位于李氏"府第东入石墙一遭"⑤。

勋臣世享爵禄,还凭借特权以经营田庄等方式获得盈利。故除赐第之外,他们还有实力在南、北两京内外再购置甚至抢占田土以作园林用地。明代北京德胜门内积水潭一带"周广数里,西山诸泉从高粱桥流入北水门汇此,内多植莲,因名莲花池",池上有"王公贵人家水轩、水亭,最为幽胜"。⑥ 最早环池造园者是世居北京的徐达后裔,万历朝第七代定国公徐文璧。徐文璧之园在"德胜桥右",号"太师圃"。⑦ 太师圃往南不远的银锭桥旁,又有"英国公新园",这是相对英国公赐第内的旧园而言。新园于崇祯六年(1633)由英国公张之极修成。⑧ 相比北京勋贵,南京的魏国公诸胤则圈地筑园,甚至霸占土地,将名胜莫愁湖圈为私领。⑨

勋臣筑园林于城市,亦造别馆于郊野。相比城内的庭院而言,勋臣在京畿郊野的庄园面积更宏阔。如成国公家族除城内"适景园"外,就别有休闲山庄,据王世贞《游成国山庄有作》云:

> 侯家池馆胜平津,别起金沟接露岑。低水千花争掩映,浮云双树变晴阴。
> 山萦落照催归骑,竹韵流风爱解襟。除递更须凭蒋翊,胜游还许重追寻。⑩

从"别起金沟接露岑""浮云双树变晴阴"的描述,可见朱家这一山庄规模之巨,非城

---

① 王世贞:《弇州续稿》卷六四《游金陵诸园记》,《景印文渊阁四库全书》第 1282 册,上海古籍出版社,1987 年,第 835 页。

② 沈德符:《万历野获编》卷二四《畿辅·京师园亭》,中华书局,1958 年,第 609 页。

③ 刘侗、于奕正:《帝京景物略》卷一《城北内外·英国公家园》,上海古籍出版社,2001 年,第 68—69 页。

④ 刘侗、于奕正:《帝京景物略》卷二《城东内外·成国公园》,第 83—84 页。

⑤ 刘侗、于奕正:《帝京景物略》卷二《城东内外·曲水园》,第 96 页。

⑥ 蒋一葵:《长安客话》卷一《皇都杂识·积水潭》,北京古籍出版社,1982 年,第 12 页。

⑦ 刘侗、于奕正:《帝京景物略》卷一《城北内外·定国公园》,第 43 页。沈德符:《万历野获编》卷二四《畿辅·京师园亭》,第 609 页。

⑧ 刘侗、于奕正:《帝京景物略》卷一《城北内外·英国公新园》,第 48 页。

⑨ 见胡箫白《莫愁湖与南京徐氏考述——以"胜棋楼"传说故事的编造为中心》。

⑩ 王世贞:《凤州笔记》卷二《诗二·游成国山庄有作》,《四库全书存目丛书》集部第 114 册,齐鲁书社,1997 年,第 529 页。

内庭院小筑可比。北京阜成门外嘉兴观西二里处有惠安伯园，其地建"堂室一大宅"，后种植牡丹数百亩，另杂种芍药等花卉，[1]为当时京师名胜。若非张氏于郊外广拥沃土，显然无法完成如此浩大的花卉养殖工程。明代勋戚经营庄田之历史前人多有探讨，[2]成国公、惠安伯家能够利用较大面积的京郊土地规划园林，应该与勋戚圈占庄田的传统有关。据《宛署杂记》记载，部分勋家在京师附郭宛平县境内郊野即占有一定数量的恩赐庄田，此正惠安伯园所在之区，其中"英国公张溶地，共壹拾叁顷"，"安乡伯张铎地，壹拾叁顷壹拾伍亩"，"武进伯朱承勋地，壹顷叁拾捌亩"，"泰宁侯陈良弼地，共壹顷叁拾亩"，这些田土性质上纯系贵族私领，所产租税皆勋家全权自征，[3]若勋臣将其庄田改为他用，构筑园林，朝廷应不会干涉。

除了两京的勋贵，修筑园林别馆的风气在一般武将中也广为流行。宣德朝，宁夏总兵官张泰曾在宁夏城南薰门外筑别墅"环翠楼"。[4] 宪宗朝宣府总兵颜彪于"帅府之东园"自构林泉，号为"雅乐之轩"。[5] 隆庆、万历间，俺答款塞，北边号称"清晏"，塞上诸将得以享受太平生活，戚继光在蓟镇山野修建具有公园性质的"可供游赏"之所，甚至得到万历皇帝的支持。[6] 明末榆林大将杜文焕素好风雅，他所筑的"烟驾园"被时人薛冈描绘为"望之飘飘，如将冲举；即之稿稿，自足长生"[7]的仙家胜地。世袭苏州卫指挥使的张氏家族，至嘉、万时期已拥"甲第、楼观、假山池，前堂罗钟鼓，立曲旃，罗绮曳地"[8]，豪奢富丽冠绝当时。

二、武官对文人造园风格的效仿与改造

明代中期以后朝廷施行"以文统武"体制，武官地位逐渐低下，明代晚期重文轻武的现象更加严重。对此，来华教士利玛窦以旁观者的眼光总结道："对于解放国家

① 刘侗、于奕正：《帝京景物略》卷五《西城外·惠安伯园》，第 291 页。
② 见王毓铨《莱芜集》，《明黔国公沐氏庄田考》《明朝勋贵侵夺民田与朝廷禁约》，中华书局，1983 年，第 71—109、306—325 页；郑克晟《明代政争探源》第二篇《永乐以后北方地主经济形态的确立》第八章《明代的勋戚庄田》，故宫出版社，2014 年，第 198—228 页。
③ 沈榜：《宛署杂记》卷一八《万字·恩泽·田宅》，第 206—207 页。
④ 弘治《宁夏新志》卷二，《西北稀见方志文献续编》，全国图书馆文献缩微复制中心，1997 年，第 8 页。
⑤ 嘉靖《宣府镇志》卷一二《宫宇考》，《中国方志丛书》塞北地方第 19 号，成文出版社，1970 年，第 101 页。
⑥ 朱国祯：《涌幢小品》卷九《四少保》，上海古籍出版社，2012 年，第 168 页。
⑦ 薛冈：《天爵堂文集》卷一五《〈烟驾园题咏〉跋》，《四库未收书辑刊》第 6 辑第 25 册，北京出版社，2000 年，第 607 页。
⑧ 王世贞：《弇州山人四部稿》卷八九《故昭毅将军上轻车都尉福建等处都指挥使司掌司事署都指挥佥事张君墓志铭》，《景印文渊阁四库全书》第 1280 册，第 460 页。

的人和持同情态度的领袖们,(朝廷)也赐给荣誉头衔和年俸,他们被任命为军事长官,薪俸优厚,但和别人一样受到文官的管辖。"[1]

武官在军政领域颇受文臣管制,故勋贵大将竞相造园,无疑有追慕文士风雅,进而争取与文人群体比肩的潜在目的。汤宾尹为榆林大将杜文焕的烟驾园作记时即称:

> 夫征逐花鸟,嘲问风月,此隐人逸客无所事事者之为,日章(指杜文焕)以彼殊才,又世将种,震世之功勋不足树也,而乃戢其健气,颓首林泉,以拖彪穿石之手而供课花剌草之役,岂非逢世太平,英雄有余于方而然耶? 榆林在诸镇中最为雄紧,套虏出没无常,黑山水草未一日忘牧马也。赖天子威灵,岁效款市,围塞晏然,怀材抱异之士乘其暇日悠游而割文人之席,争隐士之欢。非然者,卒有缓急登坛坐甲之不暇,欲以游思竹素而托兴园林,尚可得哉?[2]

从可支配的土地资源来说,勋臣有参与园林筑造活动的优势。因为适于构造园林的土地大致有"山林地""城市地""村庄地""郊野地""傍宅地""江湖地"七种,[3]而勋贵城内赐第与近郊的庄田将此七种土地类型囊括无遗。然而,造园需遵循一套复杂的景观艺术规则,既要有"花木鱼池""屋宇""叠石"的"三要素",又需符合"疏密得宜""曲折尽致""眼前有景"的"三境界"。[4] 这种审美的品鉴由文人士大夫阶层掌控,尤其是江南文士通过著书立说制定出造园的审美标准和原则,掌握了品评雅俗的话语权,勋臣武将想恰到好处地效仿并建造出精巧的园林实属不易。万历朝浙江名士沈德符就曾挖苦定国公太师圃的修造水准,称其园"似已选胜"但"堂宇苦无幽致"。[5] 刘侗也嘲讽太师圃内"土垣不垩,土池不甃,堂不阁不亭"[6]。作为最早围积水潭湖面构造的雅筑小居,"太师圃"保有一丝朴拙之感,但根据晚明物质文化集大成之作《长物志》所论:"堂之

---

① 利玛窦、金尼阁:《利玛窦中国札记》第一卷第六章《中国政府机构》,何高济、王遵仲、李申译,中华书局,1983年,第47页。

② 汤宾尹:《睡庵稿》卷一四《烟驾园记》,《四库禁毁书丛刊》集部第63册,北京出版社,2000年,第214—215页。

③ 计成:《园冶注释》卷一《相地》,中国建筑工业出版社,1988年,第56—68页。

④ 童寯:《江南园林志·造园》,中国建筑工业出版社,1984年,第8—9页。

⑤ 沈德符:《万历野获编》卷二四《畿辅·京师园亭》,第609页。

⑥ 刘侗、于弈正:《帝京景物略》卷一《城北内外·定国公园》,第43页。

制,宜宏敞精丽,前后须层轩广庭,廊庑俱可容一席。四壁用细砖砌者最佳,不则竟用粉墙。"①定国公园内堂室装潢明显不符合这样精巧雅致的标准,难怪有文士讪笑之。

鉴于江南文人对雅致文化品鉴活动的垄断,各级武将也不断磨砺造园技艺,以求步趋之。出身士大夫阶层的武官在师法文人审美情趣上有先天优势,锦衣卫史家即是典型。原籍南直隶的锦衣卫史氏本文臣出身,其先祖系给事中史俊,俊子太仆寺少卿史际因嘉靖朝时以义师抗倭,荫子锦衣卫百户世袭,史际子史继书承荫后累官锦衣卫堂上金书管事,继书子史致爵又袭百户,累擢至指挥使。② 史俊、史际父子以缙绅起家又"号多宛财"③,自然有造园热情,因此史际晚年得享"园亭山水之胜"。史家后人锦衣指挥史继书、史致爵承先辈余泽,将园林视为家族事业而发扬。据《溧阳县志》载,史家世居的"沧屿园"位于溧阳城北,四传至锦衣指挥致爵。④ 史致爵另自建"广约四十亩"的"逸圃"等雅筑。⑤ 史氏四代经营的沧屿园山水楼台布置精妙,受到士绅群体的欣赏与追捧。邹迪光《沧屿诗一首为史金吾题》称其"菟裘在城市,城市亦郊原"⑥,有"大隐于市"的格调。时人汤宾尹称"史为江左冠族,富贵丰久",所拥园林"耳目之观弥壮",故"高鸿显盛之家而世袭林园泉石之致,亦可谓破忙以致闲"。⑦ 汤宾尹用"江左冠族"而"世袭林园泉石之致"形容史氏,是为了说明其后代子孙的世袭锦衣军官身份,非但未动摇家族的文化品位,反而在一定程度上为这份家族事业提供了保障。

勋臣家族在修造园林时,不但力求向文人的审美靠拢,还力图将文人风雅与勋臣的显贵气度结合,建造出富丽雄奇的园林。北京西郊阜成门外惠安伯张氏园中杂植牡丹、芍药,种植面积之广到"花之候,晖晖如,目不可极,步不胜也"的地步,园内"蜂蝶群亦乱相失,有迷归径,周行塍间,递而览观,日移晡乃竟"。⑧ 惠安伯园的规模性花卉植育将文人品花的雅趣发挥到了极致,在营造绚烂迷离景观氛围的同时增添了

① 文震亨:《长物志》卷一《堂》,浙江人民美术出版社,2012年,第26页。
② 严讷:《严文靖公集》卷一一《史玉阳公传》,《四库全书存目丛书》集部第107册,第699—702页。嘉庆《溧阳县志》卷一二《人物志·义行》,《中国方志集成·江苏府县志辑》第32册,江苏古籍出版社,1992年,第260页。
③ 严讷:《严文靖公集》卷一一《史玉阳公传》,《四库全书存目丛书》集部第107册,第699页。
④ 嘉庆《溧阳县志》卷三《舆地志·园林》,第84页。
⑤ 嘉庆《溧阳县志》卷三《舆地志·园林》,第86页。
⑥ 邹迪光:《始青阁稿》卷二《沧屿诗一首为史金吾题园在城内》,《四库禁毁书丛刊》集部第103册,第194页。
⑦ 汤宾尹:《睡庵稿》卷一四《沧屿记》,《四库禁毁书丛刊》集部第63册,第215—216页。
⑧ 刘侗、于弈正:《帝京景物略》卷五《西城外·惠安伯园》,第291页。

几分壮丽。

《长物志》所论花卉赏玩之道,有"牡丹称花王,芍药称花相,俱花中贵裔"①的说法。高濂《遵生八笺》亦载"今群芳中牡丹品第一,芍药品第二,故世谓牡丹为花王,芍药为花相,又或以为花王之副也"②。惠安伯张氏本勋戚贵胄,③其家族广栽牡丹、芍药于花圃,既契合文人的经典审美范式,又凸显自身皇亲勋裔的身份特征,实匠心所为。园主惠安伯张元善自言"经营四十余年,精神筋力,强半疲于此花"④。对于张氏园圃营造出的贵胄世臣气韵,"公安派"名士袁宏道作诗赞云:"花勋虽树亦难酬,炙雪浇风老未休。给与扫香十万户,灵芳国里古诸侯。"⑤

再如成国公适景园中景致虚实相借,曲径通幽,核心景观是堂后一株四五百岁、身大于半间屋的参天古槐,⑥其他景致皆围绕古槐错落布置,给观者以鲜明的视觉冲击。成国公家族如此重视古槐审美价值的原因,就在于它悠久的树龄、挺拔的气魄,能凸显朱家公爵山河带砺、与国休戚的贵族身份。此外,该园内"有台,台东有阁,榆柳夹而营之,中可以射"⑦,为游园者开辟了比试弓箭技艺的场所。朱氏将家族崇尚武功的传统融汇到园林修造之中,体现出与文人不同的造园意识。

三、造园与武官社会文化影响力的彰显

传统文人园林具有封闭与私密的特性,但勋贵武职多开辟自家庄园为半公共空间,承接文人墨客的游览集会。⑧ 如都城牡丹盛开时,游人无不往观惠安伯园",以"公安三袁"为代表的文人也常以张家花园为聚会结社的地点。万历三十五年(1607)四月初四,袁宏道同李腾芳、顾天埈、汤宾尹等朝士赴惠安伯园看牡丹,园主张元善"伺客甚谨",众人赏后意犹未尽。至四月二十六日,袁宏道又与弟袁中

① 文震亨:《长物志》卷二《牡丹芍药》,第34页。

② 高濂:《遵生八笺·燕闲清赏笺》下卷《芍药谱》,"中国临床必读丛书",人民卫生出版社,2007年,第536页。

③ 惠安、彭城两伯首封者为仁宗张皇后弟张昇、张昹,但昇、昹二人亦以军官身份在"靖难之役"中立有军功,兼有勋臣、外戚双重身份。

④ 袁宏道:《袁宏道集笺校》卷四九《墨畦》,上海古籍出版社,2008年,第1429页。

⑤ 袁宏道:《袁宏道集笺校》卷四五《破研斋集》一《惠安伯园亭看芍药开至数十万本,聊述数绝,以纪其盛,兼赠主人·其四》,第1322页。

⑥ 刘侗、于弈正:《帝京景物略》卷二《城东内外·成国公园》,第83—84页。

⑦ 刘侗、于弈正:《帝京景物略》卷二《城东内外·成国公园》,第84页。

⑧ 学者贾珺指出,惠安伯张氏园这样的私家园林兼有"公共园林的性质"。见贾珺《北京私家园林中的园居生活对造园的影响探析》,《华中建筑》2008年第4期,第186页。

道、族弟袁寓庸,会李腾芳、顾天埈、丘坦、陶孝曾等再赴张氏花园赏白牡丹,并"大醉而归"。① 魏国公子弟常招延南京文士至自家园囿雅集。②

勋贵武将开放私家园林,邀请文人墨客参与宴会,带有展示与炫耀的意味。他们一方面对文人的雅韵表示服膺,尽可能借鉴文人的造园技艺,以求得到文士的认可;另一方面也在园林设计中彰显自己独特的审美情趣,以打破由文士垄断的文化话语权。事实上,部分勋将确实在一定程度上冲击了文人的传统园林美学,树立了自己的社会文化权威,这主要得益于以下两点。

首先,勋臣大将凭借特权优势,不惜花费重金修造庄园,有"尽损其帑,凡十年而成"③者,从而形成自己的造园风格。唐顺之概言:"余尝游于京师侯家富人之园,见其所蓄,自绝徼海外奇花石,无所不至。"④可见勋贵造园多有富丽雄奇之风,体现了贵胄之家的宏阔气魄。王世贞也用"雄爽""清远""奇瑰""华整"⑤等词描述南京徐氏诸园的风格。锦衣卫军官在追求雅筑的豪奢方面不输勋臣,史继书在家乡溧阳郊外"疏泉架壑为楼观,极宏丽"⑥,开山断流,耗费之巨可想而知。镇将庄园则以雄浑奇诡的边塞风情见长,如榆林大将杜文焕所拥"五岳园"仿五岳山势而建,园中"怪石森列,或立或仆",时人焦竑赞其"坐使幽遐瑰诡之观,不鞭而来,无胫而致,斯已异"。⑦ 这些将门花园的出现改造甚至颠覆了文人制定的小巧精雅的园林风格,使士大夫不敢轻视。王世贞以修造和品鉴园林为能,但南京魏国公诸园壮丽的景观还是给他以强烈触动。王世贞对魏国公南园的景致作了详尽描绘,将惊叹和艳羡的心情表露无遗:"入门,朱其栏楯以杂卉实之,右循得二门,而堂凡五楹,颇壮。前为坐月台,有峰石杂卉之属。复右循得一门,更数十武,而堂凡三楹,四周皆廊,廊后一楼更薄,而皆高靓瑰丽,朱甍、画栋、绮疏、雕题相接。"⑧在参加魏国公南园内盛大的歌舞宴会后,王世贞又作《饮魏公南园作》诗一首,同样流露出仰慕之意:"甲第芳园冠帝京,上公高宴聚

① 袁宏道:《袁宏道集笺校》卷四九《墨畦》,第 1429—1430 页。
② 王世贞:《弇州续稿》卷一八《同群公宴徐氏东园二首》《魏府三锦衣北园同方司徒宴游作》《魏二公子邀与陆司寇、吴司空游东园》,《景印文渊阁四库全书》第 1282 册,第 232、233、234 页。
③ 王世贞:《弇州续稿》卷六四《游金陵诸园记》,《景印文渊阁四库全书》第 1282 册,第 838 页。
④ 唐顺之:《唐顺之集·荆川先生文集》卷一二《任光禄竹溪记》,浙江古籍出版社,2014 年,第 552 页。
⑤ 王世贞:《弇州续稿》卷六四《游金陵诸园记》,《景印文渊阁四库全书》第 1282 册,第 832 页。
⑥ 王穉登:《王百谷集十九种·荆溪疏》卷上《游荆溪疏》,《四库禁毁书丛刊》集部第 175 册,第 137 页。
⑦ 焦竑:《澹园集·续集》卷四《五岳园记》,中华书局,1999 年,第 838—839 页。
⑧ 王世贞:《弇州续稿》卷六四《游金陵诸园记》,《景印文渊阁四库全书》第 1282 册,第 837 页。

星卿。球场地贵堪金埒,幄榭花繁似锦城。"①魏国公西园景观亦奇伟,王世贞赞其假山"惊绝"时言"吾游真山洞多矣,亦未有大逾胜之者",有"恍惚若梦境"之感。②王世贞甚至以"天宫""仙境"等词赞美徐氏诸园,称其"侯家楼馆胜神仙,况尔烟峦四接连"③。

其次,建于朝廷赐第之上的勋臣园林,带有特殊的政治象征意义。由于中国古代城市规划"存在着一种古老而繁琐的象征主义"④,故勋爵世居京城,凸显了诸侯维藩、永拱帝室的政治含义。因此,那些传承百年以上的勋臣赐第园林就具有了政治神圣性,昭示着"不是策勋麟阁后,谁应开第凤台中"⑤的贵族风范。这种风范显然对文士具有相当的震撼力。欧大任观南京魏国公西园时就直白表达:"上公别业傍金门,开国千秋带砺存。楼古尚题烽火字,台高犹识凤凰原。"⑥王世贞也言:"莫将泉石轻为品,曾睹先皇带砺盟。"⑦

由于武官园林建造水准日趋精湛,明代中后期甚至出现了文官效仿勋贵园林的现象。据汪道昆《季园记》载,嘉靖中,有中书舍人吴季子"雅游诸勋贵间,凡诸宫室苑囿、台沼山陵,靡不历睹之"。季子致仕归乡后,开始"相土宜,操轨物,仿将作,授工师,自门庭以及堂皇,莫不爽垲"。⑧由此可见,勋将通过造园的成就,在一定程度上打破了文臣设置的文化壁垒,扩展了社会影响力,提升了自己的文化地位。

结　语

明代中后期,高级武官群体在园林建造活动中表现十分活跃。世袭勋贵得益于坐拥赐第与其他各类田土的优势,在南北两京广造庄园雅筑,各地镇守武将中也多有热衷造园者。对于文人士大夫而言,设计修造园林是体现其身份优越性的活动,通过垄断对园林景观审美的解释权,缙绅士人将自身与社会其他阶层的人群区隔开。在

① 王世贞:《弇州山人续集》卷一八《饮魏公南园作》,《景印文渊阁四库全书》第1282册,第232页。
② 王世贞:《弇州续稿》卷六四《游金陵诸园记》,《景印文渊阁四库全书》第1282册,第838—839页。
③ 王世贞:《弇州续稿》卷一九《游徐四公子宅东园山池》,《景印文渊阁四库全书》第1282册,第240页。
④ 芮沃寿:《中国城市的宇宙观》,施坚雅主编《中华帝国晚期的城市》第一编《历史上的城市》,中华书局,2000年,第37页。
⑤ 皇甫汸:《皇甫司勋集》卷二六《同省中诸僚游徐公子凤台园》,《景印文渊阁四库全书》第1275册,第672页。
⑥ 欧大任:《欧虞部集·思玄堂集》卷六,《北京图书馆古籍珍本丛刊》第81册,书目文献出版社,2000年,第107页。
⑦ 王世贞:《弇州山人续集》卷一八《饮魏公南园作》,《景印文渊阁四库全书》第1282册,第232页。
⑧ 汪道昆:《太函集》卷七四《季园记》,《四库全书存目丛书》集部第118册,第156页。

明代"文、武两途""以文统武"而"重文轻武"的制度与社会背景下,武官积极投入造园活动中去,无疑是在步趋文人风雅,有得到文臣认可与尊重的诉求。然而,勋臣的尊贵身份非一般士大夫可比,高级世袭武官的地位亦非同小可,他们不甘于完全受制于文臣的文化权力,而是在吸收固有园林审美范式的基础上,打造独具一格的园林雅筑,或以富丽的华贵之气为显,或以雄奇的边塞风情见长。勋臣武职还特意将自家园林较大规模地开放展示,借以对文人的园林品位形成话语竞争与冲击。可以说,明代中后期武将虽然整体上在政治地位上不能与文臣比肩,但通过诸如园林修建等活动,部分武职能够一定程度上在社会文化领域扩展权威,这也是明代中后期社会多元化的表现之一。

全球化视野下的礼仪、身体与日常生活

——以近代致意礼变迁为中心的考察

许哲娜

苏州科技大学

致意礼主要指的是在日常相见、聚会以及婚丧活动、公私祭仪等场合,通过跪拜、屈膝、拱手、作揖、脱帽、鞠躬、握手、颔首等特定的身体动作和姿势,向对方传达尊敬、亲热等各种情感和心意的方式。"礼缘于人情"是中国礼仪文化的基本原则,而个人的身体感觉和经验则是"人情"当中至为关键的组成部分。在礼俗文化发展历史的视野中,身体不仅是带有自然属性的躯体,更是由服饰、空间、文化、习俗、制度等共同规定的符号物。身体自然属性与社会属性的互动,是礼俗文化发展动力的主要来源。

因此,本文尝试从身体史的角度,结合与身体密切相关的服饰(作为身体的延伸部分)、空间(身体活动的范围与界限),对两大问题进行探讨:一是近代史上礼仪发生变化以后,对身体造成了什么样的影响,身体作为基本感觉,又对人们选择什么样的礼仪、最终形成什么样的礼仪风尚产生了哪些影响;二是在全球化的视野下,素来自诩礼仪之邦的中国如何应对西方礼仪文化殖民的冲击,西方礼仪通过哪些途径在中国流行,而民众又是基于何种考虑选择适合自己的礼仪,并在日常生活中固化下来。

一、中西礼仪的差异与身体语言的歧义

中国传统致意礼仪陆续出现过跪拜、作揖、请安("屈膝")、拱手等多种形式。进入近代社会以后,在中外多方面因素的影响下,逐渐出现了以鞠躬取代跪拜,以握手取代作揖的趋势,此外还有脱帽礼、颔首礼等。

(一) 鞠躬礼

虽然在中国传统礼书中也有关于鞠躬的记载,但从现有文献的描述来看,鞠躬一般不作为一种独立的礼仪,而主要包含了以下两种意涵。

一是表示下级面对上级应时刻保持的身体状态。《仪礼》指出臣子"执圭入门"过程中必须一直保持"鞠躬焉"的身体姿态与"如恐失之"的心理状态。①《周礼订义》认为,"臣之见君"时应通过"鞠躬屏气"来表示对君主至尊地位的服从。可以说,这些礼书中所描述或者说所规定的"鞠躬",与其说是一种礼仪动作,不如说是一种在君主(上级)面前刻意"表演"的身体姿态,通过让身体时刻处在弯曲的紧张状态,来表达对君权的崇敬、对政务的慎重以及作为臣子(下级)的谦恭等多种心态,这与完成使命,卸下臣属身份,步出庙门之后"如舒雁"的放松状态形成了鲜明的对比。"鞠躬"成为"事上"的一种标准姿态,甚至成为象征臣属身份的一种符号。侯②这一级别所执的圭,称为"躬圭",就被设计成"以躬形为璩饰",可以说是对"鞠躬以事上"③身份属性的一种物化。

一是作为行跪拜礼过程中的一种准备动作。比如《明集礼》中大量的跪拜礼都是以"鞠躬—拜—兴(—平身)"为基本程序的。④

因此,鞠躬礼在近代中国流行之初,是被视为一种西式礼仪的。1915 年《大中华》杂志曾经将"鞠躬与握手"列为中国人"不可不知其大略焉"的"西人会见时所行之最普通礼节"。

西方鞠躬礼第一次引起中国人的强烈关注,很可能是从马戛尔尼使华开始的。此后很长一段时间,一直到阿美士德使华团,在觐见皇帝时是遵从中国的三跪九拜礼还是采用西方的鞠躬礼,始终是中英两国外交交涉过程中最大的分歧之一。这其中固然是缘于清朝与英国关于国家主权与外交关系的话语体系大相径庭,同时也反映了两国不但在礼俗形式上迥然不同,而且在对礼俗文化内涵的理解上存在巨大隔阂。据王开玺研究,从 1868 年开始,尽管仍有不少臣子慷慨陈词激烈反对,但是在李鸿章、左宗棠等人的推动下,清廷在觐见礼仪问题上有了让步的趋势,1873 年,同治帝接受了外国使节以"鞠躬""作揖"为行礼方式的觐见。到了 1898 年戊戌变法,光绪皇帝甚至开始主动考虑外交礼仪与国际接轨的问题,在接见德国亨利亲王时,不但允许其行脱帽鞠躬礼,后来还进一步给予了"赐坐"的"优待"。⑤ 而何伟亚认为,在 1901 年义和团起事失败后,除割地赔款外,西方国家将强迫清政府接受以鞠躬礼为

---

① 贾公彦:《仪礼注疏》卷二四,《十三经注疏》本,中华书局,1980 年,第 1073 页。
② 据《周礼》《尚书》等文献,似应为"伯"。
③ 叶时:《礼经会元》卷三下《瑞节》,《文渊阁四库全书》本,第 92 册,第 123 页。
④ 参见徐一夔《明集礼》,《文渊阁四库全书》本,第 649—650 册。
⑤ 王开玺:《戊戌时期清廷觐见礼仪的改革》,《北京社会科学》1999 年第 3 期,第 128—134 页。

主要表达形式的欧美外交礼仪,作为解决义和团事件的条件之一,这场"礼仪之争"至此才真正画上了句号。[①]

1912年中华民国成立,北洋政府所颁布的礼制,将鞠躬礼正式定为社会通行的问候礼仪,即"人民相见礼",从而使鞠躬礼从外交礼仪演变成一种日常生活礼仪。此后,鞠躬礼通行于行政机关、大中小学、社交场合以及国家庆典中,成为中国近代社会礼仪的核心形式,逐渐获得了认同。

文字是对社会风俗的固化。"鞠躬"一词在书面文字中,逐渐取代传统的"再拜""顿首"等,作为向他人致敬的表达方式,大量、频繁地出现在当时的书信、报纸、杂志上。在一些向读者、消费者拜年的报刊或商业广告上常出现某某商店"鞠躬"或"携同仁鞠躬"等表达方式。这也印证了鞠躬礼正在日渐成为社会认同的致意礼节。

1925年,一位署名"弄潮儿"的作者在《鞠躬主义》一文中还将"鞠躬"称为一种时髦,所以声称自己要顺应时尚潮流,"大胆"创造出一个"鞠躬主义"的时髦新词来取代"未免太不时髦"的旧词"作揖主义"。[②] 到20世纪40年代,这项所谓的"新礼貌"已经俨然成为中国特有的礼仪形式,如《妇女新运》杂志就将中国的"鞠躬"与美国的"握手"、法国的"拥抱"并列为"各国礼仪"。[③]

(二) 脱帽礼

"脱帽"礼在中国历史上同样有过相关记载,也被称作"免冠",但是与鞠躬相同,免冠礼也不是一种独立的礼仪。"冠"作为人最重要的部位——头部的装饰物,是服饰体系中至为重要的部分。在传统社会,冠礼作为一种成人礼,赋予成年男子以社会身份与社会责任。从此,冠就成为他一生中在重要场合须臾不可离的饰物。朱熹曾经向学生描述了一位堪为"前辈礼仪"典范的"某大卿",最核心的一个细节便是这位大卿"初见以衫帽。及宴,亦衫帽";即便是"五盏"过后"歇坐"时,虽然有人"请解衫带,着背子",他仍"不移帽"直至终席。[④] 由此可见,"帽"已经成为一种礼法纲纪至尊至严的象征,甚至是拼了生命也要保护好的珍贵之物。司马光的《涑水纪闻》记述了这样一个故事:被视为仕学典范的宋代宰相杜衍在幼年时深受祖父的怜爱,有一次祖父摘了帽子之后让杜衍拿在手里,不巧遇上山洪来袭,家人四散逃开。杜衍的姑姑伸过来一根竿子,让他握住竿子跟着自己逃命,结果杜衍一手抓住竿子,一手拿着帽

① 何伟亚:《怀柔远人:马嘎尔尼使华的中英礼仪冲突》,邓常春译,社会科学文献出版社,2002年。
② 弄潮儿:《鞠躬主义》,《潮潮周刊》1926年第4期。
③ 《各国礼仪》,《妇女新运》第4卷第4期,1942年。
④ 黎靖德编:《朱子语类》卷九〇,中华书局,1986年,第2317页。

子,在水里漂流了很久才得以活命。获救的时候,大家意外地发现帽子竟然一点儿都没有弄湿。① 可见杜衍在逃命的时候仍然不忘奋力保护祖父的帽子不被濡湿,这恐怕与其自幼耳濡目染"冠"事关礼体的重要性不无关系。

在上古时代,"免冠"是对有罪之人的一种侮辱性的惩罚措施。《周礼·司圜》:"凡害人者,弗使冠饰而加明刑焉。"②后来逐渐演变成下级向上级请罪的一种方式。如汉昭帝时大将军霍光因担心遭遇政敌攻讦不敢入内,被宣召后连忙以免冠顿首的方式表示请罪,而汉昭帝允许他重新"冠"则明确表示了不会加罪于他。③据朱家溍考证,清朝皇帝与臣子密谈结束后,臣子要行跪安之礼,如果说错了话,就在跪拜之外,多加一个摘帽的动作,表示认错。④《红楼梦》中也有类似的描述。贾政斥责家仆李贵没有尽到督促宝玉念书的职责时,"吓得李贵忙双膝跪下,摘了帽子,碰头有声"⑤。也正因为如此,臣子在进谏之前,往往以"免冠"来向君主剖白斗胆冒犯的惶恐心情,但这似乎也可以视作他们表明为了道义不惜"得罪"君主、不惧失去官位的大义凛然姿态的一种身体表演程式。总而言之,在传统社会,冠是融身份、权利与义务等多重社会属性为一体,内涵极为丰富的象征符号。特别是乌纱帽,对于传统社会"学而优则仕"的士大夫阶层而言,具有不言而喻的重要性,被摘掉乌纱帽意味着政治生命的终结,而为保住乌纱帽,他们常常与许多扭曲灵魂的行为联系在一起。

因而,如果说在"冠"与"免冠"之间患得患失,象征着一种自觉或不自觉投身于体制内生活的符号性行为,并在传统礼俗中得到了深切的关注,那么"脱帽"则可以看作对礼法神圣性的一种消解,对不拘一格、超凡脱俗人生态度的一种呈现。如杜甫认为,书法家张旭能够留下"挥毫落纸如云烟"的草书佳作就缘于他三杯之后敢于"脱帽露顶王公前"的豪放洒脱。⑥ "脱帽"还常与"呼啸"等背离正统礼俗的行为方式联系在一起。如宋代书法家黄庭坚常有"人以为仙"的脱俗之举,有一次曾经"约同社友剧饮于南雪亭梅花下,衣皆白。既而尽去宽衣,脱帽呼啸"⑦。

而西方脱帽礼的意涵则大相径庭。据称,西方脱帽礼首先流行于中古时代骑士

① 司马光:《涑水纪闻》卷一〇,中华书局,1989年,第184页。
② 贾公彦:《周礼注疏》卷三六,《十三经注疏》本,第882页。
③ 王钦若:宋本《册府元龟》卷一四九《帝王部·辨谤》,中华书局,1988年,第256页。
④ 朱家溍:《清代礼俗杂谈》,载氏著《什刹海梦忆》,江苏文艺出版社,2006年,第67页。
⑤ 曹雪芹:《红楼梦》,人民文学出版社,1996年,第131页。
⑥ 杜甫:《饮中八仙歌》,仇兆鳌《杜诗详注》卷二,《文渊阁四库全书》本,第1070册,第129页。
⑦ 周密:《齐东野语》卷四,中华书局,1983年,第70页。

的生活中。当时的骑士终日身着铠甲,面覆深盔,相见时如果不摘下护面,就很难辨认出对方是谁,因此摘下盔甲成了打招呼的首要步骤,尤其是在集会的时候,更是把盔甲弃之一旁,表示参加集会者彼此相亲相爱,自己身处安全区域,不需要凭借武装来保护自己。脱去盔甲可以看作彼此之间信任和诚意的一种表示。这一礼节流传到平民中间,渐渐形成了见面脱帽问候的社会礼俗。

由此可见,脱帽这一在中西礼俗文化中非常相似的身体动作,包含的语义却完全是南辕北辙的,因此当脱帽礼被引进中国之后,与其赖以存在的物质基础——西式呢帽和草帽,被国人"一视同仁"地当作一种外来礼俗文化,常常在西式礼仪指南中加以重点介绍。

尽管在实际行礼过程中常出现"有的举手摸一下帽的边缘以代替脱帽的,有的仅举手招呼根本连摸帽边的手续都省了去的;更有人入礼堂或办公室内依然戴着这顶西洋式帽子的"等各种不得要领或过于随意的情形,[①]但无论如何,脱帽礼的确在中国得到了较为迅速和普遍的流行。到1937年左右,上至留学生,下至车夫,不少人都养成了"脱帽"致意的礼仪习惯,如"苏小姐汽车夫向他脱帽",方鸿渐"隔了柜脱帽问讯"。[②]

（三）握手礼

握手礼刚刚传入中国时,曾经陷入一场外来与本土的热烈讨论。虽然多数人认为比起鞠躬尚存"中华的本色",握手礼则"纯是'欧化'",[③]但也有一些文章援引了马援与公孙述"握手如平生欢"的典故,认为握手礼"古已有之"。[④] 事实上,通过对传统文献中"握手"的梳理,可以发现其中的握手更偏向于作为一种情感表达方式,用于表达久别重逢的狂喜、依依惜别的不舍、心心相印的亲密等,而非某种特定礼节。[⑤]

相对于鞠躬礼和脱帽礼在中国的较快流行,握手礼在中国的推行则没有那么一帆风顺。孙麟昌、林语堂、沁芳等文人都曾经撰文对握手礼所带来的种种不便进行逐一非难。甚至就连以引领潮流为办刊宗旨和特色的《北洋画报》也曾经刊文批评握

---

① 高柳桥:《三民主义文化运动与礼俗建设》,《地方建设》第1卷第6期,1941年,第11页。
② 钱锺书:《围城》,人民文学出版社,1991年,第99、303页。
③ 黄华节:《古俗稽古》,《黄钟》第4卷第9期,1934年。
④ 孙麟昌:《握手商榷》,《机联会刊》1935年第120期。沁芳:《作揖与握手》,《新中华》1936年第4期。大白:《握手礼》,《北洋画报》第31卷1524期,1937年。
⑤ 梁满仓撰文多篇对中国古代执手礼进行了探讨。笔者认为将执手作为一种正式礼节需要商榷。从梁文所引证的文献可以看出,执手的相关记载多出现于史书、小说、诗歌等,而礼书却从未将执手作为一种正式礼节。参见梁满仓《先秦两汉执手礼及其情感内涵》,《社会科学》2014年第4期,第147—154页;《从魏晋南北朝执手礼看礼文化的传承与更新》,《江西社会科学》2015年第3期,第115—125页。

手礼。声称"西方文明,我能了解,西方习俗,我也很多赞成,外国哲学美术都还不错,甚至外国香水丝袜以及战舰,我都承认比中国货强"的林语堂更把握手斥为西人"最可笑的""野蛮习惯"。① 由此可见,国人对于握手礼表现出了较为强烈的抗拒心理。最初,握手仅仅被视为外交场合中一种策略性的礼仪方式,因此在是否将握手定为通行相见礼问题上,当时仍是顾虑重重:"现大总统延见外宾,亦常握手。然与外宾交际则可,若骤定为礼,行于国中,未免少见多怪。"②不过,在一些上流人士中,握手礼开始渐渐普及。从小说《围城》中大量关于握手礼的描述来看,至迟到了 20 世纪 30 年代后期,至少在知识界,握手已经是一种日常生活中的常见礼节。尽管如此,仍有人撰文坦承"不得不握手"的别扭心理:"虽明知这习惯之野蛮不合理,也唯有吾从众,只不过每握手时心里委实难过,在此地说说罢了。"③

总而言之,中西人士在行礼过程中身体动作虽有不少相似之处,但是所包含的语言却有着微妙的差异甚至大相径庭。这就使得西式礼仪在传入中国之后必然要经过一层"转译",被附加了诸多具有中国礼仪思维特征的文化内涵。

二、礼仪改变身体:兼论握手礼为何受排斥

鞠躬礼初流行之际,严芙孙曾撰写了一篇很长的文章记述了他的友人赵苕狂为了"变变新花样",在书信中以"两鞠躬"代替"再拜"向朋友致意所引起的一场有趣争执。由于赵苕狂除了向严芙孙约稿,信中同时还提到了另一位作家"禹钟",结果引发了禹钟与严芙孙争论"两鞠躬"到底是只给严芙孙一个人的,还是禹钟与严芙孙各分一个。④ 这当然是一则趣谈,但也切切实实地反映出身体是礼仪文化的核心,礼仪文化的变迁首先意味着身体的改变。由于礼仪的文化内涵必须通过身体动作的演绎才能得以展现和落实,因而在礼仪文化变迁过程中,不同行礼规范中身体动作的幅度、频率等的"换算"就成了新式礼仪推行过程中至为关键也至为令人"斤斤计较"的问题。

无论是中式的跪拜,还是西式的鞠躬等礼仪动作,在某种意义上都是用身体惩戒来表达敬意的一种方式。行礼的身体成本与时间成本越大,具体而言,就是在行礼过程中,身体动作越繁复,改变幅度越大(从微微点头的颔首礼到俯首弯腰的鞠躬礼到

---

① 语堂:《说握手》,《论语》1935 年第 72 期。
② 《相见礼附说明书》,《东方杂志》第 12 卷第 8 期,1915 年。
③ 语堂:《说握手》,《论语》1935 年第 72 期。
④ 严芙孙:《赵苕狂的两鞠躬》,《游戏世界》1925 年第 3 期。

腰膝俱屈的跪拜礼),与致敬的对象高度落差越大(从平视对方的握手礼到以头碰地的顿首礼),完成行礼动作花费的时间越长以及重复次数越多(从一次跪拜到三跪九拜,从一鞠躬到三鞠躬),一方面可以表明礼仪态度越虔敬,另一方面也反映出行礼者与行礼对象身份、地位的差距越大。就这一逻辑似乎可以有这样一种判断,等级制度越是森严,礼节通常越是繁缛,因为必须通过细致地规定行礼过程中身体动作幅度的微小差异,来表明行礼对象的地位等差。也正是因为如此,从颈部到腰部再到膝盖和腿部,几乎全身扭曲的跪拜礼作为政治极端不平等的"封建"社会的象征,遭遇了以民主、平等自诩的"近代文明"国家的强烈抨击。①

新式礼仪相对于传统礼仪更为简捷省事,从而大大减轻了国人的身体负担,成为新式礼仪在近代中国社会迅速流行的最主要动力。不过,"简捷省事"不仅仅是西方礼仪的特征。出于减轻身体负担的本能,中国传统礼仪同样有追求简便的倾向。典型的例子就是明清以来请安礼的流行。据考证,请安礼起源于明代军队礼仪。兵士身穿甲胄时,不方便对上级行跪拜礼,因此就简化为"屈膝",后来逐渐演变成不穿甲胄时也行"屈膝"礼,并逐渐流行于民间,成为晚辈见长辈、幼见长、奴仆见主人等下对上的致意礼。② 相对于跪拜礼,请安礼显然是对身体负担的极大减轻。

进入近代社会,不少普通人对取缔跪拜礼的拥护,同样是出于简化礼仪、减轻身体负担的诉求。如在1925年的时候,一位署名心水的作者在对跪拜礼的批评中,花费了大量笔墨刻画了跪拜礼给身体造成的不适感觉,以及时间成本的消耗:

> 你看大多数仍旧喜用拜跪礼的结婚,跪了又跪,拜了又拜,跪啊! 拜啊! 弄得新郎的两个腰,两双腿,酸痛得不亦乐乎! 至于虚耗于这种繁文缛节的宝贵时间更不算什么。③

相对于一些文化精英在抨击跪拜之礼时集中攻讦"封建""专制"带来的屈辱感,该文作者的想法恐怕才能够代表当时社会关于跪拜之礼更为普遍的心态和想法。到了

---

① 在近代以前,对跪拜礼的抨击主要是天主教徒在偶像崇拜的语境中进行的。进入近代社会,跪拜礼则被作为民主平等的现代政治文明的对立物加以批判。

② 朱家溍:《清代礼俗杂谈》,《什刹海梦忆》,第66页。

③ 心水:《礼貌要整顿一下才好!》,《生活》第3卷第47期,1927年。

1942 年,另一篇文章的作者考虑的仍主要是"卫生及施行时的便利",实际上也还是身体负担问题以及时间成本问题。在他看来,旧式跪拜礼的不妥之处仅仅在于"对于病人及孕妇,即不大相宜,年老力衰的人,更不胜其劳"①。而在 20 世纪 40 年代中期重庆政府拟定的《礼制草案》中,劝导民众"从前跪拜礼节,概应废除"的理由同样是为求"简便易行"。②

由此可见,简化行礼动作、减轻身体负担是从传统到现代日常生活礼仪演变的一条重要线索。脱帽礼传入中国后,比起跪拜礼已经大大减轻了身体负担,但仍被继续简化为"摸帽礼""举手礼":"有的举手摸一下帽的边缘以代替脱帽的,有的仅举手招呼根本连摸帽边的手续都省了去的。"③这种"简化"礼仪的社会诉求在国家礼制中也得到了体现,"简单""简便"是 20 世纪 40 年代重庆政府《礼制草案》反复强调的首要原则:"祭礼仪式,应简单严肃,繁文缛节,概不采用","相见礼节,以谦恭为主,其仪式力求简便易行"。④

简捷省事是国人接受西式鞠躬礼的重要原因之一,也是排斥握手礼的重要理由之一。"有时朋友来得太多,你要一个个与之握手,又不免太麻烦了。""戴着手套与人握手,就不可以。你必得先把手套取下来,再来进行这种礼节。与人握一回手,便免不了要将手套脱下来,随即又再戴上去,其麻烦是不待言的。"⑤

然而,无论礼仪形式如何改变,以身体惩戒作为表达敬意的方式这一核心价值理念并没有根本性变化。因此,跪拜仍被视作"大礼",盘踞在礼仪体系的塔尖。不但乡下的冬烘先生仍认为"点头弯腰不成体统,没有大拜大跪看起来大方是样"⑥,就连最具现代平等意识的学生也一度将"跪哭"作为表达现代政治诉求的一种极端手段。

这种心理催生了另外一种情形,那就是通过西式礼仪与中式礼仪叠加来强化敬意,反而加重了身体的负担。1915 年的《社会教育星期报》提到了当时出现的一种"不讲理"的行礼方式,那就是将民国礼制中的脱帽与清朝礼制中的磕头进行嫁接衍生出来的"摘帽磕头"礼。文章作者不禁发问:"摘帽磕头是甚么礼?"在他看来,免冠叩头"是大员召见时,才行这种礼",不符合民间"寻常行礼"的习惯。事实上,正如上

① 邱培豪:《改革礼俗的几个根本问题》,《服务月刊》第 6 卷第 1 期,1942 年。
② 重庆国民政府内政部编:《礼制草案》,第 4 页。
③ 高柳桥:《三民主义文化运动与礼俗建设》,《地方建设》第 1 卷第 6 期,1941 年。
④ 重庆国民政府内政部编:《礼制草案》,第 4 页。
⑤ 沁芳:《作揖与握手》,《新中华》1936 年第 4 期。
⑥ 梁瑞甫:《礼法食色与社会演进》,《新东方》第 1 卷第 9 期,1940 年。

文提及的朱家溍的考证,免冠磕头礼也并非大员觐见皇帝时的常见礼仪,而是在说错话等特殊情况下才行的特殊礼仪,①实际上是通过进一步加重对身体的惩戒来表明谦卑的认罪态度。民国的老先生或许是为借用脱帽礼来加强磕头礼的虔诚程度,也可能是为了给磕头礼添加一些新式的元素?但无论如何,这都是对身体负担的一种加重。这也可以看作西式礼仪对中国人身体的另一种影响。

相对于鞠躬礼、脱帽礼等与国人所熟知的传统行礼方式和礼仪思维还算相去不远,通过身体接触来传递情感的握手礼则是最为特别和陌生的,对国人的身体和思维产生的冲击也是最大的,并因此引发了国人对身体接触禁忌的密切关注。"不洁"成为国人评价握手礼时最常见的话语模式。所谓"不洁"可以具体分为两类情况。

一类是生理性的"不洁"。这种禁忌与从西方传入的卫生防疫理念有着较为密切的关系。身体接触存在传播疾病的风险,已经成为一种较为普遍的卫生常识。这也使得时人在行握手礼时不免顾虑重重。多年来,不利于身体卫生一直是握手礼批评文章的主要立论依据之一:"在大众里,总不免有患痰疾、砂眼、疹疮等传染病,互相握手,很易蔓延。"(1935年)②"与有沙眼一类传染病的人握手,我们还不免要耽一桩心事。"(1936年)③"行的握手礼,更容易传染病菌,亦不见得好。"(1942年)④林语堂更是将"卫生"作为反对握手礼的首要理由:"有时看见痨病鬼咳嗽时很卫生将手掩口,咳完即伸手与你握别。"⑤关于握手导致身体伤害的负面新闻报道也不时见诸报端。如孙麟昌文章引用一则报道称"古巴前总统桑玛照,去年因与人握手次数过多,以致手部生瘤(见廿三年八月三十一日报载)"⑥。又如,据《旅行杂志》报道,德国慕尼黑居民莱斯达夫在结婚庆典上接受朋友握手道贺时,被一位用力过猛的友人捏断手骨,这个惨剧造成了"不但婚礼立时停止举行,且新郎因残废不利工作而致失业,新娘亦拟离异",而新郎在愤恨之余与朋友反目成仇对簿公堂等一系列严重后果。⑦

一类是精神性的"不洁",主要来源于中国本土传统对男女肢体接触的禁忌。随

---

① 朱家溍:《清代礼俗杂谈》,《什刹海梦忆》,第67页。
② 孙麟昌:《握手商榷》,《机联会刊》1935年第120期。
③ 沁芳:《作揖与握手》,《新中华》1936年第4期。
④ 邱培豪:《改革礼俗的几个根本问题》,《服务月刊》第6卷第1期,1942年。
⑤ 语堂:《说握手》,《论语》1935年第72期。
⑥ 孙麟昌:《握手商榷》,《机联会刊》1935年第120期。
⑦ 《握手惨剧》,《旅行杂志》第10卷第12号,1936年。

着男女社交日益普遍,握手礼使男女之间获得了身体接触的机会,这引起了一部分人的恐慌和焦虑,试图重新强调身体接触的洁净禁忌。虽然从小说、戏剧乃至正史中可以看到近代以前男女之间的交往并非现代人想象中的"老死不相往来",但是男女接触的正常化以及合理性长期以来缺乏有力的伦理依据,确是不争的事实。即便是在家庭生活中,男女之别也被置于伦理原则的首要位置。从"男女七岁不同席"开始,家庭成员中男女之间除了通过空间上的内外之别加以区隔,还通过严格限制日常生活用品的共享来杜绝任何接触的可能,包括不共用水井、不共用寝席,除了祭祀和丧礼场所不相授器等,特别是与身体有亲密接触的四大"私亵"之物——橐(衣架)、枷(衣架)、巾、栉(梳子)等,更是不能通用,在彻底断绝男女身体通过日用品进行"间接"接触的可能性方面可以说达到了事无巨细的严密程度。正因为如此,即便进入近代社会,男女之间多种形式的社会交往(包括同学、同事、同志等)变得越来越普遍,传统伦理观念关于男女关系模式的认识却仍然非常单一,男女关系模式仍被设定为两个极端:极为亲密(夫妻、情侣)与几乎等同于陌生人的泛泛之交,也就是我们今天常说的,男女之间除了爱情,不存在真正纯粹的友谊。很多人对于男女之间的身体接触更是难以接受,即便承认男女之间存在多种形式的交往模式,但身体接触仅允许存在于最亲密的关系之中。因此,在不少人看来,男女之间身体一旦发生接触,引发的只能是非分的"遐想"。就连不讳于刊登女子全裸照片的《北洋画报》所发表的文章都认定:

> 但中国人是不宜于过于亲切的,过亲切了,便发生"遐想",尤其是在男女之间。一个男子与女子握手时,常是撇开了友情,而觉到肉感。所以《礼记》上有"执女手之卷然"的话,这已可以看出我国男士们的风度了。①

文章的作者更是据此推测内政部规定"行握手礼时女子先伸手",醉翁之意不完全在于效仿欧美尊敬女子的风气,更是为了适应中国的国情,增加一层"防微的副作用"。② 在现实生活中,尽管男女握手已经是司空见惯的行礼方式,但是在一些人看来仍多少流露着些许局促的味道:"主人立在门边,一个一个地握手相见。我这里虽说是相见,其实他只看见我们的一只手,如果他连这一只手都没有见到时,那准是一

① 大白:《握手礼》,《北洋画报》第 31 卷第 1524 期,1937 年。
② 大白:《握手礼》,《北洋画报》第 31 卷第 1524 期,1937 年。

位女社友踏进门来了,每遇到这种情形,他的握手礼便失了效力,双方都感着一点局促的样子。"①

此外,对失去身体自主权的担忧也是国人排斥握手礼的主要原因之一。不少人都提到握手引起受人掣肘的担忧。如孙麟昌就提到"与对方相握手",首先就是"要受他们的掣肘"。② 林语堂对于因握手而受人掣肘的后果更是夸张到了无以复加的地步:

> 你把一只手交给对方,对方要握多少时,要使多少劲,都不得由你自主,一概在对方之掌握中了。最重的莫如青年会干事之握手式。他左手拍你肩膀,右手狠狠的握你一把,握了之后,第二步便是所谓的"顿",顿得你全身动摇,筋酸骨散。……顿了之后,第三步,他得意的向你微笑,呼你老林老陈,其意若曰:"现在你打算怎么了?你逃得了么?还是好好买一张什么入场券吧,入查经班吧,不然我这手定然不放。"在这种情形之下,你如是识时务之俊杰,荷包自然就掏出来了。③

更重要的是,如果把礼仪看作一种身体语言,那么握手礼无论是在语词(身体动作)还是语法(表达策略)上都在中国传统礼仪文化体系中找不到可以"互译"的对应点。这或许才是中国人在心理上强烈抗拒握手礼的根本原因。"自卑而尊人"是中国传统礼仪的核心要义。无论对方是尊长还是平辈,唯有向行礼对象表现出一定程度的"卑屈",才算是"尽到了礼节"。这种精神上的"卑屈"外化在身体上,就表现为身体不同程度的弯曲。无论是传统的跪拜、作揖还是西式的鞠躬礼、脱帽礼,都能够有效地传递行礼者内心的"卑屈"姿态,这或许是鞠躬礼、脱帽礼能在中国得到较为顺利的推广和普及的重要原因之一。而握手礼作为双方基本对等的身体动作,无法恰当地展现行礼者的"卑屈"态度,因此也就无法实现"尽到礼节"的功能。在多数中国人看来,握手只是一种亲密关系的表达方式,只适宜存在于非常狭义的人际关系中,主要是挚友以及情人之间。如"握手言欢……这只限于在两个顶要好的朋友之间,可以执行"。这就造成了不少人与一面之交见面时在是否握手的问题上"颇费踌躇"的为难情状:"有些不相干的一面之识,似乎是用不着那样亲密地和他握手的。

---

① 沁芳:《作揖与握手》,《新中华》1936年第4期。
② 孙麟昌:《握手商榷》,《机联会刊》1935年第120期。
③ 语堂:《说握手》,《论语》1935年第72期。

若抛下他不理,又觉得有点失礼。最难过的就是双方的手欲伸不伸的那种僵局。"又如握手"最大的功用"应该在于"情人相见"的情形下,唯有这种情况下"决没有人反对握手的"。但事实却是社会上普遍存在着由于受到中国传统伦理观念束缚而导致"见到心爱的情人,反而不敢有所表示"的窘态,这与西式礼仪所要求的"刚通姓名的一面之交,就进而与之握手"的社交习惯,形成了一种"违背人情"的明显悖谬。

由此可见,如果说西方脱帽礼还可以在中国传统已有的"免冠致歉"这样一种卑屈性文化语境中找到互相解读和"转译"的契合点,那么握手礼所蕴含的身体语言意涵(亲密接触与礼节性致意)及其发生的人际关系情境(亲密关系与更为宽泛的人际关系)几乎是背道而驰的,从而对其对话与"互译"造成了极大阻碍。鞠躬、脱帽、握手等各种西式致意礼节传入中国后的不同遭遇也说明,除了简化礼仪、减轻身体负担之外,是否符合身体习惯、是否与传统行礼方式中的身体语言模式相契合也是社会民众在选择西式礼仪时的一个重要依据。

三、空间规定礼仪还是礼仪改变空间:身体的社会规训

空间是支配人们行礼方式选择倾向至为重要的一个因素。因为从某种意义上来说,空间本身就意味着一种制度和规训。空间作为社会制度的物质形式,限定着人们的活动范围和形式,因而能够对社会民众的身体起到规训作用。这种规训的效力一方面固然来源于国家法令、文化惯习的威慑力,另一方面更借助了"集体意志"的感召力与"自我呈现"(戈夫曼语)的激励作用。当空间作为某个特定人群出于某种共同目的聚集在一起的场所,势必孵化出旨在统一、规范组织成员意志和行为的纪律、准则。而这种纪律、准则往往也是所属成员身份认同的重要媒介,从而形成了某种能够潜移默化地对绝大多数成员产生"同化""催眠"作用的"集体意志"。同时遵循和执行"集体意志",以获取其他成员的认同和赞赏,则是个体成员"自我呈现"的重要出发点之一。在"集体意志"的暗示和"自我呈现"的驱动下,绝大多数成员在自身所处的空间中常常会自觉不自觉地接受国家、社会对自己身体的规训。柳宗元有诗云:"入郡腰恒折,逢人手尽叉。"①说的正是自己进入"郡"这一特定空间之后一种条件反射式的身体反应。

除了礼教制度的约束与集体意志的同化,在一些威权较弱的空间中,还可以通过

---

① 柳宗元:《柳宗元集》卷四二《同刘二十八院长述旧言怀感时书事奉寄澧州张员外使君五十二韵之作因其韵增至八十通赠二君子》,中华书局,1979 年,第 1116 页。

陈设所包含的文化暗示,对社会民众行礼方式的选择起到引导作用。比如《围城》中方家祭桌前的红毯就起到了这样的作用:"行礼的时候,祭桌前铺了红毯,显然要鸿渐夫妇向空中过往祖先灵魂下跪。"①

近代以来,在中西文化交流不断加深的情况下,对身体控制具有决定性影响的空间主要包含三种形式。

一是传统社会习俗遗留作用仍然比较明显的空间,如乡村、祠堂以及婚丧场合。传统跪拜礼仍然扮演着重要的角色。如 1927 年的婚俗中"大多数仍旧喜用拜跪礼"。20 世纪三四十年代无论是在家中还是在祠堂祭祖,普遍采用的仍是"三跪九叩首"的大礼。因此 20 世纪 40 年代《礼制草案》才会在《丧礼》部分最后强调:"本礼所称行礼,以鞠躬礼为限。"②

二是在西式生活方式影响下建构的新式生活空间,大到银行、商场、球房、电影院、俱乐部、舞厅等公共建筑,小到中式住宅中特别布置的"西式空间",如当时上流社会的富贵家庭中的"趋洋者",往往在大客厅(中式客厅)之外"又设洋式客厅"。③

三是作为"西方资本主义生产方式、科层组织进入中国的最初形式"④的体制化空间。

后两种形式的空间都为新式礼仪的推行提供了适宜的社会文化情境。尤其是第三种形式的空间,表现出特别强烈的制度属性,因此成为国家推动新式礼仪训练的重要场所。

从北洋政府到南京政府,多次草拟修订的礼制方案都把社会礼仪包括相见礼的确立作为一项重要内容,并视其为推行国家政治意识形态的主要媒介。北洋政府在颁布相见礼的同时特别对相关条例进行了详尽解读。南京国民政府所倡导的新生活运动,提出要实现"三民主义的礼俗制度化",以确保新式礼俗及其承载的"三民主义"意识形态在日常生活中的贯彻。

而学校作为科层化组织较为严密的场所,在国家礼仪训练过程中成为向社会大众示范新式礼仪的重要基地。新式学生是近代历史上一个特殊而且重要的群体。从国家与民族的层面而言,从清末兴办新学堂开始,新式学生就被寄托了富国强兵的深切希望。以五四运动为重要标志,新式学生又被视作要求参与政治、呼唤现代政治文

---

① 钱锺书:《围城》,第 297 页。
② 重庆国民政府内政部编:《礼制草案》,第 34 页。
③ 丁子良:《正俗》,《社会教育星期报》第 374 号。
④ 陈蕴茜:《空间维度下的中国城市史研究》,《学术月刊》2009 年第 10 期。

明的先锋。在国民政府推行的"新生活运动"中，童子军是推行并监督民众履行三民主义礼俗文化的中坚力量。从日常生活领域而言，他们在接受新式教育的同时，也较早接触了西方的生活方式，成为效仿、传播西方时尚的重要媒介，他们的衣着打扮、行为举止常常成为社会大众争相模仿的潮流标杆。一个典型的例子就是，传统时代的妓女为保持魅力而在妆容和衣着方面不断推陈出新，因此青楼曾经是社会时尚的策源地，然而在近代社会有一段时间她们却以"女学生"的穿着风格作为自我形象塑造的样本。

学生的礼貌问题因此成为社会关注的焦点，甚至被认为与国家危亡有着"重大"关系。白远桐在《上海评论》上发表文章对"五四"以来打压学生的社会现象的讽刺和批评，也从一个侧面证明了从国家到社会都试图通过对学生身体的规训来实现新式礼仪的推行乃至民族文明的新生。有相当一部分人认为学生的礼貌问题不但对"社会所有的颓风"负有责任，"国家也要因青年的不重礼貌而要灭亡了"。他们有意或无意地放大了学生礼貌对于挽救社会颓风、实现国家复兴的作用："这仅仅鞠躬而已，假使能够彻底改革，学生看见了先生全用磕头、跪拜，于是中国便会富强，称霸全球了。"①

这种思路在国家意识形态中也有所体现。《礼制草案》特别强调学校在新式礼仪推广普及过程中的特殊重要性，并将礼仪规训的主要精力集中在学校，以期通过发挥教师和学生的榜样作用来达到引导民众的效果："规定师生相见之礼，旨在有学校创立始基，使之彬彬有礼，蔚为风尚。"②

应该说，在国家规训与集体意志的双重作用下，新式礼仪在学校这一特殊空间中的推广效果是比较明显的。不少教师和学生在行礼方式方面已经养成了"鞠躬"的身体习惯。如《北洋画报》的漫画就展示了乡村学生学习新式鞠躬礼的情况。《围城》中所描写的中学校长，虽然生活在"落伍""乡气"的江南小县，但他向方鸿渐行的是新式的鞠躬礼。而从孙柔嘉对方鸿渐撒娇道"明天教我爸爸罚你对祖父祖母的照相三跪九叩首"可以看出，她是熟知在传统礼俗文化中祭祀祖先应该行"三跪九拜"礼的，然而当她在祭拜夫家祖先时，却选择了新式礼制倡导的"三鞠躬礼"。也正因为如此，方鸿渐的父亲方遯翁才会对"学生"群体抱有某种偏见："孙柔嘉礼貌是不周到，这也难怪。学校里出来的人全野蛮不懂规矩，她家里我也不清楚，看来没有家教。"③

① 《孤岛学生的礼貌问题》，《上海评论》第 3—6 期，1939—1940 年。
② 重庆国民政府内政部编：《礼制草案》，第 34 页。
③ 钱锺书：《围城》，第 298 页。

空间也是时人用来考量礼俗文化发展不均衡的一个重要维度。如城市与乡村往往被视为行礼方式存在明显隔阂的两大空间。《北洋画报》刊登的漫画中活灵活现地刻画了一位"刚一学会鞠躬礼"的乡村学生的滑稽身姿。他不但不分场合乱行鞠躬礼,"趁你不留意,乒就来一下子",而且在行礼过程中弯腰的同时却一面抬起头来"瞪着眼瞧你还他的礼儿咧",从而扭成了令人捧腹的头翘、臀撅的奇特身姿。① 而梁瑞甫把"乡下的冬烘先生"作为非难"点头弯腰不成体统,没有大拜大跪看起来大方是样"的落后典型。②

不过这其实恐怕出于一种由来已久对乡村的偏见。《北洋画报》所竭力嘲弄的乡村学生虽然有些笨拙可笑,但同时也恰恰反映了新式行礼方式在乡村的推进并非毫无进展。另一方面,事实上在城市里,新式礼仪也并未一统天下,磕头跪拜的传统行礼方式仍然大行其道。钱锺书笔下的方家虽然已经迁居上海都市多年,但是仍视跪拜礼为天经地义的致意礼节,并因此引发了婆媳之间的第一次嫌隙。孙柔嘉第一次拜访方家时,方老太太"满以为他们俩拜完了祖先会向自己跟邂翁正式行跪见礼的",结果却因为儿子方鸿渐"全不知道这些礼节,他想一进门已经算见面了,不必多事",作为婆婆不该受到"十月怀胎养大了他,到现在娶媳妇,受他们两个头都不该么"的待遇。方老太太心怀不满,不但"这顿饭吃的并不融洽",而且连本来前一天晚上翻箱倒箧找出来要给儿媳作为见面礼的首饰,"因为儿子媳妇没对自己叩头,首饰也没给他们,送他们出了门,回房向邂翁叽咕"。而当孙柔嘉和方鸿渐只是对方家祖先牌位行三鞠躬礼时,连方家年幼的孙子阿丑都能不假思索地指出孙柔嘉行礼方式不符合传统习惯:"阿丑嘴快,问父亲母亲道:'大伯伯大娘为什么不跪下去拜?'"当大人们因为这一"童言无忌"的质疑尴尬得不知所措时,阿丑和阿凶两个孩子却"抢到红毯上去跪拜",以自己的身体对传统行礼方式进行了示范,甚至担心不能率先展现自己对传统礼俗的精通而发生纠纷,"险的打架"。③ 由此可见,传统行礼方式已经通过深深镌刻在方家下一代的身体中这一途径,在城市生活中得以延续和传承。

中式空间与西式空间曾经被设想成为分别实行中西不同礼俗文化的场所。如《欧西礼貌》一书对餐桌礼仪进行了这样的设计:国人在国内宴请西方人时,可以"完全依照中国习惯,而置欧西礼俗于不顾",这也是向西方人展现中国文化的一个重要

① 《北洋画报》第 1187 期,1935 年 1 月 1 日。
② 梁瑞甫:《礼法食色与社会演进》,《新东方》第 1 卷第 9 期,1940 年。
③ 钱锺书:《围城》,第 298 页。

渠道,可以满足大多数西方人"一睹中国习惯"的要求,故而"极为合理",但是如若做客于西方人家中,则"适用西人习惯",以使宾主双方"均感舒适"。①

空间的装潢风格确实有可能对行礼方式产生潜移默化的影响。民初文人丁子良就观察到了一个令他深感"憎恶"的现象:在以"半坐半躺汽褥椅"为坐具的西式客厅中,主人"每见客至,多不起立",身体的松弛不但使人呈现出一种"倨傲状态",而且长此以往还会导致身体出现缺陷:"其脊骨必日见弯曲如伛偻,于身体之姿势上甚不雅观。"在他看来,不同于球房茶肆等可以放松身心的游乐场所,客厅作为"礼客之地",应充分展现"庄重大样"之气象,尤其是在坐具方面,旧式的太师椅在人们履行待客之礼的过程中,有助于塑造"竖起脊梁骨,使身躯无欹斜之病"的身体形象,从而给人留下"仪容肃穆"的印象。②

不过,依据空间限定行礼方式的选择这种设想也只是一种理想。中西不同体系的礼俗文化混融于同一空间已经成为一种普遍现象。"民间各种公私仪节,都是随意所好,各自为政。年老守旧的喜欢作揖,行跪拜礼,时髦小伙子却喜欢握手鞠躬,甚至拥抱接吻,居然可以同时地表演着。"③"现今社会人士,于相见进退之间,彼此行礼,漫无标准,有行旧礼者,有行西礼者,纷然杂出。"④

在这种情况下,与其说是空间规定礼仪,不如说礼仪正在重新定义空间。小说中孙柔嘉无视夫家在祭桌前铺上红毯的暗示,"直挺挺踏上毯子,毫无下拜的趋势,鸿渐跟她并肩三鞠躬完事"⑤,正是一个典型的例证。

四、服饰与身体的自我控制:行礼方式的规范与选择

如果空间作为一种外部环境因素对人们的行礼方式发生作用,从而影响着人们身体的一举一动,那么服饰对身体的塑造则主要是一种自我控制的形式。服饰作为身体的附着物,甚至可以看作身体的延伸部分,不但可以遮盖、弥补身体的天然缺陷,而且凭借其具有的等级、时尚等社会属性,还可以对身体形象起到提升和美化的作用,并配合恰当的举止动作,特别是规范的行礼方式,以符合别人对自己的美好期待。

---

① Earl and Kathanine Willmott 原著:《欧西礼貌》,凌楚殉译,西南印书局,1944 年,第 18 页。
② 丁子良:《正俗》,《社会教育星期报》第 374 号。
③ 邱培豪:《改革礼俗的几个根本问题》,《服务月刊》第 6 卷第 1 期,1946 年。
④ 重庆国民政府内政部编:《礼制草案》,第 33 页。
⑤ 钱锺书:《围城》,第 297 页。

在行礼过程中,服饰可以作为比照、校正身体动作是否规范到位的重要参照。《礼记·玉藻》:"凡侍于君,绅垂,足如履齐,颐霤,视下而听上,视带以及袷听乡任左。"①这是以服饰的状态来规范臣子侍奉君主时恰当的身体姿态。

一是从"绅""缉"等佩饰的状态来规范身体弯曲程度。"绅"就是大带,当身体挺直时,大带就会贴在身上,当身体磬折时,大带就会呈现悬垂状态;"齐"指的是"裳前下缉",也就是下裳(裙)的前幅下摆,当身体弯曲时,就会呈现出"裳前下缉委地"(前幅下摆拖曳在地面上),造成"足如履齐"(脚好像就要踩到裳裙下摆一样)的效果。

二是以服饰作为规范臣子面对君主时视线范围的标准。俗话说,眼睛是心灵的窗户。古人也将观察一个人的视线高低作为洞悉其内心世界的方法。视线的位置高低是否恰当也是非常重要的礼仪要领之一。《礼记·曲礼》:"凡视上于面则敖,下于带则忧。"②如果视线太高,就会让人觉得过于傲慢,从而削弱行礼时应该秉持的谦卑态度;视线太低,又会给人留下忧心忡忡的印象,显然也是不尊重对方的表现。当尊者有所训谕时,聆听者应"仰头而向上以听之也",同时视线又不能随之高于尊者。因此就确定了高不过"袷"、低不过"带"的视线范围。

服饰也是一种引导,它所承载的文化内涵会在不知不觉中影响人的身体动作、举止仪态,起到明显的形塑作用。荀子认为,礼的主要功能之一就在于"化性起伪",也就是使人摆脱"自然性",培育"社会性"。服饰制度作为礼仪的重要部分,同样具备引导自然人逐渐走向"社会化"的功能。这正是为什么有些大人"往往爱给儿童穿上长袍马褂,带上帽子"的重要原因,正是出于利用服饰对孩子的身体进行束缚和引导,"处处让他学大人,甚或都不许他蹦蹦跳跳",以此培养孩子礼貌的考虑。当然这也引起了一些人的疑虑:"把很活泼的孩子变成老气横秋所谓少年老成般的人物了。这样的礼貌,不但没有好处,反而把它形成囚人的枷锁。"③

大人对服饰"社会化"引导功能的运用和期待说明,服饰本身能够为礼仪动作的实施提供或者是规定一种恰当的情境。在人们的普遍意识中,服饰与行礼动作共同构成不可分割的一整套礼仪话语体系,服饰与行礼方式可以互相赋予正当性。溥仪的家庭教师庄士敦曾经表示,如果穿上适当的衣服,在溥仪生日的时候也一定会向他磕头的。北洋政府所确立的相见礼也体现出行礼方式应与服饰话语系统相适应的鲜

① 孔颖达:《礼记正义》卷三十,《十三经注疏》本,第 1482 页。
② 孔颖达:《礼记正义》卷五,《十三经注疏》本,第 1270 页。
③ 贾文献:《儿童礼貌的指导》,《方舟》1934 年第 8 期。

明特点。1915 年,《东方杂志》所刊登的《相见礼附说明书》中就对为何定鞠躬礼为相见礼进行了特别说明。在相见礼制定过程中,曾有人提出恢复作揖礼,问题在于北洋政府所确立的大礼服是西式的燕尾服,出于"西衣用揖,必贻訾笑"的考虑,因此仍决定采用鞠躬礼为通行的相见礼。不过,鉴于北洋政府所确定的礼服中另有长袍马褂的中式礼服,因此在特殊情况下也允许作揖礼的存在:"若衣乙种礼服,愿行长揖,则听其便。"①穿西装行作揖礼,固然不合宜,但是"穿中国长衫,与朋友行握手礼,我总觉得不及行拱手礼来得有趣",成为不少人的共识。由此可见,服饰是选择行礼方式的重要依据。

同时,服饰也可以作为拒绝履行新式礼仪的一种借口。比如,署名沁芳的作者就以中国长衫衣袖太长、不便于握手,作为拒绝握手礼的一项重要理由:"有时你的衣袖太长,若不拱起来,就是自己的手,也不容易握到另外一只手;你伸出去更要使别人感到困惑,穿长衫不宜握手,犹如穿西装之不宜作揖。"②

这或许恰好可以解释为何鞠躬礼颁行之后,作揖礼在民国时期仍然大有市场。一方面固然有行为习惯的问题,另一方面与服饰也有着密切的关系。由于当时中国工业尚不发达,毛呢等西式服装原料匮乏,西装制作成本高昂,这在很大程度上阻碍了西装的普及。当时内政部礼俗司司长陈念中在中央电台播讲"三年来之礼俗行政"时,提到新式服制始终难以推广的重要原因之一就是"原料的问题","假使袍褂改为短装,因为我国现在毛织品的产量不丰富,一定发生原料上供不应求的现象"。③因而,在长衫仍普遍作为国人日常服饰款式的情况下,与之相匹配的作揖礼、拱手礼也得以留存。

在传统社会,服饰由于与等级制度密切相关,因此在身体控制过程中体现出了较为显著的体制化特点。进入近代社会,随着等级制度趋于瓦解,服色的等级属性逐渐淡化,虽然正如上文提到的,民国礼制对于服饰也有一些规范,并在此基础上确定了行礼方式的标准,但是相对于传统社会森严分明的等级服色制度,这些规定较为松散,并不强制执行。社会大众对服饰的选择更多地是基于时尚潮流、个人品位、趣味偏好等。在中西服饰各有所爱的情况下,婚礼上常有新郎"头戴西洋礼帽,身着民国礼服——蓝袍黑褂,足登古代乌靴或西式革履"④,在日常生活中则有中式长衫与西

---

① 《相见礼附说明书》,《东方杂志》第 12 卷第 8 期,1915 年。
② 沁芳:《作揖与握手》,《新中华》1936 年第 4 期。
③ 陈念中:《三年来之礼俗行政》,《广播周报》1937 年第 140 期。
④ 高柳桥:《三民主义文化运动与礼俗建设》,《地方建设》第 1 卷第 6 期,1941 年,第 11 页。

式革履、西式呢帽等倒还看得过去的搭配,甚或西装搭配瓜皮帽、布鞋等不太对昧的情形。在这种情况下,服饰对于身体的控制更多地体现为一种自我控制,行礼方式也因此有了更多自主的选择。

事实上,进入近代社会以来,虽然国家较为重视礼仪训练,但是其所能操控的范围多限于学校、军队等体制内空间,加上处在传统礼俗文化日趋瓦解与新式礼仪文化尚未肇基的过渡期,无论是国家律令还是社会惯习,对于社会民众的控制力都大大衰弱。如北洋政府相见礼规定,在与服饰风格相协调的前提下,新式的鞠躬、握手和旧式的作揖等都被列为可供选择的行礼方式。20世纪40年代《礼制草案》表示"规定以脱帽鞠躬或脱帽颔首为相见礼节"正是为了"借示准则"。但是,从紧接其后的一句话"其有互相拱手或者握手者,亦听便"可以看出,《草案》拟定者似乎并不打算对新式礼仪进行强制推广。

因而,这一时期民众选择行礼方式、履行礼仪规范过程中主要有赖于对身体的自我控制。而这种自我控制的成效在很大程度上取决于个人对于行礼对象权威的认同度。《生活教育》杂志曾经刊登了一组《礼貌三部曲》的漫画,讽刺了学生向老师行礼的谦恭程度随着年龄增长而逐渐递减的社会现象。[①] 这种谦恭程度差异主要就表现在行礼过程中身体的变形和紧张程度。漫画中分别塑造了小学生、中学生、大学生三类人物形象。小学生遇到老师时"一鞠躬",身体变形最为明显,紧张程度最高;到了中学生变成了只是"点点头",身体变形和紧张程度变弱;大学生则是扭过头去,一副视若无睹的表情,完全没有行礼过程中应有的身体变形和紧张。这显然是由于不同年龄阶段学生对老师的权威认同程度不同,从而导致了自我身体控制的差异。

五、从道德焦虑到见识焦虑:礼仪的民族性与身体规训的全球化

俗话说,"十里不同风,百里不同俗"。民俗的差异,原本是一种基于不同的地理环境和人文语境的客观、自然的存在,完全可以互不干涉,各从所好。因此还有另一句古话,"入乡随俗"。这既可以看作一种进入陌生领域的策略性选择,也可以演绎成对其他类型礼俗文化存在合理性的尊重。然而,从古至今,几乎所有的文化,尤其是以国家政权作为后盾的文化,都表现出一种无法抑制的扩张冲动。在他们的解释体系里,礼仪统一是国家/民族精神统一的重要表征,否则甚至会威胁到国体的尊严:

---

① 《礼貌三部曲》,《生活教育》第2卷第15期,1935年。

"如果民间各种公私仪节,都是随意所好,各自为政。……这显然是精神上已极不统一。在友邦人士看来,更有失国体的尊严。"①这种冲动有时甚至会伴随着政治、军事上的扩张超出国家版图。

在传统中国,这种文化大一统与标准化有时是以所谓"天下大同"为出发点的,而在全球化时代,西方国家往往是以"现代文明"作为最高意识形态,把"现代文明"当作评判其他文明体系的最高标准。西方国家对于中国传统跪拜礼的排斥,很重要的因素之一是出于对中国政治文化的消极评价。②

1840 年以来一次次沉重的军事打击,终于击碎了一些人头脑中"天朝上国""道出于一"的刻板思维。"开眼看世界"逐渐成为思想界的一种风尚甚至是一种指导性思路,引导一部分人逐渐改变斥西学为"奇巧淫技"的成见,将西学提升到西方之"道"的层面,并承认其与中国"道"同样具有修齐治平的价值。③ 几乎所有曾与中国价值体系产生过剧烈冲突的西方知识、理念和习俗,都被纳入重新审视和评估的范畴。其中就包括西方的礼仪习惯。

交际,尤其是国际性交际被视作文明时代的重要标志,以别于小国寡民、老死不相往来的传统社会。而交际中所需的礼仪规范就成为新时代必备的新知识。许多报纸杂志都刊登译介文章普及西方礼俗知识,涵盖了宴客、下午家集(下午茶)、舞会、登临会集(登山活动)、觐见、访问、通话等方方面面。《大中华》就以连续十余期、每期十余页的较大容量连载《泰西礼仪指南》。《中华周刊》"社交礼仪问答"栏目旨在向国人介绍"近人情且适用于中国人"的西方礼俗知识,以改变"民国以来,中国人接受的西方文明已经很多了,但是每每不注意其伴随的礼节"的状况。除此之外,介绍西式礼俗的书籍也层出不穷,如《欧美礼俗》《欧西礼貌》《西洋礼俗》等。④

礼仪从传统时代伦理道德的载体,蜕变为一种生活知识和技能。是否能够体现行礼者的眼界、见识以及应变能力,取代了是否能够展现出尽善尽美的道德境界,成为礼仪评价体系的主要内容。历史上曾经流传过许多李鸿章在外交场合闹笑话的传说,如喝洗手水、手抓烤鸡等,并且几乎每个故事都有截然相反的两种笔法:一种是丑化李鸿章,将其塑造成愚昧无知、滑稽可笑的小丑;一种是抬高李鸿章,将其塑造成不卑不亢、从容应变的机智人物,甚至是大大折服了洋人,并从此在西方创立新式礼俗

---

① 邱培豪:《改革礼俗的几个根本问题》,《服务月刊》第 6 卷第 1 期,1942 年。
② 见何伟亚《怀柔远人:马嘎尔尼使华的中英礼仪冲突》,邓常春译,社会科学文献出版社,2015 年。
③ 罗志田:《道出于二:过渡时代的新旧与中西》,《读书》2013 年第 6 期。
④ 吴光杰:《欧美礼俗》,商务印书馆,1934 年。穆超:《西洋礼俗》,文信书局,1945 年。

的英雄人物。这些人物类型的塑造手法可以说与绝大多数民间故事如出一辙。如在喝洗手水的故事中,"正面"版本说的是李鸿章用勺子舀起洗手水之后并没有送入口中,而是随机应变地把水浇到手上,显得落落大方、雍容得体,让一旁的德国前首相俾斯麦看了以后赞叹不已,也模仿起李鸿章用勺子舀水洗手。在手抓烤鸡的故事中,"正面"版本的传说是英国贵族发现比起自己用刀叉切烤鸡以致产生烤鸡在盘子里滑来滑去的狼狈状,李鸿章用手直接抓起烤鸡吃,既方便又优雅,便纷纷模仿,从此英国形成特别规定吃烤鸡不使用刀叉的餐桌礼仪。这些传说的真伪难以考辨,但是却向我们确切地传递了一个信息,那就是礼仪属性从道德化到知识化的转变。编撰传说的主旨无论是出于讽刺还是歌颂,双方关注的焦点都不在于李鸿章的"礼貌"及其折射出来的"道德"境界,而在于其"见识"水平。负面的传说讽刺了其缺乏"见识"的可笑,正面的传说则通过刻画其卓越的应变能力以及不卑不亢、宠辱不惊的气度,弥补了其"见识"的不足。

西方礼俗知识挟带着某种暴力气息对中国传统礼俗体系的冲击,使得近代中国进入了历史上另一个"礼崩乐坏"的时代。在中西礼仪文化的竞争中,中国在政治、军事上处于劣势,同时也导致了文化话语权的沦陷。从晚清朝廷接受鞠躬礼作为通行外交礼仪开始,就意味着中国民众不得不接受西方国家对自己身体的"规训"。这对于素来自称"礼仪之邦"、以拥有自足完备的礼仪体系为傲,并将"礼"抬到"国教"至高地位的中国,不啻一个严峻的挑战。

在是否应该接受礼仪上的"全球标准化"(在当时实际上就是以西方化为标准)这一问题上,"正方"全球化与"反方"民族化这两种路径和取向既对立又纠缠。"全面吸收西方礼俗,打造一个全新的礼仪之邦"与"中国仍然是礼仪之邦",两种论调并行不悖。

礼俗"全球标准化"的赞成者致力于将中国人的身体塑造成熟练掌握西式礼仪的姿态,体现出对取得西方认同的狂热渴望。以鞠躬礼取代跪拜礼的提倡在某种程度上可以看作1840年以来国人心灵遭受重创之后的一种身体反应。尽管随着中西文化交流的深入,有相当一部分西方人对中国的磕头礼进行了全新的认识,并提出了比较宽厚的看法,然而中西接触初期西方人关于中国跪拜礼的尖刻批评,已经成为一部分中国人反观中国礼仪的一面镜子:"及世界大同,出而应酬,免为列强匿笑,则磕头如捣,厥状堪怜,苟有膝行踞请之羞,难逃掩诮盗铃之耳。"①从而对其造成了沉重

---

① 热庐:《请废新年小启》,《繁华杂志》1914年第5期。

的心理负担。直到 1938 年,"外国人常常说,中国人真笨,在新礼貌中,连脱帽鞠躬都不会"①的耻辱阴影仍然保留在一部分国人心中。

西方礼俗挟"现代文明"大旗以自重,反衬着传统中式礼俗的"落后可笑"。《北洋画报》曾以漫画的形式对传统礼仪中千姿百态的身体形象进行了嘲弄,最刻薄的莫过于将下蹲请安比拟成被视为污秽的另一个身体动作——"出恭"。② 在不少小说戏剧中也或明或暗地对传统礼仪进行嘲弄。如《茶馆》里宋恩子嘲笑互相行请安礼的茶馆掌柜王利发和茶客松二爷:"这是怎么啦? 民国多少年了,怎么还请安? 你们不会鞠躬吗?"③何剑魂在"原子时代"的语境下加以观照的三跪九叩首礼"完全是由于君主时代参见皇帝变化抄袭而来"的,并斥其为"不人道的"。④

民族主义的论调则采纳了"西方有的,中国早就有"的话语逻辑。不少学者有意识地从中国传统中挖掘新式礼仪的渊源。刘绍宽的辨析文章保留了当时人的一种看法。这一看法援引皇侃对《聘礼》中"鞠"字的训诂,认为鞠有曲身之意,说明古代已有鞠躬之礼,因此现在时兴的鞠躬礼,实际上是对古礼的承袭。⑤ 而看似"现代最时髦的"握手礼,在一些人看来,也是"中国从前早就有了"。⑥

西方礼俗的追随者虽然在身体上对西式礼俗亦步亦趋地遵从和模仿,精神上却是出于维护民族尊严的迫切心情。礼仪不仅仅是一个人的"身体"和"体面"问题,更是一个"国体"问题。而民族主义的论调所遵循的"西方有的,中国早就有"的逻辑,表现出的恰恰是在全球化(西方化)的视角下对自身文化的重新审视和定位,可以看作企图以一种"另类"方式获得西方认同的努力。正如罗志田指出的,不妨也可以看作一种变相的"趋新"。⑦

不过,当时也有人企图超越全球化与民族性的话语方式,试图从更为客观中立的立场评判中西文化礼俗,并重新认识中国传统礼仪的价值。中西礼仪践行过程中身体经验的对比成了他们的重要论据。

刘绍宽在对书信简牍行文中以"鞠躬"取代"拜"进行辩驳的过程中,对鞠躬、拜、作揖等各种礼仪的身体姿势进行了考证。首先,他对"拜"进行了重新解释,认为

① 张培初:《谈礼貌》,《红茶》1938 年第 3 期。

② 《北洋画报》第 1187 期,1935 年 1 月 1 日。

③ 老舍:《龙须沟/茶馆》,人民文学出版社,1985 年,第 114 页。

④ 何剑魂:《改革祭祠礼节刍议》,《新运导报》1947 年第 2 期

⑤ 刘绍宽:《鞠躬易拜义》,《华国月刊》第 2 卷第 10 期,1925 年。

⑥ 孙麟昌:《握手商榷》,《机联会刊》1935 年第 120 期。

⑦ 罗志田:《道出于二:过渡时代的新旧与中西》,《读书》2013 年第 6 期。

"拜"并非单纯指"跪拜",而是"跪立皆可用之",因此没有必要全盘否定"拜"礼的合理性和存在价值。其次,他对"鞠躬"的正确含义提出了自己的看法,认为某些人把"鞠躬"当作古礼实际上是对经典文献的一种误读,因此今人用鞠躬取代拜礼,完全是一种"名为袭古,实戾古矣"的错误做法。最后,他认为比起错误地"假用鞠躬两字,郢书燕说",倒不如采纳"作揖"这一与传统"肃拜"礼最接近的,同时也是今人相遇常行之礼,"所胜多矣"。①

在握手礼与作揖礼之间的选择立场上,中国知识分子更试图建立与西方礼仪地位对等的身体话语体系,那就是将中国传统拱手礼、作揖礼称为"自己握手"礼,将西式握手礼称作"与对方握手"礼,并在"卫生""简便"等有利于身体的近代礼仪标准下,权衡两者的利弊,从中发掘中国传统礼仪的文化竞争力。不少文人在"自己握手"礼的优势方面形成了诸多共识:一是卫生,二是简便。

林语堂在列举反对握手、赞成拱手礼的几大原因时,首先提到的就是拱手礼"由医学上卫生上讲比拉手文明,这是谁也不能否认的"②。孙麟昌也把"实在是又简便,又卫生"列为实行拱手礼"何乐而不为"的两大主要理由。他认为,"在交际场中,不必向多数人一一的周旋"的情况下,拱手礼"可以省却许多麻烦,和许多时间"。③ 沁芳将作揖礼作为"中国好的东西"之一,奉为"社交上最好的利器"。其重要原因之一同样是"作揖是我国固有的文化,用为社交相见之礼……是再方便没有了",尤其是面对蜂拥而至的宾客不"麻烦",面对不便握手的女宾不"局促"。他以平社社友何君在中南海招待宾客为例,对作揖与握手两种行礼方式中的身体状态进行了比较。一个是客人"像蜂一般地拥到居仁堂,然后再鱼贯而入"时,主人一一握手接待的忙乱以及面对女宾的"局促";一个是"只消待客人全部在大厅中坐定以后……对大众上下左右一拱手便得","遇到女宾时,不至于感到进退两难,而一样的能以礼招待"的"从容"。这两种身体感受的对比,使他"实感到握手真不如作揖来得合理"。④

由此可以看到,随着西式行礼方式在中国的流行与普及,对国人的改变正在悄然由"身"深入到"心"。从马戛尔尼来华开始,中国从被动到主动卷入礼仪文化全球化,这逐渐成为传统礼仪文化发展的全新元素与主要动力之一,不但从异质文化的视角为传统礼仪文化的自我审视提供了一个全新的视点,更使得传统礼仪文化从思维

---

① 刘绍宽:《鞠躬易拜义》,《华国月刊》第 2 卷第 10 期,1925 年。
② 语堂:《说握手》,《论语》1935 年第 72 期。
③ 孙麟昌:《握手商榷》,《机联会刊》1935 年第 120 期。
④ 沁芳:《作揖与握手》,《新中华》1936 年第 4 期。

方式到命题结构都发生了重大突破:一方面,逐步养成了中西双向互动的思维习惯,打破了传统礼仪文化发展数千年来以"礼仪之邦""怀柔远人"单向思维为基点的话语体系;另一方面,从这一时期起直到今天,如何应对中西礼仪文化的冲突、竞争与融合,在礼仪文化发展中日益成为"礼教""礼治"之外另一个全新的话语重心。

小　　结

国人行礼时的身体为适应近代礼仪变迁在姿势上发生了诸多变化,同时也推动礼俗文化发生着适应身体的改变。这充分说明,不应忽视身体经验作为人类原始本能的感觉,在日常生活发展历程中所发挥的基本动力作用。身体既不是尼采笔下纯粹由原始欲望主宰的肉体,也不是福柯反复论证的在各种复杂权力关系中接受惩戒和规训、完全失去自由的机器。诚然,国家政权不但要通过掌握与民众身体生存密切相关的生产、生活资料的分配权,更要通过礼仪训练等方式,对民众的身体进行规训,以及对其身体感觉加以引导,将国家意志转化为其身体本能,从而保证国家意识形态在日常生活中的贯彻。但是,民众也会从自身身体感觉、经验和诉求的角度出发,对国家礼仪体系及其包含的权力进行各种形式的选择、改造与重构。许多礼仪风尚往往是在国家与大众自身对身体控制权的互相竞争中逐步形成的。

而近代中国具有国家内政笼罩在列强或野蛮干涉或文化殖民的阴影下之特殊情况,导致了这种"国家意志"更泛化为"全球化意识形态"。从西方礼俗对中国社会的冲击并引发国人从多维度对中西文化价值的深入思索和不同评判可以看出,在全球化的背景下,礼俗文化作为国家文化软实力的组成部分,以政治、军事实力为重要依托,有可能演变成为一种文化霸权,对其他国家民众的身体和思维起到一定的重塑作用,从而使得原本具有鲜明民族特色的礼俗文化以及在履行这些礼俗过程中千姿百态的身体姿势出现"全球标准化"的趋势。

公共空间与民国上海知识群体的
精神生活建构(1927—1937)

胡悦晗

杭州师范大学历史系

在布尔迪厄(Pierre Bourdieu)看来,知识群体在知识的场域中占据决定性地位。这里所谓的知识场域,是指特定的机构和市场的策源地,其中,艺术家、作家、研究者以及学者们竞争有价值的资源以便获得对其文学艺术创造以及学术或科学研究工作的合法性的承认。① 民国时期的北京,集中了全国第一流的国立大学和教会大学,是现代中国知识生产和学术生产网络的枢纽。② 知识群体有国家建制化的最高学府和接近政治权力的各种关系网络借以存身,并可在一个知识与体制相结合的高层次上体现个体价值和发挥群体影响;而现代上海恰恰相反,拥有的是一个体制外的国内最发达的出版市场。③ 因此,近代上海知识群体与作为文化观念的承载体——书籍直接关联的文化生活,是他们这个群体最具特性的生活内容之一。

明清时期的城市中,书籍在私人藏书楼中存放,在坊间书肆中流通。清末民初,江浙地区的地方精英与政府共同合作,逐步开始建立讲求"公共性"的新式藏书机构。④ 民国时期各种公共图书馆先后成立。伴随新式出版业的发展,图书馆、书店与书摊,是现代城市中书籍存放与销售流通的几个主要场所。作为现代城市文教事业的一个重要空间,图书馆以其普及性和大众性负载着对公众进行知识普及与文化教育的作用。书店与书摊,则是遵循市场规律运作的出版业最主要的书籍

---

① 戴维·斯沃茨:《文化与权力——布尔迪厄的社会学》,陶东风译,上海译文出版社,2003年,第256页。

② 许纪霖:《都市空间视野中的知识分子研究》,《天津社会科学》2004年第3期。

③ 叶中强:《从知识体制中心走向自由媒体市场——"新月派"文人在上海》,《史林》2008年第6期。

④ 参见徐国曦《江浙地区藏书机构转型之研究(1901—1930)》,台湾"中央大学"历史研究所硕士学位论文,2006年。

销售终端。这几个与书籍有着最密切关联的城市空间,是知识群体文化生活中最重要的空间。其中,每一个空间的功用与特征都有所不同,知识群体根据各自不同的偏好择其所需。基于此,本文拟透过上述几个城市文化空间,考察上海知识群体的文化生活。

一、图书馆——知识群体的公共阅读空间

民国以来,为普及教育,除加强学校教育外,社会教育也特别受到重视,故各种通俗图书馆、公共图书馆、教育馆等社教设施纷纷成立,数量日增。馆藏的内涵,亦由深奥趋于实用,尤其是五四运动及平民教育运动以后,收藏图书的种类,不再限于珍本、秘本、孤本、钞本等,而渐以一般读者的需要为主,讲究实用性。[①] 对于时为学生或低级职员的青年知识群体而言,由于其经济条件低下,既难以拥有私人藏书,更难以奢望有自己的书房,故图书馆对他们而言,是一个理想的公共阅读空间。近代上海都市人口的剧增产生了巨大的阅读需求。与出版业蒸蒸日上的发展相呼应,政府也在公共文化设施方面有所作为。清末民初,就已有上海平民书报社、通俗宣讲社附设图书馆、江苏省教育会附设图书馆、松坡图书馆、南洋公学图书馆等各种私立图书馆及藏书楼。较具规模的如南洋公学图书馆,"前临操场,其建筑分四层,……校外人惟星期六星期日可入阅,余供本校师生参考之用,来宾有介绍者得入内参观"[②]。1927 年后,上海被划为特别市,执政者有意建造一所市立图书馆,"于市中心区域,划定行政区域,以一部分为文化设备之用,除体育场、博物馆外,并议建图书馆一所,以为市民学艺上研究观摩之资,自民国二十二年八月其着手筹备,至二十五年五月一日始告成立"。新建的上海市图书馆"自于二十五年五月一日成立后,至六月八日先行开放阅报厅及儿童阅览室,九月一日起,全部试行开放。每日到馆阅览人数,至为拥挤"[③]。1934 年出版的《上海导游》中列举了上海市内的各主要图书馆:上海市商会图书馆、天主堂图书馆、江海关图书馆、地质研究所图书馆、松坡图书馆、社会科学研究图书馆、明复图书馆、工部局洋文图书馆、科学社图书馆、市图书馆。[④]

17、18 世纪,欧洲许多国家出现了一种想建设吞揽一切人类书籍的图书馆的乌

①　严文郁:《中国图书馆发展史——自清末至抗战胜利》,台北"中国图书馆学会",1983 年,第 46 页。

②　《南洋公学图书馆》,商务印书馆编《上海指南》卷三(公共事业),商务印书馆,1922 年,第 17—18 页。

③　《上海市图书馆及博物馆》,上海市年鉴委员会编《上海市年鉴》,中华书局,1937 年,第 A3—5 页。

④　中国旅行社编:《上海导游》第五编第二十四章"学术团体",国光印书局,1934 年,第 210 页。

托邦计划,这种包罗一切人类至今所写就文献的图书馆、百科全书和大字典的出现,是启蒙时代的几项最重要的文化事业。① 而将所有书籍都包含在一个图书馆的企图,暴露了现代性初期时代文人们在文化问题上的一个内在紧张:能够包罗所有书籍的普世图书馆只可能是非物质性的,如一种目录,而作为物质性存在的图书馆则只能是有限的,包括了已知知识总体的局部。这种紧张从一个侧面也体现着现代性计划的总体紧张。② 商务印书馆下属的东方图书馆因其规模宏大的图书收藏与协助系列文库与教科书的出版,不仅承担着上海最大的公共图书馆之职,也颇类启蒙时代欧洲图书馆的现代性总揽方案。许多知识分子都对该图书馆有深刻的记忆。董涤尘回忆,图书馆在编译所最高一层,"所藏图书相当完备,供编译所备用的古今中外各种参考用书,已相当丰富,凡中外包括西文日文最新出版的书,往往能及早购进"③。"除善本另有手续外,是予取予求没有限制的。"④沈百英甚至认为"图书馆藏书丰富,要什么有什么"⑤。胡愈之认为自己一生中"读书主要是在商务读的"⑥。

然而,近代上海的其他各级图书馆建馆之初就没有如此雄心壮志。这些图书馆藏书情况各有不同,知识分子可以根据自己的需要任意选择。有些图书馆尽管藏书较少,但却给知识分子带来了闲聊的意外收获。唐弢回忆了自己穿梭于几个图书馆之间的情形:

> 邮局的工作时间短,又比较集中,我利用这个便利,经常跑图书馆。邮政工会在福生路(武进路的支路)办了一个,藏书本来不多,大革命失败,稍有意义的都被清理掉了。附近宝山路上,却有个藏书丰富、全国闻名的大图书馆——东方图书馆。离我住处更近,还有河南路桥的市商会图书馆。我消磨于这三个图书馆的时间,比到邮局上班还要多。从《国粹丛书》到《南社丛刻》,东方图书馆都有全套,但借书手续麻烦,最方便的是工会图书馆,却又借不到什么。借不到就闲聊。它给我的唯一好处是:我从借书人口中,听到了许多邮政工人在三次武装

---

① 张伦:《罗歇·沙蒂埃〈书写文化与社会:书的秩序(14—18 世纪)〉》,《中国学术》2002 年第 1 期。

② 同上。

③ 董涤尘:《我在商务印书馆编译所工作时期的片断回忆》,商务印书馆编《商务印书馆史资料之三十三》,商务印书馆,1985 年,第 11 页。

④ 丁英桂:《回忆我早年试编两种中学历史课本参考书的出版经过和现在的愿望》,商务印书馆编《商务印书馆史资料之十八》,商务印书馆,1982 年,第 15 页。

⑤ 沈百英:《我与商务印书馆》,蔡元培等《商务印书馆九十年:我和商务印书馆》,商务印书馆,1987 年,第 287 页。

⑥ 胡愈之:《我的回忆》,江苏人民出版社,1990 年,第 6 页。

起义中的故事。……要弄到一本好书很费事,图书馆里进步书借不到。①

图书馆所藏报纸杂志上刊载的各种信息对于待业在家、生活难以为继、迫切需要求职的知识分子而言十分重要。一个笔名为秋岳的知识分子无法忍受失业在家坐立不安的煎熬,到图书馆看报纸:

> 决定了去看报,上图书馆里去看报。虽则到那里要枉跑许多腿,但是在老枪报贩那里揩油,总得挨气,讨厌你穷瘪三弄皱了报,没有主顾。……本来,穷小子还要看什么报,没钱就配不上看的。跑进图书馆,那里的确恬静得多。②

此外,上海一些颇具特色的学校图书馆也成为知识分子的光顾之地。始建于1896 年的上海南洋中学,其图书馆藏书源起于校长王培孙先生的私人藏书。在清末民初时期,南洋中学图书馆内藏王氏先人所藏多种古籍与哲学、历史、政典、方志、文学、笔记及珍贵的藏本佛经等书籍约四千余种。图书馆甚至还藏有一部分西文图书,分设中文阅览室和西文阅览室,南京国民政府时期,图书馆经过改造与扩建,其藏书量不断增加。黄炎培就曾多次去该馆翻阅图书。仅 1928 年 4 月底至 5 月初期间,黄炎培就频繁去该馆翻阅边疆与地方志方面的书籍:

> 晨,至南洋中学,访培荪、天放,参观图书馆。③
> 至南洋中学图书馆阅书,饭于培孙、天放所。④
> 至南洋中学阅书。⑤
> 在南洋中学阅书提要:《中山沿革志》、《使琉球实录》。⑥
> 至南洋中学阅书:《中山传记录》、《读史方舆纪要》、《平定台湾纪略》……⑦

———————————

① 唐弢:《我与杂文》,《人物》1983 年 5 月号;收入中国社会科学院文学研究所总纂,傅小北、杨幼生编《唐弢研究资料》,知识产权出版社,2010 年,第 85 页。

② 秋岳:《如此生活》,朱作同、梅益主编《上海一日》,华美出版公司,1939 年。余之、程新国编《旧上海风情录》上集,文汇出版社,1998 年,第 503 页。

③ 黄炎培:《黄炎培日记》第 3 卷,1928 年 4 月 24 日,中国社会科学院近代史研究所整理,华文出版社,2008 年,第 65 页。

④ 同上,1928 年 4 月 26 日,第 66 页。

⑤ 同上,1928 年 4 月 28 日,第 66 页。

⑥ 同上,1928 年 5 月 1 日,第 66 页。

⑦ 同上,1928 年 5 月 3 日,第 67 页。

　　然而,上海的图书馆毕竟良莠不齐。国立交通大学图书馆条件优越,"馆内的桌椅,都是极漂亮的木料做的,馆内的工程书籍当然很多,线装珍本与英美小说也是应有尽有"①。而一些私立大学因办学条件过于简陋,给知识分子带来了极大不便。萧公权 1927 年留美归来,居沪六个月。其间经介绍,先后在被他视为"野鸡大学"的私立南方大学与国民大学任教。由于学校没有图书馆,使他对这段任教经历颇有抱怨:"我知道在这样的学校里任教,不是长久之计。学校没有图书馆,使我陷入无书可读的苦境。我由美国带回来的一些书只能作'温故知新'之助,不是取之不尽的学问渊薮。同事当中很少可与切磋的人,使我更有离群索居之感。"②

　　一些怀有革命热情的左翼知识分子尝试在小众范围内创立私人图书馆。20 世纪 30 年代,同在银行系统任职的楼适夷与应修人相识:

　　　　算盘、银元、钞票,使我们感到衷心的厌恶,周围唯有金钱能支配一切的处境,更使我们对人生怀着美梦的青年,发生呕吐似的感情。十几个在同样环境中受同样苦恼的青年,由贪婪地求知欲和服务文化的热情,大家组织了一个读书会,创立一个小小的图书馆,大家捐书捐钱,利用业余时间,把藏书无条件地出借。我们就是在这一工作中互相结合起来,常常一起工作到深夜,然后每人挟一大叠邮包,送到邮局里去寄给借书人。……馆址也从铜臭的商业区搬到比较有文化气息的北四川路。工作广泛地发展开来,会员一下子增长到三四百人,藏书上升到上万册,经常有上千人的借读者。③

　　图书馆也会偶尔作为左翼知识分子的接头地点。金丁 1932 年到上海后,通过赵铭彝找到周起应,赵铭彝"在四马路附近一间书局里做编辑,他为我和起应约好,准时在马斯南路的一个图书阅览室见面"④。朱正明回忆自己加入"左联"时与组织谈话的情形,"当时左联另一位同志,约我在蚂蚁图书馆见面,我们在一个幽暗的角落

　　① 黎东方:《有意思的四个年头》,陈明章编《学府纪闻——国立交通大学》,南京出版有限公司,1981 年,第 93 页。

　　② 萧公权:《上海六个月》,《问学谏往录》,传记文学出版社,1972 年,第 81 页。

　　③ 楼适夷:《记湖畔诗人应修人》,秦人璐、孙玉蓉选编《文人笔下的文人》,岳麓书社,1987 年,第 356—357 页。

　　④ 金丁:《有关左联的一些回忆》,中国社会科学院文学研究所"左联回忆录"编辑组编《左联回忆录》上册,中国社会科学出版社,1982 年,第 185 页。

里,合坐在一条长凳上,秘密交谈一次"①。

二、新旧之别——四马路的书店与城隍庙的书摊

晚清开埠以来的许多口岸城市都发生了原有老城区以外的新兴城市空间之规模与繁荣程度日渐超越老城区而成为新的城市中心的变化。楼嘉军在其研究中指出了晚清至民国时期上海的城市空间变化:

> 开埠以前,与社会经济发展现状相对应,上海传统文化及娱乐业主要集中在城隍庙一带。1840 年代以后,随着租界的建立和国内外商贸活动的发展,租界内以西方近代城市娱乐样式为主的娱乐场所繁荣程度和发展势头逐渐盖过上海老城区,以至到了 19 世纪晚期,上海近代城市娱乐的中心开始跨越洋泾浜由老城厢向租借地区转移,在空间上表现为由老城区向英租界的广东路、福州路和南京路渐次北移的轨迹。②

然而,尽管民国时期北京与上海的城市空间都发生了这一类似变化,但在北京,这一变化并未影响到城市文化空间的转变。由于缺乏近代上海新兴繁荣的现代出版业市场,民国时期北京的图书市场延续了明清时期北京城的特点,多集中在以庙会与集市为主的琉璃厂及其附近的厂甸一带,且多为售卖文房四宝、线装书的古旧书店,成为民国时期北京的学院知识分子及文人频繁光顾之地。③而作为近代中国出版与传媒业最发达的城市,上海城市空间的变化体现在文化空间层面的结果即是,越来越多以售卖各种中西文新式出版物及二手书为主的书店集中在福州路与北四川路等新兴的城市繁华地带,而城隍庙一带则成为以售卖线装书、古籍为主的书铺与书摊的集中地。新兴书店与传统书铺及书摊三者并存,共同构成了上海最主要的文化空间。由于新书业相比旧书业具有资金周转快、利润高、更便于短线作业、顾客群体更宽等特点,故吸引了一大批怀揣各种目的的文人与商人投身其中。随着中国政治中心的南移,出版业的盈虚消长也出现了变化,上海的新书业获得了发轫勃兴的机运。④ "此

---

① 朱正明:《在左联时期》,中国社会科学院文学研究所"左联回忆录"编辑组编《左联回忆录》上册,第424 页。

② 楼嘉军:《20 世纪 30 年代上海城市文化地图解读——城市娱乐区布局模式及其特点初探》,《史林》2005 年第 5 期。

③ 自清代中叶起,北京的书店和字画、文具等业逐渐集中在琉璃厂一带,百余年来形成了文化市街。同时,每年春,厂甸有集市,书店和其他商业都在此设摊。参见孙殿起辑《琉璃厂小志》,北京古籍出版社,2001 年。

④ 凌宇:《沈从文传》,十月文艺出版社,1988 年,第 230 页。

地书店,旋生旋灭,大抵是投机的居多。"①时人有感于上海出版业鱼龙混杂、良莠不齐的状况:"间尝默计沪上数年来之出版物,崭然名著固不乏人,而移甲就乙、断鹤续凫,标新领异以眩世者,实滔滔皆是。"②沈从文回忆:"时上海小投机商人,因此都来开书店,办杂志,……趁热闹都来印行新书。"③"上海地方好像一天热闹一天,昨天走到四马路去看看,所有书店皆是大门面极其热闹可观,许多年轻人皆样子怪可怜在那里买书看。"④高长虹也提及:"近年来几家旧的小书局似乎渐觉冷落,代之而起的是由新读书人自己办的书局逐渐增加。"⑤陈望道在致友人汪馥泉的信中提及近来上海的书店:"新近开的又近十家,如金屋、阳春、晓山、人间、爱的、真美善、嘤嘤、爱文、南华等。"⑥

上海出版业的老前辈朱联保和包子衍在回忆中依次叙及20世纪30年代福州路及北四川路一带的各个书店:

> 在福州路上,自东而西,店面朝南的,有黎明书局、北新书局、传薪书店、开明书店、新月书店、群众图书杂志公司、金屋书店、现代书局、光明书局、新中国书局、大东书局、大众书局、上海杂志公司、九州书局、新生命书局、徐胜记画片店、泰东书局、生活书店、中国图书杂志公司、世界书局、三一画片公司、儿童书局、受古书店、汉文渊书肆等;店面朝北的,有作者书社、光华书局、中学生书局、勤奋书局、四书局门市部、华通书局、寰球画片公司、美的书店、梁溪图书馆、陈正泰画片店、百新书店等,可见文化街上,书店确实是多的。在弄堂内、大楼内的,还不在内。在苏州河以北四川路一带,可说是第二条文化街,那地方除商务印书馆分馆外,有新知书店、群益出版社、良友图书印刷公司、水沫书店、天马书店、春野书店、南强书店、大江书铺、湖风书局、创造社出版部等十余家,而且都是在三十年代前后,出版进步书刊的。⑦

---

① 鲁迅:《致李霁野》(1929年7月8日),鲁迅《鲁迅全集》第12卷(书信),人民文学出版社,2005年,第194页。

② 陈伯熙:《说沪上书肆》,陈伯熙编著《上海轶事大观》,上海书店,2000年,第183页。

③ 沈从文:《我到上海后的工作和生活》,《沈从文全集》第27卷,北岳文艺出版社,2009年,第224页。

④ 沈从文:《复王际真》(1930年1月18日),《沈从文全集》第18卷,第41—42页。

⑤ 高长虹:《小书局》,《走到出版界》,泰东书局,1929年,第18页。

⑥ 陈望道:《致汪馥泉》(1928年6月2日),孔令镜编《现代作家书简》,生活书店,1936年,第165页。

⑦ 朱联保:《近现代上海出版业印象记》,学林出版社,1993年,第6—7页。

从上述回忆中可以看出当时分布在福州路与北四川路一带的新书店在密度与规模上都处于上海图书市场的中心地位。如果说北四川路文化街主要是因政治弱控的原因而形成，福州路文化街的形成则缘于鳞次栉比的茶楼酒肆、书场、妓院等娱乐场所的繁荣为书报业提供的无限商机。① 除此之外，在靶子路虹江路还有不少以卖廉价中西文教科书及古旧书为主的旧书店。文学史家阿英详细描述了城隍庙一带以书铺、书摊为主构成的旧书市的情形：

> 你去逛逛城隍庙吧。……你可以走将出来，转到殿外的右手，翻一翻城隍庙唯一的把杂志书籍当报纸卖的"书摊"。……再通过迎着正殿戏台上的图书馆的下面，从右手的门走出去，你还会看到两个"门板书摊"。……在城隍庙正门外，靠小东门一头，还有一家旧书铺，……如果时间还早，你有兴致，当然可以再到西门去看看那一带的旧书铺；但是我怕你办不到，经过二十几处的翻检，你的精神一定是很倦乏的了……②

上海城隍庙一带的书铺与书摊，无论是其门面面积还是店面设施均较为简陋，既无法同开设在四马路等繁华路段的新式书店相比，也无法同江浙一带以售卖文房四宝及古籍善本为主的传统书市相比。为了保持售价的低廉，他们的营业场所便不得不因陋就简些，旧书店大多利用弄堂和屋脚，铺起他们的店面；旧书摊大多利用壁角和转弯处，放几个木板钉成的书架，插上旧书便算数了。③

书店与书摊、书铺里也并非仅仅只有围绕着书籍的买卖行为。内山书店对于上海左翼知识分子起到的作用众所周知。在白色恐怖严重的时候，在内山书店不仅可以买到进步书籍，还可以像在东京逛神田旧书铺一样，在这里看书、聊天、借打电话，甚至约友朋见面。④ 鲁迅更是把内山书店作为自己日常活动的主要场所之一。⑤ 知识分子也会在书店中偶遇、相识，进而建立交往关系。王淑明"有一天，偶然与诗人雷溅波在一家书店里相遇，……向他表示了自己对于'左联'的向往和爱慕"，雷溅波

---

① 陈昌文：《近代上海出版业与都市社区的互动》，《学术月刊》2004 年第 7 期。

② 阿英：《城隍庙的书市》，《阿英文集》，生活·读书·新知三联书店，1981 年；收入范用编《买书琐记》，生活·读书·新知三联书店，2005 年，第 42—43 页。

③ 公怀：《旧书业在上海》，《上海生活》1939 年第 10 期；收入吴健熙、田一平编《上海生活（1937—1941）》，上海社会科学院出版社，2006 年，第 158 页。

④ 夏衍：《懒寻旧梦录》，生活·读书·新知三联书店，1985 年，第 135 页。

⑤ 关于 1930 年代鲁迅在内山书店的主要活动，参见王晓渔《鲁迅、内山书店和电影院——现代知识分子与新型媒介》，《同济大学学报》2006 年第 3 期。

进而介绍他认识徐懋庸。① 而个别书店的女性店员,也会引起文人习气浓厚的知识分子的注意,从而增加光顾的次数,大有"醉翁之意不在酒"的味道。郑伯奇回忆了"颇好作狭邪游"的郁达夫带他去一家外国书店,看店中一位外国女店员的经历:

> 有一次,他带我到虹口的一个外国旧书店去过,目的是除了观赏旧书以外,还想观赏书店的那位灰眼金发的法国女郎。他知道我读过法文,叫我跟那女郎讲法国话。不料在年轻的陌生女子面前,我简直格格不能开口。以后他再没有叫我同他到那里去过。②

不但书店与书铺、书摊之间有新旧之隔,在书店内部也有无形的等级之分。商务印书馆、中华书局等大书店在给人以气势宏伟、琳琅满目之感的同时,也以其庞大的阵势与昂贵的价格构筑门槛壁垒,给人以望而生畏之感,隐隐将那些文化场域中的弱势者拒之门外,以致曹聚仁撰文认为"商务、中华那几家大书店的势利眼,只重衣衫不重人"③。在书籍的上架排列上,"把一切书籍高高地搁在架上,架前立着'店员',在店员之前又深沟高垒似的造了黑漆漆的高柜台,不用说买书的人不能够纵览书的内容,连小学生去买书也像进了裁判所一样"④。而一些中小规模的书店则通过简洁朴实的店内装潢等方式给读者营造出一种亲近感。20 世纪 30 年代中期,时为中学生的黄裳第一次在四马路买书时对于商务、中华等大牌书店"不无'宫墙数仞'之感,只能怀着肃然的心情进去参观,那里的书许多看不懂,更多的是买不起"⑤。而位于宝山路宝山里的开明书店则让他眼前一亮,"店面里是一片明亮的、生气勃勃的景象,新书多而印制精美,绝无大书店出品那种老气横秋的面目"⑥。至于旧书店及书铺与书摊,其店面装潢较新书店简陋许多,图书的摆放也不像新书店整齐划一,因此往往任由顾客随意浏览翻阅,令顾客感到较为轻松自在。开设在福州路的传薪书店,由于店老板徐绍樵个性大大咧咧,书架上的书东倒西斜,长短不齐,台上、地板上乱七

① 王淑明:《我与"左联"二三事》,中国社会科学院文学研究所"左联回忆录"编辑组编《左联回忆录》下册,第 443—444 页。

② 郑伯奇:《怀念郁达夫》,《书报精华》1945 年第 12 期;收入秦人璐、孙玉蓉选编《文人笔下的文人》,第 165 页。

③ 曹聚仁:《书的故事》,钟敬文等编《书斋漫话》,中国友谊出版公司,1998 年,第 59 页。

④ 谢六逸:《大小书店及其他》,《大江》创刊号,1928 年 10 月 15 日。署名谢宏徒,题名"篇末",收入《茶话集》时改为此名。

⑤ 黄裳:《关于开明的回忆》,中国出版工作者协会编《我与开明》,中国青年出版社,1985 年,第 44 页。

⑥ 同上,第 44 页。

八糟都是书,甚至一部书散在几处,有别于新书店里的书井然有序的状态。然而正由于此,读者在这里可以随意挑书,可乱翻乱扔,不受拘束,较为随便,尤其是一些年轻贫穷的读者,更愿意到传薪书店买书。有一些喜欢淘旧书的老顾客,一有工夫就溜达到传薪书店,甚至每天不去转一转,好像失去了点什么一般。①

因此,书店、书铺与书摊三者主要面向的顾客群体有所不同。分布在福州路与北四川路一带的中西文书店日渐成为出版业从业者、文学青年、大学教师等新型知识群体的光顾之地,而主要分布在城隍庙一带的书铺与书摊则成为作家、报人等具有传统文人特征的知识群体们的淘宝之地。夏衍开始以翻译为职业后,"就经常到北四川路底的内山书店去买书"②。由于日本的汉学医药书籍较多,故以行医为职业的陈存仁"常到北四川路'内山书店'去买日本的汉医书"③。鲁迅购买的各种外文书籍很大一部分也由内山书店提供。20世纪30年代在上海从事美术编辑工作的蔡若虹回忆:"四马路的书店街是我们常去的地方;虹口的内山书店更是我们每星期必到之所,因为这个日本书店有许多介绍西方美术的图书画册,可以随便翻阅,不买也不要紧。"④朱生豪在上海时,最常去的是四马路和北四川路上的书店。⑤ 20世纪30年代的徐迟"到北新书店去买鲁迅,到现代书店去买戴望舒,……外国书贵些,买外国书就上旧书店或旧书摊去买"⑥。冯雪峰一到上海,就去北四川路魏盛里的内山书店和设在海宁路及吴淞路一带的日本旧书店;望舒(戴望舒,笔者注)到上海,就去环龙路(今南昌路)的红鸟书店买法文新书。⑦ 施蛰存"到上海,先去看几家英文旧书店,其次才到南京路上的中美图书公司和别家书店"⑧。

而如周越然、阿英、唐弢、郁达夫等带有传统文人特征的知识群体则热衷于光顾书铺、书摊及旧书店。唐弢"一有闲钱,也常常去逛书摊。城隍庙是每星期要去的"⑨。除了四马路与城隍庙两个较大的图书市场外,三马路上也有不少旧书店与书铺。陈存仁"每天下午诊务完毕,总要抽出一些时间,到三马路一带旧书铺去搜购旧

① 高震川:《上海书肆回忆录》,秋禾、少莉编《旧时书坊》,生活·读书·新知三联书店,2005年,第70—71页。

② 夏衍:《懒寻旧梦录》,第134—135页。

③ 陈存仁:《银元时代生活史》,广西师范大学出版社,2007年,第214页。

④ 蔡若虹:《上海亭子间的时代风习》,河北教育出版社,1999年,第63页。

⑤ 吴洁敏、朱宏达:《朱生豪传》,上海外语教育出版社,1989年,第76—77页。

⑥ 徐迟:《我爱书店》,《光明日报》1996年7月24日;收入范用编《买书琐记》,第56页。

⑦ 施蛰存:《最后一个老朋友冯雪峰》,《新文学史料》1983年第2期。

⑧ 同上。

⑨ 唐弢:《生命册上》,《中国作家》第1卷第1期,1947年10月1日;收入中国社会科学院文学研究所总纂,傅小北、杨幼生编《唐弢研究资料》,第41页。

书,兴趣浓厚"①。郁达夫更是对旧书情有独钟。陈翔鹤回忆起同郁达夫在一起的日子,"总爱一同跑旧书店,逛马路,……而上旧书店的时候更特别多"②。根据叶中强制作的郁达夫1926年至1927年间在上海的生活日程表可以看出,郁达夫在买书上投入了大量时间,甚至在其为追求王映霞而前往杭州的短暂行程中,也不忘去杭州旧书铺一览。兹将该表中郁达夫的买书活动部分摘取出来,抄录如下:

郁达夫在沪(及杭州)期间买书活动表(1926年12月27日—1927年2月16日)③

日　期	时　间	活动地点	事　略
1926年12月30日	不详	街上	去各旧书铺买书
1927年1月4日	午后	北四川路、伊文思书铺等	访友、闲步、买书、饮酒、醉后访友
1927年1月5日	中午及午后	五方斋、古物商处、艺大宿舍	午餐、购旧杂志、会友
1927年1月7日	傍晚至夜	艺大宿舍、旧书铺	饮酒、读小说,逛旧书铺、买书
1927年1月12日	中午及午后	"市内"(当为租界)一饭店、书铺、出版部	请客、买书、阅信
1927年1月13日	傍晚至夜	四马路一酒家、澡堂、书铺、友人家	喝酒坐观世态、沐浴、逛书铺、与友彻谈
1927年1月20日	傍晚至夜	书铺、北四川路、大马路酒馆、尚贤里、大世界	购旧书、散步、喝咖啡、饮酒、再访王映霞、听戏
1927年1月24日	中午及午后	杭州旧书铺、杭州站	购旧书、独立风雪中候王映霞不遇
1927年1月28日	中午及午后	出版部、城隍庙旧书摊、茶楼	接成仿吾信,逛书摊、喝茶看落日
1927年1月31日	晨	五方斋、中美书店	因躲避索钱人而外出、早餐、购外文书
1927年2月6日	午后	北四川路影院、书摊	看电影、购书刊
1927年2月12日	晨	吴淞路	购杂志
1927年2月12日	午后	书店、出版部	购书刊等
1927年2月14日	午后	友人家、书店	通知友人将在大东旅社开房间、购旧书及外文书
1927年2月15日	午后	外国书铺	购外文书

① 陈存仁:《银元时代生活史》,第89页。
② 陈翔鹤:《郁达夫回忆琐记》,《文艺春秋副刊》第1卷第1期,1947年1月;收入中国社会科学院文学研究所总纂,王自立、陈子善编《郁达夫研究资料》,知识产权出版社,2010年,第84页。
③ 此表据叶中强"郁达夫在上海的一张生活日程表"摘录制作,参见叶中强《上海社会与文人生活(1843—1945)》,上海辞书出版社,2010年,第389—397页。

从该表中可以看出，郁达夫的日常生活中，买书占据了相当大的比重。在短短一个半月的沪居生活中，买书活动就占据了15天之多，平均每3天就有1次买书活动。而在这些买书活动中，注明逛旧书铺或书摊，并购买旧书及杂志的就占了8次之多。郁达夫对旧书的偏好程度可见一斑。

三、"旧"的偏爱——知识群体认同感的建构

尽管许多知识分子既光顾新书店也光顾书铺与书摊，但四马路一带的新、旧书店与城隍庙一带的书铺、书摊两者的主要顾客群体的不同使得后者一方面被视为面向中低经济收入、在文化资本场域中处于弱势地位的底层知识群体的场所，另一方面被视为更具内涵与文化素养的饱学之士的乐园，具有那些位于四马路与南京路上的新书店无法替代的人生体味。左翼文学史家阿英对护龙桥、城隍庙一带的书市颇有好感：

> 这一带是最平民的了。他们一点也不像三四马路的有些旧书铺，注意你的衣冠是否齐楚，而且你只要腰里有一毛钱，就可以带三两本书回去，做一回"顾客"；不知道只晓得上海繁华的文人学士，也曾想到在这里有适应于穷小子的知识欲的书市否？无钱买书，而常常在书店里背手对着书籍封面神往，遭店伙轻蔑的冷眼的青年们，需要看书么？若没有图书馆可去，或者需要最近出版的，就请多跑点路，在星期休假的时候，到这里来走走吧。①

阿英这段带有个人倾向性的描述虽然可以看出作者隐匿在文字背后的民众立场，但也道出了城隍庙书市所面向的顾客群体有别于四马路的书店这一客观事实。而叶灵凤强调的则是对旧书店的偏爱。有别于新书店以销售新书与畅销书为主，旧书店及书铺、书摊上的书多是已经退出流行商品销售渠道的陈旧之书，这使得顾客在这些地方需要花费大量的闲暇时间，从中拣选自己所喜好的书籍。在叶灵凤看来，逛旧书店具有新书店无法替代的功能和收获：

> 每一个爱书的人，总有爱跑旧书店的习惯。因为在旧书店里，你不仅可以买到早些时在新书店里错过了机会，或者因价钱太贵不曾买的新书，而且更会有许

---

①　阿英：《城隍庙的书市》，《阿英文集》；收入范用编《买书琐记》，第41页。

多意外的发现：一册你搜寻了好久的好书，一部你闻名已久的名著，一部你从不曾想到世间会有这样一部书存在的僻书。……对于爱书家，旧书店的巡礼，不仅可以使你在消费上获得便宜，买到意外的好书，而且可以从饱经风霜的书页中，体验着人生，沉静得正如在你自己的书斋中一样。①

在旧书铺与书摊上销售的书籍不但根据年代、版本及纸质的不同而价格相异，生客与熟客之间也有区分：

书价的标准，大概是元版刻本每部二元，明版刻本竹纸最多，每部一元五角上下，要是宣纸印的才能卖到一元七八角；清代的刻本，稀见的卖一元一二角，普通的刻本都在一元以下，这是他们对熟客的标准书价。每一部书多数是四册六册。多的有二十四册四十册等，那么价钱就不同了。②

购买旧书无疑在经济上更为划算。施蛰存就坦言："英美出版的新书价高，而卖英文书的旧书店多，故我买的绝大部分是旧书。"③一个笔名为公怀的知识分子也提及："因为欢喜看书，而购买力又薄弱的缘故，所以在战前我总趁着例假日子，到城隍庙或西门一带去掏旧书。出了低廉的代价，同样可以买到需要的书籍，稍为旧一些，又有什么关系呢?"④相较于西门，城隍庙的旧书铺更是一个实惠的淘宝之地。唐弢回忆20世纪30年代在上海的生活时谈到：

当时上海卖旧书的地方除汉口路、福州路外，还有两处：城隍庙和老西门。这两处离我居住的地方较远，不过书价便宜，尤其是城隍庙。护龙桥附近有许多书摊，零本残卷，遍地都是，只要花工夫寻找，总不会毫无所得。因此碰到星期天或者假日，只要身边有一两块钱，我便常常到那儿访书去。⑤

---

① 叶灵凤：《旧书店》，《读书随笔》，生活·读书·新知三联书店，1988年；收入范用编《买书琐记》，第59—60页。
② 陈存仁：《银元时代生活史》，第89页。
③ 施蛰存：《最后一个老朋友冯雪峰》，《新文学史料》1983年第2期。
④ 公怀：《旧书业在上海》，《上海生活》1939年第10期；收入吴健熙、田一平编《上海生活（1937—1941）》，第156页。
⑤ 唐弢：《我和书》，《团结报》第1065号；收入范用编《买书琐记》，第134页。

　　凡勃伦(Thorstein B. Veblen)指出,有闲阶级所标榜的"有闲"的既有成就多是"非物质"式的产物,这类出于既有的有闲的非物质迹象是一些准学术性的或准艺术性的成就,和并不直接有助于人类生活进步的一些处理方式方法方面及琐细事物方面的知识。[①] 宋元明清以来民间出版业的蓬勃兴起,使得书籍的传播与流通日益大众化。而清末民初伴随机械化印刷等技术的普及运用促成的现代出版业的发达,一方面使书籍的种类日益繁多,所面向的读者也逐渐扩展至社会各个阶层,另一方面也使得书籍由过去作为文人士大夫的专属象征转为与人们的日常生活密切相关。20 世纪二三十年代的上海,城市市民开始成为图书市场消费的主体。《创造周报》出版以后受到青年人的喜爱。"从每到星期日,在上海四马路泰东书局发行部门前的成群集队的青年学生来购买《创造周刊》的热烈,便可窥得一个梗概。"[②]主编《生活日报》的邹韬奋当时已经注意到报社每天贴在门口的"号外"让"数千成群的读者静悄悄仰着头细细地看着"[③]。在这种情形下,逛书店,并非只是读书人的专有行为。当书店与书籍都进入读书人与非读书人的日常生活时,读书人如何寻找新的有别于其他阶层的行为方式以构筑其作为读书人的身份认同感? 很显然,在城隍庙的旧书店、书摊前细细观摩浏览比在四马路的书店里走马观花需要更多的闲暇时间,而且旧书店与书摊上这些人文艺术方面的书籍只有在具有一定文化积累的读书人眼里才是宝贝,在以实用技术与体力为生的普通市民眼里不过是一堆破烂。一个懂得读旧书、懂得欣赏旧书的人必定是有文化、有素养、有阅历的人。因此,知识群体通过对旧书、旧书店及书铺、书摊的歌颂来达到维护自身群体与其他群体的区隔的目的。这或许是尽管许多知识分子既光顾新书店,也光顾旧书铺与书摊,但在他们所留下的关于书的回忆性文字中,多半是津津乐道于旧书铺、书摊上的种种趣闻以及对旧书的赞颂的文字,而鲜见对新书、新书店的描述的一个内在原因。1927 年《申报》的一篇文章里,作者通过将新书与旧书作对比,认为旧书具有历经时间沉淀之后的价值,相比之下,颇多受商业利益驱动出版的新书则大有误人子弟之嫌:

　　　书之良莠不齐,亦正如人之良莠不齐。读新书如交新友,读旧书,如友古人。

---

　　① 凡勃伦:《有闲阶级论》,蔡受百译,商务印书馆,2007 年,第 38 页。
　　② 陈翔鹤:《郁达夫回忆琐记》,《文艺春秋副刊》第 1 卷第 2 期,1947 年 2 月;收入中国社会科学院文学研究所总纂,王自立、陈子善编《郁达夫研究资料》,第 86 页。
　　③ 邹韬奋:《韬奋新闻出版文选》,学林出版社,2000 年,第 346 页。

旧书之价值,大都已得前贤之论定,其能存于今者,必有不磨之处。新书之价值,则未经论定者居多,甚有以营利为目的者。专选淫书小说以诱惑青年。青年读之,如交损友,欲其品性之不堕落也难矣。①

在《人间世》的一篇文章里,作者认为新书仅仅适合无聊消遣时阅读,而旧书的好处在于从反复品读的过程中得到的感悟,这种感悟不仅是读"过目就忘"的肤浅新书所没有的,并且也同阅读者本身的年龄和阅历直接相关:

旧书的好处在不厌重读。对于心所爱好的旧书,不是仅读一二过便满意,有时需要读二三十过也不一定。……有时因学业和年龄的关系,同是一个人,同是读一本书,往往前后会生出殊异的味品。……读了一篇杰作,你大前年读后不觉得怎样,轻轻地把它放过去,没有深切的引起共鸣;而今年读了,却字里行间像有一种魔力,打动你的心弦,……也有些旧书,有时青春时代读后以为了不得的杰作,到了中年就没有这样感觉,……时下出版的新书,……我以为无论什么时候都可读,因为只把眼睛一页一页地溜过便好了,委实无须择时与地,……新书我也想读,无聊时批览也是无妨,闲里光阴尽可看消遣,其与旧书差异者,只不过仅看一遍便没兴致再看加一两过而已。②

一个笔名为遐伯的知识分子描绘出了自己对搜集旧书、美术画片的痴迷与陶醉过程。在这个过程中,对旧书和画片的搜集、归类、擦拭、整理、摩挲、翻阅,都因主体将基于兴趣和灵感而生的行为作用于书籍这一客体而具有了艺术的味道,令读书人感到不可言说的愉悦:

我就利用我的"性之所近",一有空的时候,就到旧书店中、冷货摊上,搜买旧书及美术画片,久而久之,居然旧书满橱,画片盈箱,我于工作之后,便将桌子揩净,手洗洗,将画片拿出来,用放大镜将他们细细欣赏一番,看到出神的时候,真觉得自己也在画中,趣味之佳,真是一言难尽,有时遇着与历史有关系的,我就把历史书翻出来,查考事实,与他们印证印证。有时把旧书翻开,将所欢喜的中

---

① 觉:《择书如择友》,《申报》(常识)1927年3月9日,第2版。
② 陈炼青:《谈读旧书》,《人间世》第28期,1935年5月20日。

诗或西诗读读,说也稀奇,读过之后,快慰之心,便油然而生了。这种娱乐的方法,无形中可增长些知识学问,同时精神上又可得些安慰![1]

然而,沉溺于旧书堆里固然能令读书之人时时有醍醐灌顶之愉悦和顿悟,但不仅与现世之功名利禄的行径相隔甚远,反而时时令文人知识分子处于囊中羞涩的窘境。郁达夫既对诗集文选之类的旧书爱不释手,又萌生出在当下乱世纷争的时代读书无用的慨叹:

四顾萧条,对壁间堆叠的旧书,心里起了一种毒念。譬如一个很美的美人,当我有作为的少年,她受了我的爱眷,使我得着了许多美满的饱富的欢情,然而春花秋月,等闲度了,到得一天早晨,两人于夜前的耽溺中醒来,嗒焉相对,四目空觑,当然说不出心里还是感谢,还是怀怨。啊啊,读书误了我半生荣达。[2]

从北风寒冷的北四川路上走回家来,入室一见那些破书旧籍,就像一本一本的撕破了它们,谋一个"文武之道,今夜尽矣"的舒服。[3]

四、市道之交——以书会友与在商言商

书店,尤其是新书店的书,往往遵循现代出版业的销售规律,按市场行情统一定价,少有讨价还价的余地。而旧书店及书铺、书摊上的书,多为通过不同渠道几经流转而来,一方面价格有很大的回旋余地,另一方面,这些旧书以卖买行为的方式到读书人手中,使得读书人既能够享受到"物美价廉"的喜悦,又不必像收到作为礼物的赠书一般有欠人情之累。旧书店及书铺、书摊由此成为买书人与卖书人博弈往来的场所。憧憬着觅得好书时的惊喜的读书人在旧书店与书铺、书摊上流连停驻、乐此不疲,待发现好书后与卖书人之间切磋交往,成为民国时期上海文化空间里的一道别样风景线。与买书相关联的书籍的消费与收藏,也是知识分子群体最重要的特性之一。因此,书籍的购买、消费与收藏,是考察书与人之间关系的三种主要面向。

---

① 遴伯:《直觉得我自己也在画中》,《生活周刊》第 2 卷第 48 期。
② 郁达夫:《日记九种·村居日记》,1927 年 1 月 3 日;收入胡从经编《郁达夫日记集》,陕西人民出版社,1984 年,第 36 页。
③ 同上,1927 年 1 月 20 日;收入胡从经编《郁达夫日记集》,第 50 页。

周越然在一篇小文中提及卖书人的两个称呼："'书估'者,售书人也,恶名也,另有美名曰'书友'。"①这两个称呼反映了作为书商的卖书人的二重性。书商处在金钱与文化、生意与学问、娱乐与道德、地区间文化与地方文化的十字路口上,体现了商品社会中的无数矛盾。② 一部分文人特性较浓的书商,自身对书籍具有高度的个人兴趣,其经营书业的行为并非仅仅是买卖行为,更有以书会友,寻觅知音的意味。陈乃乾在关于旧上海图书界的回忆中提及位于三马路惠福里弄的一家名为博古斋书肆的老板:

> 主人柳蓉春,苏州洞庭山人,外号人称"柳树精"。虽未尝学问,但勤于研讨,富于经验,且获交于江建霞、朱槐庐诸前辈,习闻绪论,遇旧本人,入手即知为何时何地所刻,谁家装潢,及某刻为足本,某刻有脱误,历历如数家珍。家本寒素,居积至小康,每得善本,辄深自珍秘,不急于脱售。夜深人静时,招二三知音,纵谈藏书家故事,出新得书,欣赏传观。屋小于舟,一灯如豆,此情此景,至今犹萦回脑际也。③

短短数语,勾勒出一位痴迷于故纸堆中的文人书商的鲜活形象。这种文人书商多是性情中人,对于书的定价并不与市场规律完全合拍,由此导致读书人在此类书店不时能够发现远低于市场价格的好书,颇为惊喜。北四川路的添福记书店就给叶灵凤留下了不少有趣的回忆:

> 时常喝醉酒的老板正和他店里的书籍一样,有时是垃圾堆,有时却也能掘出宝藏。最使我不能忘记的,是在三年之前,他将一册巴黎版的乔伊斯的《优力栖斯》,和一册只合藏在枕函中的《香园》,看了是纸面毛边,竟当作是普通书,用了使人不能相信的一块四毛钱的贱价卖给了我。如果他那时知道《优力栖斯》的定价是美金十元,而且还无从买得,《香园》的定价更是一百法郎以上,他真要懊丧得烂醉三天了。④

---

① 周越然:《余之购书经验》,秋禾、少莉编《旧时书坊》,生活·读书·新知三联书店,2005 年,第 282 页。
② 高彦颐:《闺塾师——明末清初江南的才女文化》,李志生译,江苏人民出版社,2005 年,第 45 页。
③ 陈乃乾:《上海书林梦忆录》,秋禾、少莉编《旧时书坊》,第 90—91 页。
④ 叶灵凤:《旧书店》,《读书随笔》;收入范用编《买书琐记》,第 59—60 页。

更有一些原本是文人作家的知识分子亲自下海,在书业市场中弄潮。谢澹如有一时期在虹口老靶子路口开了一家专售外国书的旧书店。从爱跑旧书店到自己下海开旧书店,澹如的书癖之深,可以想见了。① 素有"海上才子"之称的邵洵美也曾亲自开办过一家金屋书店,并刊发自己编辑的杂志。如此在读书人与卖书人两种身份之间游弋穿梭,也只有在近代上海这座图书出版业空前发达的城市才可为之。

而另一些书商则在商言商,在经营书业的过程中使用多种销售方式乃至坑蒙拐欺等伎俩,以获利为根本目的。"这里的有些书店老板而兼作家者,敛钱方法直同流氓,不遇见真会不相信。"②由于旧书的流通市场有别于新书,加之旧书面向的顾客群体十分有限,多为从事相关工作及研究或对此有嗜好之人,由此导致前来购买旧书的人,多半是"识货之人",有强烈的购买意图,使得书商在讨价还价过程中常常坚持不让步。阿英有一次在城隍庙书市想买一部合订本《新潮》,书店老板开口即"一只洋",且在争执过程中毫不松口,道出了坚持此价之原因:

> 我说:"旧杂志也要卖这大价钱吗?"于是他发议论了:"旧杂志,都是绝版的了,应该比新书的价钱卖得更高呢。这些书,老实说,要买的人,我就要三块钱,他也得挺着胸脯来买;不要的,我就要两只角子,他也不会要,一块钱,还能说贵么? 你别当我不懂,只有那些墨者黑也的人,才会把有价值的书当报纸买。"争执了很久,还是一块钱买了。③

如果说书商坚持书不"贱卖"尚属"君子爱财,取之有道"的话,一些书商在看到读书人在书摊前对着心仪之书伫立良久时,乘机哄抬价格,则有坑人获利之嫌。周越然年轻时开始购书,"与他人完全相同,即常常站立于铺面之前,向架上呆看是也"④。这种将自己的购买意图外露得一览无余的方式让他吃了不少亏。他的一位好友在购书时由于"以为世间孤本,不独细审藏印,细阅批校,且高声朗诵原书,而又以最不宜出之口者向我盘诘,结果:书估索价一百二十元,而张君一口还六十元,……此书真值,十三四元而已"⑤。这些经历使他后来在总结购书过程中值得注意的经验时首先

---

① 叶灵凤:《爱书家谢澹如》,《叶灵凤文集》第 4 卷,花城出版社,1999 年,第 61—62 页。
② 鲁迅:《致李霁野》(1929 年 7 月 8 日),鲁迅《鲁迅全集》第 12 卷,第 195 页。
③ 阿英:《城隍庙的书市》,《阿英文集》;收入范用编《买书琐记》,第 39 页。
④ 周越然:《余之购书经验》,秋禾、少莉编《旧时书坊》,第 283 页。
⑤ 同上,第 285 页。

强调的就是不能过于暴露自己的购书意图：

> 余所得购书经验，有极重要而适合一般收买古书者之采用者，兹以十余字包括之曰"一遇好书，立时买定，不可一看再看，迟疑不决"。不善购书者，往往乱翻书叶，研究版本，既欲读其文字，又欲考其藏章。如有友人伴往，则又彼此作默默语，商讨优劣。书估见此情形，虽明知书不尊贵，亦必索价高昂，因汝已表示欲购之意或羡慕之心也。研究版本，研究藏印，……均应于家居闲暇之时为之。购书之时，只可察其大体，决不可详加讨论。①

有些书店对于顾客要求购买的书迟迟不给回复。柳亚子在致家人的书信中抱怨："文明书店买的书，连回音也没有，同告阴状一般，真是可恶之至！"②有些书商不仅服务态度恶劣，还采取"杀熟"的方式向老主顾借钱，并以各种理由拒绝还钱：

> 昔年海上有某某旧书铺，索价较他家为高。倘主顾还价不称，或稍作轻视语或讥刺语，则店员群起与之争辩。倘主顾不识相而不默然而退，则店员肆口谩骂，或竟推之出门，作欲打之势。……书估尚有一种恶习，即向老主顾借钱是也。余有因借钱而反受人骂者。某书估年老而贫，一日来余家告我云："我要到通州去收书，没有本钱，想问你先生通用二百元。收到的书，献给你看。"余曰："我今天钱不多，你拿一百二十元去罢。借票要写的，利钱不要。"此"公"一去之后，非独书不见面，连人亦不见面。后来再三查问，始知在邑庙摆摊。余向之要钱，曰"请待几天"。向之要书，曰"现在没得"。如是者三四年。③

尽管书籍，尤其是人文艺术类书籍，是高雅文化的象征，但书籍的买卖行为却又是一个以个人利益为出发点的最世俗不过的交易。对于购书过程中如何应对书商开价居高不下的情况，周越然总结了一套与市井小民日用购物过程中讨价还价如出一辙的应对方式：

① 周越然:《余之购书经验》，秋禾、少莉编《旧时书坊》，第285页。
② 柳亚子:《致柳无非、柳无垢》(1930年5月18日)，上海图书馆历史文献中心近代文献部编《柳亚子家书》，岳麓书社,1997年，第403页。
③ 周越然:《余之购书经验》，秋禾、少莉编《旧时书坊》，第289页。

让逊法——用此法者,可向书估云"书是好的,价是贵的,可惜我没有能力,否则一定要买";讥刺法——用此法者云"那你吃亏了,价钱太便宜。我从前买的那一部,还不及这本好,尚不止此数呀";直拒法——此法最妙,用之者可云"对不起,请你收藏了罢"——言时应将册数粗粗一点——"我没有意思买这种书"。①

虽然上海旧书市场上颇多尔虞我诈之是非,但对于熟客,书商大体还是采取与北平旧书市场的同行类似的惯例做法:

书坊铺中,每一种书都有一种定价,标价不问多少,我们熟客总是照上面所列的标准,重新讨价还价。我自己把买到的书编成一份目录,凡是目录中尚未列入的书,每一种都想买,因此在各旧书坊,无人不熟,无一家不相识,在书坊中把看中要买的书堆在一旁,翌日书坊中人便会把它送到我诊所来。②

上海图书市场的繁荣景象好景不长。20 世纪 30 年代中期以后,国际金融危机的影响与中日战争的阴云日益密布给国内的图书业市场整体带来了萧条颓靡之势。面对时局的动荡,生活在北平的顾颉刚在日记里感慨:"时局如斯,聚书兴趣已完全打消。"③而"一·二八"战火更是给商务印书馆等出版机构带来了巨大浩劫。尽管战事过后的几年里,上海的消费市场仍然给人以繁荣之感,但已难掩图书业的一蹶不振。一位此前生活在上海、毕业于复旦公学的女士,与丈夫新婚旅行时路过上海时即感觉:"上海,除了书店玻璃橱内的书籍不如两年前蓬勃了以外,一切都好像没多大变动。"④

图书业整体萧条导致的后果之一便是买书人的日益减少,由此导致旧书市上读书人与卖书人之间对于书籍本身的默契与融洽之感的减少。读书人日益为柴米油盐等生计奔忙,无暇在旧书店及书铺、书摊上流连忘返,卖书人面对日益冷落的铺面,怅然若失之感油然而生。20 世纪 30 年代城隍庙的一家以卖旧西书和旧的新文化书为

---

① 周越然:《余之购书经验》,秋禾、少莉编《旧时书坊》,第 285—286 页。
② 陈存仁:《银元时代生活史》,第 89 页。
③ 顾颉刚:《顾颉刚日记》(1933 年 1 月 23 日),联经出版公司,2000 年,第 2 卷,第 7 页。
④ 子秋:《从广州到苏州——蜜月旅行随笔》,《良友》第 64 期;收入程德培、郜元宝、杨扬编《1926—1945 良友随笔》,上海社会科学院出版社,2004 年,第 16 页。

主的书店里,很有学术修养的书店掌柜面对凋敝的书业市场时难掩内心的失望之情:

> 近来他的论调却转换了,他似乎有些伤感。这个中年人,你去买一回书,他至少会重复向你说两回:"唉!隔壁的葆光关了,这真是可惜!有这样长历史的书店,掌柜的又勤勤恳恳,还是支持不下去。这个年头,真是百业凋零,什么生意都不能做!不景气,可惜,可惜!"言下总是不胜感伤之至,一脸的忧郁,声调也很凄楚。①

在上海知识群体的回忆中,则时常可见上海书店与书市里书商及店员的种种伎俩。抛去回忆性文字本身的美化及丑化之过虑,从中可以窥见20世纪30年代北平与上海的城市差异在书店与书铺、书摊中的反映。光顾北平书市的知识群体多为市内各大高校的教员及部分自由写作者。这些人通常拥有稳定的工作和稳定的经济来源,他们与书商之间大体上处于费孝通所谓乡土社会格局中的"熟人网络"关系,这使得书商多需依靠更加人性化的服务才能吸引住这些回头客。而前文已提及30年代上海图书市场的消费主体是城市市民,知识群体只是其中一部分。因此,四马路的书店及城隍庙的书铺与书摊很大程度上面对的是一个城市社会中的匿名顾客群体,上海图书市场中的知识群体"回头客"的比例比北平要低,并且上海的知识群体多需以忙碌的工作来获得经济收入,难以像北平的学院知识群体一样有从容的闲暇在旧书市中踱步。

五、嗜书如命——知识群体的书籍消费

凡事不宜贪,若买书则不可不贪。

——(清)张潮《幽梦影》

本来,有关本业的东西,是无论怎样节衣缩食也应该购买的,试看绿林强盗,怎样不惜钱财以买盒子炮,就可知道。

——鲁迅1936年7月7日致赵家璧

作为文化资本的拥有者,知识群体与书籍之间的天然结盟由来已久。在知识群

---

① 阿英:《城隍庙的书市》;收入范用编《买书琐记》,第39页。

体看来,买书与借书截然不同。书籍只有被购买后,成为个人私有,购买者才能感受到独有的快乐。夏丏尊坦言积累书籍的过程给人带来的快感:

> 我不喜欢向别人或图书馆借书。借来的书,在我好象过不来瘾似的,必要是自己买的才满足。这也可谓是一种占有的欲望。买到了几册新书,一册一册地加盖藏书印记,我最感到快悦的是这时候。……据说,任何爱吃糖果的人,只要叫他到糖果铺中去做事,见了糖果就会生厌。自我入书店以后,对于书的贪念也已消除了不少了,可是仍不免要故态复萌,想买这种,想买那种。这大概因为糖果要用嘴去吃,摆存毫无意义,而书则可以买了不看,任其只管插在架上的缘故吧。①

因此,即便可能会遭遇书商的种种伎俩,知识群体在买书方面仍然是慷慨解囊。经济条件较好的知识群体自然不缺买书之钱。在沪江大学任教的蔡尚思"由于沪江大学教师住宅宽大,我一到校,便购许多大部头的图书,并添了不少家具"②。叶公超在暨南大学任教时期,"北平北京饭店楼下 Vetch 的书店,上海的别发公司,都是他经常照顾的地方。做了图书馆长,更是名正言顺的大量买书"③。更有少数家境殷实的知识分子在买书方面有高于常人的要求。自从有新文艺出版物出版以来,不论是刊物或单行本,谢澹如必定每一种买两册,一册随手阅读,一册则收藏起来不动。④

而那些经济条件较差的知识分子,生活日用并不宽裕,他们的买书开支占据了其日用开支相当大的比重。王伯祥于 1922 年进入商务印书馆工作后,"纂辑余闲,惟亲简编,不数载而积书盈室,上帖承尘,旁障素壁者,皆节用勤搜之所获也"⑤。随着子女增多,家累日重,经济水平可以说是日渐下降了,然而他的购书癖却日渐也养成了。⑥ 赵景深的儿子赵易林回忆:"父亲一生俭朴,不吸烟、不喝酒,他的收入除家用外,多半用于买书。"⑦夏丏尊也谈及:"二十年来,我生活费中至少十分之一二是消耗

---

① 夏丏尊:《我之于书》,《中学生》第 39 号,1933 年 11 月;收入夏丏尊《平屋杂文》,百花洲文艺出版社,2005 年,第 159—160 页。
② 蔡尚思:《最值得我回忆的沪江》,沪江大学校友会编《沪江大学纪念集》,出版地不详,1986 年,第 25 页。
③ 梁实秋:《叶公超二三事》,秦贤次编《叶公超其人其文其事》,传记文学出版社,1983 年,第 76 页。
④ 叶灵凤:《爱书家谢澹如》,《叶灵凤文集》第 4 卷,第 62 页。
⑤ 叶圣陶:《书巢记》,杨耀文选编《我的书斋生活:文化名家谈读书录》,京华出版社,2008 年,第 29 页。
⑥ 王湜华:《王伯祥传》,中华书局,2008,第 37 页。
⑦ 赵易林口述,工岚整理:《赵景深与书二三事》,《档案春秋》2005 年第 11 期。

在书上的。我的房子里比较贵重的东西就是书。"①朱生豪做翻译时,月薪七十元大洋。"按月给大姑母三十元钱,余下的除了必需的生活费用,几乎都花于买书。"②柔石来上海之前,就已经"买书的欲望很烈,有钱,不是付饭费,就买书了,因此经费更形窘迫"③。初抵上海时,尽管得到《大同日报》每月二十元的接济,但"零用与购书费,还一文无着也"④,后经济状况好转,"每月收入约四十元",但"书籍每月总要十元(一星期前,我买了一部大书,价就十八元)"。⑤ 尽管买书时常给这些经济条件处于中下层的知识群体带来生活窘境,然而他们又无法割舍对书籍的喜好,因此时时陷入买或不买的两难处境。阿英道出了个中滋味:

> 旧书的价格都是可观的,价高的有时竟要占去我一个月或两个月的生活费,常常使自己的经济情况,陷于极端困难。而癖性难除,一有闲暇,总不免心动,要到旧书店走走。瞻仰前途,我真不知将如何是了!⑥

有的知识分子甚至因为买书而同妻子发生争吵。尽管妥协的时常是知识分子本人,但对书籍爱不释手的读书人之天性使得他们面对好书的时候,无法抑制将其收入囊中的"怨望":

> 虽在极穷困的时候,我宁可把吃客饭、坐电车的钱省下来买旧书看。为了这件事,妻几次同我吵过。其实屋小,没处去放,我只得答应妻以后决不再买。可是这信约守不到三天,又给我破坏了,唯一的原因,就是我在旧书摊看到了合意的书,仍是不肯不买。⑦

面对用自己辛劳所得的积蓄换来的一部部书籍,知识分子也难掩背后的艰辛之慨叹。在买书上开销巨大的郑振铎感叹这些书籍的来之不易:

---

① 夏丏尊:《我之于书》,《中学生》第 39 号,1933 年 11 月;收入夏丏尊《平屋杂文》,第 160 页。
② 吴洁敏、朱宏达:《朱生豪传》,第 76 页。
③ 柔石:《致西哥》(1925 年 9 月 18 日),赵帝江编《柔石日记》,山西教育出版社,1998 年,第 142 页。
④ 柔石:《致西哥》(1928 年 9 月 13 日),赵帝江编《柔石日记》,第 149 页。
⑤ 柔石:《致西哥》(1928 年 10 月 25 日),赵帝江编《柔石日记》,第 151 页。
⑥ 阿英:《海上买书记》,《阿英文集》;收入范用编《买书琐记》,第 53—54 页。
⑦ 公怀:《旧书业在上海》,《上海生活》1939 年第 10 期;收入吴健熙、田一平编《上海生活(1937—1941)》,第 156 页。

> 我的所藏的书,一部部都是很辛苦的设法购得的;购书的钱,都是中夜灯下疾书的所得或减衣缩食的所余。一部部书都可看出我自己的夏日的汗,冬夜的凄栗,有红丝的睡眼,右手执笔出的指端的硬茧和酸痛的右臂。①

更有一些时为学生的年轻知识分子,因为经济条件低下,为买一本自己想要的书而经受道德伦理上的自责,留下内心的创伤。时就读于上海华童公学的唐弢,有一次和父亲同往商务印书馆,想要购买一本刚出版的《辞源》。当被店员告知定价四块后,尽管父子俩都对如此贵的价格感到吃惊,但父亲终于在儿子坚决的购买愿望下让步:

> 他终于从腰包里吃力地摸出四块钱,数了两遍,颤巍巍地递到那个店员的手中。……我的鼻子一阵酸,热泪夺眶而出,……我见到了自己的心,多么冷酷的心呵! 那天晚上,我一个人回到在亲戚家借住的那间小阁里,再也抑制不住的感情,放声大哭。……我为贫穷痛哭,为父亲的衰迈痛哭,为自己的任性痛哭,……出于内疚,处于强烈的自我谴责的心情,在开头两个多月漫长的时间里,我几乎连碰都不去碰一碰,它使我痛苦,我的创伤太深了。②

读书会是 20 世纪 30 年代青年中间相当流行的形式。工厂、学校、大商店,都曾有过这种组织。③ 这些知识分子采取多人筹措的方式共同买书,相互借阅,集体阅读。他们要么初入职场,处于社会中下层地位,其经济状况难以支撑其以个人能力买书,要么是对于眼前的现实环境感到不满。30 年代身为上海一家邮政局员工的唐弢因背负沉重的经济负担,于是“发起组织了一个读书会,参加者有学徒、店员、邮差,……办法是每人每月出二毛钱,集合起来买书,轮流阅读,或者找个安静的地方一个人朗读,大家屏息静听”④。

当代社会学者认为“消费文化”系指现代社会中,透过消费以达到身份分化和市场区隔的文化。在这种文化中,个人的品位不仅反映消费者的社会位置,也反映了消

---

① 郑振铎:《永在的温情》,《文学》月刊第 7 卷第 5 期,1936 年 11 月,第 758 页。

② 唐弢:《我的自修生活》,《中国青年报》1980 年 7 月 15 日;收入中国社会科学院文学研究所总纂,傅小北、杨幼生《唐弢研究资料》,第 60 页。

③ 唐弢:《回顾——重读鲁迅先生的几封信》,中国社会科学院文学研究所总纂,傅小北、杨幼生编《唐弢研究资料》,第 52 页。

④ 唐弢:《浮生自述》,《新文学史料》1986 年第 4 期。

费者的社会价值观和个人的生活方式。① 越是社会上层的精英分子,越倾向于透过消费的形式,亦即购买特殊的商品,来标志自己的身份地位,于是形成特殊的消费文化。② 作为文化资本的拥有者,无论是家财万贯抑或两袖清风,知识群体都不遗余力地购买各种书籍,以显示其占有文化资本的正当性。然而,在书籍的消费过程中,上层精英知识群体不仅经济条件较为优越,无衣食之忧,他们从事的职业也多半处于文化资本场域的上层地位,双重的有利条件使他们不仅可以随心所欲地进行书籍消费,而且开始将原本为知识载体的书籍视作象征稀缺资源的收藏品,以满足其高于常人的占有欲。这种以经济资本为基础的书籍消费行为,由于局限在小众的精英阶层范围内,从而固化了他们自身亚群体内部的认同感,使他们日后更加倾向于"阳春白雪"式的知识积累与文化传承。而经济条件较差的中下层边缘知识群体则在买书过程中时时遭遇道德伦理上的自责,这种自责让他们更加感到世道之艰难与书籍的来之不易。他们的经济条件使他们在文化资本的占有上输给了上流精英知识阶层,从而导致他们日后转向普罗大众,倡导走出书斋、学以致用、改变社会的身体力行。

结　语

本文透过图书馆、书店与书摊等几个城市公共空间,考察上海知识群体精神生活的建构过程。近代上海市内图书馆是知识群体进行阅读活动的公共空间。东方图书馆因其藏书丰富成为许多知识分子进行知识储备的最佳场所。图书馆所藏报纸杂志上刊载的各种信息对于待业在家、生活难以为继、迫切需要求职的知识分子而言具有相当大的作用。上海的图书馆也良莠不齐。如南洋中学图书馆等一些颇具特色的学校图书馆成为黄炎培等精英知识群体的光顾之地。如私立南方大学图书馆等则因校方办学条件过于简陋从而给知识群体的阅读带来极大不便。左翼知识群体不仅尝试自己成立秘密的小型私人图书馆,也将公共图书馆作为他们的接头地点。

民国时期上海经济与社会发展在城市空间的变化体现之一,是以售卖各种中西文新式出版物及二手书为主的书店集中在福州路与北四川路等新兴城市繁华地带,而以售卖线装书、古籍为主的书铺与书摊则集中在城隍庙一带。不但书店与书铺、书摊之间有新旧之隔,在书店内部也有无形的等级之分。商务印书馆、中华书局等大书店在店面装潢等方面给人以气势宏伟、琳琅满目之感,并以昂贵的书籍价格构筑起较

① David Jary, Julia Jary:《社会学辞典》,周业谦等译,猫头鹰出版社,1998 年,第 135—136 页。巫仁恕:《品味奢华——晚明消费社会与士大夫》,中华书局,2008 年,第 205—206 页。
② 巫仁恕:《品味奢华——晚明消费社会与士大夫》,第 206 页。

高的门槛壁垒；而一些中小规模的书店则通过简洁朴实的店内装潢等方式给读者营造出一种亲近感。书店、书铺与书摊三者主要面向的顾客群体也有所不同。分布在福州路与北四川路一带的中西文书店日渐成为出版业从业者、文学青年、大学教师等新型知识群体的光顾之地，而主要分布在城隍庙一带的书铺与书摊则成为作家、报人等具有传统文人特征的知识群体们的淘宝之地。

20 世纪二三十年代的上海，城市市民开始成为图书市场消费的主体。读书、逛书店已非读书人的专有行为。当书店与书籍都进入读书人与非读书人的日常生活时，知识群体通过对旧书、旧书店及书铺、书摊的歌颂来达到维护自身群体与其他群体的区隔的目的。在这种论述中，一个懂得读旧书、懂得欣赏旧书的人才是有文化、有素养、有阅历之人。因此，尽管许多知识群体既光顾新书店也光顾书铺与书摊，但四马路一带的新、旧书店与城隍庙一带的书铺、书摊两者主要顾客群体的不同，使得后者一方面被视为面向中低经济收入、在文化资本场域中处于弱势地位的底层知识群体的场所，另一方面被视为更具内涵与文化素养的饱学之士的乐园，具有那些位于四马路与南京路上的新书店无法替代的人生体味。

上海知识群体的书籍购买、书籍消费与书籍收藏三个层面中，在书籍购买方面，以书会友与在商言商的两种交易方式既体现出近代上海图书出版市场的古风犹存，也反映出近代上海图书市场面对的是一个城市社会中的匿名顾客群体，购买图书的"回头客"的比重相对较低这一客观事实。在书籍消费方面，尽管上层精英知识群体与中下层知识群体都不遗余力、倾其所有，但其所处的阶层位置使他们具有截然不同的消费习惯，由此导致这两个群体文化价值取向的差异，开启了现代中国精英知识群体与边缘知识群体渐行渐远的肇始之端。

气枪与洋娃娃

——民国时期儿童玩具话语中的性别议题

张 弛

天津社会科学院历史研究所

在诸多影响成人为儿童选择何种玩具的因素中,性别差异或许并非首先需要考虑的一项,但却绝对是不可忽略的重要环节。当父母为儿子购买一支气枪或送给女儿一个洋娃娃的时候,其实已经在有意无意间塑造子女从生理到心理上的男性气概或女性气质。坦率地说,在任何文化情境中对这两个概念作出准确界定均非易事,①笔者在这里也只能指出其所具有的一些特征。保守主义学者曼斯菲尔德从政治学角度强调政治领导者尤其必须拥有杀伐决断的血性和魄力,即男性气概。换句话说,"男性气概是在有风险的情况下的自信,具有男子气概的自信就意味着在那种情况下有能力负起责任或具有权威"②。布迪厄亦指出,"男子气首先是一种责任","真正具有男子气概"的男人会尽最大可能地扩大自己的荣誉,在公共领域内赢得光荣和尊敬。③ 有当代研究者受到曼氏的启发,引申出更具有东西方普世价值的男性气概所涵盖的三个特征:首先是刚毅雄强,其次是高度的责任感,第三是庇护弱者。④在人类学者玛格丽特·米德眼中,柔弱、被动、敏感、情愿抚育儿童等则被视为女人所特有的气质。⑤ 而人们所期待的"富有女人味"的女性通常是微笑的、亲切的、殷勤的、服从的、谨慎的、克制的,甚至是平凡的。⑥ 也就是说,建筑在生理性别差异基础

---

① 里奥·布劳迪:《从骑士精神到恐怖主义——战争和男性气质的变迁》,杨述伊等译,东方出版社,2007年,第17页。从某种角度说,追寻放之四海而皆准的定义或许是徒劳且无意义的,更有趣也更有价值的是探究特定人群在特定语境中对男性/女性气质所给出的不同判定以及其判定依据。参见 Susan Brownell and Jeffrey N. Wasserstrom, ed., *Chinese Feminities/Chinese Masculinities: A Reader*, University of California Press, 2002, p. 2.

② 哈维·曼斯菲尔德:《男性气概》,刘玮译,译林出版社,2008年,第5页。

③ 皮埃尔·布尔迪厄:《男性统治》,刘晖译,中国人民大学出版社,2012年,第73—74页。

④ 王澄霞:《女性主义与男性气概》,《读书》2012年第12期,第112—114页。

⑤ 玛格丽特·米德:《三个原始部落的性别与气质》,宋践等译,浙江人民出版社,1988年,第266页。

⑥ 皮埃尔·布尔迪厄:《男性统治》,第96页。

上的玩具选择会在相当程度上促使儿童进入并扮演符合主流价值期待的社会性别角色。本文的目的即在通过检视民国时期有关性别议题的玩具话语、广告和真实生活，尤其是着重关注那些似乎和固有的玩具分配模式相悖的有趣现象，从而研判男性和女性特质是如何透过玩具这一客体影响并建构了儿童主体的生理和心理现实的。当然，作为必要的知识背景，下文会简要回顾"前现代"的中国传统玩具，探究其是否较之现代玩具具有更为显明的性别化倾向。

一、"璋"与"瓦"：性别分野隐而不彰的传统玩具

关于根据性别差异，给予男孩和女孩不同玩具的最为悠久也最为经典的论述无疑是《诗经·小雅·斯干》中的"乃生男子，载寝之床，载衣之裳，载弄之璋"和"乃生女子，载寝之地，载衣之裼，载弄之瓦"。按照余冠英先生的注解，其大体含义是说生下了男孩，为他穿上衣服，安放他睡在床上，拿一块玉圭供其玩弄；而对于初生的女孩，则裹上襁褓放在地下，给她玩弄纺线的纺锤。这里的"璋"与"瓦"与其说是玩具，不如说是传统观念对于男女两性未来人生规划的象征。男子自然是仕途经济，甚至南面而君；而女子则要守妇道、主中馈、习针线、侍双亲。[①] 其中重男轻女、厚此薄彼的意味固不待言，而玉圭与纺锤作为呱呱坠地的婴孩手中的玩物也成为中国性别化玩具的鼻祖，尽管其传达的信息是微弱模糊，止于象征层面的。如果说作为华夏文明早期的诗歌典籍——《诗经》中的"弄璋"与"弄瓦"的典故反映的玩具分配方案是男尊女卑的话，那么成书于中华帝国晚期——清朝的小说《儿女英雄传》则以其颠覆性的玩具分配方式为女强男弱的人物塑造作了有力的注脚。小说女主人公侠女十三妹一身武艺正是得益于武官世家的出身环境，她自幼便喜欢刀枪剑戟、兵法阵图等男性化玩具，甚至在抓周时抓取的都是玩耍的刀箭，再加上其父平日以男儿教养，"不爱红妆爱武装"的结果自然就是她在膂力和胆识上都远超男子。[②] 在这里，看似性别倒错的人物形象其实反证了玩具对于个体性别身份的形成影响之巨。

但是更值得追问的是，在上面的两个例子中玩具除了作为性别差异的表征，是否还有力地传达了包含男/女性特质的性别化知识，进而为差异化的性别身份构建奠定了基础？答案显然是模棱两可的，它们或多或少在性别特征的形成上施加了影响力，但却是以一种简单、间接，也谈不上科学的方式。因为显而易见的是，传统中国鲜有

① 余冠英选译：《诗经选》，人民文学出版社，1979年，第200—205页。
② 文康：《儿女英雄传》，上海古籍出版社，1991年，第83页。马克梦：《吝啬鬼、泼妇、一夫多妻者：十八世纪中国小说中的性与男女关系》，王维东、杨彩霞译，人民文学出版社，2001年，第294页。

涉及玩具的理论哪怕是话语来说明如何通过为男孩女孩提供不同的玩具来形成差异化的性别认同。究其原因,正如笔者所论证过的,游戏在传统中国并非"合法"的教育手段。相应地,玩具也绝非良好的教具,即便偶尔能够派上用场,也大都是为未来的贤妻良母打下一些初步的手艺基础,更何况游戏与玩具很快便被更为正统且具有强制意义的教育机构——私塾和学堂所禁止。所以,不能对在前现代中国的传统玩具身上发现"现代意义"的教育理念,甚至是更进一步地根据两性差异来制定差别化、个性化的培养模式抱有太多的期望。

更确切地说,在人生的最初几年,中国的男孩女孩并没有被刻意地差别对待,他们可以在一起玩耍直到社会化正式开始的七岁。《礼记·内则》有云:"七年,男女不同席,不共食。"[1]易言之,七岁之前的男孩和女孩间的"亲密接触"不为礼法所禁,因而是可能的,而这一时期正是熊秉真称为"一般性童年"(general childhood)的阶段。[2] 在这个阶段中,男女幼童虽然拥有各自的游戏方式,比如女孩喜欢用布料、麦秆和泥土做成的娃娃和偶人,而男孩子更倾向于爬树、游泳、空竹、鞭炮等户外活动,但毽子、风筝、球类、弹子、灯笼和小动物等却是他们可以共享的玩具类型。[3]

以中国古典文学的集大成者,同时亦为描摹封建社会人情世态的百科全书——《红楼梦》为例,大观园中一般小儿女[4]手边的玩意儿也呈现出虽分殊各异,但泾渭并不分明的特征。小丫头们玩的"抓子儿";[5]宝玉捎给探春的用柳枝编的小篮子、竹子根儿挖的香盒、胶泥垛的风炉子;[6]薛蟠从虎丘特意给宝钗买来的各色耍货,如自行人、水银灌的打筋斗小小子、沙子灯、一出一出的泥人儿的戏以及"斗草",[7]凡此种种都是女儿家喜欢的玩具。而解九连环、[8]放风筝[9]却是男孩女孩可以共乐的游戏形式。值得注意的是,《红楼梦》中涉及的游戏与玩具大都偏向于女性,这一方面是由于大观园实乃"女儿国"的特殊情况;另一方面,在宋明理学一统天下后,游玩嬉戏固然不为正统观念所容,但书香门第更忌讳的是世家子弟混同社会底层的同龄人进行激烈的户外

① 《十三经注疏》,中华书局,1980 年影印本,第 1471 页。

② Ping-chen Hsiung, *A Tender Voyage: Children and Childhood in Late Imperial China*, Stanford University Press, 2005, p. 184.

③ Ping-chen Hsiung, *A Tender Voyage*, p. 190.

④ 据周汝昌先生考证,黛玉初入贾府年方六岁,宝玉、宝钗亦不满十岁,正处于"一般性童年"的人生阶段。见氏著《红楼梦新证》,华艺出版社,1998 年,第 145—146 页。

⑤ 曹雪芹、高鹗:《红楼梦》,人民文学出版社,1964 年,第 827 页。

⑥ 曹雪芹、高鹗:《红楼梦》,第 322 页。

⑦ 曹雪芹、高鹗:《红楼梦》,第 803 页。

⑧ 曹雪芹、高鹗:《红楼梦》,第 86 页。

⑨ 曹雪芹、高鹗:《红楼梦》,第 914—915 页。

体力游戏,将之视为低劣粗野、不合身份之举。蒋梦麟回忆其家塾中根本没有运动或体育这个项目,小孩子也不许拔步飞奔,必须保持体统一步一步慢慢走,午饭之后就得马上练字,本来应该朝气蓬勃的幼儿"简直被磨得毫无朝气"①。如果不能对游玩一禁了之,名门望族也要退而求其次,转而鼓励推崇沉稳安静的室内游戏,如七巧板、九连环、翻绳、射覆、猜谜及吟诗答对等。如此一来,上层社会的男孩子身上就慢慢沾染上了"静若处子"的女性气质,主流价值观对这种男子阴柔化的倾向非但没有质疑,反而加以褒扬。魏源小时候沉默寡言,大门不出二门不迈,以至于偶尔外出时连家中豢养的黄狗都将他视为生人,狂吠不止,而此事在其年谱中竟被引为美谈,②"人生自是有情痴"的贾宝玉不过是更趋极端的例证罢了。由此观之,在儒家的正统观念中,理想儿童(男孩子)在道德人格和真实身份上体现的性别界线都趋向于漫漶不清,可以想见,相应的未被禁绝的有限玩具和游戏类型也必然呈现出性别化特征隐而不彰的状态。

但需要澄清的是,这绝不是说中国传统的游戏和玩具都是去性别化的,诸如对父辈兄长征战沙场进行模仿与想象的竹马和弓箭,以及女孩最为喜欢的游戏,也是母亲首先要教会女儿,同时象征着女性心灵手巧的女红——剪纸,③都毋庸置疑传达了明确的性别含义。但更为确凿的是,这种含义是依附于以成人为榜样,利用玩具来满足儿童对成人世界的想象的前提上的。易言之,某些具备性别特征的玩具展示的是成为父亲或母亲所应该掌握的基本技能,却对如何成为一名男性或女性爱莫能助,抑或可以说,性别议题本就不在传统中国的思考范围之内。但在 20 世纪之初,利用现代玩具从小为儿童注入"自然"和"正常"的性别观念已然成为塑造未来国家主人翁所不可或缺的关键步骤了。

二、天赋"异"禀——幼教话语提供的玩具分配方案和理据

时间来到 20 世纪初叶,尽管中国的本土玩具仍然是陈陈相因、无所创新,但幼儿教育专家显然是旧瓶装新酒,透过"现代"抑或可称为"西方"的性别视角来发现并肯定了为儿童提供玩具这一行为中理应包括的两性差异化的培养机制。简单地说,他们直言不讳地指出男孩女孩由于性格各异,玩具需求亦不相同,父母理应对此有所体察。④ 更

---

① 蒋梦麟:《西潮》,辽宁教育出版社,1997 年,第 20—21 页。
② Ping-chen Hsiung, *A Tender Voyage*, pp. 190-191.
③ 李露露编著:《中国传统玩具与游戏》,世界图书出版公司,2006 年,第 41 页。
④ 京容:《儿童之玩物》,《申报》1922 年 2 月 27 日,第 17 版。魏寿镛:《儿童玩具问题》,《妇女杂志》第 3 卷第 8 期,1917 年。

进一步强调,儿童天然地被赋予了男女相异的禀性,因此具有与生理性别相对应的欲求和本能,而这些都是需要恰当的玩具和游戏来满足和顺应的。易言之,现代幼教观念认为,为了使男孩和女孩从生理性别到心理性别的成熟发育能够正常展开,他们必须获得"正确"且"合法"的玩具。可是在米德那里,这种仿如按照模板浇铸"好孩子"的运作手段恰恰是社会文化在性别差异界定方面专断性的表现。她一针见血地指出:"文化总是煞费苦心、千方百计地在错综复杂的条件下,使一个新生儿按既定的文化形象(cultural image)成长。"①而两性的社会人格也是如此这般形成的。单个性别中某些成员表现的特性往往被放大并强加给所有成员,在某个性别成员身上的特性不被允许表现在另一个性别成员身上。她接着举例说明,由母亲来照料孩子,看似既符合母亲的天性又方便可行,且理所当然,被认为是每个女性"天赋"的本性,与此同时,男子从事狩猎所需的冒险精神,以及由此所彰显的勇敢、主动等性别气质,统统都是一种专断型的社会安排。②

米德所观察到的在原始部落中存在的性别气质方面的规训,不仅没有随着文明的进步得以减弱,反而更趋于强化和固化。"我们对于一个女孩子,总希望他长得姣好,衣服整洁,稍长更希望他帮助母亲在家内操作。但对于一个男孩子,就以为不妨放纵一些,让他到街上去嬉戏,即便把衣服弄脏也是不加深责的。因为父母所希望于他,不过要他有勇气、有冒险性和有独立的精神罢了。如果他的举动野蛮、出言粗暴,正是男子汉的本色,尽可以不必过问。至于男孩子淑静如处女和女孩子粗鲁如莽夫,倒要使父母忧虑,而认为是变态了。"③"变态"这个词形象地反映了社会规范对于颠覆既有二元性别格局的行为的成见与不满,米德称这种"变态"表现为"离轨"。偏离常轨者即天性似乎与社会的要求格格不入,其行为不符合本身的年龄、性别和社会等级的标准模式,这使得他们不能合适地披上社会为其设计的人格外衣。④ 为了避免这种"反常"的糟糕情况发生在自己的子女身上,父母总要苦口婆心或疾言厉色地反复申饬儿童的言行:"只有女孩子可以哭的,男孩就不许哭的。""姑娘家别干那种事!""你就不想当一个像你父亲那样的男子汉吗?"⑤此类对孩子经常性的劝说和告诫,使他们内心无形中产生了一种恐惧感,唯恐自己不能被接纳成为自己所属性别的成员。⑥ 当然如此逆

---

① 米德:《三个原始部落的性别与气质》,第 268 页。
② 米德:《三个原始部落的性别与气质》,第 272 页。
③ 秋宾:《新时代的父母对于男女孩子》,《现代父母》第 1 卷第 8 期,1933 年,第 3—4 页。
④ 米德:《三个原始部落的性别与气质》,第 274—275 页。
⑤ 秋宾:《新时代的父母对于男女孩子》,《现代父母》第 1 卷第 8 期,1933 年,第 5 页。
⑥ 米德:《三个原始部落的性别与气质》,第 282—283 页。

向施压的手段可能会产生难以估量的风险,也不如正面引导激励的方法来得有效安全,而玩具恰恰可以在正向诱导中发挥重要作用。

（一）满足男子汉的想象:男孩子的玩具和游戏

正如笔者在前文论证过的那样,玩具的两大功能是供儿童利用之展开想象和进行模仿,但这两种活动是建立在满足一定年龄条件的基础上的。对此,幼教专家的意见是,婴儿期(出生至三岁)的男女,身心无明了区别,因此玩具不必有男女之别,幼儿期(三岁至十岁)则应渐加注意。[1] 三四岁时,儿童的想象力开始萌生,例如"女儿每以物为人形,作小儿状态,而己为之母,以保抱之。男儿每以竹竿为马、木片为剑,令他小儿为兵,而己为大将"[2]。虽然都是以想象作为出发点,但显然男孩与女孩的想象力投射到了不同的游戏类型上。"女子既达三岁,言语颇多,感情之表示亦富,神经系统之作用,日以益增",因此其"游戏皆轻巧可爱,而其动作,亦颇有细腻熨帖之意"。其中最为典型的即为"女子抚一人形之玩具,为之着衣,为之傅粉,轻摇其背,而出抚慰之声,勤勤恳恳,以模仿其母之所为"[3]。也就是说,女孩子的游戏多以想象为发轫,以模仿为旨归。而男孩子则相映成趣,"由其身体及精神上之特性,幼即好弄刀鼓气枪等物",爱好此类玩具的男孩,其游戏也必然偏向"活泼粗暴,而其动作,亦颇有浮动豪宕之概"[4]。除了在游戏形式上侧重外向激烈之外,男童更喜欢发明性或劳动性的玩具,因为这类玩具能发展其建筑的观念,所以木片及无钉的木块最适合于男童心理。[5]

基于男女幼童在幼儿阶段前期在玩具和游戏方面呈现出的倾向性,有论者将其总结归纳为:男孩喜欢活动身体的竞技,喜欢建设构造的游玩;而女孩则喜欢摹造事物的游戏。[6] 换句话说,这一时期的儿童娱乐已开始折射出愈发鲜明的性别偏好,男孩钟爱的游戏侧重竞技性、运动性和创造性,这些特性正是男子气质的典型表征,而女童嗜好的情感丰沛的模仿游戏又被打上了深刻的女性特质烙印。到了幼儿阶段中期,确切地说自六岁起,男孩有了男人的气味,女孩也有了女人气了。[7]

为了顺应诱导乃至固化男孩和女孩初萌的性别偏好,成人应该投其所好,提供相

---

① 余寄凡:《玩具与教育》,中华书局,1933 年,第 56 页。

② 顾倬、沈恩孚编纂:《幼儿保育法》,商务印书馆,1920 年,第 25 页。

③ 《游戏之卫生上价值》,《教育杂志》第 2 卷第 7 期,1910 年,第 46 页。

④ 《游戏之卫生上价值》,《教育杂志》第 2 卷第 7 期,1910 年,第 46 页。

⑤ 师蠡:《儿童与玩具之关系》,《妇女杂志》第 6 卷第 3 期,1920 年。

⑥ 杨贤江:《男女精神上特征的比较》,《妇女杂志》第 7 卷第 8 期,1921 年,第 35 页。

⑦ 梦白:《科学化的玩具选择法》,《上海生活》1940 年第 4、5 期合刊,第 126 页。

应的玩具。有论者胪列了名目繁多的清单:男儿所好者,独乐纸鸢、球、船、喇叭、铁圈、竹马、铁枪等,女儿所好者为小豆囊、泥人、击球。① 女儿喜欢缝纫用的针线、洋娃娃的小车、替洋娃娃做的衣服和被褥等,男儿则喜欢投掷玩的小标枪、小军刀等。② 周作人的建议是:"令小儿于娱乐中自长智慧,若绘牌、积木、套环、陀螺、旗帜、纸球……铜鼓、偶人、不倒翁等胥可用。在女儿则予以手鞠或弄偶人为着卸衣服,又陶或木制家具可拟为居家,以及折纸剪花诸戏,皆相适也。"③日本的儿童学专家则把范围进一步缩小,指出适宜男儿的玩具主要有木塞枪、喇叭、木马等军队游戏的玩具和假面、木刀、木枪等戏曲的玩具,而女儿所好为厨房用具、小茶壶、茶杯、玩偶等。④"男儿可与以木塞枪、木刀、军帽等,女儿可与以厨房器具的模型、裁缝器具的模型。"⑤最终,幼教专家将上述琳琅满目的玩具加以分类归纳为男孩多喜欢交通玩具和军用玩具,女孩则喜爱洋囡囡与烹饪玩具。⑥ 对于成人眼中女孩子喜欢的玩具,我们放在下一节探讨,现在笔者先要集中关注幼教专家心目中男孩子钟意的玩具和游戏。

　　如前所述,适合男孩口味的游戏侧重于竞技类的身体活动,而这种活动的主要目的是为了使他们遗传下的好斗本能获得必要的发泄机会。⑦ 军事、战争抑或更具时代感的"国防"玩具都是可以供男孩展开关于竞技、打猎和征战等充溢着男子汉气概的想象游戏的绝佳媒介,例如骑上竹马的男孩觉得自己正在纵横驰骋,⑧吹着喇叭、扛着战刀的男孩则自认为能够为祖国守土开疆。⑨ 但较之于一个人玩耍,还是和小伙伴一起嬉笑追逐的打仗游戏更有吸引力。杭州乡下的一群孩子在新年的游戏就是敲打着小锣,燃放着鞭炮,在一片喧闹中开心地头戴假面具,手拿木刀木枪刺来刺去。⑩

　　相比于中国传统的刀枪剑戟之类的冷兵器,时人以为西洋气枪无疑是更为先进,也是更富于男性气概的玩具,虽然其会因为可能带来的暴力性和破坏性的后果而招致

---

① 伊藤米次郎:《小学校男女儿童身心之差别》,《教育杂志》第 2 卷第 12 期,1910 年,第 152 页。

② 吴靖山:《儿童的"玩"与"玩具"》,《国闻周报》第 13 卷第 21 期,1936 年,第 40 页。

③ 周作人译:《玩具研究二》,钟叔河编《周作人文类编·上下身》,湖南文艺出版社,1998 年,第 872 页。

④ 关宽之:《儿童的年龄性质与玩具》,丰子恺译,《教育杂志》第 19 卷第 5 期,1927 年,第 4 页。

⑤ 余寄凡:《玩具与教育》,第 50 页。

⑥ 钟富元:《玩具在儿童教育上的价值及其选择》,《机联会刊》1935 年第 114 期,第 24—25 页;《给幼儿选择玩具》,《兴华》第 32 卷第 13 期,第 22 页。

⑦ 俞艺香、叶锦芳:《女孩子的游戏问题》,《儿童教育》第 7 卷第 8 期,1936 年,第 69—72 页。

⑧ 子青:《竹马》,《小朋友》第 440 期,1930 年,第 2 页。

⑨ 志成:《吹喇叭》,《小朋友》第 574 期,1933 年,第 1 页。

⑩ 祝才培:《新年里的游戏》,《小朋友》第 444 期,1931 年,第 69 页。

非议。据一位幼时摆弄过美国气枪的老人回忆,那是他小伙伴的舅舅从缅甸带来的礼物,比步枪小些,但很像真枪且精致光亮,背着端着都非常神气。当时中国的店铺摊贩也有卖锡铸的玩具手枪,虽然样式亦很逼真,但总是假的,也不能实际射击,当然和气枪差之远矣。气枪的玩法是先要把枪管和枪柄连接处折起,把铅弹塞在枪管后面的孔眼里,然后猛力还原,就可以射击了。但是这番操作对于幼童而言稍嫌费力,需要一个人握着枪托,另一个人握着枪管,同时猛一用力才能折起或扳直了,可见气枪是供年纪稍长的儿童玩弄的。至于气枪的原理,按这位老人的说法,顾名思义,应该是在折弯和还原的过程中,使枪膛里上足了压缩空气,靠空气的膨胀力来推动子弹。①

有一位看到美国气枪广告的男孩子立刻就联想到了《小朋友》杂志上刊载的一则猎人故事,顿时把自己设想成为把鸟兽生命攥在手心的猎手。因此他同伙伴购买了气枪,随即在枪上缚了一条丝带挂在右肩,在左肩上也悬了一支用铁索吊着的枪式电筒。他的小伙伴也如法炮制,手里还拿了一根木棒,当作指挥刀。全副武装、兴高采烈的两个男孩觉得自己已然是威风凛凛、凯旋归来的军人和枪法如神、满载而归的猎人了。可是好景不长,当这两位被气枪带来的快乐冲昏头脑的"小猎手"想用沙子当子弹射击小鸟时,却打破了窗户玻璃,旋即气枪就遭到了老师的没收。② 从这个男孩子乐极生悲的游戏经历中,我们可以发现以气枪为代表的军事战争类的玩具虽然在助长男性气概方面出力良多,却也容易让儿童沾染上残忍无情等不良品性。在另一则故事中,一个男孩真的亲手射杀了一只小鸟,所幸的是他并没有对自己的枪法沾沾自喜,而是为生命的逝去而悲从中来,认为这是在作恶并从此不再玩弄气枪,转而吹起了口琴,知错能改的他也受到了父母的称赞。③ 正如有研究者指出的,此类玩具召唤的是参与到战争中的行为及其所带来的恐惧,而对于伤害他人所带来的悲怆、情感和责任问题避而不谈。④ 幼教专家也为此叮嘱成人要留意这类玩具容易养成儿童粗暴的习惯,要尽量避免此一流弊,⑤特别是不应让儿童乱放气枪。⑥

但总体而言,在20世纪30年代之后,由于大敌当前,国人面临的生存威胁日益加剧,主流舆论对于玩具气枪的态度还是积极的,认为其能培养儿童的尚武精神,树

---

① 胡伯威:《儿时"民国"》,广西师范大学出版社,2006年,第71—72页。

② 沈庠奎:《气枪的故事》,《嵊县小学教育研究会会刊》1926年第3期,第7—9页。

③ 卓呆:《气枪与口琴》,《儿童世界》第12卷第10期,1924年,第3—11页。

④ Wendy Varney, "Of Men and Machines: Images of Masculinity in Boy's Toys," *Feminist Studies*, Vol. 28, No. 1 (Spring, 2002), p. 164.

⑤ 吴靖山:《儿童的"玩"与"玩具"》,《国闻周报》第13卷第21期,第40页。

⑥ 吕伯攸:《五种玩具》,《小朋友》第49期,1923年,第19页。

立爱国御侮的男子汉气概。男孩子们的擦枪磨剑也不再是为了打猎,而是忙着准备军械,武装起来。[1] 为了灌输儿童军事知识,发扬尚武精神,上海闵行区民众教育馆还趁儿童节之机,举办儿童气枪打靶比赛会,[2]并创办了童子义勇队气枪组。[3] 在当时的报端杂志上,男孩子与气枪也常常联袂出现,其中最为典型的要数《儿童画报》新 111 期的封面画。画面中,一个头戴钢盔的男孩,左手拿着气枪,右手挥拳高举过头,似乎在喊着口号,在他的身后跟着一条训练有素的小狗,脚边全是军事玩具,如飞机、坦克、马拉炮车,有趣的是,连一个洋娃娃,腰间都插上了一柄匕首(参见图 1)。[4]

图 1　拿气枪的男孩子(《儿童画报》
1937 年新 111 号,封面)

除了热衷于利用气枪把自己想象成为"万里赴戎机""谈笑凯歌还"的健儿外,男孩们还喜欢含有科学意味的创造建构类游戏,其中入门级别的要算积木了。一位后来成为科学家的老人回忆儿时经常一个人在桌边玩积木的情形,他当时有一大一小两套积木,除按图索骥外,还自己想出新花样来搭。由于专心致志地投入到游戏之

---

① 伯攸:《武装起来》,《小朋友》第 553 期,1933 年,第 26 页。

② 《县民教馆举行儿童气枪打靶比赛》,《申报》1935 年 4 月 2 日,第 13 版。《县民教馆儿童气枪打靶比赛揭晓》,《申报》1935 年 4 月 19 日,第 13 版。

③ 《童子义勇队气枪组成立》,《申报》1925 年 5 月 21 日,第 22 版。

④ 《儿童画报》1937 年新 111 号,封面。

中,一个甲子之后,当年长长短短、形状各异,包括彩绘的门拱窗拱、大本钟等组件的积木仍旧历历在目。而且因为同一盒小巧玲珑的积木却可以构建出五光十色的大千世界,这种有趣的现象不禁让男孩子陷入了好奇和沉思,虽然被大人嗤笑为"小科学怪人",但科学的种子却借由积木在其心中发芽萌生。①

尽管积木可以搭建出千变万化的想象空间,但这个空间却是高度性别化的,女孩子在其中虽然勉强可以容身,却更多地充当着看客的角色。在一份儿童刊物的封面画中,一个男孩胸有成竹地在即将完工的积木建筑的顶端搁上最后的塔尖,跪坐在一旁的小女孩双手合十,全神贯注、眼神中满是期待和钦佩(参见图2)。② 另一则教育玩具广告采用小女孩的口吻夸赞其产品精巧异常,却无意间暗示了积

图 2　男孩是建造者,女孩是旁观者（《小朋友》1932 年第 530 期,封面）

木是特别有助于男孩子养成创造力的玩具,而女孩子只要扮演拍手叫好的观众就足够了。"玩具好,玩具好,商务印书馆的玩具制造最精巧。前天妈妈上街去,买回来一套'积木'两盒'六面画',哥哥看画盖新房,弟弟看画造小桥,我们大家都快乐!"③并非女孩不乐于参与积木游戏,更多的可能是她们心有余而力不足,即便是在弟弟搭积木碰到困难时,姐姐也爱莫能助,只能求教于哥哥。张元济的儿子回忆,在幼时其父从欧洲带回一套积木,可以搭建成逼真的立体两层小洋房,但他和姐姐都不会搭,最后只能等待表兄的援手;后者当然不负所托,顺利完成,姐弟俩只有钦佩的份。④

既然连入门级别的创造类游戏——搭积木都力有不逮,那么对于科技含量更高、对想象力要求更上层楼的机械类玩具,女孩显然更是束手无策了。米德通过对原始部落的考察发现,当地妇女对于初次见到的活人大小的娃娃都感到无比恐惧,认为那是一具尸体,究其原因是她们"从童年起,就对新奇事物持保守态度,压抑了对任何事物的丰富的想象力"。该部落特有的一种仪式也力图"把妇女和女孩子训练成只

① 胡伯威:《儿时"民国"》,第 34、74 页。
② 蓝天绘:《搭积木》,《小朋友》第 530 期,1932 年,封面。
③ 商务印书馆教育玩具广告《哥哥弟弟都快乐》,《妇女杂志》第 12 卷第 10 期,1926 年。
④ 张树年:《我的父亲张元济》,百花文艺出版社,2006 年,第 12 页。

会被动地接受那些认为对生活是安全的东西,除此之外别无所求"。但小男孩的待遇全然不同,"没有人禁止他们思考……他们能充分自由地施展自己的想象力和表达力"。当那种仪式"迟缓了小女孩的想象力的同时,它却刺激和加速了小男孩的想象力,而且这种加速又在其他一些事情上得到了延伸:他们对丛林中的植物和动物有了更为强烈的兴趣,对日常的生活更为好奇"。① 我们当然有理由相信上述对女性的人格成长与心智发育进行严格限制的陋俗会随着文明的进步而遭到摒弃,但如果就此认为这种初民社会的文化遗产所造成的思维定式——男性天然地对新鲜事物抱有好奇心,其想象力也更为丰富活跃;而女性则相对保守胆小,不敢尝试接触新奇事物——就一定能从人们脑海中清除殆尽,那也不免过于乐观。有研究者指出,在19世纪中叶的欧洲,男孩和女孩的玩具可谓泾渭分明,前者都是世界上最富哲学意味、引人深思的东西;而后者则更多关注并涉及的是内心感受、温柔气质、梦幻爱情和家庭美德。② 从两性玩具的巨大分野上我们可以察觉,即便是近代社会对于男孩女孩的希冀,也仍然残存了远古部落的遗风。如果把玩具比作一把钥匙,那么其为男孩打开的是通往广袤和陌生世界的大门,并给予他探索未知的勇气与能力,希望借此把他塑造为大无畏的冒险者和发明家;而这把钥匙为女孩打开的则是一扇通往装潢华丽、陈设精美的玩偶之家的房门,可以供她在里面抒发多愁善感、完善道德修养及掌握持家本领,并最终成为美丽的"花瓶"和称职的主妇。

而机械科技类玩具在配合自古至今一直延续的社会性别文化对理想男孩的塑造方面可谓出力良多。首先,机械和阳刚之气间的紧密关联已经让特定的技能和职业成为专属于男性的领域,人们理所当然地认为机器是由男性设计制造的,无论他是资产阶级的发明家抑或无产阶级的手艺人。而男性为了巩固其在这些势力范围内的既得利益,就必须不断强化和深化此类工种和职业的男性气概界线,直至造就这样一种既成事实:女性为了证明其自身的女性气质就要自觉地和被认为是象征着阳刚之气的机械保持一定距离。换句话说,技术已经渗入人们的性别身份的建构当中:女性气质与技术能力并不相容。③ 言下之意,拥有高度阳刚之气的机械科技类工作对于富于阴柔之气的女性产生了强烈排斥。反之,男性利用其所掌握的机械知识为女性解决家务劳动中遇到的困难则显得毫无阻力、顺理成章,并进一步凸显了男强女弱的权力格局。《儿童画报》刊登的一则图画故事就微妙地反映了男孩与机械的亲密关系以及由此彰

---

① 米德:《三个原始部落的性别与气质》,第64—65页。

② Wendy Varney, "Of Men and Machines: Images of Masculinity in Boy's Toys," p. 155.

③ Wendy Varney, "Of Men and Machines: Images of Masculinity in Boy's Toys," p. 168.

显的其相较于女性的智力优势,故事的大体情节是一位母亲因为找不到擀面棍而陷入了不能烙饼的困境中,他的儿子拿出了一辆玩具碾路机来帮忙,结果这辆利用发条驱动的机械玩具顺利地将面粉碾平擀薄,替母亲解决了燃眉之急的男孩也受到了"真是聪明"的表扬。[①] 虽然男孩年纪尚小,但在机械玩具的帮助下却克服了成年女性都束手无策的难题,这充分说明即便被认为是专属于女性的家务劳动也仍有赖于掌握技术、具有科学头脑的男性来指导,先天与机械和科技绝缘的女性在家庭内部也要被隔离在科技领域之外,而这一"圣域"是被父子兄弟等男性家庭成员所垄断的。

如果说,儿子可以在机械科技方面为母亲答疑解惑的话,那么儿子最初的老师又是谁呢? 答案无疑是父亲,尽管这种教授并不见得是有意为之,但男孩们在摆弄玩具时模仿成年男性的现象却毋庸置疑,父母们也会提供一些小型而安全的成年男性的工具给孩子们玩,使他们能够实习成年生活。但据美国玩具史家考证,玩具的这种模仿特性在19世纪晚期开始发生变化,机器制造的玩具不再仅仅是成年男性工具的微型化,而是有意植入了性别、技术和商业信息,其设计目的是力图向男孩传递对未来的期望。[②] 到了19、20世纪之交,欧美男孩的玩具紧跟着资本主义社会中令人眼花缭乱且目不暇接的工业革命和科技创新浪潮展现了自身在技术上的应用与革新。很多现实生活中的科技发明都在玩具世界中被模仿与微缩,从电车、火车到小汽车、飞机,从照相机、无线电到电视机、电灯泡,一应俱全。有趣的是,这些专为男孩设计的玩具都微妙地传达着这样一种信息:在高度工业化、机械化的未来,只有掌握科学技术的男性才能具备令人称羡的阳刚之气并进而获得成功,而从小就玩弄机械科技类玩具的男孩无疑是赢在了起跑线上。[③] 当然,前提条件是父亲要为孩子购买这些玩具,如果还能教会孩子如何去玩,那就更是锦上添花了。

事实上,很多幼教专家都鼓励"父母应当做儿童的游戏伴侣:父母应该忘记年龄,来和儿童游戏,做他的伴侣。这样一方面儿童对于父母的感情可以格外浓厚,一方面父母对于儿童的性情、习惯、能力等等,亦可以格外明了"[④]。但具体到机械科技类玩具,显然父亲是更为合适的良师益友,尽管要他们从繁忙的工作中挤出时间来更

① 《一部碾路机》,《儿童画报》1936年新88号。
② 加里·克罗斯:《小玩意》,郭圣莉译,上海译文出版社,2010年,第72页。
③ 机械、科技及建筑类玩具制造商的突出代表即为"美国的玩具大王"吉尔伯特,其坚决主张"(男)孩子们所需的玩具必须能助长他们心智的发展",并认为"在科学时代唯有科学玩具才能适合潮流",而且美国的玩具应该能够"塑造个性并有助于向男孩展示未来的职业"。参见 Hannibal Coous《美国的玩具大王》,邬荣杭译,《新世界月刊》1947年4月号,第35页;加里·克罗斯《小玩意》,第88页。
④ 陈秀云、柯小卫选编:《陈鹤琴教育思想读本·儿童心理》,南京师范大学出版社,2012年,第84页。

多地跟儿子相处玩耍,确实有些勉为其难。但对于负有引导孩子走向光明未来的责任的父亲而言,牺牲掉一些工作时间来陪儿子共享小玩意儿的魅力是义不容辞的,更何况这种牺牲的回报绝对是物有所值的:它能使两代人之间建立深厚的情谊,父子会在对玩具的机械构造、运动原理的共同探究中成为真正的伙伴。① 民国时期天津租界的一个英国男孩时常在他的小伙伴面前拿出一台能动的蒸汽机模型,用大人的口吻和大人才懂的知识,指出每个零件的名称和功能,并让它以令人眼晕的速度运转,甚至发出阵阵汽笛声,以此来向玩伴炫耀。有时他还会把在化学工业公司任职的父亲叫来看看自己发现的玩具蒸汽机的新用途,两个人脑袋对脑袋,说着两个人之间感兴趣的事。② 无疑,玩具蒸汽机增加了父子间的共同语言,而相互交流彼此都感兴趣的机械科学知识,也构筑起了一个充溢着阳刚之气的私密空间。在其中,这对父子更像是志同道合的男性伙伴。

虽然真正的蒸汽机出现之后150年才有了相应玩具,但在摄影术和照相机问世的半个多世纪后,专为儿童设计的玩具照相机就已然进入了玩具公司的销售目录。玩具生产商都试图让玩具与真实物品距离最小化,并声称其产品从本质上说并非玩具而是微型的科学仪器。因此,这些机械装置之所以激动人心是由于它们提供的不是科幻,而是参与到当下的英雄般的、全新且真实的世界中的想象。这种置身其中的想象让20世纪之初的男孩热血沸腾,觉得自己仿佛已经是能够操控现代科技力量的成年男人了。③ 照相机玩具大军中的排头兵就是柯达公司于20世纪之初出品的"布朗尼方形廉价照相机",该产品也于20世纪20年代进入中国市场,④从其在报端刊登的广告来看,玩具相机的潜在销售对象显然是男孩子。在《申报》的一则广告中,"Kodak"的英文商标下面便是醒目的五个大字"儿童之恩物",左边绘制的是一个男孩子爱不释手地端详着一架玩具相机,画面下方的广告语则称:"儿童欲求有益之游嬉,当于游嬉中寓增进智识,开发思想之机会。摄影为一种游嬉,任人皆知,成人固爱之,而儿童尤爱之。此种游嬉与儿童之心身极有利益,柯达公司为此特别制作白朗尼镜箱,以供儿童拍照……可以增添许多乐趣。"⑤尽管该广告言之凿凿

---

① 加里·克罗斯:《小玩意》,第73—75页。

② 德斯蒙德·鲍尔:《小洋鬼子——一个英国家族在华生活史》,谢天海译,天津人民出版社,2010年,第9页。

③ 加里·克罗斯:《小玩意》,第81—82页。

④ 关于照相术被引入中国,以及照相、合影、相机胶卷等西洋事物和风俗被国人逐渐接受理解并喜爱流行的简史,可参见 Frank Dikötter, *Exotic Commodities*: *Modern Objects and Everyday Life in China*, Columbia University Press, 2006, pp. 242-250.

⑤ 柯达公司广告《儿童之恩物》,《申报》1926年12月12日,第14版。

的是摄影为成人小孩皆所钟爱的游戏活动,但显然这个技术含量极高的恩物更加适合男孩子玩耍,①而父亲也有义务为羡慕同学的儿子购买相机,并亲手指导他学习摄影,因为这既是"一桩高尚的游戏,又可以养成他美术的嗜好"②。即便是母亲要使用相机,也是为了替"玉雪可爱的(男)孩儿留一永久纪念"③。在诸多的相机广告中,女孩子始终没能露面,这恐怕不是巧合,而是社会主流的性别文化操弄形成的一种思维模式,即只有男性才拥有进入由科技和机械构成的世界之特权,女性是被禁足而无法轻易靠近的。当然,这种赋权是以收入水平和消费能力作为前提的,因为摄影这"一桩高尚的游戏",没有预先购置售价高昂的相机亦是无从谈起。施蛰存幼时对初入国门的手提照相机颇为好奇,尽管一架"柯达"120号快镜须售20元,连同一切冲洗附件,共需30余元,但其父仍不忍拂逆宝贝儿子,如数为他买来。但这件"恩物"仅仅被施蛰存把玩了两三个月,不仅成绩全无,其兴致亦由浓转淡,最后被同学借走而下落不明。④ 易言之,在父亲为儿子购买高科技玩具,并手把手教导其游戏方法时,除了表明他们可以共享充盈着阳刚之气的娱乐空间外,更暗示这个由男性家庭成员所独享的、把女性排除在外的空间的形成是以经济实力为基础的,而显然儿子比女儿更有资质和潜能继承甚至提升此种实力。

综上所述,军事战争类和创造类,特别是机械科技类玩具基本上被男孩子们所垄断,女孩子是无缘享受的。但凡事都有例外,在一则故事诗中,妹妹抄起了弓箭要射死自己的哥哥,让她如此盛怒,言行都跨越了惯有的社会性别边界的原因正是哥哥原本想逞能展示自己的射术,不想却在妹妹喜欢的洋囡囡的脸上射出了一个大洞,后者情急之下,就夺过了弓箭想为洋囡囡"报仇"。当然故事诗的结尾是哥哥安然无恙,只剩下妹妹抱着破损的洋囡囡哭泣神伤。⑤ 正是由于心爱的娃娃被无端伤害,女孩子才会"因爱生恨",爆发出反常的欲手刃"仇人"的阳刚之气,即便是男孩子也要望风披靡,甘拜下风。但这则故事诗的落脚点显然并非女孩子在特定时刻可以展现出超越男性的潜能——否则她也不会在最后陷入无计可施、伤心难过的境地了,而是反映出洋娃娃在女孩子情感世界中的重要地位。

(二) 发展"管家的天性":女孩与洋娃娃

如果说气枪、蒸汽机和小汽车向男孩许诺的未来想象是广阔天地大有作为的话,

---

① 柯达公司广告,《东方杂志》第24卷第20期,1927年。
② 柯达公司广告,《东方杂志》第23卷第29期,1926年。
③ 柯达公司广告,《东方杂志》第24卷第10期,1927年。
④ 施蛰存:《绕室旅行记》,余之、程新国主编《旧上海风情录》,文汇出版社,1998年,第312—313页。
⑤ 《射箭》,《小朋友》第13期,1922年,第13—16页。

那么洋娃娃则唤起的是小女孩母性的本能。相应地,她们希望从玩具身上得到的也并非力量与速度,而是慈爱与温情。"幼女抚弄之小偶,这小偶对于幼女,非仅为一蜡面石屑小袋而已,乃为其挚爱掬育之对象。"①幼童对于人形玩具的喜爱是不分中外、古今皆然的,最早可追溯到纪元之初的罗马,因为合乎孩子们的本能,所以当时的儿童对之的嗜好,就已然非常热烈。② 尤其是小女孩都会把玩具娃娃当作自己的孩子,而她们则扮演妈妈,或者把玩具娃娃当成一个小女孩儿,并按照自己的喜好去打扮她,这种将玩具娃娃纳入真实生活并肯定模仿的真实性正是儿童游戏的特征之一。③ 在米德看来,这种"本能"的动机正是由于儿童在日常生活中正在寻觅着适合他们的社会角色的"原型",当然,最方便、最易"成功"的就是在他们双亲(或早期抚养人)身上寻找最明显的范式,④而每天忙于煮饭浆洗的母亲成为女孩娃娃游戏的模仿对象也就成为顺理成章之事。

但恐怕不能就此认为在前近代社会的家庭中女孩会有很多娃娃相伴,事实上,她们有弟弟妹妹这些真正的娃娃需要帮母亲照看。大部分的家务劳动是很小的孩子也能完成的,但人们一般免除男孩干活,而允许甚至要求他的姐妹去做,特别是姐姐经常要做母亲的工作,比如扫地、除尘、择菜、给婴儿洗澡等。⑤ 而只有当身边活生生的婴儿与一奶同胞消失了的时候,玩具娃娃才开始出现。而这一现象正开始于儿童被承认有其自身显著特征和价值的 18 世纪,父母在孩子身上逐渐投注了前所未有的关爱和精力,因此削减子女的数量、增大对少数儿童的投资就成为父母普遍的选择,随之而至的便是节育率的显著提升与儿童玩具市场的形成。⑥ 母亲生育的孩子越少,她们认为养育的责任越高,所以她们宁愿小女儿和婴儿娃娃一起玩耍,而不放心让她们照料小弟弟小妹妹了。⑦ 由此看来,玩具娃娃在 18 世纪至 19 世纪之间获得爆发性增长绝非巧合,而是出于满足市场日益增长的需求。⑧

与玩具娃娃的队伍日渐壮大几乎同步的是,幼教专家也开始注意到女孩对娃娃的偏好,并建议父母和教师抓住这个时机对她们开展常识教育。卢梭曾发现女孩子

① 卢绍稷:《儿童的玩具》,《新儿童教育》第 1 卷第 1 期,1935 年,第 53 页。
② 青:《人形玩具的小史》,《妇女杂志》第 7 卷第 11 期,1921 年,第 74 页。
③ 让-皮埃尔·内罗杜:《古罗马的儿童》,张鸿、向征译,广西师范大学出版社,2005 年,第 260 页。
④ 米德:《三个原始部落的性别与气质》,第 284 页。
⑤ 西蒙娜·德·波伏瓦:《第二性·Ⅱ》,郑克鲁译,上海译文出版社,2011 年,第 29 页。
⑥ 劳伦斯·斯通:《英国的家庭、性与婚姻,1500—1800》,刁筱华译,商务印书馆,2011 年,第 265—270 页。
⑦ 加里·克罗斯:《小玩意》,第 95 页。
⑧ 关于此一时期玩具娃娃的样式种类、生产工艺等详情,可见蒋风《玩具论》,希望出版社,1996 年,第 16—20 页;Deborah Jaffé, *The History of Toys: From Spinning to Robots*, Sutton Publishing Limited, 2006, Chap. 9.

喜欢好看和用来化妆的东西,尤其是布娃娃,他就此评论道:这种爱好显然是合乎她的使命的,打扮的要点在于她怎样使用化妆品,而这种艺术是孩子们可以学会的。换句话说,女孩子的使命是要学会用化妆品打扮自己的"艺术"。显然,卢梭从他丰富的家庭教师经历中观察到女孩子成天地玩布娃娃,不断地为之梳妆打扮。而家长(显然是母亲)应该趁机教导她如何为娃娃打蝴蝶结、织围脖、扎花边等针线活手艺,相较于几乎所有小女孩都不乐意学习的读书和写字,穿针引线却是她们引以为乐之事。卢梭进而敏锐地指出,女孩子把全部的心思和自身的全部可爱之处都灌注转移到了布娃娃的身上,其实是等待自己成为一个布娃娃的时刻。而她们之所以对针线学得起劲,是希望能把自己妆点得更为靓丽,终有一天这些技艺会在长大成人的女孩子/娃娃身上派上用场。① 毫无疑问,这是一种移情作用,"小姑娘喜爱她的布娃娃,打扮它,就像她梦想自己被打扮和被喜爱那样,反过来她把自己看作一个美妙的布娃娃"②。对于小女孩很早就透过布娃娃表现出来的这种"自恋"情节,波伏瓦与卢梭在一定程度上达成了共识,③即这种心理意识将在女人的一生中起到头等重要的作用,以至于很自然地被视作女人神秘本能的流露。

简而言之,小女孩喜欢抚弄娃娃这一游戏行为折射出其母性和自恋两种本能,但可以想见的是在中国语境中,更多强调和培育的还是前者。"女子爱玩人形,抚之抱之,俨若真物,谓女子将来爱育女儿之真性发端于此可见也,谓女子气质和平之由来亦发端于此。"④"洋囡因为女儿玩具之主,或以怀抱,或以襁负,一似女儿之本能的。女儿对于洋囡,犹如真正赤子,可谓最适于儿童之趣味者也。"⑤有论者指出这种本能即为人类保持种族本能中的养护本能,并进一步阐释称,其在"儿童五六岁以后就发生了,而以女子为最著;如保护人形的玩具就是这种本能的一种表现,做女子以后这种本能尤加发达;若没有这种本能,人类就无延续的希望,所以教育上对于这种本能,宜竭力使之发展"⑥。由于事关国人的繁衍生息,因此对于女性的这种本能决不能等闲视之,应该从娃娃抓起,使之发荣滋长:"一个小女孩子,时常好与洋囡囡游玩,这正是培养她的母性爱的生长"⑦。

---

① 卢梭:《爱弥儿》,李平沤译,商务印书馆,2009年,第543—544页。
② 西蒙娜·德·波伏瓦:《第二性·Ⅱ》,第21—22页。
③ 但是波伏瓦的落脚点和卢梭截然不同,她是以之为对象分析社会性别文化从女性幼时就对其实行规训的权力运作模式的,详见后文分析。
④ 余寄:《教育上玩具之价值》,《中华教育界》第6卷第2期,1917年。
⑤ 贾丰臻:《教育上之玩具观》,《教育杂志》第1卷第5期,1919年,第31页。
⑥ 钱钰孙:《关于儿童本能的教育》,《妇女杂志》第8卷第1期,1922年,第71页。
⑦ 吕同璧:《儿童和玩具》,《现代父母》第2卷第2期,1934年,第18页。

和为男孩子购买气枪、火车模型等玩具的父亲相映成趣的是,为女儿购买娃娃的通常是母亲,①尽管终日操劳的她们可能没有多少时间陪孩子一起玩耍,但幼教专家还是苦口婆心地提醒母亲关于娃娃游戏的价值:"这种模仿游戏于小孩子确有很大的益处,1.可以发展小孩子的爱情;2.可以学习缝纫洗濯之事。"②也有人进一步向母亲们解释为何娃娃是如此紧要时,指出:"将来你的女孩子一定要做母亲,现在呢,她正可以发展她的管家的天性。所以她必须受到别人的指导和训练,她是要以整个做母亲者的心志去爱她的娃娃的;她是在学习怎样使她更能适应将来的环境。"通过给娃娃梳洗打扮、量体裁衣、做饭喂食,沉浸在育儿想象中的女孩子也模仿并演练了必要的家务技能,这种寓教于乐的游戏形式因此也被幼教专家充分肯定:"试问还有什么玩具能使女孩这样的快乐,并能使她真正为生活而学习呢?"③

为了使女孩子更加乐此不疲地投入到扮演未来家庭主妇的角色游戏之中,母亲可以为她们提供一些辅助玩具,比如桌椅板凳、茶壶茶碗等,利用这些微型的居家用品与娃娃相配合,女童可以开展丰富多样的过家家和请客游戏。④ 爱国玩具制罐厂曾出品金属材质的炉灶玩具,并以小女孩能借以学习烧饭作为卖点(参见图3)。⑤南京鼓楼幼儿园也制作过玩偶床,大小约一寸半,床身木质,四根立柱底端装有铁轮,方便推拉,目的是让儿童学习整床叠被使玩偶安寝。⑥ 更加高级的是为较大的儿童准备的小屋舍一类的玩具,因为这一年龄段的儿童"不但能折叠物形,且能结构而布置焉。小女子每喜仿效其母之举动,戏理家政,故构造小屋舍以为玩具适满其欲望。其法以纸牌配成居室,附设火炉、门窗及悬挂之图画等,皆须完备。室中又有主母及其小家属之傀儡,并地毯、家具、猫犬等塑像"⑦。从描述来看。此一"麻雀虽小,五脏俱全"的仿真度极高的屋舍玩具应该就是最早于 16 世纪在西方出现的经典玩具——"玩偶之家"。⑧ 从孤零零的一个娃娃,到多个不同的娃娃,再到陆续为其添置

① 雷贞敬:《可爱的洋娃娃》,《小朋友》第 528 期,1932 年,第 42 页。醉云:《洋囡囡的游历》,《小朋友》第 57 期,1923 年,第 9 页。

② 陈鹤琴:《儿童玩具组报告》,《新教育》第 5 卷第 9 期,1924 年,第 1056 页。

③ 雷阿梅:《游戏中的学习》,《现代父母》第 5 卷第 5 期,1937 年,第 17 页。

④ 《洋囡囡和其他玩具》,《益世报》1934 年 8 月 2 日,第 11 版。

⑤ 爱国玩具制罐厂广告,《机联会刊》1931 年第 26 期,第 42 页。

⑥ 陈鹤琴、张宗麟:《幼稚园的设备》,张沪编《张宗麟幼儿教育论集》,湖南教育出版社,1985 年,第 714 页。

⑦ 宗良译:《儿童之玩具教育》,《妇女杂志》第 2 卷第 3 期,1916 年。

⑧ 关于玩偶之家的历史演变,可参见 Deborah Jaffé,*The History of Toys*, Chap. 10 以及约翰·马克《小玩意:微缩世界中的未知之力》,王心洁、李丹、马仲文译,南方日报出版社,2011 年,第 199—203 页。

的家居用品,及至最终的整栋住宅,父母不断为女儿朝夕相处的玩伴娃娃完善生活设施的同时,其实也在为女孩子设定一应俱全、甜蜜梦幻的想象空间,她们可以在其中与娃娃玩耍嬉戏,掌握育儿持家的要领和技能。但这个空间却是有边界的,被限制在家庭范围之内,就像游戏结束后被安置在玩偶之家的娃娃一样,女孩最终的归宿也应该是温暖安逸的家门之内,而非充满危险和不安的外部世界。

孩子们也确实热烈地回应着父母的殷殷期待,抑或可以说是顺从地满足了成人的心愿。她们喜欢不哭不啼、总是微笑的娃

图3　女孩喜欢厨具(爱国玩具制罐厂广告,《机联会刊》1931年第26期,第42页)

娃,①不管是小泥人,②还是洋囡囡,③女孩子总是把自己设想为娃娃的母亲,④为其缝制冬衣,⑤清洗弄脏的裙子,⑥梳头打扮(尽管她们有时候没有那么多耐心打理洋娃娃的头发,干脆一剪了之⑦),陪其玩耍,甚至天真地希望娃娃能开口叫自己一声"好妈妈"。⑧ 有趣的是,在许多儿童文艺作品中,玩具娃娃一旦走出家门,便会遭遇各种危险与不幸:一个被女孩当作"小妹妹"的洋娃娃被跌破在大门口外的石板上,摔得体无完肤;⑨被人遗弃在荒郊野外的泥娃娃让一个小女孩大发恻隐之心,决定带着她们去找妈妈;⑩妹妹最喜欢的洋囡囡被哥哥绑在钓鱼竿上浸在花园的水池中强行学习游泳,多亏妹妹及时发现才幸免于难;⑪在水池中的娃娃还有获救的机会,但被粗心的弟弟掉到河里的洋囡囡就遭到了灭顶之灾,姐姐虽然心急如焚却也无计可施,只

①　胡贤:《洋囡囡》,《小朋友》第398期,1930年,第12页。

②　张锦:《小泥人》,《儿童世界》第27卷第4期,1931年,第42页。

③　廖亭芬:《微笑的洋囡囡》,《儿童世界》第24卷第11期,1929年,第19页。

④　刘湘霖:《泥娃娃》,《儿童世界》第24卷第5期,1929年,第47页。

⑤　伯攸:《快乐的工作》,《小朋友》第447期,1931年。

⑥　戴耘:《三个洋娃娃》,《小朋友》第224期,1926年,第25—26页。

⑦　人路:《倒是省得麻烦》,《小朋友》第56期,1923年,第27—29页。镜心:《鹄妹的洋囡囡》,《小朋友》第153期,1925年,第7—8页。

⑧　冯竹鸣:《泥娃娃》,《儿童世界》第34卷第5期,1935年,第41—42页。

⑨　最芸:《给姊姊》,《小朋友》第216期,1926年,第23页。

⑩　伯攸:《泥娃娃》,《小朋友》第449期,1931年。

⑪　人路:《洋囡囡学游泳》,《小朋友》第51期,1923年,第37—38页。

得给洋囡囡写信道别,望其珍重,只是苦了无从投递的邮递员;①相较于被湍急河水吞没的洋囡囡,小蓉的洋娃娃虽然也不慎落水,且在随波逐流中连遭险情,甚至被一条大鱼吞进了肚子,但无巧不成书,这条鱼被捕获后又被小蓉家的佣人买了回来,差点葬身鱼腹的洋娃娃最终幸运地和小主人在家中重逢。②

　　或许我们可以说在这些寓言、故事诗中玩具娃娃遭到不测是一种巧合,但笔者更倾向于认为其隐隐约约传达了一种观念:娃娃游戏应该在室内进行,而娃娃的"母亲"也因此需要老老实实呆在家里学习如何照料它们。在这里,娃娃与女孩的处境和命运巧妙地构成了隐喻和互设,后者之后的人生在很大程度上就不得不围绕着前者而展开了。母亲在送给女儿娃娃并教导她通过游戏熟悉基本家务技能的同时,也潜移默化地把主妇即是女人的职业、家庭就是女人的工作场所、照料"娃娃"即为母亲的本能与天职、娃娃能否安全无忧地健康成长是衡量家庭主妇/母亲是否合格的重要依据等观念灌输到女孩的头脑中。正像波伏瓦切中肯綮地指出的那样,对于女人而言,丈夫概括了人类全体,孩子以便携形式给她整个未来,因此"家变成了世界的中心,甚至是它唯一的真实"。家也就成了女人的世俗命运,是她的社会价值和最真实自我的表现,因为她无所事事,于是便贪婪地在自己拥有的东西中寻找自我。而赋予女人主体性的,正是家务劳动,通过乐此不疲地埋头于周而复始、琐碎复杂的家务,女人成功地占有了自己的"巢"。③

　　在很大程度上,照料玩具娃娃就是小女孩今后数十年中所要从事的家务劳动的提前预演,它们被固有的社会文化改头换面,以游戏的形式哄骗女孩子热切地期待做一位母亲以及安于当一辈子的家庭主妇。④ 至于所谓的天生的、神秘的"母性本能"压根是子虚乌有的,小姑娘耳濡目染的都是照料孩子是归于母亲的职责,她所有的切身感受都在证实这一点。"人们鼓励她迷恋这些未来的财富,人们给她布娃娃,让这些财富从现在起就具有可以触摸到的面貌。"但随着娃娃一齐被传递甚至可以说下达的,是其要背负一生的生儿育女、操持家务的"使命"。⑤ 由此可见,因性别而差别的玩具在相当程度上并非出于儿童自发的选择,而是由于传统观念和社会环境的压迫使然。正像时人观察到的那样,如果到玩具店去购买圣诞节礼物,店员就会依据儿

────────────────────

① 何道南:《寄给洋囡囡的话》,《小朋友》第 283 期,1928 年,第 3—5 页。
② 醉云:《洋囡囡的游历》,《小朋友》第 57 期,1923 年,第 9—13 页。
③ 西蒙娜·德·波伏瓦:《第二性·Ⅱ》,第 238—239 页。
④ 加里·克罗斯:《小玩意》,第 111 页。
⑤ 西蒙娜·德·波伏瓦:《第二性·Ⅱ》,第 26 页。

童性别的不同来推荐玩具。因为谁都不会把洋囡囡送给男孩子,也不会把汽车、飞艇以及含有机械意味的玩具送给女孩子。易言之,正如男女职业选择上的差异,男童女童玩具选择的不同也是受到父母期望不同的影响。[①] 从另一个角度讲,如果玩具的取舍不是全由性别偏好来决定,那么就一定有不符合惯常的情况出现,尽管这种反常的性别越界现象在男孩子身上表现得更为明显。

三、男孩也爱洋娃娃? ——被消费行为模糊的性别界线

上文论及的有关幼教话语提供的男女各异的玩具分配方案更多地是教育界专家及相关人士心目中的理想模式,但正像那句名言所云:理论是灰色的,而生活之树常青。在日常生活中,儿童实际拥有的玩具和专业人士的看法存在很大差异,而且这种出入是由商家的广告营销、成人的消费能力和儿童的个体喜好等多方面因素共同决定的。易言之,专家的观点是男孩女孩“应该”在玩具选择上有所区别,而本节的重点则是考察他们到底有没有完全遵循这种“规定”。

在一次关于儿童拥有何种玩具以及喜欢什么玩具的调查中,教师经统计发现,在调查对象合计共70人的一年级小学生中,喜欢小飞机的最多,达到59人,其次为洋娃娃,有50人,再次则是小皮球,计有40人,均超过了半数。这位教师剖析其原因在于当时抗战的大环境,社会尊崇军人,小朋友盼望长大后驾驶飞机为国效力,因此玩具飞机最受欢迎。而洋娃娃之所以博得儿童欢心,大抵是学习妈妈抱着弟弟妹妹的榜样。至于小皮球,“拿在手里很轻灵能滚动、会跳跃,所以不论是男女孩子都喜欢他”[②]。尽管这次调查最大的遗憾在于调查对象的性别信息的缺失,笔者无从知晓70人中男女孩子各自的数量,但可以大致推断的是钟意军事玩具和运动玩具的绝不仅限于男孩,而对洋娃娃情有独钟的也远非只是女孩儿。但更加耐人寻味的是,实际拥有小飞机和洋娃娃的孩子都远低于喜欢的人数,小飞机只有区区9人拥有,洋娃娃稍多,也仅有23人,相较于被多达60个孩子拥有的皮球而言,可谓差之远矣。对于个中原因,调查者虽然没有展开分析,但其提供的一个没有任何玩具的男孩的个案却解释了一切。当教师百般追问他为何没有玩具时,这个垂头丧气的男孩直到最后才面红耳赤地说明了内情:其父是一个园丁,每月工资只能应付一家五口一日两餐的开销,根本没有余力来购置玩具。面对此情此景,教师也不免感慨:“玩具是有钱儿童

---

① 秋宾:《新时代的父母对于男女孩子》,《现代父母》第1卷第8期,1933年,第4页。

② 毛仲颐:《调查了一次玩具》,《静安》1939年第6期,第81—82页。

的恩物,儿童的幸福是何等不平啊!"①

从这次调查来看,现实中男孩与女孩似乎共享着对一些玩具的喜好,比如小飞机、洋娃娃,也同时拥有一些玩具例如小皮球、毽子和玻璃球,而填平愿望与现实之间的鸿沟则仰赖于家庭的消费能力。但笔者显然不能凭此孤证遽下定论,认为儿童玩具的性别界线在实际购买力的影响下趋向模糊。由于欠缺许多关键信息,如调查样本的性别、年龄跨度、地域分布及喜好特定玩具的具体原因等,使得调查结果只能作为参考,无法成为权威的结论。换句话说,我们需要更多的调研和案例来佐证和支撑上述初步的判断。

(一) 拍皮球与骑木马:儿童杂志和广告中"反常"的女孩

有西方的玩具史家观察到,在18世纪,皮球、羽毛球和陀螺是属于男孩的玩具,成人在教授男孩游戏技巧的同时,也把道德训诫融入其中,告诉他们如何通过玩这些运动技巧类玩具来学习做个男人。可人们费尽九牛二虎之力,也没有找到相应的对女孩子的说教,尽管也没有严加禁止她们进行一些技巧游戏。② 亦有儿童史家指出在如何引导孩子进入成人世界时,不同的玩具发挥的功能各异,如男孩子骑木马,而女孩子则玩洋娃娃及炊具、餐具。但是同时,孩子们也证明了她们有足够的能力颠覆这些期待。③ 而在中国,目标受众定位为儿童的杂志刊物和玩具广告中,也出现了为数不少"挑战"了呆板机械的玩具分配模式的儿童形象。

虽然很多情况下,女孩子都以洋娃娃的母亲的形象出现,④但在陀螺比赛⑤和拍皮球游戏中⑥亦可发现她们的身影。玩皮球的女孩子甚至出现在永和实业公司的"永"字牌皮球广告中,⑦成为模范儿童的代表:"金宝在学校里,人家都称她为模范生。因为她在课毕的时候,不做剧烈运动,看看书、拍拍永字牌皮球,是她的课外功课。"⑧(参见图4)对于机械交通类玩具,女孩子也不陌生。在商务印书馆的教育玩具广告中,她们要么自己抚弄着小火车(参见图5),⑨要么和男孩子一起玩着坦克车。⑩ 即

---

① 毛仲颐:《调查了一次玩具》,《静安》1939年第6期,第82—83页。

② 米歇尔·芒松:《永恒的玩具》,苏启运、王新连译,百花文艺出版社,2004年,第306—307页。

③ 柯林·黑伍德:《孩子的历史》,黄煜文译,麦田出版,2004年,第138页。

④ 《小朋友》1933年,第539期,封面。

⑤ 含真:《陀螺比赛》,《小朋友》第539期,1933年,第14页。

⑥ 《拍皮球》,《小朋友》第539期,1933年。

⑦ 永和实业公司广告《球话》,《机联会刊》1933年第79期,第23页。永和实业公司广告《皮球歌》,《机联会刊》1930年第12期,第25页。

⑧ 永和实业公司广告《模范儿童》,《机联会刊》1933年第69期,第12页。

⑨ 商务印书馆广告《教育玩具》,《妇女杂志》第9卷第12期,1923年。

⑩ 商务印书馆广告《教育玩具》,《儿童世界》1930年第5期。

便是最富于男子气概的军事玩具,女孩子也有份
参与,她们骑着木马、挥舞宝剑,一副巾帼不让须
眉的飒爽英姿(参见图 6),①尽管其木马在个头
和逼真程度上较男孩逊色不少。② 这些"反常"
女孩之所以能够作为广告和杂志封面的主角,至
少在某种程度上反映出商家和出版社对潜在消
费人群和既有文化现象的迎合与认同。当然,不
能否认的是女孩子和军事战争玩具的"亲密接
触"有其特殊原因。例如,冰心的父亲是行伍出
身,能骑善射,她小时候不光男装,还常由父亲教
授骑马或打枪的技巧,虽然背的只是一杆鸟枪,
子弹亦仅有绿豆大小。由此可见,这位著名女作
家幼时从玩具到衣着方面的性别越界现象是被
其父"一手惯出来的,一手训练出来的"③,家庭

图 4　拍皮球的女孩是模范儿童
（永和实业公司广告,《机联
会刊》1933 年第 69 期）

对于儿童性别特征的影响由此可见一斑。除了家庭原因,国家意志也在儿童玩
具的选择上施以强力。在 1940 年的重庆,儿童纷纷自制战时教育玩具,如飞机、
大炮和木坦克车,连女孩子也在聚精会神地做着各式小武器模型,甚至防毒面
具,因为她们知道,"要长期抗战,兵器必须靠自己来生产"。而在时人眼中,这些
勾心角智的小技师也许是将来国防利器的发明家。④ 我们似乎可以据此推断,喜
欢"另类"玩具的女孩或多或少受到了外在环境的干预,她们对于竞技类、机械
类,特别是军事类玩具所表现出来的好感,其实并不意味着对固有性别角色分配
模式的颠覆,而仍旧是对于消费文化、父辈期望以及国家动员的一种归顺和
响应。

　　那么,男孩子的情况又如何呢? 在古罗马,男孩不玩玩具娃娃并非因为那是小女
孩的童年的象征,但也许是由于人们侮辱性地把玩娃娃的男孩叫做"女孩儿"。⑤ 这
种对于行为"反常"的男孩子施加的社会压力,首先表现在剥夺其性别资格的恐吓。
其次,如果男孩喜欢从事公认的适宜女人的工作,人们就会说他在情感方面沾染了女

①　《儿童世界》第 24 卷第 7 期,1929 年,封面。
②　《小朋友》第 396 期,1930 年,封面。
③　薛原编:《童年》,山东画报出版社,2006 年,第 35—36 页。
④　邝光摄:《小小兵工厂》,《良友》第 153 期,1940 年,第 31—32 页。
⑤　让-皮埃尔·内罗杜:《古罗马的儿童》,第 262 页。

图 5 女孩也爱火车(商务印书馆广告,《妇女杂志》第 9 卷第 12 期,1923 年)

图 6 骑木马、挥宝剑的女孩(《儿童世界》第 24 卷第 7 期,1929 年,封面)

人气。其实某个男孩子愿意玩娃娃,可能并不是出于喜欢照顾孩子,而是热衷于编导某些戏剧性的情节。① 易言之,尽管娃娃更多地出现在女孩子们的扮演游戏中,但这并不意味着其与男孩子绝缘。在儿童心理学家看来,幼儿通常认为娃娃是具有自己独立人格的生命体,它有感情和欲望,也具备沟通和理解能力,这其实是儿童的一种心理投射行为。在游戏中,娃娃是"他人",但又同时是儿童"自己",是其创造的分身,在自己创设的社会场景中,儿童使自己和他人遭遇,这可以说是儿童社会化的开端。但更为重要的是,儿童本质上是游戏的主宰者,娃娃只是一个玩偶,前者赋予后者以生命,但又认为其自有生命,一切游戏情节都是理应如此,儿童将自我主动作为一个客体看待和要求,他安排它,同时又接受它的安排——接受这种主客体关系的安排,这种自我内部发生的互动导致了主我和客我的分化,是主体性发育历程中的关键性步骤。② 可以说,玩具娃娃对于儿童心智的成熟发挥了重大作用,也因此得到了普遍的欢迎,而不仅是女孩子的青睐。据美国 1898 年一份调查显示,只有 25%的女孩更喜欢娃娃,而男孩子却在玩着这个本该是她们亲近的玩具。③

① 米德:《三个原始部落的性别与气质》,第 283—284 页。
② 黄进:《儿童游戏文化引论》,南京师范大学出版社,2012 年,第 218—220 页。
③ 加里·克罗斯:《小玩意》,第 111 页。

在中国语境中,围绕着男孩子是否喜欢玩具娃娃这个问题,从专家学者到报刊广告,其实发出了斑驳复杂、相互矛盾的声音。有论者斩钉截铁地表示男孩"丝毫不爱人形的玩具,倘若有人给他一个,他竟会认作一种切身的侮辱"①。但幼教专家陈鹤琴通过观察追踪其子的成长历程,发现小男孩也爱囡囡,还经常把自己喜欢裹的毯子用来裹囡囡,并模仿父母对自己的称呼叫囡囡为"baby"。② 除了个案观察以外,关于儿童玩具偏好的调查也证明了男童喜欢娃娃的现象确实存在。在一次玩具展览会后,一些6岁至8岁的儿童被询问其所钟意的玩具以及理由,只有男孩子选择了小汽车,原因是能开动;而洋娃娃则因其小巧、好着衣服,同时博得了男女孩子的欢心。③ 在另外一次样本数量更多,测验地点涉及江苏省三地的调查中,洋娃娃在南京一女师附小的男孩喜好的玩具排行榜上高居第二,仅次于小轮船。在该校6岁至8岁的儿童中,喜欢洋娃娃的男孩比女孩还多,分别是20人和17人,具体原因则是"形容像和灵活",而洋铁炉灶也因为逼真分别获得了13名男孩和8名女孩的欢心。而在苏州一师附小,玩具家具则在8岁至17岁的男孩喜好排名中位居次席,在女孩喜好排名中则位列三甲之外。武进县立女师附小平均年龄在6岁至12岁的儿童中,有51名男孩和43名女孩因为"形容像和灵活好玩"喜欢洋娃娃。尤其值得一提的是,调查者注意到了男孩女孩都最喜欢洋娃娃的现象,但却对前者喜爱的原因不着一墨,而大谈特谈"女孩子欢喜人类的洋娃娃,是女子特有的慈母性的表现",教育者如能合理善用这一特点,施以教化,"可以养成极慈善的女子去从事小学教师、保姆、看护妇、红十字会员、医生等事业"。④ 这种视而不见、刻意回避的态度是缘于调研者觉得无法合理解释呢,还是其认为男孩无须也不必成为慈爱的父亲呢?

男孩对于娃娃的情有独钟不光体现在调查之中,还在商业广告中有所反映。大中华赛璐珞制造厂的广告就描绘了一个搂抱着洋娃娃的稚龄男童,其广告语也声称洋娃娃是适合所有儿童的玩具:"那一个孩子不爱洋娃娃?"⑤(参见图7)在爱国玩具制罐厂的广告里,三个年龄相仿、尚在学龄之前的男孩子并肩而立,其中一位倒提着一个洋娃娃(参见图8)。⑥ 中兴赛璐珞厂的广告中,一个小学生装扮的男孩正在为

① 张碧梧:《玩具对于儿童的影响》,《新家庭》第1卷第1期,1931年。
② 陈秀云、柯小卫选编:《陈鹤琴教育思想读本·儿童心理》,第24页。
③ 胡超伦:《一个大单元的教学报告》,《教育杂志》第16卷第6期,1924年,第11—12页。
④ 张九如:《江苏九师附小儿童玩具测验报告》,《教育杂志》第14卷第8期,1922年,第1—13页。
⑤ 大中华赛璐珞制造厂广告,《机联会刊》1930年第12期,第47页。
⑥ 爱国玩具制罐厂广告,《机联会刊》1930年第21期,第22页。

另一个坐在地上吹小号的男孩递上一个穿花衣服的洋囡囡(参见图9)。① 这些广告除了表明男孩子也是洋娃娃玩具的消费群体之外,似乎还暗示了男孩子对于娃娃的热情随着年龄增长而递减的趋势。蹒跚学步的男孩对娃娃爱不释手,年纪稍长,已能呼朋唤友的男孩则对娃娃不似之前那般珍视,而身着学生装的男孩子则对军事玩具——小号更感兴趣。但可以肯定的是,幼稚园时期(3—7 岁)的儿童对于娃娃的兴趣最为浓厚,幼稚园的老师也会利用幼儿对抚育娃娃的兴趣,增进其对衣服、被褥与时令变化之间的关系等知识,②运动会上幼稚生的表演环节也出现了拿着洋娃娃的男孩与女孩。③

图 7　小男孩喜欢洋娃娃(大中华
赛璐珞制造厂广告,《机联会刊》
1930 年第 12 期,第 47 页)

图 8　大一些的男孩也玩娃娃
(爱国玩具制罐厂广告,《机联会刊》
1930 年第 21 期,第 22 页)

　　尽管上述玩具调查和广告素材可以作为特定年龄段的男孩钟爱娃娃的证据,

① 中兴赛璐珞制造厂广告,《机联会刊》1934 年第 98 期。
② 张雪门:《增订幼稚园行为课程》,《张雪门幼儿教育文集》,北京少年儿童出版社,1994 年,第 1134 页。
③ 《儿童之页》,《良友》1932 年第 72 期,第 72 页。

但毕竟都属于以成人视角观察得到的旁证。而一篇由男孩子撰写的关于他对洋娃娃从挚爱到淡忘的文章则为我们提供了最为直接的证据。这个小男孩写道："我小时候的玩具，只有一个洋娃娃，是我最喜欢的。它的眼睛，睡下就会闭，坐起就会开，真是有趣极了。当我睡的时候，就把他放在枕头旁，一起身来，就把它抱在怀里，它真是我的无价宝哩！假使我一失了它，就会急得哭起来的，我是多么的爱它呀！"不幸的是，在男孩五岁时，这件朝夕相处的无价之宝还是丢了。虽然十分悲伤，但当父亲为他买了一辆旋紧发条就能飞快前进的小汽车后，男孩还是高兴地跟在后面跑了起来。到了写作这篇文章的时候，男孩的兴趣已经转移到学校里的球类、浪木和家庭中的毽子、跳绳上面，"现在我再也不想那洋娃娃和小汽车了，因为我已经长大

图 9 洋娃娃还是小号？
（中兴赛璐珞厂广告，《机联会刊》1934 年第 94 期，页码不详）

了"。[1] 由此可见，随着年龄的增长，儿童心仪的玩具性质也由静态向动态转化，而动的玩具又必须使他们也参加活动，他们才格外感到有趣。易言之，这一时期儿童更热衷于游戏，玩具只是辅助游戏的工具罢了。[2] 虽然终有一天，玩具娃娃不再会是儿童相濡以沫的玩伴，但它对于特定年龄段的男孩子有着"致命的吸引力"也是不争的事实。

其实，单就玩具娃娃本身而言，也要依儿童年龄不同，给予不同的娃娃以满足其各异的兴趣点。美国育儿专家指出："幼稚儿童皆以洋囡囡为理想的玩物，而洋囡囡之完备者，须视乎儿童之年龄为断。"最小的儿童适宜玩橡皮及布帛洋囡囡，身穿衣服的洋囡囡尤其为六岁的儿童喜爱，因为其目睹弟弟妹妹常着衣物的缘故。而八九岁的儿童的关注点并不局限在娃娃身上，更在意其附属的衣帽及所居住的小屋是否华丽精美。[3] 言下之意，一个玩具娃娃是远远不够的。巧合的是，中国的母亲结合自

---

① 沈家踬：《我的玩具》，《小朋友》第 952 期，1949 年，第 4 页。
② 钱公侠：《玩具》，《作家》1944 年 11 月第 3 期。
③ 师蠡译：《儿童与玩具之关系》，《妇女杂志》第 6 卷第 3 期，1920 年。

身的育儿经验也得出了相同的结论,为了解决小孩子玩玩具容易厌倦的毛病,有位母亲建议说每次买玩具时不妨多买一点,比如洋囡囡,一次可以买不同的两三个,同时再做几套不同的小衣服,小孩子一见这么多的洋囡囡,还有丰富的服装搭配,一下子就会忙得不亦乐乎、不易生倦了。① 话虽如此,民国时候的普通家庭会否为子女一口气买上好几个洋娃娃,联想到前文那个园丁之家的男孩没有任何玩具的事实,我们不禁要在心里画上一个大大的问号。虽然男女孩子都喜欢洋娃娃,但要想成为它的主人,先得问一问父母的荷包。

(二) 穷孩子、富孩子——谁才是洋娃娃的主人?

在一家玩具商店的橱窗里陈列着一个十分美丽的洋娃娃,她的脸孔洁白如玉,橘红色的脸颊上有一双比嘴巴还大的眼睛,青白分明、水晶剔透,长长的睫毛上面,棕黄色的卷发一条条直垂到肩上,肩以下娇嫩的两条臂膀被粉绿色的短袖裙覆盖着,更是显出肌肤的雪白润泽。这件绿绸衣一直拖到了脚跟,从腰部以下有一截一截地镶着的蓬松的裥褶,裥褶上又缀着如星光闪烁般的波纹。由于外貌如此出众,在其他玩具一片阿谀奉承声中,洋娃娃自视甚高地期盼着有一位高贵可爱的小主人把自己接走。可是时光流转,洋娃娃却始终无人问津,好不容易有一个小男孩望着她站了半天,最后还是恋恋不舍地走掉了,心急如焚的洋娃娃向身边的小绒狗询问情由,后者告诉她,那些穷小子根本不配有她这样好看的洋娃娃,他们连定价的零头都付不起。洋娃娃虽然不清楚自己的价格,但却知道那是一定是一个可怕的数目,足以让许多小朋友看都不敢看一眼的。遗憾的是,最终"高贵的主人"也没有到来,洋娃娃也因为经年累月的时光冲刷变得不再光彩夺目,被店主移出了橱窗。② 这虽然是一则童话故事,但却恰如其分地反映了民国时期,洋娃娃并非能够走入寻常百姓家的一般玩具。要特别提请读者注意的是,玩具娃娃在中国古已有之,在洋娃娃未输入之前,中国的儿童或以枕头当娃娃,或以街上买来的泥人做囡囡玩弄。③ 尤其是前者,在女孩中很常见。潘学静曾回忆幼时抱着枕头当娃娃,用一些瓶盖、贝壳、小盒子、小木碗当餐具,玩过家家游戏。④ 本土的这些玩具大都是布制和泥制的,很多还可以自制,即便要买也花不了几个钱。但洋娃娃最初却是明白无误的舶来品,从五官相貌到衣着打扮都是洋味十足,制作材料亦为橡皮、赛璐珞等外国材质和工艺。即便后来国内能够自行

---

① 自强:《洋囡囡和其他玩具》,《益世报》(天津)1934 年 7 月 26 日,第 11 版。
② 蒋衡女士:《一个可爱的洋娃娃》,《小朋友》第 639 期,1935 年,第 27—35 页。
③ 陈鹤琴:《儿童玩具组报告》,《新教育》第 9 卷第 5 期,1924 年,第 1056 页。
④ 徐潘学静:《九十年的回忆》,上海书店出版社,2012 年,第 107 页。

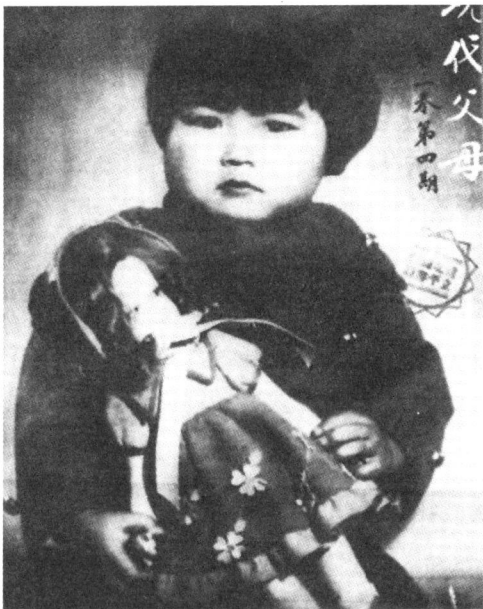

图 10　时髦现代的洋娃娃(《现代父母》
第 3 卷第 4 期,1925 年,封面)

仿造,也是造价不菲。正如童话中那个美丽可爱的洋娃娃,她不光等待的是富家子弟,其实她本身就是财富和地位的象征。①

　　在任何时代,穷孩子和富孩子的玩具都不尽相同。资本主义时代的商品经济大潮来袭后,其分化更为严重,甚至有天壤之别。南京的一个小康之家的孩子的玩具可以装满一大网篮,网篮有农村用的箩筐那么大。② 至于会睁眼闭眼的洋娃娃、板羽球、口琴、玩具脚踏车,也是应有尽有。③ 合肥当地的望族张家的长女元和有很多罕见的西洋玩具:一只洋铁蝴蝶,一拉翅膀就呼扇,发出咯嗒咯嗒的声音;一辆发条火车,能够沿着椭圆形的轨道跑来跑去。④ 与其说玩着这些自动机械玩具的大小姐是跨越了玩具分配的性别界线,不如说她只是煊赫之家的一颗掌上明珠。即便在大都会上海,买一个洋娃娃也是一次奢侈的消费,当时的孩子如果可以在百货公司里挑选一个心爱的洋娃娃,就是一件非常快乐和引以为豪的事情。但对于地产大王周氏家族的女孩子而言,只需以不同意拔牙为"要挟",就能轻易得到一个洋娃娃作为拔牙

―――――――――――

　　① 某期《现代父母》杂志的封面照片中的一位小女孩抱着的一个具有突出西洋特征的洋娃娃即为典型,可见《现代父母》第 3 卷第 4 期,1935 年,封面(参见图 10)。

　　② 胡伯威:《儿时"民国"》,第 4 页。

　　③ 胡伯威:《儿时"民国"》,第 195 页。

　　④ 金安平:《合肥四姐妹》,凌云岚、杨早译,生活·读书·新知三联书店,2007 年,第 12 页。

的补偿,到后来,她的柜子里已有大大小小不下几十个洋娃娃。① 还有大富之家的小少爷对售价高达40元的洋囡囡毫不爱惜,不到几天工夫就拆毁废弃。② 即便是在逃难当中,高级知识分子家庭也尚有余裕给小女儿买两个小洋娃娃。③

反观穷孩子,花钱购买玩具对他们来说,无疑是天方夜谭。他们为一个小小的拨浪鼓伫立在玩具摊前久久不愿离去,囊中羞涩的母亲虽然于心不忍,但还是硬起心肠拉着儿女走开,而孩子仍恋恋不舍地回望着那小小的玩具。④ 既然消费不起玩具,有慈爱的长辈肯为孙儿制作搜罗也是件幸事。诗人李广田的奶奶就用破纸糊了小风筝,用草叶做了小笛,用秸秆扎了车马,甚至摸来麻雀给孙子当玩意儿。⑤ 童年在黑龙江呼兰度过的萧红则远没有这么幸运,只能孤身一人在黑暗尘封的贮藏室里"寻宝",好不容易找到了一把小锯便视若珍宝,开始到处破坏,直到玩坏为止。除此之外,便是"去没有去处,玩没有玩的",过着非常寂寞的日子。⑥ 眼睛会睁会闭的洋娃娃对于这些身在乡间的孩子恐怕是闻所未闻、见所未见了。很多贫苦出身的儿童"自力更生",从大自然中取材发明创造"土玩具",三五成群也玩得不亦乐乎,但在富裕家庭的孩子看来却是莫名其妙。一个放学路上的儿童看到邻家的贫苦孩子玩耍,其玩具既非木马,也不是皮球,是把龌龊的稻草和柴枝连接起来,各人拿着一枝,举起手快乐地摇摆着,玩着"戏青狮"的游戏,其中一个还高喊着:"来呀! 好玩极!"但这位学童心中却觉得"像这样无意义的游戏,有甚么好玩? 但是他们又没有别的东西可玩,那是非常可怜的事"。⑦ 但所谓"有意义"的游戏却无疑不是这些贫儿能够负担得起的,而相较于没有像样玩具的儿童,更为可怜的是那些饥寒交迫、朝不保夕的社会底层的孩子。1936年的《时代漫画》杂志将两张照片上下并置在一起刊发,上面一幅拍摄的是玩具商店里比邻而坐的赛璐珞洋娃娃,图边附注:"都市里的洋囡囡,起码二元钱。"下面一幅则记录的是一名揽着弟弟的女童,她的身后是一大群衣不蔽体、眼神空洞的贫苦孩子,旁边的文字则注明:"豫南商城灾后的六龄女童,作价仅仅白米二斗。"这件对比强烈的摄影作品被定名为"我们可爱的小天使"⑧(参见图11),

① 蒋为民编著:《时髦外婆——追寻老上海的时尚生活》,上海三联书店,2003年,第265—266页。
② 沈紫曼女士:《洋囡囡》,《新时代月刊》1932年第2、3期合刊,第85—87页。
③ 杨步伟:《杂记赵家》,辽宁教育出版社,1998年,第126页。
④ 戴雄:《乐在民国》,江苏文艺出版社,2004年,第93页。
⑤ 薛原编:《童年》,第160—164页。
⑥ 萧红:《呼兰河传》,人民文学出版社,2001年,第63—66页。
⑦ 张先恽:《穷孩子的玩具》,《小朋友》第868期,1947年,第14页。
⑧ 安琪儿摄寄:《我们可爱的小天使》,《时代漫画》1936年第7期。

图 11 被出卖的娃娃
（安琪儿摄寄：《我们可爱的小天使》，
《时代漫画》1936 年第 7 期，页码不详）

更是使对这种真娃娃比假娃娃低贱百倍的残酷且荒谬的现实的讽刺达到了空前的程度。穷苦儿童不仅拥有不了可爱的洋娃娃，自己反被商品化，其价格还不够后者"可怕价格"的一个零头。被这"可怜""可爱"和"可怕"的三种情感复杂交织并尖锐映射出来的只能是这样一个事实：决定洋娃娃的主人的关键因素既不是儿童的性别和年龄，也并非个人好恶，而只能是财富与阶层。

结　语

作家丁玲在其短篇小说《过年》中曾描绘拥有不同玩具的姐弟二人，弟弟的玩具包括买来的小手风琴、小叫子、大皮球、一盒积木，而姐姐则有佣人做的小娃娃、绣花的毽子、小型的餐具以及其他一些手工玩意儿。从表面上看，弟弟的玩具更趋现代，姐姐的却还停留在传统手工艺阶段，双方的玩具也呈现出一定的性别差异。但小说清楚表明姐弟俩是共享这些玩具的，经常在一起玩耍。① 如果我们认为作家的描写比较贴近现实的话，那么可以推断在当时物质条件普遍比较匮乏的情况下，从父母到

① 丁玲：《过年》，《丁玲文集》第 2 卷，湖南人民出版社，1983 年，第 195 页。

儿童都没有资本依年龄和性别来选择玩具,实际上,有得玩已经很不错了。

从另一个角度讲,在任何时候,玩具对于儿童的吸引力都首先体现在外观的新颖有趣、玩法的丰富多样等元素构成的娱乐性上。易言之,专家或许认为男孩应该玩气枪,而洋囡囡则是女孩的玩伴,但对于儿童来说,首先考虑的只是玩具的好玩与否。一个女孩因为听闻社会上的女学生流行短发,就索性把洋囡囡的头发剪个精光,看看是什么效果。让她下此"狠手"的原因既不是"管家的天性",也并非"母性本能",只不过是好奇心作祟下的游戏心理罢了。① 另一个在天津租界长大的英国男孩在五岁生日时收到的礼物分别是父亲从上海买来的一套木匠工具和外婆送来的玩具木汽车,不料这个孩子既没有利用这套工具学着干点木匠活,也没有推着汽车玩得不亦乐乎,而是用工具中的锯子把崭新的木头汽车锯得只剩下碎块和锯末。② 这位极不称职的"小木匠"并没能彰显其充满男性气概的创造天赋,反而将儿童固有的破坏本能③暴露无遗。上面两个例子都说明,其实儿童无法真正领会成人为其选择的玩具中的性别意涵,也往往没有按照父辈的期望走上男女各异的发展之路,而是把两种性别文化混合在了一起,正如儿童借由游戏开启其社会化进程那样。"社会化"的重要之处在于它是一个集体性的空间,男孩女孩可以透过它构建属于自己的性别认同,儿童加入同性的游戏队伍,其实是经过审慎考量的。正像儿童在公开场合因为觉得会被别人品头论足,所以偏向选择同性的玩伴,但在非正式、较私密的空间里,男孩和女孩就可能亲密无间地玩在一起。④

总而言之,民国时期的幼教专家或许一厢情愿但又情有可原地为男孩和女孩设定了各自的成长路径。前者应该成为爱国尚武、勇敢好学的男子汉,而主持家政、教子有方的勤劳主妇则是后者的前进方向。为了达成这一目标,儿童需要从小接受训练培养,而恰当的工具则是以气枪、积木、小汽车为典型的军事、创造和机械科技类玩具,以及以洋娃娃、餐具和炊具为代表的模拟家务类的玩具。但实际上,专家的方案被证明是纸上谈兵,儿童所能拥有的玩具其实更多地受制于家庭的经济状况,名门望族的子女也许各种玩具应有尽有,不计其数,没人在意其中的性别因素。而但求一夕温饱的底层儿童只要能免于像洋娃娃一般被卖掉的厄运已属万幸,哪有余暇顾及玩

---

① 人路:《倒是省得麻烦》,《小朋友》第 56 期,1923 年,第 27—29 页。

② 布莱恩・鲍尔:《租界生活——一个英国人在天津的童年,1918—1936》,刘国强译,天津人民出版社,2007 年,第 30—31 页。

③ 京容:《儿童之玩物》,《申报》1922 年 2 月 27 日,第 17 版。

④ Michael Wyness:《童年与社会——儿童社会学导论》,王瑞贤、张盈堃、王慧兰译,心理出版有限公司,2009 年,第 193 页。

具？或许只有属于中产阶级的普通市民能够部分践行幼教专家的玩具分配指南，但当时的中国单单依靠这些"未来的主人翁"就能够得到拯救吗？

本文最初发表于《中国社会历史评论》第 17 卷上，天津古籍出版社，2016 年。

图书在版编目(CIP)数据

"中国史上的日常生活与物质文化"学术研讨会论文集/常建华主编. —上海:中西书局,2023
ISBN 978 - 7 - 5475 - 2126 - 7

Ⅰ.①中… Ⅱ.①常… Ⅲ.①中国历史—古代史—文集 Ⅳ.①K220.7 - 53

中国国家版本馆 CIP 数据核字(2023)第 111336 号

"中国史上的日常生活与物质文化"学术研讨会论文集

常建华 主编

责任编辑	邓益明
装帧设计	杨钟玮
责任印制	朱人杰

出版发行 上海世纪出版集团
中西書局(www.zxpress.com.cn)

地 址	上海市闵行区号景路 159 弄 B 座(邮政编码:201101)
印 刷	上海肖华印务有限公司
开 本	700 毫米×1000 毫米 1/16
印 张	16
字 数	281 000 字
版 次	2023 年 7 月第 1 版 2023 年 7 月第 1 次印刷
书 号	ISBN 978 - 7 - 5475 - 2126 - 7/K · 437
定 价	75.00 元

本书如有质量问题,请与承印厂联系。电话:021 - 66012351